Der Begriff der Vergnügungsstätte
im Sinne der BauNVO

Europäische Hochschulschriften Recht

European University Studies in Law

Publications Universitaires Européennes de Droit

Band/Volume 6180

David Schneider

Der Begriff der Vergnügungsstätte im Sinne der BauNVO

PETER LANG

Bibliografische Information der Deutschen Nationalbibliothek
Die Deutsche Nationalbibliothek verzeichnet diese Publikation in der Deutschen Nationalbibliografie; detaillierte bibliografische Daten sind im Internet über http://dnb.d-nb.de abrufbar.

Zugl.: Heidelberg, Univ., Diss., 2019

D 16
ISSN 0531-7312
ISBN 978-3-631-81323-2 (Print)
E-ISBN 978-3-631-82724-6 (E-PDF)
E-ISBN 978-3-631-82725-3 (EPUB)
E-ISBN 978-3-631-82726-0 (MOBI)
DOI 10.3726/b17182

Diese Publikation wurde begutachtet.

www.peterlang.com

Vorwort

Die vorliegende Arbeit wurde im Wintersemester 2019/20 von der Juristischen Fakultät der Ruprecht-Karls-Universität Heidelberg als Dissertation angenommen.

Danken möchte ich an dieser Stelle Frau Professor Dr. Ute Mager. Sie hat die Anregung zu dem Thema gegeben, die Arbeit betreut und mir die für die Bearbeitung notwendige wissenschaftliche Freiheit gelassen. Dank schulde ich auch Herrn Professor Dr. Hanno Kube, LL.M. für die zügige Erstellung des Zweitgutachtens.

Besonderer Dank gilt schließlich Frau Reihana Nori, die mir eine stete Quelle der Unterstützung und des Austauschs war, für die erforderliche Abwechslung gesorgt sowie mir Freude und Motivation geschenkt hat. Meine Mutter und mein Vater, der das Erscheinen dieser Arbeit leider nicht mehr miterleben kann, haben mir während meiner gesamten Ausbildung liebevollen Rückhalt zuteilwerden lassen. Ihnen ist diese Arbeit gewidmet.

Stuttgart, im Jahre 2020
David Schneider

Gliederung

Inhaltsverzeichnis

Einleitung

Das Recht kann seine grundlegende Funktion – die Befriedung der Gesellschaft – umso besser erfüllen je klarer, das heißt je verständlicher und je freier von inneren Widersprüchen, es ist.

Der Begriff der Vergnügungsstätte im Sinne der Baunutzungsverordnung (BauNVO) weist insoweit Defizite auf. „Vergnügungsstätte" ist ein schillernder Begriff, dessen Inhalt in vielerlei Hinsicht umstritten und wenig durchdrungen ist.

Zwar war die Zulässigkeit von Vergnügungsstätten in den verschiedenen Baugebieten der BauNVO vor ihrer Novellierung 1990 nicht eindeutig und wurde daher, wie auch die Steuerungsmöglichkeiten, intensiv diskutiert.

Weitgehend unerörtert blieb jedoch der Begriff der Vergnügungsstätte selbst[1], wenn er einmal thematisiert wurde, dann nur vor dem Hintergrund der durch die Novellierung 1990 gegenstandslos gewordenen Subsumtion unter die sonstigen Gewerbebetriebe[2].

Erstaunlicherweise hat sich daran auch nichts geändert, als nach der Entschärfung der Zulässigkeitsproblematik und der Betonung der Vergnügungsstätte als eigenständigem Nutzungsbegriff durch die Novellierung der BauNVO im Jahre 1990 der Inhalt des Begriffs der Vergnügungsstätte, vor allem der nicht kerngebietstypischen Vergnügungsstätte und ihre Abgrenzung zu anderen Nutzungsarten, für die Frage der baurechtlichen Zulassungsfähigkeit in den Fokus rückte.[3]

Eine erste oberflächliche Betrachtung könnte dazu verleiten, der genauen Klärung des Begriffs der Vergnügungsstätte nur geringe Bedeutung beizumessen, da in den für Vergnügungsstätten besonders relevanten Gebieten der §§ 6–8 BauNVO[4] fast alle Nutzungsarten zulässig sind, zu denen Vergnügungsstätten

---

1 So widmet sich beispielsweise der häufig zitierte Aufsatz von *Dolde/Schlarmann* über die Zulässigkeit der Vergnügungsstätten aus dem Jahr 1984 nicht einmal auf einer halben von 14 Seiten dem Begriff, vgl. BauR 1984, S. 121 ff. Im Standardaufsatz von *Schlichter/Friedrich*, WiVerw 1988, S. 199 ff. über die Steuerung sind es zwei von 50 Seiten über die Vergnügungsstätten.

2 So bei *Jeromin*, Zulässigkeit von Vergnügungsstätten, S. 5 ff.

3 *Jahn*, BauR 1990, S. 280, 290; *Bielenberg*, in: E/Z/B/K, BauGB, 55. Lfg. 1997, § 4a BauNVO, Rn. 58 – vgl. die Ausführungen von *Stühler*, BauR 2013, S. 685 ff.

4 In der Fassung der Bekanntmachung vom 21.11.2017 (BGBl. I S. 3786).

im Folgenden abgegrenzt werden. Doch in den anderen Baugebieten bestehen, teils sogar ganz erhebliche, Unterschiede. Und auch in zahlreichen weiteren Konstellationen ist ein genauer Begriff der Vergnügungsstätte unabdingbar.

Nach dem System des Bauplanungsrechts stellen die Nutzungsbegriffe der BauNVO nämlich die entscheidende Grundlage für die Zulässigkeit und damit mittelbar auch der planerischen Steuerung dar, welcher die städtebaulich ausnehmend problematische Nutzung „Vergnügungsstätte" besonders bedarf.

Zunächst sind für die Festsetzungen der Art der zulässigen Nutzungen im Bebauungsplan die §§ 2 ff. BauNVO maßgeblich. Die Art der Nutzung kann im Bebauungsplan gegebenenfalls nach § 1 Abs. 4 ff. BauNVO feingesteuert werden, wobei etwa „Vergnügungsstätten"[5] ausgeschlossen werden können. Wenn die Gemeinde dabei nicht wissen kann, ob etwa Bordelle unter den Begriff der Vergnügungsstätte fallen, dann besteht die Gefahr, dass sie ihr Planungsziel verfehlt. Das wäre schon aus Gründen der kommunalen Selbstbestimmung schwer erträglich, denn der Staat gibt das Planungsinstrument BauNVO vor und die Gemeinden haben es anzuwenden, § 9a Abs. 1 Nr. 1 lit. a des Baugesetzbuchs (BauGB) i.V.m. § 1 Abs. 3 Satz 2 BauNVO. Sinn der BauNVO ist es dabei, gerade durch Konkretisierung unbestimmter Begriffe des BauGB[6] handhabbare, rechtssichere[7] und vergleichbare Planung nach dem Prinzip eines „Baukastens" zu ermöglichen. Diese Aufgabe kann sie ohne geklärte Nutzungsbegriffe nicht erfüllen.

Die §§ 2 ff. BauNVO wenden sich zwar in erster Linie an die Gemeinde als Trägerin der Bauleitplanung, sie werden jedoch, wenn die Gemeinde im Bebauungsplan gemäß § 9 Abs. 1 Nr. 1 Alt. 1 BauGB ein bestimmtes Baugebiet festsetzt, gemäß § 1 Abs. 3 Satz 2 BauNVO Bestandteil des Bebauungsplans und

---

5 Wenn dort der Begriff „Vergnügungsstätte" verwendet wird, muss dieser zwar nicht dasselbe deuten wie die Vergnügungsstätte der §§ 2 ff. BauNVO, da der Wille der Gemeinde zu berücksichtigen ist. Wenn andere Anhaltspunkte fehlen, wird dieser aber nach dem Verständnis der §§ 2 ff. BauNVO ausgelegt, S. dazu etwa OVG Hamburg 6.5.2015 – juris, Rn. 57 f.; VG Hamburg 22.11.2011 – juris, Rn. 66 ff.; VG Karlsruhe 10.7.2009 – BeckRS 2009, 37246.

In dieser Arbeit soll es jedoch vorrangig um den Begriff im Sinne der BauNVO (und nicht im Sinne von Bebauungsplänen) gehen.

6 Das gilt auch und insbesondere für den Begriff der Art der baulichen Nutzung nach § 9 Abs. 1 Nr. 1 lit. a BauGB durch die §§ 2 bis 15 BauNVO (*Herbolsheimer*, NVwZ 2017, S. 685).

7 *Schneider*, in: Göb/Schuster, Reform der BauNVO, S. 7, 9.

damit für den Bürger, den Bauherrn wie den Nachbarn[8], ebenso wie für die Baugenehmigungsbehörden verbindlich.

Die §§ 2 ff. BauNVO gelten darüber hinaus gemäß § 34 Abs. 2 BauGB auch für die Art der baulichen Nutzung in einem im Zusammenhang bebauten unbeplanten Ortsteil, wenn die nähere Umgebung des Vorhabens einem Baugebiet der BauNVO entspricht.

Auch im Fall des § 34 Abs. 1 BauGB muss festgestellt werden können, ob bereits eine Vergnügungsstätte vorhanden[9] bzw. das zu genehmigende Vorhaben eine Vergnügungsstätte ist, denn nach ständiger Rechtsprechung kommt es für die Zulässigkeit eines Vorhabens grundsätzlich darauf an, ob es sich innerhalb des durch seine Umgebung definierten Rahmens hält, wobei bei dessen Feststellung auf die in der BauNVO typisierten Nutzungsarten zurückgegriffen wird.[10]

Die Frage, welche Nutzungen vom Begriff der Vergnügungsstätte erfasst sind, kann sich also in mannigfaltigen Konstellationen stellen und sowohl für den Bürger in seiner Eigenschaft als Grundstückseigentümer, (potenzieller) Investor oder Nachbar als auch für den Gemeinderat (als Plangeber), die Baugenehmigungsbehörde (welche die gemeindlichen Vorschriften im Ergebnis anzuwenden hat) und natürlich auch für die Gerichte relevant werden, deren Entscheidungen hinreichend voraussehbar sein müssen, um (kommunale) Entscheidungsfreude (insbesondere auch hinsichtlich der in diesem Zusammenhang besonders relevanten § 1 Abs. 4 bis 9 und § 15 BauNVO) zu fördern[11], Investitionsstau, Steuer- und Arbeitsplatzausfälle sowie Forderungen aus Staatshaftung zu vermeiden.

Die Thematik bedarf also der rechtswissenschaftlichen Systematisierung, indem die hinter der Einordnung stehenden Wertungen offengelegt und Widersprüche ermittelt werden. Weitergehend sind Kriterien zu entwickeln, anhand derer widerspruchslos entschieden werden kann.

Hinzu kommt das Bestimmtheitsgebot, welches vor dem Hintergrund der erheblichen Auswirkungen der Nutzungsbegriffe der BauNVO auf die grundrechtlich geschützte Baufreiheit besonders starke Bedeutung entfaltet. Danach

8 Für den Nachbarn besteht eine Relevanz insbesondere auch schon für die Frage des Drittschutzes wegen Gebietsverfremdung.

9 Die Frage nach dem Vorhandensein anderer Vergnügungsstätten kann auch im Rahmen des § 15 Abs. 1 Satz 1 BauNVO („Anzahl") eine Rolle spielen, vgl. etwa VGH München 6.7.2005 – juris, Rn. 42.

10 Vgl. etwa BVerwG 3.4.1987 – BRS 47 Nr. 63; 15.12.1994 – NVwZ 1995, S. 698; 29.10.1997 – BRS 59 Nr. 62, S. 224, wobei es zwar nicht auf die Unterart, jedoch auch auf die Frage der Kerngebietstypik ankommen kann (*Lieber*, VBlBW 2011, S. 6, 11).

11 *Schmidt-Eichstaedt*, in: Göb/Schuster, Reform der BauNVO, S. 149, 150.

sind auch unbestimmte Rechtsbegriffe wie der Begriff der Vergnügungsstätte unbedenklich, wenn sie durch Literatur und Rechtsprechung gesichert ausgelegt, konkretisiert und für den Einzelfall handhabbar gemacht werden.[12] In dieser Hinsicht besteht noch Verbesserungsbedarf.

Dazu soll diese Arbeit beitragen, indem ein Überblick über die mannigfaltige Rechtsprechung gegeben wird, der aber nicht nur deskriptiv erfolgt, sondern darüber hinaus versucht, Kriterien aufzustellen und Zusammenhänge zu erkennen, um so die Kasuistik zurückdrängen und den Begriff der Vergnügungsstätte handhabbarer zu machen.

Dazu werden zunächst in einem allgemeinen Teil die unabhängig von den einzelnen Formen der Vergnügungsstätten relevanten historischen Grundlagen des Begriffs und seine Definition erörtert.

Anschließend werden die für eine Subsumtion unter den Begriff der Vergnügungsstätte in Betracht kommenden Betriebe in dieser Hinsicht überprüft.

In einem dritten Teil werden dann die gesetzlichen Differenzierungen des Begriffs der Vergnügungsstätte, insbesondere die Unterscheidung zwischen kerngebietstypischer und nicht kerngebietstypischer Vergnügungsstätte beleuchtet. Die Arbeit mündet in die Diskussion von Reformvorschlägen.

12 Vgl. etwa BVerfG 10.10.1995 – E 93, S. 266, 291 f.; *Stober*, WiVerw 1984, S. 129, 144.

1. Teil: Allgemeines zum Begriff der Vergnügungsstätte

A. Historische Grundlagen

Für den Begriff der Vergnügungsstätte ist die Historie insofern besonders wichtig, als sein Verständnis nicht lediglich über Wortlaut oder Systematik, sondern nur unter Berücksichtigung der historischen Entwicklung möglich ist.

Insbesondere ist die jetzige Rechtslage hinsichtlich Vergnügungsstätten nur durch eine zusammenhängende Betrachtung mit den älteren Fassungen der BauNVO verständlich.[13]

I. Vor der BauNVO

Die – soweit ersichtlich – erste Erwähnung eines Anlagenbegriffs „Vergnügungsstätte" erfolgte durch die Bauordnung für Berlin in der Fassung vom 21. November 1958[14]. Dies fällt mit der erstmaligen Erwähnung von Kerngebieten (§ 7 Nr. 4 lit. e) zusammen. Nach der Bauordnung sind Vergnügungsstätten in Kern- (vgl. § 7 Nr. 12 lit. d)) und „gemischten" (vgl. § 7 Nr. 9 lit. c)) Gebieten (allgemein) zulässig.

II. Einführung des Begriffs in die BauNVO und städtebaulicher Wandel (1962–1977)

In der ersten Fassung der BauNVO vom 26. Juni 1962[15] wird die Vergnügungsstätte ausschließlich im Kerngebiet erwähnt. Der einschlägige § 7 Abs. 2 Nr. 2 BauNVO ist bis heute unverändert geblieben.

Hinsichtlich des Inhalts des Begriffs der Vergnügungsstätte geht der Verordnungsgeber dabei von dem in den Jahrzehnten zuvor geprägten Verständnis der späten 50er-Jahre aus und meint die besonderen Nutzungen der klassischen Vergnügungsviertel, wie etwa des Potsdamer Platzes, St. Pauli oder Montmartre, also insbesondere Nacht- und größere Tanzlokale,[16] vor allem auch die heute

13 *Worms*, NVwZ 2012, S. 280.

14 GVBl S. 1987, 1104.

15 BGBl I S. 429.

16 Zu ihren städtebaulichen Auswirkungen, insbesondere dem mit nächtlichem Feiern einhergehenden Lärm: vgl. 2. Teil A.

seltenen Varietés, Anbahnungs- und Animierbars[17]. Er geht also von einem relativ engen Begriff der Vergnügungsstätte aus, unter den nur großstädtisch-urbane Nutzungen fallen, die in engem Zusammenhang mit dem typischen Charakter von Kerngebieten stehen.

Dementsprechend wurden Vergnügungsstätten in den Anfangsjahren der BauNVO auch kaum problematisiert[18]. Denn der damalige allgemeine Sprachgebrauch und der enge Bezug zum Kerngebiet durch die BauNVO widersprachen sich nicht.

In die BauNVO 1977 vom 15. September 1977[19] wurden dann „Gebiete zur Erhaltung und Entwicklung der Wohnnutzung (besondere Wohngebiete)" eingeführt, in denen Vergnügungsstätten ausnahmsweise zulässig waren (§ 4a Abs. 3 Nr. 2 BauNVO).

Mit diesem Aufgreifen des Begriffs der Vergnügungsstätte in § 4a BauNVO entschloss sich der Verordnungsgeber erstens bewusst zu einer Abkehr der vorher klaren Zuordnung der Vergnügungsstätte zu den Kerngebieten und machte zweitens deutlich, dass er eine Vereinbarkeit von Vergnügungsstätten mit dem Wohnen (wenn auch nicht auf dem Niveau eines allgemeinen Wohngebiets) nunmehr als grundsätzlich möglich ansieht. Damit nahm der Verordnungsgeber die Idee einer nicht kerngebietstypischen Vergnügungsstätte, die also das Wohnen weniger stört und einen geringeren Einzugsbereich hat[20], im Ansatz bereits vorweg.

Es liegt nahe, die Ursache für diese veränderte Bewertung der städtebaulichen Grundlagen vor allem auch in der Entwicklung des Freizeitangebotes zu sehen.[21]

---

17 Zur Entwicklung des Begriffsinhalts vgl. insbesondere die Aufzählungen in den verschiedenen Auflagen der über Jahrzehnte geführten Kommentare (etwa *Fickert/Fieseler*, BauNVO; *Knaup/Stange*, BauNVO) oder auch *Weidemann*, in: Die städtebauliche Steuerung von Vergnügungsstätten, S. 28 sowie die technisch-wirtschaftliche oder auch rechtliche Entwicklung und damit das Erscheinen in Praxis und Rechtsprechung.

18 Vgl. auch *Fickert/Fieseler*, BauNVO, § 4a, Rn. 22.11.

19 BGBl I S. 1763.

20 Vgl. dazu insbesondere sogleich und 3. Teil A.

21 Solche wirtschaftlichen und gesellschaftlichen Entwicklungen schlagen sich in den Regelungen der BauNVO und ihrer Ausformung durch die Rechtsprechung besonders stark nieder, denn die BauNVO bestimmt maßgeblich was und wie gebaut werden kann und wirkt damit unmittelbar auf die Stadtentwicklung ein und ist somit ein Spiegelbild sozio-kultureller Grundentscheidungen und gesellschaftlicher Vorstellungen (*Scholtissek*, UPR 1989, S. 287; *Fieseler*, in: Göb/Schuster, Reform der BauNVO, S. 15; *Schmitz*, LKV 1997, S. 345, 346).

Ab den 60er-Jahren steht dem Bürger aufgrund geringerer Arbeitszeit[22] immer mehr Freizeit, bei zugleich immer größerem Wohlstand, zur Verfügung. Daher werden sowohl mehr als auch neue Freizeitangebote nachgefragt. Von diesen waren nach dem allgemeinen Sprachgebrauch[23] unter die Vergnügungsstätte insbesondere die Spielhallen und Diskotheken subsumierbar.

Während Diskotheken nur ein größeres und lauteres Tanzlokal darstellen und daher ohne größere Auswirkungen auf den Begriff der Vergnügungsstätte bleiben, werden sich Spielhallen in fataler Weise auf den Begriff der Vergnügungsstätte auswirken. Im Unterschied zu den schon vorher zu den Vergnügungsstätten gezählten Spielbetrieben, wie insbesondere Spielbanken[24], bestand für Spielhallen eine beträchtliche Nachfrage, weshalb sie in kurzer Zeit eine erhebliche Verbreitung und daher auch einen geringen Einzugsbereich erreichten. Die Vergnügungsstätteneigenschaft der Spielhalle konnte im Ergebnis nur über den allgemeinen Sprachgebrauch, dem zufolge Glücksspiel ein klassisch-anrüchiges Vergnügen darstellt, begründet werden. Ihre typischen städtebaulichen Eigenschaften, insbesondere hinsichtlich Lärm und Einzugsbereich,[25] rechtfertigen jedoch keine Beschränkung auf Kerngebiete.

Die Entwicklungen der 60er- bis 80er-Jahre führten insgesamt also dazu, dass ein nur nach dem allgemeinen Sprachgebrauch verstandener Begriff der Vergnügungsstätte eine Beschränkung der Vergnügungsstätten auf Kerngebiete städtebaulich nicht mehr rechtfertigen konnte. Insbesondere Spielhallen können wegen objektiv geringerer Beeinträchtigung des Wohnens viel weitgehender als nur im Kerngebiet zulässig und auch für Mischgebiete und die Kleinstadt geeignet sein. Diese historische Entwicklung stellt einen Bruch dar. Der herkömmliche Sprachgebrauch von „Vergnügungsstätte" und die städtebauliche Realität decken sich nicht mehr.

III. Streit um die Fassung unter „sonstige Gewerbebetriebe"

Vor dem Hintergrund dieser Ausgangslage entstand die höchst streitige Frage, ob die Tatsache, dass der Begriff „Vergnügungsstätte" lediglich in den §§ 4a

---

22 Dies resultierte insbesondere aus weniger Wochenarbeitszeit, mehr Urlaub, früherem Ruhestand und mehr Arbeitslosigkeit.

23 Vgl. dazu B. I.

24 Zum Unterschied s. 2. Teil B. I. 1.

25 Vgl. dazu 2. Teil B. I. 2. Später (in den 80er-Jahren) wird dann versucht mit dem Trading-down-Effekt ein erhöhtes Störniveau von Spielhallen zu begründen, dieser kann aber keine Vergnügungsstätteneigenschaft begründen (vgl. 1. Teil B. II. 5).

und 7 BauNVO Erwähnung findet, somit bedeutet, dass Vergnügungsstätten abschließend auch nur in diesen Baugebietstypen zulässig sind, oder ob sie nicht auch in anderen Baugebietstypen – als unter den Begriff der „sonstigen Gewerbebetriebe" fallend – zulässig sein können.[26]

1. Meinungsstand vor der Klärung durch das Bundesverwaltungsgericht

Herrschend war die Auffassung, dass Vergnügungsstätten Gewerbebetriebe sind und deshalb unter den für sie geltenden Voraussetzungen in allen Gebieten zulässig seien, in denen Gewerbebetriebe es sind.

Denn entsprechend der oben beschriebenen Situation war ein genereller Ausschluss aller Vergnügungsstätten in den übrigen Baugebieten durch städtebauliche Gründe nicht gerechtfertigt und daher auch nicht mit Art. 14 Abs. 1 Satz 2 GG vereinbar.[27] Im Hinblick auf die Bau- und Gewerbefreiheit wird nicht mehr akzeptiert, dass „die Auslegung des diffusen Begriffs ‚Vergnügungsstätte'" abschließend darüber entscheidet, ob ein Betrieb ausschließlich in besonderen Wohngebieten oder Kerngebieten zulässig ist.[28]

Nach der Gegenposition sollte der speziellere Begriff den allgemeinen Oberbegriff ausschließen, Vergnügungsstätten also dort, wo sie nicht explizit erwähnt werden, generell unzulässig sein. Vergnügungsstätten seien zwar Gewerbebetriebe, ihre besondere Erwähnung in § 7 Abs. 2 Nr. 2 BauNVO verdeutliche jedoch, dass sie bauplanungsrechtlich einen Sonderfall darstellen.[29] Denn die typischen Vergnügungsstätten wie Tanzlokale, Nachtbars, Diskotheken und

---

26 Dieses Problem ist eine Ausprägung der allgemeinen Frage der Begriffssystematik der BauNVO, welche Bedeutung die Aufführung spezieller gewerblicher Nutzungen in einer oder mehrerer Baugebietsregelungen einerseits und die Erwähnung übergeordneter gewerblicher Nutzungsarten in der gleichen oder anderen Baugebietsbestimmungen andererseits hat, s. dazu auch *Schlichter/Friedrich*, WiVerw 1988, S. 199, 211 ff.; 214 ff. und *Stober*, WiVerw 1984, S. 129, 131 sowie 3. Teil A. I. 1.

27 VGH München 17.11.1978 – BRS 33 Nr. 127, S. 255; OVG Lüneburg 22.2.1979 – BRS 35 Nr. 35, S. 96 f.; OVG Münster 19.1.1983 – BRS 40 Nr. 51, S. 124 f.; *Dolde/Schlarmann*, BauR 1984, S. 121, 124 f.; *Schwerdtner*, BauR 1980, S. 524 ff; *Stober*, WiVerw 1984, S. 129, 138 ff.; *Förster*, BauNVO, § 4a, Anm. 3b; Gelzer, BauPlR, 3. Aufl., Rn. 683; *Schlez*, BauNVO, 1. Aufl. 1978, § 7, Rn. 7.

28 *Stober*, WiVerw 1984, S. 129, 143.

29 *Fickert/Fieseler*, BauNVO, 4. Aufl. 1979, § 4a, Rn. 23; § 6, Rn. 8; *Kniep*, GewArch 1983, S. 149; VGH Mannheim 10.5.1979 – VBlBW 1981, S. 222, 223. Differenzierend (nur in den §§ 8 und 9 BauNVO ggf. zulässig): VG Stuttgart 19.9.1980 – VBlBW 1981, S. 190, 191; *H. Dürr*, VBlBW 1981, S. 224.

Spielhallen unterscheiden sich von sonstigen Gewerbebetrieben dadurch, dass sie vorwiegend oder sogar ausschließlich in den Abend- und Nachtstunden betrieben würden und gerade dann zu einer verstärkten Beeinträchtigung der Umgebung führten, wenn im Übrigen die Belästigung durch Straßenverkehr und Gewerbebetriebe zurückgehe. Die Beschränkung auf Kerngebiete und besondere Wohngebiete sei deshalb städtebaulich gerechtfertigt.[30]

2. Leitentscheidung des Bundesverwaltungsgerichts vom 25. November 1983

Eine allgemein akzeptierte Klärung dieses Streits, im Ergebnis im Sinne der herrschenden Meinung, wurde 1983 vom Bundesverwaltungsgericht herbeigeführt. Danach können Vergnügungsstätten grundsätzlich auch unter sonstige Gewerbebetriebe subsumiert werden. Für die Zulässigkeit ist jedoch erforderlich, dass das konkrete Vorhaben in seinen Auswirkungen mit dem jeweiligen Baugebietstyp vereinbar ist. Zudem muss es sich von dem Typ von Vergnügungsstätten unterscheiden, der gerade für das Kerngebiet kennzeichnend ist.[31]

Das aufgezeigte Spannungsverhältnis zwischen einer auf den allgemeinen Sprachgebrauch fixierten Auslegung des Begriffs der Vergnügungsstätte und dem, was städtebaulich begründbar ist, wird damit nicht durch eine Auslegung des Begriffs „Vergnügungsstätte“, als zwingend mit dem Kerngebiet verbunden, oder einer Reform des Begriffssystems der BauNVO gelöst, sondern mit der Entwicklung nicht kerngebietstypischer Vergnügungsstätten am Gesetz vorbei, womit Vergnügungsstätten auch im allgemeinen Wohngebiet, Mischgebiet und Gewerbegebiet zulässig sein können.

In der darauf folgenden Reform der BauNVO im Jahr 1990 macht sich auch der Verordnungsgeber diese Hilfskonstruktion zu eigen[32], ohne die Schwächen des Begriffs der Vergnügungsstätte grundlegend anzugehen. Die für eine städtebaulich sinnvolle Verwendung des heterogenen und durch den allgemeinen Sprachgebrauch geprägten Begriffs notwendige Differenzierung wird vielmehr auf die Abgrenzung zwischen kerngebietstypisch und nicht kerngebietstypisch sowie die Ermessensentscheidung nach § 31 Abs. 1 BauGB verlegt.[33]

---

30 VGH Mannheim 10.5.1979 – VBlBW 1981, S. 222, 223.

31 BVerwG 25.11.1983 – E 68, S. 207 ff. S. dazu B. II. 4 und insbesondere 3. Teil A. I. 1.

32 Vgl. dazu IV. und 3. Teil A. I. 2.

33 Entsprechendes gilt möglicherweise hinsichtlich Bordellen. Ihre (bau-)rechtliche Erfassung begann erst in den 70er-Jahren. Nach dem allgemeinen Sprachgebrauch ist eine Subsumtion unter die Vergnügungsstätte jedenfalls sehr gut möglich. Nach der städtebaulichen Wertung des Bundesverwaltungsgerichts gehören sie jedoch nicht ins

Sowohl die Entscheidung des Bundesverwaltungsgerichts vom 25. November 1983 als auch die Reform der BauNVO 1990 bedeuten eine Erweiterung, aber auch immer stärkere Zerfaserung des Vergnügungsstättenbegriffs, indem das Bundesverwaltungsgericht zwischen 1983 und 1990 zunächst den ursprünglichen, strengen Zusammenhang der Vergnügungsstätte mit dem Kerngebiet aufgab und die städtebauliche Verträglichkeit von Vergnügungsstätten weit darüber hinaus in allgemeinen Wohngebieten, Mischgebieten und Gewerbegebieten anerkannte[34], der Verordnungsgeber dann aber gegenläufig die Zulässigkeit von Vergnügungsstätten in allgemeinen Wohngebieten ausschloss.

Damit wurde die ursprüngliche[35] rechtliche Eindeutigkeit und Steuerungsfunktion des Begriffs der Vergnügungsstätte geschwächt.

IV. Reform der Zulässigkeit der Vergnügungsstätten mit der Novellierung der BauNVO 1990[36]

Bei der Novellierung der BauNVO von 1990 nahm die Neuregelung der Vergnügungsstätten eine zentrale Rolle ein. Vorausgegangen war die Forderung der Gemeinden, Steuerungsmöglichkeiten für die sich immer mehr verbreitenden Vergnügungsstätten – insbesondere Spielhallen[37], aber auch Diskotheken und Nachtlokale – zu erhalten.[38]

Inhaltlich wurden verschiedene Vorschläge über den Umfang der Zulässigkeit von Vergnügungsstätten diskutiert.[39] Einigkeit bestand jedoch darin, dass es sich bei der Zuordnung der Vergnügungsstätten zu den Baugebieten – im Gegensatz zur bisherigen Rechtslage (s.o. III) – um eine abschließende Regelung handeln soll. Insbesondere sollten sie nicht mehr als „sonstige Gewerbebetriebe" zugelassen werden können.[40]

Kerngebiet, sondern ins Gewerbegebiet. Mit der Entwicklung der nicht kerngebietstypischen Vergnügungsstätte wird dieser Widerspruch überspielt, s. dazu 2. Teil C. I.

34 Dies führt soweit, dass selbst Nutzungen wie die inzwischen aufgekommenen Swingerclubs, die deutlich weniger Bezug zum Kerngebiet haben, als Vergnügungsstätte angesehen werden können, vgl. dazu 2. Teil C. I. 2. und 3. Teil A. VII.

35 S.o. II. zur BauNVO 1962.

36 „Vierte Verordnung zur Änderung der Baunutzungsverordnung" vom 23.1.1990; BGBl I S. 127.

37 Zur Problematik des Spielhallenbooms s. etwa *Marcks*, WiVerw 1986, S. 22 ff.; Beschluss des Bundestages vom 20.4.1989, GewArch 1989, S. 290 f.

38 *Stange*, in: FS Gelzer, S. 131, 134; *Lenz*, BauR 1990, S. 157, 160.

39 Vgl. Materialien zur BauNVO, S. 67 ff.

40 Vgl. nur Materialien zur BauNVO, S. 68; *Stock*, NVwZ 1990, S. 518, 521; *Söfker*, GewArch 1990, S. 81, 84; *Fickert/Fieseler*, BauNVO, vor §§ 2 ff., Rn. 4.8. Das ergibt sich

Die Zulässigkeit von Vergnügungsstätten wurde dann wie folgt geregelt:

Alle Vergnügungsstätten sind in Kerngebieten allgemein (§ 7 Abs. 2 Nr. 2 BauNVO)[41] und in Gewerbegebieten ausnahmsweise (§ 8 Abs. 3 Nr. 3 BauNVO) zulässig. Kerngebietstypische Vergnügungsstätten sind in allen anderen Gebieten unzulässig.

Widersprüchlich ist dabei, dass nicht kerngebietstypische Vergnügungsstätten gemäß § 6 Abs. 2 Nr. 8 BauNVO in den gewerblich geprägten Teilen von Mischgebieten allgemein zulässig sind, nicht aber in Gewerbegebieten selbst.[42]

Dieser Widerspruch wurde vermutlich bei der Änderung des Regierungsentwurfs übersehen, denn dessen ursprüngliche Regelung ist stimmig. Dort waren nicht kerngebietstypische Vergnügungsstätten im Gewerbegebiet noch allgemein zulässig, wodurch die Entscheidung des Bundesverwaltungsgerichts vom 28. Juli 1988 bestätigt werden sollte.[43]

Die Gesetz gewordene Fassung des § 8 BauNVO hat sich dann mit der Begründung durchgesetzt, dass die allgemeine Zulässigkeit, selbst ausschließlich nicht kerngebietstypischer Vergnügungsstätten der Zweckbestimmung des Gewerbegebiets, nicht erheblich belästigende Betriebe des produzierenden und verarbeitenden Gewerbes und Handwerks aufzunehmen, nicht entspreche. Die ausnahmsweise Zulässigkeit soll den Erfordernissen der Praxis Rechnung tragen, auch kerngebietstypische Vergnügungsstätten, wie z.B. Großdiskotheken, wegen ihres Störungsgrades in Gewerbegebieten unterzubringen.[44] Dies dürfte der Situation kleinerer Gemeinden geschuldet sein, in denen keine Kerngebiete

---

aus Historie (BR-Drs 354/89, S. 32 f.) und Systematik, nach der Vergnügungsstätten in der Mehrzahl der Baugebiete der BauNVO 1990 explizite Erwähnung finden (§§ 4a Abs. 3 Nr. 2, 5 Abs. 3, 6 Abs. 2 Nr. 8, Abs. 3; 7 Abs. 2 Nr. 2 und 8 Abs. 3 Nr. 3 BauNVO) und sogar die Differenzierung der Rechtsprechung zur Kerngebietstypik aufgegriffen wurde.

Mutmaßungen, dass die Rechtsprechung dem die Gefolgschaft verweigern könnte (*Lenz*, BauR 1990, S. 157, 161), haben sich nicht bestätigt (vgl. BVerwG 19.11.1990 – juris, Rn. 5 f.; 20.8.1992 – BRS 54 Nr. 137, S. 387 ff.; 24.2.2000 – NVwZ 2000, S. 1054).

41 H.M.: etwa *Söfker*, in: E/Z/B/K, BauGB, § 7 BauNVO, Rn. 24; *Roeser*, in: K/R/S, BauNVO, § 7, Rn. 17; BR-Drs 354/89, S. 33; trotz missverständlicher Formulierung in § 4a, Rn. 40 auch Stange (s. FS Gelzer, S. 135). A.A. *Zimmermann*, Behandlung der Prostitution, S. 147, der nicht kerngebietstypische Vergnügungsstätten im Kerngebiet für unzulässig erachtet. Die h.M. ist aber aufgrund des klaren Wortlauts vorzugswürdig.

42 *Lieber*, VBlBW 2011, S. 6, 8.

43 Vgl. BR-Drs 354/89, Entwurfsbegründung S. 55.

44 BR-Drs 354/89, Beschluss, S. 5; *Söfker*, GewArch 1990, S. 81, 84.

vorhanden sind und dem Gewerbegebiet insofern eine Auffangfunktion zukommen kann[45], zumal Vergnügungsstätten nach ihrem Störgrad im Einzelfall durchaus dort untergebracht werden können oder sogar müssen.[46]

Die einzelfallorientierte Betrachtungsweise, die im Ergebnis der Unterscheidung zwischen kerngebietstypischer und nicht kerngebietstypischer Vergnügungsstätte zugrunde liegt, wird jedoch im Gewerbegebiet trotz der Erwähnung von Vergnügungsstätten aller Art im Wege der dortigen Regelung der Vergnügungsstätten über die Ausnahmezulässigkeit des Abs. 3 erreicht. Sie berücksichtigt, dass die Gewerbegebiete sehr unterschiedlich strukturiert und daher im Einzelfall auch kerngebietstypische Vergnügungsstätten unbedenklich sein können.[47]

Nicht kerngebietstypische Vergnügungsstätten können im Übrigen in besonderen Wohngebieten, Dorfgebieten, in den seit 2017 eingeführten urbanen Gebieten und den nicht überwiegend durch Wohnnutzung geprägten Teilen von Mischgebieten ausnahmsweise zugelassen werden. In überwiegend durch gewerbliche Nutzung geprägten Teilen des Mischgebiets können sie sogar allgemein zugelassen werden.

In Industrie-, Kleinsiedlungs-, reinen und allgemeinen Wohngebieten sind Vergnügungsstätten stets unzulässig.

Aus dieser grundlegenden Neuregelung folgte eine erhebliche Einschränkung der Zulässigkeit gegenüber der Rechtslage vor der Novellierung. Denn dort konnten Vergnügungsstätten als Gewerbebetriebe grundsätzlich in jedem Gebiet außer dem reinen Wohngebiet zulässig sein. Im Dorfgebiet und Mischgebiet waren die nicht kerngebietstypischen Vergnügungsstätten danach sogar allgemein zulässig.[48]

Mit der Novellierung wurde somit die Forderung der Kommunen nach Präzisierung und Verschärfung der Zulässigkeit, insbesondere nach der Unzulässigkeit in Wohngebieten, weitgehend erfüllt.[49]

---

45 *Söfker*, GewArch 1990, S. 81, 84; *Stock*, NVwZ 1990, S. 518, 522; *Schmitz*, LKV 1997, S. 354, 348; vgl. auch VGH München 15.12.2010 – BRS 76 Nr. 73, S. 410.

46 *Stock*, NVwZ 1990, S. 518, 522.

47 *Söfker*, in: E/Z/B/K, BauGB, § 8 BauNVO, Rn. 46; *Worms*, NVwZ 2012, S. 280, 281, 284.

48 BR-Drs 354/89, S. 1; BVerwG 19.11.1990 – juris, Rn. 6; *Stange*, in: FS Gelzer, S. 131, 134 f.; *ders*, § 4a BauNVO, Rn. 39; *Jahn*, BauR 1990, S. 280, 285, 289; *Stüer*, Handbuch, Rn. 714; *Roeser*, in: K/R/S, BauNVO, § 6, Rn. 21. S. auch: *Schumacher*, Eindämmung des Spielhallengewerbes, S. 72 f.

49 *Koch*, Spielhallen in der Stadt, S. 109 ff.

B. Definition

In der BauNVO ist die Vergnügungsstätte zwar in vielen Baugebieten genannt, jedoch nirgendwo legaldefiniert[50].

I. Herrschende Definition

1. Im Ergebnis einheitliche Definition in Literatur und Rechtsprechung

Dennoch wird die Vergnügungsstätte von Literatur und Rechtsprechung in einer im Ergebnis einheitlichen Art und Weise definiert.

a) Verschiedene Quellen in der Literatur

Diese Definition geht aber auf mindestens drei verschiedene Quellen in der Literatur zurück, die bei unvoreingenommener Betrachtung Unterschiede aufweisen.

Nach *Ziegler* sind Vergnügungsstätten „von der Funktion her, die sie für die Benutzer haben, benannt; sie dienen ihrem Vergnügen, enthalten für sie ein Freizeitangebot. Nach dem Sprachgebrauch kann der Begriff [so] umschrieben werden: Vergnügungsstätten enthalten ein [...] kommerzielles Freizeitangebot, das der Zerstreuung und Entspannung sowie erotischen, sexuellen Interessen dienen soll; das Vergnügen kann allein im Zuschauen oder Zuhören oder in einer durch die Anlage angebotenen Tätigkeit bestehen, z.B. Tanzen oder Spielen an Spielautomaten“.[51]

Für *Fickert/Fieseler* sind Vergnügungsstätten gewerbliche Nutzungen, „die sich in unterschiedlicher Ausprägung (wie Amüsierbetriebe, Diskotheken, Spielhallen) unter Ansprache (oder Ausnutzung) des Sexual-, Spiel- und/oder Geselligkeitstriebes einer *bestimmten* gewinnbringenden ‚Freizeit'-Unterhaltung widmen“[52], was *Fickert* an andere Stelle als „der Befriedigung bestimmter Triebe oder der (schlichten) Zerstreuung durch die Sinne [...] beanspruchende Unterhaltung dienen.“[53] paraphrasiert.

---

50 Vgl. dazu 4. Teil B.

51 *Ziegler*, in: Brügelmann, BauGB, § 4a BauNVO, Rn. 56.

52 *Fickert/Fieseler*, BauNVO, § 4a, Rn. 22; zustimmend: *Roeser*, in: K/R/S, BauNVO, § 7, Rn. 16; *Stange*, in: Gelzer, S. 131; aus der Rechtsprechung etwa: VGH Mannheim 3.9.2012 – NVwZ-RR 2012, S. 919, 920; VGH Kassel 19.9.2006 – NVwZ-RR 2007, S. 81; OVG Saarlouis 24.4.2009 – BRS 74 Nr. 202, S. 923.

53 *Fickert*, BauR 1985, S. 5.

Auf *Dolde/Schlarmann* geht die Formulierung zurück, Vergnügungsstätten seien Gewerbebetriebe besonderer Art, „bei denen die kommerzielle Unterhaltung der Besucher im Vordergrund steht.“[54]

b) Einheitliche Definition

Ganz überwiegend wird zwischen diesen Ausführungen aber kein Unterschied gesehen. Die von *Dolde/Schlarmann* und *Fickert/Fieseler* werden gleichgesetzt und entsprechend mit „Freizeitgestaltung und Amüsierbetrieb“; „Entspannung und angenehme Freizeitgestaltung“; „kommerzielle Freizeitgestaltung und Vergnügen“ paraphrasiert, wie die Verweise zeigen.[55]

Zudem ist es häufig zu beobachten, dass die verschiedenen, scheinbar unterschiedlichen Teile der obigen Beschreibungen – wie bestimmte Schlagworte oder die explizite Betonung städtebaulicher Kriterien – sorglos kombiniert, oft synonym und ohne Problematisierung verwendet werden.[56]

Der Übergang zwischen den daraus resultierenden Formulierungen sowie den Beschreibungen durch *Fickert/Fieseler*, *Dolde/Schlarmann* und *Ziegler* ist oft fließend und ein Zusammenhang zwischen den unterschiedlichen Ansichten hinsichtlich der unter den Begriff der Vergnügungsstätte zu subsumierenden Nutzungen und den unterschiedlichen Definitionen wird nicht aufgezeigt.

Auch die Rechtsprechung folgt weitgehend den sich aus der Literatur ergebenden Ansätzen.[57]

---

54 *Dolde/Schlarmann*, BauR 1984, S. 121, 122; zustimmend: *Scharmer*, Steuerungsmöglichkeiten, S. 13 f.; *Bielenberg*, in: E/Z/B/K, BauGB, 55. Lfg. 1997, § 4a BauNVO, Rn. 58; *Schlichter/Friedrich*, WiVerw 1988, S. 199, 208; *Jahn*, BauR 1990, S. 280, 281; *Ellenrieder*, Niveaupflege, S. 16 f.; *Aschke*, in: Kröninger/Aschke/Jeromin, BauGB, §4a BauNVO, Rn. 20; aus der Rechtsprechung: OVG Münster 13.9.1994 – GewArch 1995, S. 124 f.; 27.4.2006 – BRS 70 Nr. 70, S. 388; OVG Bautzen 5.9.1995 – SächsVBl 1995, S. 286; VGH Mannheim 19.10.1998 – BauR 1999, S. 1278; VGH München 6.9.2010 – juris, Rn. 16.

55 Vgl. etwa *Schlichter/Friedrich*, WiVerw 1988, S. 199, 208; *Ellenrieder*, Niveaupflege, S. 16 f.; *Jahn*, BauR 1990, S. 280, 281; VGH Kassel 25.8.2008 – NVwZ-RR 2009, S. 143, 144; VGH Mannheim 19.10.1998 – BauR 1999, S. 1278; zustimmend: VGH München 6.9.2010 – juris, Rn. 16; OVG Berlin 17.3.1999 – BauR 1999, S. 1004, 1006; VGH Mannheim 22.9.1989 – UPR 1990, S. 275.

56 Vgl. nur *Stühler*, GewArch 2006, S. 20, 22; *Wahlhäuser*, in: Bönker/Bischopink, BauNVO, § 4a, Rn. 69; *Reidt*, in: Gelzer/Bracher/Reidt, BauPlR, Rn. 1433; *Stock*, in: E/Z/B/K, BauGB, § 4a BauNVO, Rn. 69; insbesondere in der Rechtsprechung etwa: OVG Koblenz 1.6.1999 – BauR 1999, S. 1010, 1011; VGH Kassel 25.8.2008 – NVwZ-RR 2009, S. 143, 144.

57 *Stühler*, BauR 2013, S. 685; *Rausch*, DÖV 2009, S. 667, 669.

Der einzige genuine Beitrag der Rechtsprechung war lange Zeit (bis 2006, s. dazu II. 2. d)) die Prägung des Begriffs der kerngebietstypischen Vergnügungsstätte durch das Bundesverwaltungsgericht (s. A. III.), die als „zentraler Dienstleistungsbetrieb" durch ihr „typisches Erscheinungsbild" wechselseitig den Charakter des Kerngebiets bestimmt. Damit wurden – im Unterschied zu den bisher üblichen Definitionen – mithilfe einer teleologisch-systematischen Auslegung zwar städtebaulich bedeutsame Kriterien aufgestellt[58], die aber durch die Entwicklung der nicht kerngebietstypischen Vergnügungsstätte im gleichen Atemzug wieder relativiert wurden (s.u. II. 4.).

c) *Kritik von Fickert/Fieseler*

An einigen Stellen kritisieren *Fickert/Fieseler* die Ausführungen von *Ziegler* und *Dolde/Schlarmann.* Das entscheidende Abstellen auf die häufig verwendeten Floskeln „(kommerzielle) Unterhaltung, Entspannung oder angenehme Freizeitgestaltung" oder der subjektive Ansatz von *Zieglers* Definition seien eine für die Auslegung eines bauplanungsrechtlichen Begriffes unzulässige rein vergnügungssteuer- bzw. gewerbe(steuer)rechtliche Sicht ohne Berücksichtigung städtebaulicher Aspekte.[59] Daher umfassten sie fast alles, was im weitesten Sinne „Vergnügen" bereiten könne.[60] Auch Kneipe oder Café, „zumal wenn [...] ein ‚Alleinunterhalter' (früher Klavierspieler mit Stehgeiger) zum Nachmittags-Tanztee oder auch zur Abendunterhaltung aufspielt"[61] sowie Sportanlagen mit vielen Zuschauern, wenn nicht der Wettkampf, sondern die kommerzielle Unterhaltung der Besucher im Vordergrund steht wie kommerzielle Boxkämpfe, Sechstagerennen und Ähnliches.[62]

Fickert/Fieseler wollen dagegen unter Vergnügungsstätten gerade nur eine *bestimmte* – und nicht jede – Art von (kommerzieller) Unterhaltung fassen (s. o.).[63]

Dieser Kritik scheint jedoch ein Missverständnis zugrunde zu liegen. Die Ausführungen von *Ziegler* und *Dolde/Schlarmann* stellen keineswegs ausschließlich auf die weite Definition des Vergnügungssteuerrechts ab. Bei der Definition von

---

58 S. 3. Teil A. I. 1. und 1. Teil B. II. 3., 4.

59 *Fickert/Fieseler*, BauNVO, § 4a, Rn. 22.51; 22.1; 22.7; OVG Schleswig 6.12.2001 – JurionRS 2001, 19116, Rn. 26.

60 *Fickert/Fieseler*, BauNVO, § 4a, Rn. 22.

61 *Fickert/Fieseler*, BauNVO, 12. Aufl. 2014, § 4a, Rn. 23.63.

62 Vgl. *Ziegler*, in: Brügelmann, BauGB, 67. Lfg. 2008, § 4a BauNVO, Rn. 65 und auch 2. Teil D. IV.

63 Zu ihren „städtebaulichen" Konkretisierungen: S. II. 2. a) bis c).

Dolde/Schlarmann handelt es sich nur um eine kurze und damit notwendigerweise vereinfachende Umschreibung. Dass sie Kneipen und Cafés nicht erfasst, ergibt sich aus den von den Autoren angeführten Beispielen. Entsprechend geben auch *Fickert/Fieseler* an anderer Stelle selbst zu, dass die Definitionen „im Ergebnis" gleich sind,[64] und verwenden dort ebenso die kritisierten „Floskeln"[65]. Auch *Ziegler* erwidert auf *Fickert/Fieselers* Kritik, dass das kommerzielle Angebot nur ein – aber kein entscheidendes – Merkmal sei. Dass kommerzielle Angebote auch anderen Nutzungsarten als Vergnügungsstätten eigen sein könnten und eine Auslegung nach städtebaulichen Gesichtspunkten zu erfolgen habe, sei selbstverständlich.[66]

2. *Ansätze städtebaulicher Betrachtung*

Dem Grunde nach besteht also Einigkeit darüber, dass es sich bei dem Begriff der Vergnügungsstätte in der BauNVO um einen genuin planungsrechtlichen Begriff handelt, der daher städtebaulich (und nicht etwa steuer- oder gewerberechtlich[67]) auszulegen ist.

Wie weit diese städtebauliche Auslegung gehen soll, wird jedoch unterschiedlich verstanden.

Manchen genügt dabei schon die Berücksichtigung der bloßen Erfordernisse der spezifischen (und rein formellen) Systematik der BauNVO: die Abgrenzung zu den anderen dort vorkommenden Nutzungsbegriffen und die Berücksichtigung der Voraussetzung des § 29 Abs. 1 BauGB (s. dazu sogleich 3. a) und c)).[68]

Häufig wird aber auch darauf hingewiesen, Vergnügungsstätten seien mit (negativen) städtebaulichen Auswirkungen, insbesondere Lärm, Trading-down-Effekt[69] und Beeinträchtigung des Stadt- und Straßenbilds, verbunden.[70]

---

64 *Fickert/Fieseler*, BauNVO, § 4a, Rn. 22; vgl. auch *Ziegler*, in: Brügelmann, BauGB, § 4a BauNVO, Rn. 66.

65 *Fickert/Fieseler*, BauNVO, § 4a, Rn. 22; ebenso Verwendung dieser „Floskeln" im Zusammenhang mit der Definition von *Fickert/Fieseler* etwa bei OVG Koblenz 9.3.2007 – juris, Rn. 8; 14.4.2011 – BRS 78 Nr. 198, S. 861; OVG Bautzen 9.12.2009 – juris, Rn. 6.

66 *Ziegler*, in: Brügelmann, BauGB, 87. Lfg. 2013, § 4a BauNVO, Rn. 58.

67 S. dazu 4. a) sowie II. 2.

68 So wohl *Ziegler*, in: Brügelmann, BauGB, 87. Lfg. 2013, § 4a BauNVO, Rn. 58; *Dolde/Schlarmann*, BauR 1984, S. 121 f.

69 Dazu ausführlich 2. Teil B. I. 2. b).

70 *Fickert/Fieseler*, BauNVO, § 4a, Rn. 22, 22.1, 22.2; zustimmend: VGH Mannheim 28.11.2006 – BRS 70 Nr. 73, S. 400; 3.9.2012 – NVwZ-RR 2012, S. 919, 920; OVG Schleswig 6.12.2001 – JurionRS 2001, 19116, Rn. 26; *Roeser*, in: K/R/S, BauNVO, § 7,

Im Ergebnis bleibt jedoch die Definition der Vergnügungsstätten über den allgemeinen Sprachgebrauch primär, denn es wird nicht nur an ihr festgehalten, sondern die städtebaulichen Auswirkungen werden in der Regel auch nicht als explizites Merkmal oder an prominenter Stelle in die Definition eingebaut (vgl. o. 1. a)) oder nur im Fall von aufgrund des allgemeinen Sprachgebrauchs bestehenden Abgrenzungsproblemen – als sekundäres Hilfskriterium – verwendet[71]. Abgrenzungen zu anderen Nutzungen werden ebenso über den allgemeinen Sprachgebrauch vorgenommen (s. dazu 3. c)). Vor allem aber werden die städtebaulichen Auswirkungen kaum konkretisiert, bewusst oder systematisch behandelt (s. dazu II.). Auch werden sie bei der Diskussion der konkreten Nutzungsarten nur selten erwähnt und eine vertiefte und ausdrückliche Subsumtion findet in diesem Fall jedoch nicht statt (vgl. dazu im 2. Teil).

Insbesondere wird häufig nicht klar, ob es bei den genannten Auswirkungen bloß um faktische Beobachtungen mancher Formen der Vergnügungsstätten geht, die keine notwendigen Voraussetzungen für das Vorliegen einer Vergnügungsstätte sind, oder *typische* Eigenschaften einer Vergnügungsstätte im Sinne der typisierenden Betrachtungsweise gemeint sind[72].

Die Definition von Vergnügungsstätten nach ihren städtebaulichen Auswirkungen bleibt daher – auch bei *Fickert/Fieseler* – in Ansätzen stecken.

Das Festhalten an der Definition über den allgemeinen Sprachgebrauch wird, wenn es problematisiert wird, damit gerechtfertigt, dass das Abzielen der Nutzung auf Amüsierkonsum und Unterhaltung gerade für die städtebaulichen Auswirkungen maßgeblich sei[73], die Merkmale einer Definition über den

---

Rn. 16; *Bönker,* in: Bönker/Bischopink, BauNVO, § 7, Rn. 80; *Aschke*, in: Kröninger/Aschke/Jeromin, BauGB, § 4a BauNVO, Rn. 20; *Schlichter/Friedrich*, WiVerw 1988, S. 199, 208; *Jahn*, BauR 1990, S. 280, 281.

71 So z.B. beim Kino, S. 2. Teil D. I. 3.

72 So wird, erst in letzter Zeit verstärkt, zum Teil der üblichen Definition der Vergnügungsstätte der Satz hinzugefügt: „Für den städtebaulichen Bezug ist wesentlich, dass solche Einrichtungen typischerweise mit negativen Folgewirkungen, wie z.B. […], verbunden sind." (etwa bei OVG Koblenz 9.3.2007 – juris, Rn. 8; OVG Münster 13.12.2017 – juris, Rn. 45) oder formuliert: „Entscheidend ist, wie die unter dem Begriff Vergnügungsstätten zusammengefassten Nutzungen sich typischerweise städtebaulich auswirken, insbesondere warum sie deshalb mit dem allgemeinen Wohngebiet unvereinbar sind." (*Fickert/Fieseler*, BauNVO, § 4a, Rn. 22.1; VG Karlsruhe 11.8.2010 – juris, Rn. 31; BVerwG 20.11.2006 – BRS 70 Nr. 71, S. 391; Materialien zur BauNVO, S. 68; so jetzt, 104. Lfg., auch *Ziegler*, in: Brügelmann, BauGB, § 4a BauNVO, Rn. 61b (bezüglich Lasertag, ohne aber seine obige Definition angepasst zu haben). S. dazu u. II.

73 Vgl. OVG Schleswig 6.12.2001 – JurionRS 2001, 19116, Rn. 26.

allgemeinen Sprachgebrauch also (objektiv-)deskriptiv und zugleich städtebaulich seien[74], mithin Wortlaut und städtebauliches Telos gleichlaufen oder sich jedenfalls nicht widersprechen. Eine Begründung kann für diese Auffassung jedoch nicht gegeben werden. Zudem entsprechen dieser These selbst bei einem weiten Verständnis städtebaulicher Auswirkungen (s. II. 2 a) nicht alle aus der Definition abgeleiteten Ergebnisse (vgl. insbesondere 2. Teil D. IV.)[75].

Aufgrund all dessen, und obwohl sich bisher keine einheitliche, wortwörtlich identische Definition herausgebildet hat, werden die drei genannten Definitionen der Literatur – und ihre Mischformen – zu Recht als im Ergebnis einheitliche Definition angesehen.[76]

3. *Vertiefte Erläuterung der herrschenden Definition*

Da materiell-städtebauliche Elemente also nie primär oder konsequent eingebaut werden, kann im Ergebnis als herrschende Definition zusammengefasst werden: Vergnügungsstätten sind Gewerbebetriebe (b)) zur vergnüglichen Freizeitunterhaltung, die weder Schank- und Speisewirtschaften noch Anlagen für sportliche oder kulturelle Zwecke sind (c)).

Es handelt sich dabei also um eine Definition nach dem allgemeinen Sprachgebrauch, und damit dem Wortlaut[77] unter Berücksichtigung der (allerdings nur formalen) Systematik.

Bei unvoreingenommener und allgemeiner Betrachtung des Wortes „Vergnügungsstätte" ist darunter ein Ort zu verstehen, der dem Vergnügen dient. Diese Definition muss jedoch, weil „Vergnügungsstätte" hier als einer der

74 *Jacob*, ZfWG 2012, S. 153, 154.

75 Beim angezeigten engen Verständnis städtebaulicher Auswirkungen ist ein Gleichlauf mit dem allgemeinen Sprachgebrauch von Vergnügungsstätte gar nur im Bereich des nächtlichen Amüsements (2. Teil A.) festzustellen, s.u. III.

76 Vgl. etwa VGH Mannheim 19.10.1998 – BauR 1999, S. 1278; VGH München 6.9.2010 – juris, Rn. 16; VG Karlsruhe 30.7.2009 – juris, Rn. 23; *Schmitz*, LKV 1997, S. 345, 346. Auch *Jeromins* Definition (vgl. *Jeromin*, Zulässigkeit von Vergnügungsstätten, S. 12 f.) übt keine grundlegende Kritik an den bisher vorgestellten Definitionen und entspricht ihnen im Ergebnis (*Jahn*, BauR 1990, S. 280, 282).

77 Denn die Wortlautauslegung orientiert sich an den „Buchstaben des Gesetzes" ausgehend davon, dass der Gesetzgeber von den Bürgern auch verstanden werden will. Sie orientiert sich daher letztlich am allgemeinen Sprachgebrauch (*Zimmermann*, Behandlung der Prostitution, S. 136; vgl. auch *Aschke*, in: Kröninger/Aschke/Jeromin, BauGB, § 4a BauNVO, Rn. 20).

Nutzungsbegriffe der §§ 2 ff. BauNVO untersucht wird, jedenfalls im Hinblick auf die folgenden drei Aspekte präzisiert werden.

a) Vorhaben im Sinne des § 29 Abs. 1 BauGB

Aus der Stellung der „Vergnügungsstätte" in den §§ 2 ff. BauNVO folgt zunächst, dass nur Vorhaben im Sinn des § 29 Abs. 1 BauGB erfasst sind, weshalb vergnügliche Ad-hoc-Veranstaltungen ausgeschlossen sind. Der Ausschluss von Ad-hoc-Veranstaltungen kann zudem bei jedem der in den §§ 2 ff. BauNVO genannten Nutzungsbegriffe bereits dem Wortlaut entnommen werden (z.B. „Schank- und Speise*wirtschaft*", „Laden" oder Begriffsteile wie „Gebäude", „Anlage" oder „Betrieb"), denn diese Nutzungsbegriffe sollen verschiedenste bauliche Anlagen unter einen Sammelbegriff zusammenfassen. Dementsprechend ist in vielen anderen Rechtsgebieten unter Auslassung des Begriffsteils „Stätte" nur von „Vergnügen" oder „Vergnügungsveranstaltung" die Rede (vgl. 4.).

Eine Aufnahme des Kriteriums des Vorhabens in eine praktikable Definition der Vergnügungsstätte ist also nicht nötig.

b) Gewerbliche Nutzung

Dass Vergnügungsstätten „eine besondere Art der Gewerbebetriebe" sind, meint in einem systematisch-inhaltlichen Sinn, dass Vergnügungsstätten auch die Voraussetzungen eines (sonstigen) Gewerbebetriebs im Sinne der BauNVO erfüllen, aber noch weitere Merkmale hinzukommen.

Um Missverständnisse über die seit der Reform der BauNVO von 1990 explizit ausgeschlossene Subsumierbarkeit der Vergnügungsstätten unter die sonstigen Gewerbebetriebe zu vermeiden (vgl. A. III. und IV.), kann auch formuliert werden, dass es (ein) Kennzeichen der Vergnügungsstätten ist, dass sie „kommerziell betrieben" werden.

Eine solche Einstufung ist erforderlich für die Abgrenzung der in der BauNVO auch genannten Wohn- und Gemeinbedarfsnutzungen, bei denen das Gewinnstreben nicht im Vordergrund steht.

Durch das Kriterium der gewerblichen Nutzung indiziert ist ein Abgrenzungsbedürfnis zu den sonstigen – also allgemeinen – Gewerbebetrieben ebenso wie zu anderen Unterarten der Gewerbebetriebe (etwa den Einzelhandelsbetrieben)[78], das sich umso dringender stellt, als die

78 *Lieber*, VBlBW 2011, S. 6, 7.

Vergnügungsstätten nicht mehr unter die Gewerbebetriebe subsumiert werden können.[79]

Die herrschend als Vergnügungsstätten angesehenen Nutzungen erfüllen das Kriterium der gewerblichen Nutzung.

Über kleinere Abgrenzungsprobleme zum Wohnen (insbesondere im Bereich der Prostitution und Swingerclubs, vgl. 2. Teil C. I. 1. c), II. 2.) hinausgehende Schwierigkeiten gibt es nur bei Spielbanken, denn bei ihnen findet gerade kein Gewerbe- oder vergleichbarer wirtschaftlicher Geschäftsbetrieb statt[80]. Vielmehr sind Spielbanken keine Gebilde des wirtschaftlichen Lebens, sondern Einrichtungen zum Schutz der natürlichen Spielleidenschaft vor strafbarer Ausnutzung. Damit unterfallen sie auch nicht dem „Recht der Wirtschaft" i.S.d. Art. 74 Abs. 1 Nr. 11 GG sondern dem (Landes-)Recht der öffentlichen Sicherheit.[81]

Zwar ist für das Vorliegen eines Gewerbes im bauplanungsrechtlichen Sinn nicht, wie im Gewerberecht, primär Gewinnerzielungsabsicht oder Erlaubtheit relevant[82], sondern, dass die Nutzung regelmäßig und in der Öffentlichkeit angeboten und jedermann gegen ein Entgelt zur Verfügung gestellt wird[83], was auch eine Spielbank erfüllt.

Jedoch nimmt eine Spielbank mit dem Schutz der „natürlichen Spielleidenschaft vor strafbarer Ausbeutung"[84] eine öffentliche Aufgabe wahr und dient damit zumindest auch dem öffentlichen Interesse.[85] Für solche Gemeinbedarfsnutzungen wird bisher regelmäßig keine Einstufung als Vergnügungsstätte oder Gewerbebetrieb, sondern als Anlage für kirchliche, kulturelle, soziale, gesundheitliche oder sportliche Zwecke vorgenommen[86].

Bei enger Auslegung des Kriteriums des (besonderen) Gewerbebetriebs wäre also die Vergnügungsstätteneigenschaft von Spielbanken durchaus diskutabel.

---

79 Was Vergnügungsstätten inhaltlich von den allgemeinen und den anderen Gewerbebetrieben der BauNVO unterscheidet, erhellt sich unter II. 3., 4.

80 So ohne Problematisierung: *Jeromin*, Zulässigkeit von Vergnügungsstätten, S. 10.

81 BVerfG 18.3.1970 – E 28, S. 119, 146 ff.

82 Vgl. *Stober*, WiVerw 1984, S. 129, 141 f.; *Fickert/Fieseler*, BauNVO, § 2, Rn. 24; OVG Koblenz 3.2.1982 – GewArch 1982, S. 162.

83 Das spricht aber nicht gegen die Möglichkeit geschlossener Gesellschaften, vgl. VGH München 30.7.2002 – juris, Rn. 2 für eine Festhalle.

84 So BVerfG 18.3.1970 – E 28, S. 119, 148.

85 S. dazu etwa *Fickert/Fieseler*, BauNVO, vor §§ 2 ff., Rn. 11.6; *Söfker*, in: E/Z/B/K, BauGB, § 9, Rn. 58 m.w.N. aus der Rechtsprechung des Bundesverwaltungsgerichts.

86 Vgl. nur *Stock*, in: E/Z/B/K, BauGB, § 4 BauNVO, Rn. 78. Daher kann dieses Problem auch nicht durch eine Modifizierung der Definition der Vergnügungsstätte, etwa durch einen Verzicht auf das Kriterium der gewerblichen Nutzung, gelöst werden.

Dennoch wird dieses Problem in Literatur und Rechtsprechung bisher nicht thematisiert und die Spielbank unproblematisch als Vergnügungsstätte angesehen.[87]

c) Versuch der Abgrenzung zu anderen Nutzungsarten durch Präzisierungen des allgemeinen Sprachgebrauchs

Zwar können auch Kunst, Kultur, Sport oder der Kneipenbesuch Vergnügen im Sinne des allgemeinen Sprachgebrauchs bereiten. Jedoch sind in den §§ 2 ff. BauNVO neben den Vergnügungsstätten auch Anlagen für kulturelle oder sportliche Zwecke sowie Schank- und Speisewirtschaften genannt. Daher wird betont, dass (reine) Schank- und Speisewirtschaften, Anlagen für kulturelle Zwecke sowie Anlagen für sportliche Zwecke nicht unter die Definition der Vergnügungsstätte fallen und diese zu unterscheiden sind.[88]

Zur sachgerechten Abgrenzung ist diese Wendung jedoch mangels tiefergehender Kriterien unfruchtbar und überdies rein tautologisch, denn es handelt sich ja um *andere* eigenständige geregelte Nutzungsarten[89] und daher selbstverständlich nicht um Vergnügungsstätten.

Einzige, aber nur wenig weiterführende Erkenntnis ist, dass die Vergnügungsstätte im Bereich „Vergnügen und Freizeitunterhaltung" einen gewissen Auffang- und Subsidiaritätscharakter innehat[90]. Was aus diesem Bereich nicht nach dem allgemeinen Sprachgebrauch unter Anlagen für kulturelle oder sportliche Zwecke oder Schank- und Speisewirtschaften fällt, soll Vergnügungsstätte sein. Deshalb werden auch die zunehmend verbreiteten Freizeit(groß)projekte, die verschiedenen Elemente – etwa die von Gaststätten, Sport, Kultur und

87 Zur diesseitigen Einordnung der Spielbanken, s. 2. Teil B. I. 4.

88 Vgl. o., etwa OVG Koblenz 9.3.2007 – juris, Rn. 8; OVG Bautzen 9.12.2009 – juris, Rn. 6; VG Karlsruhe 11.8.2010 – juris, Rn. 30; *Bönker*, in: Bönker/Bischopink, BauNVO, § 7, Rn. 81; *Jäde/Dirnberger*, BauGB und BauNVO, § 4a BauNVO, Rn. 16; *Reidt*, in: Gelzer/Bracher/Reidt, BauPlR, Rn. 1432; *Roeser*, in: K/R/S, BauNVO, § 7, Rn. 16; *Dolde/Schlarmann*, BauR 1984, S. 121; *Aschke*, in: Kröninger/Aschke/Jeromin, BauGB, § 4a BauNVO, Rn. 20; *Jeromin*, Zulässigkeit von Vergnügungsstätten, S. 15 und *Wank*, Spielhalle, S. 50.

89 Dies ergibt sich schon aus ihrer eigenständigen Nennung in der BauNVO, auch neben den Vergnügungsstätten, vgl. etwa § 7 Abs. 1 BauNVO.

90 Vgl. etwa *Zimmermann*, Behandlung der Prostitution, S. 137 ff.; *Jeromin*, Zulässigkeit von Vergnügungsstätten, S. 12 ff.

Vergnügungsstätten – zusammenfassen, überwiegend als Vergnügungsstätte angesehen.[91]

Da die Nutzungsbegriffe Vergnügungsstätte, Anlage für kulturelle oder sportliche Zwecke sowie Schank- und Speisewirtschaft nach der Systematik der BauNVO gleichrangig nebeneinanderstehen, ist für ihre Abgrenzung grundsätzlich der Schwerpunkt des zur Debatte gestellten konkreten Vorhabens maßgeblich. In Literatur und Rechtsprechung wird in diesem Rahmen regelmäßig primär darauf abgestellt, ob die Angebote des Vorhabens, und damit im Ergebnis oft dessen innere Nutzung, dem allgemeinen Sprachgebrauch von „Vergnügen" im Unterschied etwa zu „Sport" und „Kultur" entsprechen.[92]

Ein solches Vorgehen ist zwar nach dem Begriffssystem, auf dem die BauNVO aufgebaut ist, vertretbar, entfernt sich aber erheblich von der nötigen städtebaulichen Betrachtung.[93]

Aufgrund der durch die anderen Nutzungsbegriffe der BauNVO ausgelösten Abgrenzungserfordernisse sollte der Begriff der Vergnügungsstätte im Sinne der BauNVO auch im Rahmen der herrschenden Definition nicht isoliert, dem allgemeinen Sprachgebrauch folgend, betrachtet werden, sondern ist enger zu verstehen.[94] Dafür ist eine Präzisierung des geläufigen Sprachgebrauchs angezeigt, die auf unterschiedliche Weise versucht wird.

---

91 So etwa Sauna-/FKK-Clubs, Multiplexe, Freizeitparks, Profisport-/Mehrzweckarenen (vgl. je dort) bis hin zu „urban entertainment centern" (*Bunzel et al.*, Nutzungswandel, S. 186, 213).
Dabei potenzieren sich jedoch Unklarheiten und Abgrenzungsprobleme, die durch das Fehlen einer – spätestens seit den 70er-Jahren erforderlichen – Reflexion des Begriffes entstanden (vgl. 1. Teil A. II und III).
Der Vorschlag, für diese Nutzungen wegen ihres besonderen Charakters und ihrer spezifischen, erheblichen städtebaulichen Auswirkungen einen eigenen Nutzungsbegriff (etwa „Freizeiteinrichtungen") in die BauNVO einzuführen (vgl. Materialien zur BauNVO, S. 72), hat sich bisher nicht durchgesetzt.

92 Vgl. insbesondere 2. Teil A. I. 2.; B. I. 3., III und D; und nur: *Ziegler*, in: Brügelmann, BauGB, § 4a BauNVO, Rn. 56 f.; *Reidt*, in: Gelzer/Bracher/Reidt, BauPlR, Rn. 1433; OVG Lüneburg 22.2.1979 – BRS 35 Nr. 35, S. 96; VGH Mannheim 19.10.1998 – BauR 1999, S. 1278; VGH München 6.9.2010 – juris, Rn. 16; deutlich auch: VGH Kassel 22.2.2012 – juris, Rn. 10 und *Jeromin*, Zulässigkeit von Vergnügungsstätten, S. 13 ff.

93 Zur Problematik insgesamt, S. 4. Teil D. I.

94 S. o. und *Zimmermann*, Behandlung der Prostitution, S. 136.

aa) Lustbarkeit

Am ehesten, wegen des dadurch erreichten Ausschlusses von Anlagen für kulturelle und sportliche Zwecke sowie Schank- und Speisewirtschaften, sei der Charakter der Vergnügungsstätten noch mit dem Begriff der Lustbarkeit zu fassen. Also als eine Veranstaltung, in deren Vordergrund ein besonderer Unterhaltungswert für das Publikum steht.[95] Dass dieser Begriff antiquiert sein mag, schadet nicht, denn die Nutzungsbegriffe der BauNVO stammen aus der Zeit vor den 60er-Jahren des vergangenen Jahrhunderts, als der Begriff der Lustbarkeit noch gebräuchlich war. Jedoch wurde er insbesondere im Vergnügungssteuerrecht verwendet[96] und ermöglicht auch dort keine Abgrenzung.[97] Auch stellt er nur ein weiteres Synonym des allgemeinen Sprachgebrauchs dar.

bb) (Kein) Geselliges Beisammensein bzw. Gemeinschaft

Das Merkmal des geselligen Beisammenseins bzw. der Gemeinschaft wird recht häufig erwähnt. Es wird jedoch sowohl als Voraussetzung für[98] als auch, insbesondere bei der Abgrenzung zu Schank- und Speisewirtschaften, gegen das Vorliegen einer Vergnügungsstätte[99] angeführt.

Nach dem allgemeinen Sprachgebrauch und den rudimentären Andeutungen in Literatur und Rechtsprechung ist unter geselligem Beisammensein und

---

95 *Jäde/Dirnberger*, BauGB und BauNVO, § 4a BauNVO, Rn. 16 f. Im Ergebnis so auch VGH Mannheim 11.12.1984 – BRS 44 Nr. 106, S. 260.

96 Vgl. PrOVG 78, S. 106, 110 f.; S. 112, 114.

97 Vgl. 4. a).

98 Vgl. bei Prostitutionsbetrieben in Abgrenzung zu Gewerbebetrieben (dazu 2. Teil C. I. 3. b) aa)), Wettbüros in Abgrenzung zu Läden (dazu 2. Teil B. II. 1.); für Kegelbahnen als Vergnügungsstätte in Abgrenzung zu Anlagen für sportliche Zwecke (*Jeromin*, Zulässigkeit von Vergnügungsstätten, S. 17 f.) oder für alle Vergnügungsstätten – es sei aufgrund der üblicherweise unter die Vergnügungsstätte subsumierten Nutzungen naheliegend, dass – zumindest strukturell – das Gemeinschaftserlebnis im Vordergrund stehen muss (*Weidemann*, in: Die städtebauliche Steuerung von Vergnügungsstätten, S. 28).

99 VG Düsseldorf 14.4.2005 – juris, Rn. 48 (gegen Festhalle als Vergnügungsstätte in Abgrenzung zu Gewerbebetrieb); so wohl auch *Dziallas/Kullick*, NZBau 2012, S. 284. Zum Teil wird das Kriterium sogar von denselben Autoren sowohl für, als auch gegen das Vorliegen einer Vergnügungsstätte ins Feld geführt, vgl. *Wahlhäuser*, in: Bönker/Bischopink, BauNVO, § 4a, Rn. 69, 71; *Fickert/Fieseler*, BauNVO, § 4a, Rn. 22, 22.6.

Gemeinschaft das Zwischenmenschliche, der Austausch mit anderen, die wechselseitige Kommunikation zu verstehen.[100]

In städtebaulicher Hinsicht ist zu bedenken, dass dies zu Feiern, Alkoholkonsum und lauter Kommunikation auch vor dem Gebäude führt und damit gerade gesteigerte Lärmemissionen entstehen.[101]

Wenn das gesellige Beisammensein bzw. die Gemeinschaft der entscheidende Unterschied zwischen Vergnügungsstätten und Schank- und Speisewirtschaften sein soll, ist schwer erklärbar, warum (der Versorgung des Gebiets dienende) Schank- und Speisewirtschaften im allgemeinen Wohngebiet allgemein zulässig, Vergnügungsstätten aber unzulässig und Schank- und Speisewirtschaften auch in vielen anderen Baugebieten erheblich privilegiert sind.[102]

Ohnehin ist die besonders relevante Abgrenzung von Schank- und Speisewirtschaft zur Vergnügungsstätte Tanzlokal[103] mit diesem Kriterium gerade nicht möglich, denn geselliges Beisammensein und Gemeinschaft liegen auch in Tanzlokalen vor[104].

Auch für das ganz herrschende Verständnis von Vergnügungsstätten kann das Kriterium nicht angeführt werden, denn das Vorliegen geselligen

---

100 Vgl. *Weidemann*, in: Die städtebauliche Steuerung von Vergnügungsstätten, S. 29. Die „Kommunikation" wird zum Teil als typisch für Schank- und Speisewirtschaften angesehen, vgl. VG Regensburg 4.8.2008 – unv (für § 1 Abs. 1 Nr. 1 SpielV); *Pöltl*, GastR, § 2 GastG, Rn. 77). Andererseits wird teilweise ein Gegensatz zu „Amüsierkonsum" und „kommerzieller Unterhaltung" gesehen (OVG Schleswig 6.12.2001 – JurionRS 2001, 19116, Rn. 26; VGH Mannheim 19.10.1998 – BauR 1999, S. 1278; VGH München 6.9.2010 – juris, Rn. 16; *Reidt*, in: Gelzer/Bracher/Reidt, BauPlR, Rn. 1433; *Wahlhäuser*, in: Bönker/Bischopink, BauNVO, § 4a, Rn. 71).

101 Etwaiges geringeres Verkehrsaufkommen pro Besucher (etwa aufgrund mehr Fahrgemeinschaften und längerer Aufenthaltsdauer) dürfte schon dadurch ausgeglichen werden, dass aufgrund der Geselligkeit die Tendenz zu einer höheren Besucherzahl besteht.

102 S. dazu 2. Teil B. I. 2 a)

103 Vgl. dazu 2. Teil A. I. 2.

104 Ebenso *Jeromin*, Zulässigkeit von Vergnügungsstätten, S. 7; a.A. *Fickert/Fieseler*, BauNVO, § 4a, Rn. 22.6, denn dort stünde jedenfalls nicht „die Pflege der Geselligkeit im hergebrachten Verständnis" im Vordergrund. Jedoch bezeichnet sogar das Bundesverwaltungsgericht Tanz als „gesellige[] Freizeitbeschäftigung" (BVerwG 25.11.1993 – GewArch 1994, S. 108, 109).

Beisammenseins ist für Spielhallen[105] und -banken[106] strittig, für Peepshows gänzlich ausgeschlossen.

cc) Passivität

Die Passivität des Kunden, die sich auch unter die oft verwendeten Begriffe „Unterhaltung“ oder „Amüsierkonsum“ fassen lassen kann, wird als Voraussetzung für Vergnügungsstätten vor allem bei Spielhallen oder in Abgrenzung zu Prostitutionsbetrieben eingebracht. Andere[107] lehnen das Kriterium Passivität generell ab.

Die Passivität des Kunden kann zwar zu Anlagen für kirchliche, kulturelle, soziale, gesundheitliche oder sportliche Zwecke abgrenzen, wenn diese als aktive Freizeitgestaltung mit Bildung, körperlicher Aktivität, sozialem oder politischem Engagement angesehen werden.

Im Laufe dieser Arbeit wird aber aufgezeigt, dass ein solches Verständnis unrichtig ist[108] und das Begriffspaar „aktiv-passiv“ eine Abgrenzung zwischen Vergnügungsstätten und anderen Nutzungsbegriffen nicht hergibt[109].

4. Der Begriff der Vergnügung(sstätte) in anderen Gesetzen und Rechtsgebieten

Möglicherweise kann eine Betrachtung der Auslegung des Begriffs „Vergnügung(sstätte)“ in anderen Gesetzen, in denen er vorkommt, dabei helfen, die baurechtliche Definition zu präzisieren.

a) Im Recht der Vergnügungssteuer

Es kann nicht pauschal gesagt werden, was unter die Vergnügungssteuer fällt, insofern sich in dieser Hinsicht nicht nur ein historischer Wandel vollzieht; sondern vor allem da die Tatbestände der Vergnügungssteuer weitgehend frei – zum Teil (insbesondere früher) von den Ländern, aber überwiegend – von den

---

105 Vgl. 2. Teil B. I. 2 a) und *Reichertz et al.*, Jackpot, S. 161; VG München 14.1.2008 – juris, Rn. 30. Nach a.A. sind auch Spielhallen geselliger, sozialer Treffpunkt (vgl. *Krämer-Badoni*, in: Scharmer, Spielhallen in der Diskussion, S. 19, 30 ff.; *Koch*, Spielhallen in der Stadt, S. 33; *Heinz/Janssen/Mittag/Scharmer/Schneidewind*, Strukturveränderungen, S. 22; BR-Drs 881/10 – Abschlussbericht des IFT S. 89 f., 94, 100.)

106 Vgl. BR-Drs 881/10 – Abschlussbericht des IFT, S. 114.

107 VGH Mannheim 18.9.1991 – VBlBW 1992, S. 101, 102; VG Karlsruhe 30.7.2009 – juris, Rn. 23.

108 S. etwa 2. Teil B. III.

109 S. 2. Teil C. I. 3. b) bb)

jeweiligen Gemeinden per Satzung auf der Grundlage der jeweiligen Kommunalabgabengesetze erlassen werden.[110]

Insbesondere Randbereiche des Wortsinnes der Vergnügung werden dabei sehr uneinheitlich eingestuft, sodass die zahlreichen unterschiedlichen Satzungen und Landesgesetze bei der Einordnung von Grenzfällen kaum weiterhelfen.

Grundsätzlich ermöglicht die Vergnügungssteuer eine Erfassung aller Vergnügungen im weiten Sinn. Nach der schon früh erfolgten Definition durch die Rechtsprechung sind dies Darbietungen, die das Publikum unterhalten und ergötzen sollen[111]; dazu können selbst Vorträge, Theater und Zeitvertreib durch ernste Unterhaltung (Kirchenkonzert, Trauerspiel) gehören[112], mithin also Vergnügungen jeder Art, die zur Zerstreuung und Entspannung geeignet sind[113].

Dieser weite Begriff wird in ganz verschiedener Weise eingeschränkt. Häufig werden nicht kommerzielle Betätigungen ausgenommen, was durchaus mit dem Ansatz der BauNVO, Anlagen für kirchliche, kulturelle, soziale, gesundheitliche oder sportliche Zwecke nicht unter die Vergnügungsstätten zu fassen, vergleichbar ist. Ausgeschlossen werden etwa Veranstaltungen politischer, religiöser, erzieherischer oder wissenschaftlicher Art, wenn keine Gewinnerzielungsabsicht, ein höheres künstlerisch-kulturelles Interesse[114] oder Leibesertüchtigung[115] im Gegensatz zu üppigen, volksfestartigen Rahmenprogrammen (wie Boxkämpfe, Pferde- und Sechstagerennen) gegeben sind.[116] In der Regel von der Vergnügungssteuer erfasst und daher als Kern des Vergnügens im Sinne des Steuerrechts angesehen werden dagegen Tanzveranstaltungen, Zirkus und Ähnliches, Schaustellungen von Personen, die meisten Gewinnspiele[117] sowie

---

110 Landesrechtlich ist die Vergnügungssteuer neben den Stadtstaaten nur noch im Saarland geregelt; in Bayern gibt es momentan keine Vergnügungssteuer, vgl. Art. 3 Abs. 3 Satz 1 des bayrischen Kommunalabgabengesetzes; in den übrigen Bundesländern ist sie Sache der Gemeinden.

111 PrOVG 7.7.1897 – Bd. 32, S. 104; 25.10.1907 – Bd. 51, S. 108, 110.

112 *v. Coelln/Peter*, Vergnügungssteuer, S. 29 ff. m.w.N.

113 VGH Mannheim 3.7.2014 – juris, Rn. 24.

114 Im traditionellen Sinn verstanden als Konzerte klassischer Musik, Ballett, Oper, bis hin zum Inhalt (Sex, Prädikatisierung) von Filmen.

115 Vgl. etwa § 3 Abs. 1 Nr. 9 S. 1 des inzwischen außer Kraft getretenen Niedersächsischen Vergnügungssteuergesetzes v 13.9.1961.

116 Vgl. den Überblick bei *v. Coelln/Peter*, Vergnügungssteuer, S. 9 ff., 129 ff. oder die zahlreichen Gemeindesatzungen.

117 So auch heute noch in den Gemeinden; § 1 des inzwischen außer Kraft getretenen Nordrhein-Westfälischen Gesetzes über die Vergnügungssteuer v. 14.12.1965.

neuerdings verstärkt auch Prostitution[118]. Abgrenzungsprobleme ergeben sich also wie im Baurecht vorrangig in den Bereichen von Film und Sport.[119]

Für die Vergnügungssteuer kann diese Art der Unterscheidung damit gerechtfertigt werden, dass die Vergnügungssteuer seit jeher auch einen prohibitiven Zweck hat; sie soll dem Überhandnehmen von Vergnügungen entgegenwirken[120] und ein Instrument der Kulturpolitik[121] sein.

Dies gilt für das Bauplanungsrecht jedoch gerade nicht. Es darf nicht der Lenkung allgemeinpolitisch für (nicht) förderungswürdig gehaltener Aktivitäten und Produkte ohne bodenrechtlichen Bezug dienen.[122]

So sind im Bauplanungsrecht die objektiven Auswirkungen auf die Nachbarschaft zu betonen (s. II.), während die Vergnügungssteuer auf das subjektiv von den Besuchern empfundene Vergnügen[123] und die Absicht des Veranstalters[124] abstellt.

b) § 18 Gaststättengesetz (GastG): „öffentliche Vergnügungsstätten"

Das allgemeine Gewerberecht, die Gewerbeordnung (GewO), kennt den Begriff des Vergnügens selbst nicht.

Jedoch sind im besonderen Gewerberecht, in § 18 GastG, „öffentliche Vergnügungsstätten" genannt. Diese werden definiert als „jedermann oder bestimmten Personenkreisen zugängliche Orte, an denen Einrichtungen betrieben werden oder Veranstaltungen stattfinden, die zur Unterhaltung dienen"; also angenehmen Zeitvertreib, Geselligkeit sowie Entspannung ermöglichen sollen. Darunter fallen insbesondere auch Theater- und Filmvorführungen unabhängig von ihrem Inhalt[125], Schaustellungen, Musikaufführungen, Tanzveranstaltungen,

---

118 Diese fällt selbstverständlich unter diesen weiten Begriff des Vergnügens, vgl. VGH Mannheim 3.7.2014 – juris, Rn. 24.

119 Vgl. dazu 3. c) sowie 2. Teil B. III. und D.

120 *Mennekes*, Film, S. 10; BVerfG 1.4.1971 – E 31, S. 8, 16.

121 *v. Coelln/Peter*, Vergnügungssteuer, S. 4.

122 Vgl. II. 2. c).

123 Vgl. dort; so beruht die Steuer auf dem Gedanken, dass demjenigen, der sich ein Vergnügen leistet, auch eine zusätzliche Abgabe für die Allgemeinheit zugemutet werden kann und sie soll im Ergebnis den treffen, der sich vergnügt; vgl. etwa VGH Mannheim 3.7.2014 – juris, Rn. 24.

124 PrOVG 7.7.1897 – Bd. 32, S. 104, 106 ff.; 25.10.1907 – Bd. 51, S. 108, 110.

125 VGH München 4.11.1983 – GewArch 1984, S. 144; OLG Stuttgart 29.12.1989 – GewArch 1990, S. 127.

Diese Definition benutzt *Kahler*, GewArch 1982, S. 354, 357 für die Vergnügungsstätte im Sinne der BauNVO.

Festplätze, Spielhallen und Ähnliches[126] sowie auch Sportveranstaltungen, z.B. Boxkämpfe, Sechstagerennen, Bowling, wenn der gesundheitsfördernde Zweck nicht überwiegt.[127]

Sinn des § 18 GastG ist hauptsächlich der Schutz der Nachtruhe.[128] Aufgrund dieses, im Vergleich zum Bauplanungsrecht nur eindimensionalen Schutzzwecks werden auch viele Anlagen für kulturelle oder sportliche Zwecke[129] und Schank- und Speisewirtschaften[130] im Sinne der BauNVO erfasst. Die in der BauNVO zu bewältigenden Abgrenzungsprobleme stellen sich also für die öffentlichen Vergnügungsstätten im Sinne des § 18 GastG gar nicht erst.

c) „Öffentliche Vergnügungsveranstaltung" im Sinne der Landesfeiertagsgesetze

Die „öffentliche Vergnügungsveranstaltung" wird zwar ähnlich definiert wie die (öffentlichen) Vergnügungsstätten in der BauNVO bzw. § 18 GastG[131], jedoch dienen die Feiertagsgesetze einem anderen Zweck. Sie sollen die Feiertage von Hektik, Geschäftigkeit und Konkurrenzdruck der typischen (Werktags-)Arbeitswelt frei halten oder bestimmte stille Tage schützen, an denen Ausgelassenheit, insbesondere in Form von Tanz, als unangemessen gilt. Daraus folgen andere Ergebnisse als nach der BauNVO, etwa, dass Jahrmärkte[132] oder Gaststätten mit Spielgeräten[133] dem Vergnügen zugeordnet werden.

---

126 So auch § 1 Abs. 1 der Sperrzeitverordnung Hessen v 10.12.2012; eine Definition oder Beispiele finden sich in den entsprechenden Landesverordnungen sonst kaum, vgl. etwa § 9 der Baden-Württembergischen Gaststättenverordnung; § 8 der Bayerischen Gaststättenverordnung; zum Teil werden noch Erlebnisbäder, -parks erwähnt. Im Übrigen sind die Fragen der Sperrzeit oft durch gemeindliches Recht konkretisiert.

127 *Michel/Kienzle/Pauly*, § 18 GastG, Rn. 4.

128 Vgl. etwa BVerwG 10.1.1990 – GewArch 1990, S. 142.

129 Vgl. OLG Stuttgart 29.12.1989 – GewArch 1990, S. 127.

130 Diese werden zwar in § 18 GastG selbstständig genannt, werden aber den Vergnügungsstätten, im Unterschied zur BauNVO, hinsichtlich der Rechtsfolge gleichgestellt.

131 Vgl. auch § 5 Abs. 1 Satz 1 lit. b) des nordrhein-westfälischen Gesetzes über Sonn- und Feiertage in der Fassung v. 22.2.1977: alle „der Unterhaltung dienenden öffentlichen Veranstaltungen, bei denen nicht ein höheres Interesse der Kunst, Wissenschaft oder Volksbildung vorliegt".

132 Vgl. BayObLG 22.4.1986 – GewArch 1986, S. 245, 246; *Michel/Kienzle/Pauly*, GastG, § 18, Rn. 4.

133 Vgl. VGH München, 22.10.2012 – juris, Rn. 59.

d) Zusammenfassung

Es besteht also unter den verschiedenen Rechtsgebieten ein gewisses einheitliches Verständnis über den Kern des Begriffs „Vergnügen“, der auch mit ähnlichen Umschreibungen zu konkretisieren versucht wird. Vergnügen ist danach (kommerzielle) Unterhaltung, Zerstreuung, Erholung, jedoch ohne hohe Kunst, Bildung, Wissenschaft, Religion und Leibesertüchtigung. Unter Vergnügen fallen also insbesondere die Bereiche „Tanz“, „Spiel“ und „Sex“.

Diese allgemeine Definition ergibt sich indes schon aus dem Wortlaut und allgemeinem Sprachgebrauch des Wortes Vergnügen, weshalb wenig verwunderlich ist, dass sie in den verschiedenen Rechtsgebieten kaum Unterschiede aufweist. Zugleich ist die allgemeine Definition jedoch für die problematischen Grenzfälle zu unpräzise. Die Klärung dieser Fälle kann sich aufgrund der unterschiedlichen Gesetzessystematik – etwa dem Erfordernis der Abgrenzung zu Schank- und Speisewirtschaften sowie Anlagen für kulturelle oder sportliche Zwecke in der BauNVO – nicht aus anderen Rechtsgebieten ergeben.

Die rechtsgebietsübergreifende Anwendung der Definition nach allgemeinem Sprachgebrauch zeigt überdies, dass sich aus dieser Definition keine spezifisch städtebaulichen Kriterien ergeben.

5. Kritik

Die herrschende Definition stellt insgesamt lediglich auf den allgemeinen Sprachgebrauch ab.

Dies gilt im Wesentlichen auch bei der Abgrenzung zu anderen Nutzungsbegriffen. Hinsichtlich der konkreten Probleme (etwa Kino, Lasertag oder Bordell) ist die herrschende Definition aber auch deshalb anfällig für Meinungsstreitigkeiten und Rechtsunsicherheit, weil dieser allgemeine Sprachgebrauch überaus mehrdeutig sein kann[134] und sowohl der Begriff „Vergnügen“ als auch seine Gegenpole „Sport“, „Kultur“ und „Gewerbe“ häufig zu unscharf sind und ganz unterschiedliche Erscheinungsformen umfassen.[135] Auch gibt es keine tiefergehenden und zugleich einleuchtenden Ansätze zur Auslegung des Wortlauts.[136]

---

134 *Zimmermann*, Behandlung der Prostitution, S. 136; *Jäde/Dirnberger*, BauGB und BauNVO, § 4a BauNVO, Rn. 16.

135 *Wank*, Spielhalle, S. 52; *Fickert/Fieseler*, BauNVO, § 4a, Rn. 22.2; *Jeromin*, Zulässigkeit von Vergnügungsstätten, S. 22.

136 Vgl. 5. c) oder die wenig ergiebigen, aber mannigfaltigen allgemeinen semantischen Vertiefungsversuche (Freizeit(gestaltung), Zerstreuung, Entspannung, Erholung, Unterhaltung, Amüsement, (Befriedigung der) Leidenschaft, Triebe, die alle nur Synonyme des allgemeinen Sprachgebrauchs sind).

Durch die Fixierung auf den Wortlaut werden nicht nur städtebaulich sinnvolle Lösungen erschwert, sondern auch unlösbare Abgrenzungsprobleme heraufbeschworen (Ist Kino Kultur oder Vergnügen?; Lasertag Vergnügen oder Sport?; ein Bordell Gewerbe oder Vergnügen?), bei denen ein Streit um bloße Worte geführt wird, der unter städtebaulichen Gesichtspunkten nicht weiterführen kann und sich deshalb im Ergebnis nach subjektiven Wertungen richtet.

Zudem werden aus wortgleichen Definitionen unterschiedliche Subsumtionsergebnisse abgeleitet[137] und eine exakte Subsumtion unter die herrschende Definition kaum vorgenommen, denn sonst wären – im Gegensatz zur allgemeinen Meinung – etwa Spielbanken aufgrund ihrer öffentlichen Aufgabe[138] keine Vergnügungsstätten. Die herrschende Definition ist daher ungeeignet. Sie ist eine bloße „Scheindefinition".

Eine Betrachtung der Nutzungen, die unter diese Definition gefasst werden, zeigt vielmehr, dass der „Begriff der Vergnügungsstätte letztlich nur über Positiv- und Negativbeispiele erfasst werden kann, denen eine vollständige systematische Stringenz abgeht."[139]

Die Erfassung des Begriffs über Beispiele mag zwar – wegen der vielen Abgrenzungsprobleme – für die Bedürfnisse der Praxis angebracht sein und einen Vorstellungshorizont eröffnen, der die geringere Abstraktheit ausgleicht, zeigt aber zugleich, dass der Begriff der Vergnügungsstätte keinen einheitlichen Hintergrund – keinen „Nenner" – hat.

Schon aus diesen Gründen bleibt nur eine Auslegung des Begriffs der Vergnügungsstätte im Wege der Entlastung des Wortlauts durch die Hinzunahme teleologischer und damit städtebaulicher Kriterien.[140]

---

137 Vgl. dazu etwa 2. Teil C. I. 3. a) und b) (für Prostitutionsnutzungen) sowie 2. Teil D. I. 3 a) (für Kinos). Insbesondere wird auch die Einordnung von Nutzungen geändert, ohne auf tatsächlicher Ebene oder der Ebene der Definition Veränderungen vorzunehmen, vgl. *Bielenberg*, in: E/Z/B/K, BauGB, 55. Lfg. 1997, § 4a BauNVO, Rn. 58a im Unterschied zur Vorauflage, § 7 BauNVO, Rn. 23; *Ziegler*, in: Brügelmann, BauGB, § 4a BauNVO, Rn. 64 im Unterschied zur 23. Lfg. 1993, § 4a BauNVO, Rn. 66, 68.

138 Vgl. o. 3. b).

139 *Lieber*, VBlBW 2011, S. 6, 7; vgl. auch *Dolde/Schlarmann*, BauR 1984, S. 121, 122; *Scharmer*, Steuerungsmöglichkeiten, S. 13; *Schlichter/Friedrich*, WiVerw 1988, S. 199, 208.

140 So im Ergebnis auch *Schmitz*, LKV 1997, S. 345, 347 und *Aschke*, in: Kröninger/Aschke/Jeromin, BauGB, § 4a BauNVO, Rn. 20.

II. Städtebauliche Definition

1. Warum sind städtebauliche Kriterien zu verwenden?

Zunächst kann schon deshalb nicht beim „allgemeinen Sprachgebrauch“ stehen geblieben werden, weil dieser für den Fall der Vergnügungsstätte nicht ergiebig genug ist, um den Begriff allein aus ihm abzuleiten (s.o.). Daher sind die weiteren Auslegungsmethoden anzuwenden.

Zwar wird allgemein betont, dass es sich beim Begriff der Vergnügungsstätte im Sinne der BauNVO um einen städtebaulichen Begriff handle, der entsprechend städtebaulich auszulegen sei.[141] Dies wird faktisch jedoch selten berücksichtigt.[142]

Eine städtebauliche Auslegung ist jedoch auch wegen der Funktion der Nutzungsbegriffe in der BauNVO und auch aus verfassungsrechtlichen Gründen erforderlich.

Funktion der §§ 2 ff. BauNVO ist die Konkretisierung von Bebauungsplänen hinsichtlich der Art der baulichen Nutzung, vgl. §§ 9 Abs. 1 Nr. 1 lit. a, 9a BauGB. Entsprechend richten sich die §§ 2 ff. BauNVO am wesentlichen Ziel von Bebauungsplanung – dem durch die bauliche Nutzung notwendig gewordenen Ausgleich widerstreitender Interessen (vgl. § 1 Abs. 7 BauGB, sog. Koordinierungsfunktion) – aus. Grundlegendes Anliegen der BauNVO ist daher die Ordnung der Flächen nach ihrer Zweckbestimmung und die Zuordnung miteinander verträglicher Nutzungsarten, sodass eine wechselseitige Beeinträchtigung unterschiedlicher Nutzungen möglichst vermieden[143] und dadurch „Grundrechtskonflikte[n] zwischen verschiedenen Nutzungstypen“[144] vorgebeugt wird.

Dies ist auch der Grund, warum die BauNVO überhaupt nach verschiedenen Nutzungsbegriffen differenziert und bestimmte, nach Schutzwürdigkeit und Störgrad abgestufte[145] Baugebiete vorgibt, die je solche Nutzungsarten aufführen, die – typischerweise – miteinander verträglich sind.[146]

---

141 Vgl. insbesondere OVG Koblenz 3.2.1982 – GewArch 1982, S. 162; *Redeker*, Sexshops und Spielhallen, S. 7; *Jeromin*, NVwZ 1989, S. 31, 32; *Fickert/Fieseler*, BauNVO, § 4a, Rn. 22.1.

142 S. I. 1. c).

143 OVG Koblenz 3.2.1982 – GewArch 1982, S. 162; OVG Münster 19.1.1983 – BRS 40 Nr. 51, S. 124; VG Freiburg 24.10.2000 – NVwZ 2001, S. 1442, 1443; *Stober*, WiVerw 1984, S. 129, 142.

144 *Krüper*, DÖV 2016, S. 793, 798 f.

145 *Söfker*, GewArch 1990, S. 81, 82 f.

146 *Herbolsheimer*, NVwZ 2017, S. 685, 686. Vgl. dazu auch Materialien zur BauNVO, S. 71.

Diese Kriterien für die Verträglichkeit verschiedener Nutzungen miteinander sind jedoch wie folgt einzuschränken:

Es kommen aufgrund der Systematik der BauNVO nur auf die Art oder den Zweck der Nutzung bezogene Kriterien in Betracht; nicht etwa Höhe oder farbliche Gestaltung der Anlagen.[147]

Auch sind für die Beurteilung der bauplanungsrechtlichen Zulässigkeit insgesamt allein Kriterien städtebaulicher Art maßgeblich, denn die BauNVO ist als Bundesrecht in ihrer Regelungskompetenz auf die Materie des Art. 74 Abs. 1 Nr. 18 Var. 2 GG, das Bodenrecht, beschränkt.[148] Dies wird im Bauplanungsrecht am Wortlaut des § 15 Abs. 2 BauNVO, der Definition der baulichen Anlage und Nutzungsänderung nach § 29 Abs. 1 BauGB in spezifisch bauplanungsrechtlicher Weise[149] oder der Anwendung der § 1 Abs. 5 ff. BauNVO nur beim Vorliegen städtebaulicher Gründe deutlich. Es ist also nicht ersichtlich, warum gerade bei den für die Frage der Zulässigkeit zentralen Nutzungsbegriffen nicht auf das Städtebauliche abgestellt werden sollte.

Daraus folgt also, dass die Nutzungsbegriffe anhand ihrer unterschiedlichen städtebaulichen Auswirkungen auszulegen sind.[150]

Städtebauliche Auslegung des Begriffs der Vergnügungsstätte bedeutet, dass die allgemeinsprachliche herrschende Definition angepasst werden muss, denn sie wird ebenso in anderen Rechtsgebieten verwendet, die gerade keinen städtebaulichen Bezug haben.[151]

Das vorrangige Abstellen auf den Wortlaut, und damit das treffliche allgemeinsprachliche Streiten über manche in der BauNVO vorkommende Begriffe, was eine „Vergnügung“, „kulturelle“ oder „sportliche“ Zwecke sind, ist keine städtebauliche Auslegung.[152]

Denn vor dem gerade erläuterten Hintergrund kann für die Abgrenzung – und damit grundrechtsrelevante Zulässigkeit – von Nutzungsarten nicht entscheidend sein, ob etwa Musik und Tanz eher in kulturellem oder vergnüglichem Rahmen stattfinden. Hochzeiten, Fasching oder Diskothek können nicht so abgegrenzt werden, dass der Nachbar die Nutzung nur deshalb aushalten muss,

---

147 *Herbolsheimer*, NVwZ 2017, S. 685, 686.

148 *Herbolsheimer*, NVwZ 2017, S. 685, 686; *Rausch*, DÖV 2009, S. 667, 669, 672 f.

149 Dazu etwa *Rieger*, in: Schrödter, BauGB, § 29, Rn. 10 f.

150 *Herbolsheimer*, NVwZ 2017, S. 685, 687.

151 Vgl. I. 4. So werden auch andere Nutzungsbegriffe der BauNVO anders ausgelegt als in anderen Rechtsgebieten, etwa der Begriff der Gewerbebetriebe, vgl. I. 3. b).

152 *Rausch*, DÖV 2009, S. 667, 669 f., 672 f.

weil sie „Kultur" ist bzw. der Bauherr die Nutzung nur deshalb nicht verwirklichen darf, weil sie nur „Vergnügen" ist.

2. *Was ist „städtebaulich"?*

Sehr unterschiedlich ist jedoch das Verständnis dessen, was „städtebaulich" ist.

a) Weites immaterielles Verständnis

Am einen Ende steht ein weites Verständnis städtebaulicher Ordnung und relevanter Störung, das in der Literatur insbesondere *Fickert/Fieseler* vertreten und das sich auch zum Teil in der Rechtsprechung im Sinn eines *allgemeinen* Ordnungs- und Störungsbegriffs wiederfindet, also als das, was allgemein üblich und akzeptiert ist und daher ein gedeihliches Zusammenleben fördert[153] und – damit im Zusammenhang – die subjektive Bewertung, ob eine Nutzung sozial-moralisch für wünschenswert, wertvoll, sittlich oder gar „anständig" gehalten wird.[154]

Daher halten es *Fickert/Fieseler* auch etwa für städtebaulich entscheidend, welche Programmgestaltung ein Kino hat, ob Bowling als Breitensportart akzeptiert ist oder ob Reklame reißerisch ist und Triebverhalten anspricht.[155]

---

153 *Fickert/Fieseler*, BauNVO, § 4a, Rn. 22.1; vor §§ 2 ff. BauNVO, Rn. 8.6.

154 Deutlich bei *Fickert/Fieseler*, BauNVO, § 4a, Rn. 22 f., der „Triebe", „Leidenschaften", „Freizeit" in Anführungszeichen setzt – als Indiz, dass sich die Verfasser von dieser Art der Vergnügung distanzieren (*Rausch*, DÖV 2009, S. 667, 669). Dies wird noch deutlicher bei *Fickert/Fieseler*, BauNVO, 5. Aufl. 1985, § 4a, Rn. 22.1.
Dem entspricht auch die Argumentation mit der Erforderlichkeit einer besonderen „Sozialkontrolle" (*Kautt*, Der Städtetag 1983, S. 798, 801) oder die Frage ob sie „deplaziert wirk[en]" (*Ehegartner*, SpuRt 2017, S. 84, 86) bei der Einordnung von Nutzungsarten in die Baugebiete.

155 *Fickert/Fieseler*, BauNVO, § 4a, Rn. 22.51, 22.6, 22.2. In dieser Richtung lassen sich zahllose weitere Beispiele finden, etwa: *Stühler*, GewArch 2006, S. 20, 25 (Zu einer Auflage zur Baugenehmigung für einen Swingerclub, dass Prostituierte keinen Zutritt haben – u. a. weil „damit vielleicht auch in Einzelfällen mittelbar dem Menschenhandel entgegen[getreten]" werden kann.); *Stühler*, BauR 2016, S. 2016, 2020 (Bekämpfung von Parallelgesellschaften, wie des Prostitutionsmilieus); 2029 f. (Einstufung zur Verhinderung der Umgehung und Unterstützung des Vollzugs glückspielrechtlicher Vorschriften); *Fickert/Fieseler*, BauNVO, § 4a, Rn. 23.69 (ob sich die Betreiber gesetzestreu verhalten). Entsprechend auch die ausführliche Thematisierung von Menschenhandel oder Spielsucht in Abhandlungen über das Bauplanungsrecht (vgl. etwa *Fickert/Fieseler*, BauNVO, § 4, Rn. 9.61). Dieses Verständnis beschränkt sich nicht auf die Thematik der Vergnügungsstätten, vgl. etwa *Fickert/Fieseler*, BauNVO, vor §§ 2 ff., Rn. 13.1 (durch baurechtliche Einstufung Verhinderung der Gleichsetzung von Humanleichen- und Tierkörperverbrennung); § 3, Rn. 16.43 f., 20.63

Zuweilen kamen auch in der Rechtsprechung des Bundesverwaltungsgerichts eher ordnungsrechtliche Argumente vor, wobei eine einheitliche Grenze zum Städtebaulichen wohl nicht gezogen wird.[156] So lässt sich die „Vermeidung atypischer Nutzungen" im allgemeinen Wohngebiet zwar oft auf Kriterien wie Größe und Einzugsbereich dieser Nutzungen und damit im Ergebnis auf den von ihnen verursachten Lärm zurückführen[157], aber schon „psychische[] Belastungen der Nachbarschaft" aufgrund eines Pumazwingers im Wohngebiet[158] entfernen sich von einem Begriff tatsächlicher Störung. Kann die psychische Belastung aufgrund von Raubtieren im Wohnumfeld noch als eine in der Regel unvermeidbare geradezu evolutionsbiologisch objektive Reaktion angesehen werden, so finden vom Bundesverwaltungsgericht genutzte Argumente wie der Trading-down-Effekt und das Blickfeldargument ihre Grundlage in bloßen sozialethisch-moralischen Wertvorstellungen.[159] Es wird zwar betont, diese würden nicht, oder jedenfalls erst bei Umschlagen in städtebauliche Folgen relevant[160]. Dieser Grad ist jedoch äußerst schmal. Er wird überschritten, wenn etwa mit einem allgemein-unkonkreten „Milieu" argumentiert wird[161] oder damit, dass bei einem Krematorium

---

(Wesentlichkeit der staatspolitischen Bedeutung); Rn. 20.73 („Ausdruck eines solidarischen Verhaltens [der Gesellschaft] mit den im Angesicht des Todes Lebenden" entscheidend).

156 Andere Linien in der Rechtsprechung des Bundesverwaltungsgerichts legen dagegen ein klassisch-enges Verständnis städtebaulicher Belange nahe, s. c) und d).

157 Vgl. die Beispiele bei *Fickert/Fieseler* vor 2 ff. BauNVO, Rn. 8 ff.

158 BVerwG 5.3.1984 – BRS 42 Nr. 75, S. 179.

159 Vgl. dazu 2. Teil B. I. 2. b) aa), C. I. 3. c) cc) – ee).

160 S. etwa VGH München 7.8.2003 – NVwZ-RR 2003, S. 816, 817 (für Sexualverhalten) oder bei c) sowie im 2. Teil B. I. 2. b) aa).

161 Vgl. bei Prostitutionsbetrieben (2. Teil C. I. 3. c) dd)) oder, wenn von einem „jugendlichen", „zusätzlichen" oder „anderen" Publikum nicht nur im Hinblick auf erweiterte Nachfragegruppen oder mit ihm einhergehende Öffnungszeiten, Fluktuation, Alkoholisierung oder Kfz-Betrieb (vgl. etwa OVG Schleswig 18.1.2011 – juris, Rn. 8; OVG Münster 24.6.1987 – BRS 47 Nr. 50, S. 132 ff.; *Janning*, in: Scharmer, Spielhallen in der Diskussion, S. 117, 125; *Lieber*, VBlBW 2011, S. 6, 10) gesprochen wird, sondern auch auf die „Qualität" des Publikums abgestellt wird, was insbesondere im Bereich „Spiel" mit seinen Nachfragern Jugendliche, sozial Schwache oder „Zwielichtige" geschieht (vgl. auch die Argumente im Zusammenhang mit dem Trading-down-Effekt, 2. Teil B. I. 2. b) aa); VGH Mannheim 18.9.1991 – VBlBW 1992, S. 101, 103; oder von *Otto* im 2. Teil B. I. 3. a). *Koch,* Spielhallen in der Stadt, S. 88 stellt offen fest, dass das Negativimage der Vergnügungsstätten aufgrund ihrer Nachfrager besteht; so im Ansatz auch für den Bereich der Wohnungsprostitution: *Zimmermann*, Behandlung der Prostitution, S. 117 f. (aA VGH Mannheim 4.8.1995 – juris, Rn. 21); ähnlich

im Gewerbegebiet kein würdevolles Totengedenken möglich sei[162]. Insbesondere bei Letzterem zeigt sich deutlich, wie persönliche, nicht (mehr) allgemeingültige[163] Wertvorstellungen von Entscheidern „städtebaulicher" Maßstab werden. Treffend ist der hinter all diese Argumentationen stehende Gedanke auch als „sowas macht man nicht" zusammengefasst worden[164] und entspricht damit *Fickert/Fieselers* weitem Verständnis städtebaulicher Belange.[165]

Gering angesehen und mit Vorurteilen behaftet sind nicht nur Spielhallen oder Betriebe der Sex-Branche, sondern auch Gaststätten bis hin zu Kindergärten, Spiel- und Sportplätzen, Moscheen, Rocker-, Asylanten-, Behinderten- und Seniorenheimen; psychiatrischen Krankenhäusern; Einrichtungen des Maßregelvollzuges oder zur Suchtrehabilitation. Aber auch bei ihnen steht das geringe Ansehen einer bauplanungsrechtlichen Zulässigkeit nach ständiger Rechtsprechung nicht entgegen.[166] Unterschied zu Vergnügungsstätten ist auch nicht, wie *Stühler* behauptet, dass nur bei Vergnügungsstätten von einem Milieu mit negativen städtebaulichen Auswirkungen gesprochen werden könne[167], denn unter anderem Kneipen, Asylbewerberheime oder Hinterhofmoscheen können ein Milieu anziehen, dass ähnlichen Folgen für das Stadt- und Straßenbild und die soziale Zusammensetzung der Umgebungsnutzungen auslöst wie der Trading-down-Effekt durch Vergnügungsstätten. Eine Anziehung auf solche Milieus kann sogar reine Wohnnutzung („Plattenbau") ausüben.

---

auch der Ansatz in *Fickert/Fieseler*, BauNVO, 5. Aufl. 1985, § 4a, Tn. 22, der eine vorwiegende Ausrichtung auf Männer als weiterer Anhaltspunkt für das Vorliegen einer Vergnügungsstätte sehen will, was jedoch zumindest für Tanzlokale nicht zutrifft.

162 BVerwG 20.12.2005 – BRS 69 Nr. 69, S. 361 f.

163 S. dazu *Claus*, in: Mitschang, Fach- und Rechtsprobleme der BauNVO, S. 75, 86 f.

164 *Claus*, in: Mitschang, Fach- und Rechtsprobleme der BauNVO, S. 75, 85.

165 Anders auch nicht *Stühler*, BauR 2007, S. 1350, 1355, der bloße sozialethische Wertvorstellungen (nur) dann berücksichtigen will, wenn sie „einen verfassungsrechtlichen Kern" haben.
Dies wird heute oft sehr weit ausgelegt werden. Am obigen Beispiel etwa würde pietätvolles Gedenken mit der Menschenwürde assoziiert; diese ist aber jedenfalls so lange nicht betroffen, wie der Staat nicht den Betrieb von Krematorien nur noch in Gewerbegebiet zulässt.

166 VG Berlin 5.5.2009 – GewArch 2009, S. 322, 326 m.w.N. Für Spielhallen: OVG Lüneburg 28.6.1985 – BRS 44 Nr. 233, S. 547; im Ergebnis auch: *Koch*, Spielhallen in der Stadt, S. 105; zustimmend auch *Ellenrieder*, Niveaupflege, S. 37 m.w.N. aus der Rechtsprechung.

167 *Stühler*, BauR 2010, S. 1013, 1033.

b) *Faktische Bedeutung dieses Verständnisses bei der Definition der Vergnügungsstätte*

Faktisch aber spielen die genannten weiteren immateriellen Gründe insbesondere im Hinblick auf die Nutzung von Vergnügungsstätten[168] und damit auch bei ihrer Definition eine große Rolle. Gerade aufgrund der Problematik der Berücksichtigung immaterieller Aspekte werden diese aber in der Regel nicht explizit erwähnt und ihre Bedeutung für die Definition der Vergnügungsstätte im Ungefähren gelassen.[169]

Für die große faktische Bedeutung der immateriellen Gründe spricht auch die verbreitete These, dass das Baurecht in den letzten 30 Jahren als notdürftiges Auffangbecken für die Regelung nichtstädtebaulicher, gesellschaftlicher Probleme zweckentfremdet wurde, die aus unzureichenden[170] Regelungen des Gaststätten- und Gewerberechts im Bezug auf Wettbüros, Spielhallen, Prostitution und Swingerclubs herrühren[171] – auch weil dort die Kommunen unmittelbar tätig werden können und ihnen Ermessens- und Abwägungsspielräume eröffnet sind.[172] Wegen der in letzter Zeit ergangenen restriktiven Landesspielhallengesetze und

168 Viele der soeben erwähnten Formen weiter städtebaulicher Betrachtung (insbesondere Trading-down-Effekt und Blickfeldargument) beziehen sich gerade auf die Diskussion von Vergnügungsstätten.

169 Als Beispiele seien nur genannt: *Jacob*, ZfWG 2012, S. 153, 154, der zwar zunächst betont, subjektiv-moralische Vorstellungen würden keine Rolle spielen, dann aber ohne weiter zu präziseren ausführt, es komme zwar auch, aber eben nicht abschließend auf Emissionsträchtigkeit oder äußere Gestaltung an; *Fickert/Fieseler*, die nur *bestimmte* Freizeitunterhaltungen unter die Vergnügungsstätte fassen wollen (*Fickert/Fieseler*, BauNVO, § 4a, Rn. 22), die zwangsläufig mit einem „Drum und Dran" verbunden sind (§§ 2 ff., Rn. 4.6; § 4a, Rn. 22.2); *Scherer-Leydecker*, IBR 2003, S. 329, der Kinos trotz Nachtlärm und kommerzieller Zweckbestimmung nicht als Vergnügungsstätten ansieht, mit Vergnügungsstätten seien vielmehr andere Gewerbearten, etwa Spielhallen, gemeint oder der *Minister für Stadtentwicklung NRW*, DVBl 1988, S. 27, 29 und *Lieber*, VBlBW 2011, S. 6, 7, die, ohne weitere Erörterungen, von einer „geringe[n] gesellschaftliche Akzeptanz der Vergnügungsstätte" sprechen.

170 Gründe seien zu liberalen Regelungen, die fehlende Reaktion auf den durch die Entpolizeilichung dieser Branchen gestiegenen Bedeutungszuwachs der entsprechenden Rechtsgebiete sowie Vollstreckungsprobleme.

171 *Stühler*, BauR 2013, S. 685, 702 f., vgl. auch VG Berlin 5.5.2009 – juris, Rn. 56; *Fieseler*, in: Göb/Schuster, Reform der BauNVO, S. 15 f.; *Gurlit*, VerwArch 2006, S. 409, 428; *Rausch*, DÖV 2009, S. 667, 670, 672; *Kempen*, DZWir 1995, S. 361, 363, 366.

172 *Koch*, Spielhallen in der Stadt, S. 149, vgl. auch *Scharmer*, Steuerungsmöglichkeiten, S. 7.

dem Prostituiertenschutzgesetz besteht aber für die Zukunft zur Zweckentfremdung des Baurechts kein Anlass mehr.

Jedoch kann auch die Unzulässigkeit[173] vieler allgemein als Vergnügungsstätten angesehener Nutzungen im allgemeinen Wohngebiet ohne ein solches weites Verständnis städtebaulicher Ordnung und Störung gar nicht begründet werden.[174] Für den Fall des allgemeinen Wohngebiets liegt eine weit verstandene städtebauliche Ordnung und Störungsfreiheit in der allgemeinen Ruhe, dem Wohnen ohne „Ärger", was bereits durch das bloße Auftreten von Atypischem, Ungewöhnlichem oder Lasterhaftem, mit dem die Mehrheit nichts zu tun haben will[175] und das daher als Fremdkörper empfunden wird, beeinträchtigt werden kann. Ein weites Verständnis städtebaulicher Ordnung ist damit wichtiger Teil der Vergnügungsstättendefinition.[176] Im Ergebnis geht es um die Erhaltung der „heilen Welt" im allgemeinen Wohngebiet und ihre Attraktivität für bürgerliche Familien.[177]

Es ist auch durchaus denkbar, dass der Verordnungsgeber sich einem solchen weiten Verständnis im Bezug auf den Begriff der Vergnügungsstätte nicht verschlossen hat, denn die Zulässigkeitsregelungen für Vergnügungsstätten in den §§ 2 ff. BauNVO wurden auch damit begründet, dass Vergnügungsstätten sensible Nutzungen beeinträchtigen können, worunter neben dem Wohnen auch Nutzungen, die Nachtlärm nicht stört, wie Einzelhandelbetriebe, Kirchen, Schulen, Kitas und ähnliche soziale Einrichtungen, aufgeführt wurden.[178]

Der Verordnungsgeber geht damit davon aus, dass Vergnügungsstätten das Potenzial haben, Attraktivität und Niveau zu senken sowie moralische Empfindung zu verletzen. Dies kann im nicht überwiegend durch gewerbliche Nutzung geprägten Mischgebiet noch über die Ausnahmezulässigkeit des § 6 Abs. 3

---

173 S. u. 3.

174 Insbesondere für Spielhallen (im Unterschied zur Kneipe, vgl. 2. Teil. B. I. 2 a), d), f)) und Swingerclubs (s. 2. Teil C. II. 2.).

175 Oder aufgrund gesetzlicher Regelungen, etwa § 6 Abs. 1 Jugendschutzgesetz (JuSchG), nichts zu tun haben darf, weshalb dann auch die Einsehbarkeit von außen verhindert werden muss, vgl. dazu auch *Rausch*, DÖV 2009, S. 667, 670, 672 und 2. Teil B. I. 2. c).

176 Vgl. nur *Fickert/Fieseler*, BauNVO, § 4a, Rn. 22.11, wonach die Wohngebietsunverträglichkeit der Vergnügungsstätte nicht nur auf tatsächlichen Störungen beruhe.

177 Ähnlich wie hinsichtlich traditioneller Einzelhändler bei Trading-down-Effekt dürfte hier oft ein Missverhältnis zwischen Angebot und Nachfrage bestehen; Stadtplaner, Kommunalwähler und Eigentümer jedoch die Augen vor der Bevölkerungszusammensetzung verschließen, vgl. dazu 2. Teil B. I. 2. b) bb).

178 BR-Drs 354/89, S. 32, 48. Vgl. dazu auch die Regelung des § 9 Abs. 2b BauGB.

BauNVO im konkreten Einzelfall geregelt werden, soll aber im allgemeinen Wohngebiet auf jeden Fall vermieden werden, weshalb Vergnügungsstätten dort zwingend ausgeschlossen wurden.

Entsprechend ist auch die herrschende Meinung hinsichtlich der unter die Vergnügungsstätten zu fassenden Nutzungen nachvollziehbar, wenn diese weiten städtebaulichen Gründe (zusätzlich zum Wortlaut) auf der Ebene der Definition der Nutzungsbegriffe berücksichtigt werden. Denn faktische Gemeinsamkeit der allgemein unter die Vergnügungsstätten gefassten Gruppen[179] Spiel, Sex und das nächtliche (Tanz-)Amüsement ist, dass Gegenstand ihrer Angebote für das bürgerliche Werteverständnis fragwürdige, anrüchige, „niedere" Gelüste – Laster – sind, die als skandalös oder jedenfalls als Zeitverschwendung wahrgenommen werden.[180] Das kann von leichteren Formen wie Spielbanken und Diskotheken über Spielhallen und Wettbüros bis hin zu Strip- und Swingerclubs reichen.[181] Die auffälligsten Formen des Lasters werden gerade deshalb aus dem Kerngebiet in weniger störempfindliche Gebiete verwiesen und daher nicht als Vergnügungsstätte angesehen (Bordelle); soweit sie nicht – als sittenwidrig – gleich generell verboten (Peepshows, möglicherweise bestimmte Formen von Paintball) sind.

Wenn zu diesem Befund noch die Wortlautgrenze im Verhältnis zu anderen Nutzungsbegriffen der BauNVO hinzugenommen wird, können etwa Sexshops und Kneipen, entsprechend der allgemeinen Meinung, aus dem Begriff der Vergnügungsstätte ausgeschlossen werden.

---

179 Vgl. etwa bei *Fickert/Fieseler*, BauNVO, § 4a, Rn. 22.2; *Jeromin*, Zulässigkeit von Vergnügungsstätten, S. 22.

180 Für den Bereich des Spiels basiert dies darauf, dass dort Geld ohne Leistung erlangt bzw. Geld ohne Gegenleistung verloren wird (vgl. auch anschaulich VGH München, 22.10.2012 – juris, Rn. 38, dass Spielleidenschaft definiert als „die Spekulation auf schnellen, mühelosen Gelderwerb und die Bereitschaft, um dieses Zieles willen vorhandene Vermögenswerte leichtfertig aufs Spiel zu setzen"). Der Bereich „Sex" setzt sich dadurch in Widerspruch zu bürgerlichen Moralvorstellungen, dass in ihm Erotik ohne Liebe sowie gegen Geld geboten wird. Tanz und Amüsement werden deshalb kritisch gesehen, weil dort Spaß und Flirt mit Alkoholkonsum einhergehen.

181 Auch daher sind diese Nutzungen etwa unter Jugend- oder sonstigen Kundenschutzgesichtspunkten, vgl. §§ 4 ff. JuschG, 33a ff. der Gewerbeordnung (GewO), besonderer Kontrolle unterworfen. Eine darüber hinausgehende Interpretation der gewerberechtlichen Sonderreglungen oder gar ein Gleichlauf der BauNVO mit diesen Normbereichen ist jedoch nicht möglich, denn dafür sind auch Wortlaut und Systematik zu unterschiedlich, vgl. etwa *Marcks*, in: Landmann/Rohmer, GewO, § 33a, Rn. 2 f.

Zugleich hat dieses Kriterium der moralischen Zweifelhaftigkeit auch selbst einen hinreichenden Bezug zum Wortlaut des „Vergnügens“ im Sinne von eskapistischer Flucht aus dem Alltag, Unernst und Leichtsinn und ermöglicht mit diesem Hintergrund, im Unterschied zum allgemeinen Sprachgebrauch (s. I. 5.), eine Abgrenzung zu Anlagen für kirchliche, kulturelle, soziale, gesundheitliche oder sportliche Zwecke, da sich das Fragwürdige und Lasterhafte komplementär zu höherer Kultur oder körperlicher Ertüchtigung der Anlagen für kulturelle und sportliche Zwecke verhält. Im Übrigen erklärt sich so auch die Veränderung der Subsumtion von Nutzungen unter den Begriff der Vergnügungsstätte mit dem moralischen Wandel. Manche ursprüngliche Vergnügungsstätten sind in bürgerlichen Schichten so erfolgreich, dass sie ihre Anstößigkeit verlieren und zu Anlagen für kulturelle oder sportliche Zwecke werden, so etwa das Kabarett[182].

Im Hinblick auf den konkreten Inhalt des Begriffs der Vergnügungsstätten (s. 3. Teil) scheint also eine Definition herrschend, die den allgemeinen Sprachgebrauch um ein weites Verständnis städtebaulicher Störung anreichert.

c) Kritik

Zunächst handelt es sich bei dem oben beschriebenen weiten Verständnis städtebaulicher Ordnung um einen quasi uferlosen und stark paternalistisch[183] geprägten Begriff. Oft sind die darauf gestützten Vorwürfe unkonkret, weshalb die Adressaten gar nicht wissen können, welche Verhaltensanforderungen an sie gestellt werden.

Da die immateriellen Unwerturteile in der Regel[184] Ausdruck subjektiven Geschmacks sind, ist schon fraglich, wie sie überhaupt (objektiv) gemessen werden können. Dass sie allein durch den entsprechenden Widerstand der Anwohner indiziert sein sollen[185], führt dazu, dass die diffusen Negativgefühle derer, die sich am lautesten gebärden[186], die Spirale öffentlicher Empörung[187] oder auch

182 S. dazu 2. Teil D. II.

183 Vieles dürfte auch durch den Markt geregelt werden können, so auch *Claus*, in: Mitschang, Fach- und Rechtsprobleme der BauNVO, S. 75, 86 f. und im Ergebnis auch *Kempen*, DZWir 1995, S. 361, 364.

184 Und insbesondere in der heutigen Zeit, in der die im Ergebnis dahinterstehenden (klein-)bürgerlichen Vorstellungen immer weniger allgemein geteilt werden.

185 Vgl. *Koch*, Spielhallen in der Stadt, S. 104; im Ergebnis auch *Fickert/Fieseler*, BauNVO, § 4a, Rn. 22.1.

186 So auch *Ellenrieder*, Niveaupflege, S. 37.

187 Vgl. dazu bei *Lehmann*, GewArch 2010, S. 291, 293 (bezüglich „Flatrate-Angeboten“ in Bordellen).

die bloße Mehrheitsmeinung die Grundrechte der Vorhabenträger beschneiden können.[188] Das Bauplanungsrecht soll im Ergebnis gerade Grundrechtskonflikte zwischen Nachbar und Vorhabenträger ausgleichen. Eine daher erforderliche Beschränkung der Grundrechte darf aber nur auf konkreten, materiell herleitbaren, objektiven Gründen beruhen.

Zudem unterscheiden sich die Ansichten darüber, was sozial unwertig ist, von Baugebiet zu Baugebiet und von Region zu Region unter Umständen erheblich. Die gleiche Spielhalle wird im Mischgebiet einer Gemeinde im ländlichen Bayern zu ganz anderen Reaktionen führen, als etwa in einem Mischgebiet eines zentralen Berliner Stadtviertels[189].

All dies schließt eine rechtssichere Fruchtbarmachung sozialer Unwerturteile auf abstrakter Ebene von vornherein aus, weshalb soziale Unwerturteile höchstens in § 15 BauNVO[190] und jedenfalls nicht auf Ebene der bundesrechtlichen Nutzungsbegriffe zu berücksichtigen sind. Entsprechend ist eine Einordnung in die Nutzungsbegriffe mit diesem Ansatz nicht möglich[191].

Insbesondere jedoch geht es im Bauplanungsrecht zwar um Ordnung, aber eben (nur) um *städtebauliche* Ordnung. Andere Bereiche der Ordnung – beispielsweise die vom weiten immateriellen Verständnis angeführten sittlich-moralischen, sozialen, allgemein-, freizeit- und gesellschaftspolitischen Fragen und Bewertungen – sind, ebenso wie Sucht-, Kriminalitäts- und Jugendschutzprobleme, anderen Rechtsgebieten zugewiesen[192]. Sie müssen im Bauplanungsrecht ohne Bedeutung bleiben[193], denn wenn sie (über die Hintertür eines weiten

---

188 Im Ergebnis ebenso OVG Lüneburg 28.6.1985 – BRS 44 Nr. 233, S. 547, wonach es auch nicht auf die Vorstellungen einer Bauaufsichtsbehörde über die Empfindungen eines „normalen" Bürgers ankommen kann, wer immer dieser sein mag.

189 Vgl. insofern auch die Idee der Berliner Wohnungsbordelle (2. Teil C. I. 1. b) cc)).

190 So wohl *Jeromin*, Zulässigkeit von Vergnügungsstätten, S. 98.

191 So müssen *Fickert/Fieseler* etwa Bordelle (s. 2. Teil C. I. 2. c)) oder Hospize (BauNVO, § 3, Rn. 20.72), als „Anlage sui generis" betrachten.
Entsprechende Probleme werden auch bei der Betrachtung des Trading-down-Effekts aufgezeigt, vgl. 1.Teil B. II. 5.

192 Insbesondere dem Gewerberecht, von dem sie auch gewürdigt werden, vgl. etwa BVerwG 15.12.1981 – E 64, S. 274 ff., OVG Münster 20.10.1982 – GewArch 1983, S. 131, 132; VGH Mannheim 19.6.1985 – GewArch 1985, S. 334, 336 und 2. Teil B. I. 1., 3., III. 1. c), dem sonstigen Ordnungsrecht und dem Strafrecht.

193 Vgl. nur BVerwG 22.5.1987 – E 77, S. 308, 311 f.; OVG Lüneburg 28.6.1985 – BRS 44 Nr. 233, S. 547; OVG Münster 24.6.1987 – BRS 47 Nr. 50, S. 133; *B. Schneider*, DÖV 1989, S. 611, 616; *Herbolsheimer*, NVwZ 2017, S. 685, 686; *Adrian*, in: Scharmer, Spielhallen in der Diskussion, S. 71, 75 und sogar (im Widerspruch zu oben): *Fickert/ Fieseler*, BauNVO, § 4, Rn. 9.62 a.E.; 9.69 a.E.; *Stühler*, BauR 2010, S. 1013, 1033.

Ordnungsverständnisses) in das Bauplanungsrecht eingeführt werden, werden die Wertungen – und damit die dahinterstehenden rechtlichen und politischen Entscheidungen – dieser Rechtsbereiche umgangen, womit die Gemeinden und die (Baurechts-)Verwaltung ihre verfassungsrechtlich zugewiesenen Kompetenzen überschreiten und unzulässig in Bundes- oder Landeskompetenzen eingreifen.[194] Das gilt auch, wenn nur – kommunal so empfundene – „Versäumnisse" aus der Politik und anderen Rechtsbereichen nachgeholt werden oder lediglich die Vollstreckung anderer Rechtsbereiche durch bauplanungsrechtliche Eingriffe unterstützt werden soll, denn gerade die Unterlassung bestimmter Maßnahmen ist auch eine Entscheidung. Die Gründe dafür sind irrelevant.

Das Bauplanungsrecht ist kein Allheilmittel zur Verhinderung problematischer oder so empfundener Nutzungsformen[195] oder aller erdenklichen Störungen, nur weil diese in einem Gebäude stattfinden[196]. Wenn die Ordnung gestört wird und dafür noch keine speziellen rechtlichen Regelungen bestehen, dann kann das Bauplanungsrecht auch nicht subsidiär eingreifen. Solche Fälle sind dem Polizei- und Ordnungsrecht im weiten Sinne zugewiesen.

Anschaulich mag sich dies alles daran zeigen, dass etwa eine Kneipe in der Nähe eines Arbeitsamts oder eines Skigeländes auch bauplanungsrechtlich nicht zu beanstanden ist.[197] Denn die sich daraus ergebenden Probleme sind durch den Gesetzgeber geregelt; in der Weise, dass sich alkoholisiertes Skifahren auf die straf- und zivilrechtliche Haftung auswirkt oder dem Arbeitslosen (im Gegensatz zu Kindern) gerade nicht der Zugang zu Kneipen untersagt ist.

Entsprechend ist Jugendlichen der Zutritt zur Spielhalle bereits nach § 6 Abs. 1 JuSchG verboten (und Eltern gerade nicht), sodass eine Spielhalle in der Nähe einer Kita auch unproblematisch ist. Wenn der ordnungsrechtliche Gesetzgeber das regeln will, wird er es tun.[198]

Das gilt insbesondere für *genuin* bauplanungsrechtliche Fragen wie die – hier allein diskutierte – Einordnung einer Gebäudenutzung in eine Nutzungsart und damit in die Baugebietstypen.

194 BVerwG 22.5.1987 – E 77, S. 308, 311 f.; *Stelkens*, UPR 1987, S. 125, 129 f.; *Schlemminger/Winterstein*, NVwZ 1988, S. 1078, 1079; *B. Schneider*, DÖV 1989, S. 611, 614; *Janning*, in: Scharmer, Spielhallen in der Diskussion, S. 117, 121; *Lieber*, VBlBW 2011, S. 6, 11; *Kläner*, ZfWG 2017, S. 366, 369.

195 *Jeromin*, NVwZ 1989, S. 31, 33.

196 *Wettling*, VBlBW 1983, S. 18, 19.

197 Vgl. OVG Münster 25.11.1985 – GewArch 1986, S. 369 f.; *Odenthal*, GewArch 1985, S. 105, 106 m.w.N.

198 So früher schon durch § 1 Abs. 2 Nr. 3 SpielV und jetzt – strenger – durch die Glücksspielgesetze, sodass auch VGH Mannheim 5.11.2013 – NVwZ-RR 2014, S. 260 die

Die mit diesen Beispielen verbundenen Gefahren für die Verkehrssicherheit, den Sozialstaat oder die Entwicklung junger Menschen mögen zwar bestehen und auch räumlichen Bezug bekommen, jedoch spielen sie bauplanungsrechtlich keine Rolle.

Ebenso sind Spielhallen und Bordelle eben gerade nicht verboten. Also muss das Baurecht für sie Lösungen finden und kann nicht darauf beharren, dass sie überall problematisch wären.[199] Bauplanungsrechtlich nicht genehmigungsfähig sind daher auch nur solche Betriebe, die gegen das Strafrecht oder sonstiges öffentliches Recht verstoßen, vgl. etwa § 58 der Landesbauordnung Baden-Württemberg (LBO-BW), und nicht schon weil sie ein „sozial unwertige[s]" Angebot haben.[200]

Das Bauplanungsrecht gewährt auch keinen Ansatzpunkt für einen „Milieuschutz", verstanden als Erhaltung der sozialen Homogenität und dem Fernhalten subjektiv unerwünschter oder moralisch fragwürdiger sozialer Einflüsse, Anblicke, Konfrontationen oder Erscheinungen, nicht „genehmer" Nachbarschaft oder vermeintlich gefährlicher Nutzungen.[201] Das gilt ebenso für „anstößiges Verhalten von Besuchern des Betriebs oder von dort tätigen Personen gegenüber Beschäftigten anderer Unternehmen […] sowie eine mögliche dem Ansehen anderer Unternehmen […] abträgliche Wirkung".[202]

Argumentation einer „Bewahrung" von Auszubildenden vor Spielsucht wegen einer nahen Spielhalle unter Verweis auf die Abstandsbestimmungen des § 42 des Landesglücksspielgesetzes ablehnt.

199 *Zimmermann*, Behandlung der Prostitution, S. 125. So möchte niemand ein Bordell in der Nähe seiner Wohnung oder seines Grundstücks haben, meist aus Furcht vor Folgekriminalität, sittlicher Gefährdung und Wertminderung (*Wettling*, VBlBW 1983, S. 18); Ähnliches gilt für Spielhallen, etwa weist *Fieseler*, in: Göb/Schuster, Reform der BauNVO, S. 15, 21 auf rechtspolitische Stimmen hin, die Spielhallen nicht einmal in Kerngebieten (Hauptbahnhöfen) zulassen wollen.

200 BVerwG 25.11.1983 – E 68, S. 213, 218.

201 *Rhein/Zitzen*, NJOZ 2009, S. 267, 280 (auch hinsichtlich des Wohnens); *Stock*, in: E/Z/B/K, BauGB, § 4 BauNVO, Rn. 97 unter Verweis etwa auf BVerwG 23.8.1996 – juris, Rn. 72 (Asylbewerberunterkunft); 6.12.2011 – BRS 78 Nr. 69, S. 329 f. (Einrichtung für psychisch Kranke nahe einem Wohnheim für geistig Behinderte).

202 BVerwG 25.11.1983 – E 68, S. 213, 216 ff. (im Widerspruch dazu aber das Blickfeldargument, S. 215 ff., so auch *Zimmermann*, Behandlung der Prostitution, S. 115, 124; *Rhein/Zitzen*, NJOZ 2009, S. 267, 273; VG Berlin 5.5.2009 – GewArch 2009, S. 322, 325); VG Karlsruhe 10.7.2009 – BeckRS 2009, 37246.

Ebenso ist die Einstufung von Immissionen von der moralischen Bewertung der Immissionsquelle unabhängig.[203]

Die Einordnung als Vergnügungsstätte auf die bei a) und b) erläuterte Weise entfernt sich daher von Funktion und verfassungsrechtlichen Vorgaben der BauNVO.[204]

Unter Bodenrecht fällt dabei, unter Abgrenzung insbesondere zum landesrechtlichen Ordnungsrecht, alles, was die rechtlichen Beziehungen des Menschen zum Grund und Boden regelt.[205] Bodenrecht in Form des Städtebaurechts ist also die (räumliche) Steuerung der baulichen oder sonstigen Nutzung des Bodens in Hinblick auf die *städtebauliche* Ordnung und Entwicklung, vgl. § 1 Abs. 1 und 3 BauGB,[206] also die Regelung der Verträglichkeit verschiedener Grundstücksnutzungen, weshalb das Städtebaurecht nur auf die von den Grundstücksnutzungen konkret ausgehenden Wirkungen nach außen abstellt[207].

Insbesondere kommt es nicht darauf an, was sich im Inneren der Anlagen abspielt, sondern nur was nach außen dringt. Innerer Ablauf, Gestaltung und Umfang haben allenfalls Indizwirkung hinsichtlich der tatsächlich vorliegenden Nutzungsform oder – wenn sie nach außen wirken – mittelbare Relevanz.[208]

Ebenso sind aber auch typische Definitionskriterien nicht berücksichtigungsfähig, z.B. ob das Angebot inhaltlich gefällt, seine Legalität, allgemeine Zugänglichkeit[209], ob Kunden subjektiv Vergnügen empfinden, Unterhaltungscharakter

---

203 BVerwG 20.11.2006 – BRS 70 Nr. 71, S. 391; OVG Münster 27.4.2006 – BRS 70 Nr. 70, S. 387, 389; OLG Stuttgart 29.12.1989 – GewArch 1990, S. 127 (für § 18 GastG); *Zimmermann*, Behandlung der Prostitution, S. 128 f.; *Ziegler*, in: Brügelmann, BauGB, § 4a BauNVO, Rn. 61b.
Auf die gesellschaftliche Akzeptanz der dem Lärm zugrunde liegenden Aktivität kann es bei konsequentem Ausgehen von Art. 2 Abs. 2 GG nicht ankommen. Etwa ist daher Pkw-Lärm nicht deshalb inadäquat, weil er von Spielhalle, Swingerclub o.ä. verursacht wird.

204 *Rausch*, DÖV 2009, S. 667, 669, 672.

205 Grundlegend dazu: BVerfG 16.6.1954 – E 3, S. 407, 423 f.

206 *Herbolsheimer*, NVwZ 2017, S. 685, 687; *Rausch*, DÖV 2009, S. 667, 673.

207 So deutlich etwa VGH Mannheim 9.8.1996 – VBlBW 1996, S. 468; VG Osnabrück 7.4.2005 – juris, Rn. 16; BT-Drs 16/4146, S. 39; *Wettling*, VBlBW 1983, S. 18, 19; *Gurlit*, VerwArch 2006, S. 409, 427; *Rhein/Zitzen*, NJOZ 2009, S. 267, 273 f.

208 OVG Münster 19.1.1983 – BRS 40 Nr. 51, S. 124 ff.; VG Freiburg 24.10.2000 – NVwZ 2001, S. 1442, 1445; VG Berlin 5.5.2009 – GewArch 2009, S. 322, 325; VG Karlsruhe 10.7.2009 – BeckRS 2009, 37246; *Stober*, WiVerw 1984, S. 129, 142; *Zimmermann*, Behandlung der Prostitution, S. 111 f., 126 ff.; *Rausch*, DÖV 2009, S. 667, 673.

209 S.u. BVerwG 20.11.2006 – BRS 70 Nr. 71, S. 391; zustimmend OVG Münster 15.4.2011 – juris, Rn. 23, 25.

vorliegt, einem „Trieb“ nachgegangen, welches Publikum angezogen wird[210], die kommerzielle Ausrichtung oder Unterhaltung als Definition des Vergnügungssteuerrechts[211].

Relevant sind nur Kriterien wie Öffnungszeiten, Besucherfrequenz, Lärm, Verkehr (und damit auch Einzugsbereich) und äußeres Erscheinungsbild (z.B. Leuchtreklame als Lichtimmission sowie, bei entsprechenden Festsetzungen, die Fassadengestaltung.

Wirken sich also etwa ein Sexkino und ein kulturell anspruchsvolles Programmkino diesbezüglich auf die Grundstücksnutzung der Nachbarschaft exakt gleich aus, so ist es unzulässig, sie wegen des Inhalts der präsentierten Filme unterschiedlich einzuordnen.[212]

d) Aus einem engen städtebaulichen Verständnis folgende Definitionsansätze

Dem weiten Verständnis städtebaulicher Störungen ist folglich ein enges, klassisches Verständnis gegenüberzustellen.

Dies versucht der von *Rausch* entwickelte Definitionsansatz, wonach eine Nutzung nur dann Vergnügungsstätte sein könne, wenn für sie erheblicher Lärm nach außen (und ein entsprechender Einzugsbereich) typisch sei.[213]

Rausch beruft sich dabei auf eine Entscheidung des Bundesverwaltungsgerichts vom 20. November 2006[214]. Aus diese Entscheidung folgt jedoch nicht zwingend, dass es bei der Definition der Vergnügungsstätte nur um das Kriterium Lärm und nicht um immaterielle Argumente geht. Denn das Bundesverwaltungsgericht hat sich bei seinem Verständnis des Inhalts der Auswirkungen von Vergnügungsstätten maßgeblich am Willen des Verordnungsgebers orientiert, zu denen zwar „insbesondere Lärm“, aber eben nicht nur Lärm gehören.[215]

---

210 *Rausch*, DÖV 2009, S. 667, 673.

211 BVerwG 20.11.2006 – BRS 70 Nr. 71, S. 391; VG Karlsruhe 11.8.2010 – juris, Rn. 31; *Fickert/Fieseler*, BauNVO, § 4a, Rn. 22.1; Materialien zur BauNVO, S. 68.

212 *Rausch*, DÖV 2009, S. 667, 673.

213 *Rausch*, DÖV 2009, S. 667, 674. Ähnlich: *Herbolsheimer*, NVwZ 2017, S. 685, 687; *Kläner*, ZfWG 2017, S. 366, 369 f.

214 BVerwG 20.11.2006 – BRS 70 Nr. 71, S. 391 sowie die Vorinstanz OVG Münster 27.4.2006 – BRS 70 Nr. 70, S. 388; zustimmend: OVG Münster 15.4.2011 – juris, Rn. 19, 23, 25.

215 S. dazu o. b). So im Ergebnis auch die Interpretation von VG Karlsruhe 11.8.2010 – juris, Rn. 33, wonach auch Swingerclubs, als deren städtebauliche Auswirkung pauschal die „Verschlechterung der Gebietsqualität“ – und jedenfalls nicht der Lärm – angegeben wird, unter diese Definition fallen.

Davon abgesehen ist der Ansatz des Bundesverwaltungsgerichts aber zu begrüßen, denn er will die Frage, welche Nutzungen unter die Vergnügungsstätten fallen, ausschließlich anhand städtebaulicher Auswirkungen (auf die Umgebung) beantworten, die von den Gewerbetrieben abweichen und daher die Sonderregelung rechtfertigen[216]. Vergnügungsstätte ist danach Nutzungen, die vergleichbare städtebauliche Auswirkungen haben. Deshalb ist es auch „ohne Belang", ob der Betrieb der Allgemeinheit offensteht.[217] Entsprechend sind konkreter Anlass und Art und Weise der Nutzung nicht primär bedeutsam.[218] Es ist nicht erkennbar, dass dieser städtebauliche Definitionsansatz nur auf Fälle des geschlossenen Besucherkreises beschränkt bleiben sollte. Aus seiner Begründung kann ebenso eine allgemeine Definition für Vergnügungsstätte abgeleitet werden.

Jedoch steht sowohl der Definition *Rauschs* als auch dem Ansatz des Bundesverwaltungsgerichts entgegen, dass sie mit Wortlaut und allgemeinem Sprachgebrauch der Vergnügungsstätte nichts mehr zu tun haben. Eine solche einseitig städtebauliche Betrachtung ist angesichts der Gliederung der BauNVO nach semantisch-begrifflichen Nutzungsarten nicht widerspruchsfrei möglich (vgl. 3. und 4.) Die Nutzungsarten der BauNVO basieren hauptsächlich auf dem Wortlaut, eine Abgrenzung muss daher das allgemeine Sprachverständnis im Blick behalten. Schon *Dolde/Schlarmann* weisen – im Ergebnis zu Recht – darauf hin, dass eine städtebauliche Auslegung der Nutzungsbegriffe (de lege lata) nicht möglich ist[219]. Die städtebaulichen Kriterien müssen deshalb auf anderen Ebenen (etwa bei der Gebietsverträglichkeit) berücksichtigt werden. Dies ist jedoch grundrechtsverkürzend, denn eine Spielhalle ist im allgemeinen Wohngebiet deshalb unzulässig, weil sie nach dem allgemeinen Sprachgebrauch eine Vergnügungsstätte darstellt. Auf ihre städtebauliche Verträglichkeit mit dem allgemeinen Wohngebiet kommt es danach gerade nicht mehr an.[220] Eine konsequente Lösung dieses Dilemmas kann nur durch eine Reform erfolgen.[221]

---

216 Es handelt sich dabei um einen systematischen Schluss, der auch bereits bei der Schaffung und Auslegung der (Nicht-)Kerngebietstypik in BVerwG 25.11.1983 – E 68, S. 210 f. große Bedeutung erlangt hatte, vgl. dazu auch 3. Teil A. I. 1.

217 BVerwG 20.11.2006 - BRS 70 Nr. 71, S. 391.

218 VG Karlsruhe 11.8.2010 – juris, Rn. 33.

219 *Dolde/Schlarmann*, BauR 1984, S. 121, 125.

220 Vgl. 2. Teil B. I. 2.

221 Auch eine Lösung über § 31 BauGB (Ausnahmen und Befreiungen) ist nicht möglich, s. insgesamt 4. Teil D.

Unter diesen de lege lata bestehenden Voraussetzungen ist ein Mittelweg zwischen Wortlaut und Telos zu versuchen. Die Definition der Vergnügungsstätte muss von den gröbsten, dem Telos des Bauplanungsrechts widersprechenden Auswüchsen der faktisch herrschenden Definition (s.o. b)) frei gemacht werden und andererseits eine auch mit der Wortlautgrenze vereinbare Abgrenzung zu den anderen Nutzungsbegriffen finden.

Entscheidende Frage dafür ist zunächst, welche Kriterien eine enge städtebauliche Auslegung im Fall der Vergnügungsstätte überhaupt beinhaltet.

Die für eine Definition der Vergnügungsstätten maßgeblichen städtebaulichen Auswirkungen lassen sich dabei aus ihrer Zulässigkeit in den Baugebieten der BauNVO ableiten.

3. *Wohnruhe*

Die Zulässigkeit von Vergnügungsstätten ist am Schutz der Wohnnutzung ausgerichtet. Vergnügungsstätten sind in reinen und allgemeinen Wohngebieten unzulässig. Der Gedanke setzt sich bei den gemischt strukturierten Baugebieten, die nach ihrer Zweckbestimmung auch dem Wohnen dienen, dergestalt fort, dass Vergnügungsstätten neben der Wohnnutzung nur dort (ausnahmsweise) und auch nur als gebietstypische Vergnügungsstätten zulässig sind, wo das Wohnen ohnehin Einschränkungen hinnehmen muss, nämlich im besonderen Wohngebiet[222], Dorfgebiet, Mischgebiet und urbanen Gebiet.[223] Am deutlichsten kommt der Gedanke bei den Mischgebieten zum Ausdruck. Dort ist die allgemeine Zulässigkeit gebietstypischer Vergnügungsstätten von der Prägung des Gebietsteils durch gewerbliche Nutzungen abhängig.[224]

Vergnügungsstätten und Wohnnutzung sind jedoch nicht völlig unverträglich. Die abgestufte Regelung in der BauNVO zeigt, dass Vergnügungsstätte und Wohnen in einem gewissen Umfang durchaus nebeneinander vereinbar sein können, dies gilt wegen § 7 Abs. 2 Nr. 7, Abs. 3 Nr. 2, Abs. 4 BauNVO selbst in Kerngebieten.[225] Es liegt also keine strenge Wohnunverträglichkeit vor,

---

222 Eine allgemeine Zulässigkeit nicht kerngebietstypischer Vergnügungsstätten gem. § 4a Abs. 2 Nr. 3 BauNVO vor 1990 ist streitig. Dafür: *Schlichter/Friedrich*, WiVerw 1988, S. 199, 211; a.A., da man ansonsten deren Ausnahmecharakter unterliefe: *Schlemminger/Winterstein*, NVwZ 1988, S. 1078, 1081; *Ellenrieder*, Niveaupflege, S. 26 f.; ausführlich dazu: *Ziegler*, in: Brügelmann, BauGB, 61. Lfg. 2006, § 1 BauNVO, Rn. 83 ff.; *Tuttlewski/Lange*, ZfWG 2009, S. 163, 168.

223 *Zimmermann*, Behandlung der Prostitution, S. 138.

224 *Stock*, NVwZ 1990, S. 518, 521.

225 VGH München 17.11.1978 – BRS 33 Nr. 127, S. 256.

aber – jedenfalls seit 1990 – als zwingende Voraussetzung für jede Vergnügungsstätte – und im Unterschied zu den typischerweise abzugrenzenden Nutzungen – Wohngebietsunverträglichkeit, da Vergnügungsstätten in den §§ 3 f. BauNVO nicht – auch nicht ausnahmsweise – zulässig sind. Es handelt sich bei der Wohngebietsunverträglichkeit also um eine notwendige Bedingung, die jede Nutzung erfüllen muss, wenn sie unter Vergnügungsstätte subsumiert werden soll und um eine Besonderheit zu fast allen abzugrenzenden Nutzungsarten, sodass die Wohngebietsunverträglichkeit sich besonders als städtebauliches Merkmal für die Abgrenzung anbietet.

Daraus wird geschlossen, dass von Vergnügungsstätten spezifische Wirkungen ausgehen, die nicht mit anderen Nutzungsarten vergleichbar sind. Vergnügungsstätten unterschieden sich von sonstigen gewerblichen Anlagen vor allem dadurch, dass sie (auch) außerhalb der üblichen Arbeits- und Geschäftszeiten, also abends, nachts und am Wochenende, in erheblichem Umfang frequentiert werden. Dadurch sind sie geeignet, die Umgebung, etwa durch den damit verbundenen Lärm des An- und Abfahrtsverkehrs (wie Motorengeräusche, Türenschlagen, Gespräche bei der Verabschiedung, etc.), verstärkt zu beeinträchtigen, wenn im Übrigen die Belästigung durch Straßenverkehr und Gewerbebetriebe zurückgeht. Vergnügungsstätten können deshalb zu einer Zeit, in der das Ruhebedürfnis der Bevölkerung besonders groß ist, zu einer Störung des Wohnens führen.[226] Ihr Störungsgrad kann deshalb leicht das außerhalb des Kerngebiets Zumutbare übersteigen.[227]

Wenn nur auf die Betriebszeiten außerhalb der Arbeitszeiten abgestellt wird, wäre jedoch fast jedes Freizeitgewerbe erfasst; auch Kultur, Sport, Shopping und Gastronomie.

Da es insbesondere um die Störung der Wohnruhe geht, ist naheliegend zunächst zu verlangen, dass die Betriebszeiten auch die Nacht – ab 22 Uhr[228] – umfassen.

---

226 BVerwG 20.11.2006 – BRS 70 Nr. 71, S. 391; VGH Mannheim 10.5.1979 – VBlBW 1981, S. 222, 223; 18.10.1990 – NVwZ-RR 1991, S. 405, 406; OVG Münster 19.1.1983 – BRS 40 Nr. 51, S. 124 f.; 27.4.2006 – BRS 70 Nr. 70, S. 388; 15.4.2011 – juris, Rn. 16; OVG Frankfurt (Oder) 21.3.2003 – BeckRS 2004, 20332; OVG Koblenz 1.6.1999 – BauR 1999, S. 1010, 1011; *Dolde/Schlarmann*, BauR 1984, S. 121, 126.

227 *Gelzer*, BauPlR, Rn. 633.

228 Vgl. Nr. 6.4. TA Lärm. Diese Regelung spricht auch gegen eine Differenzierung späterer Öffnungszeitenden.

Damit können zumindest Einzelhandelsbetriebe ausgeschlossen werden.[229] Zum Teil sollen deshalb auch Anlagen für kulturelle Zwecke ausgeschlossen sein[230], jedoch können auch von Theatern und Opern ebenso wie von Sportanlagen oder Schank- und Speisewirtschaften häufig Lärmbeeinträchtigungen bis in die Nacht ausgehen.[231]

Geeignete materiell-städtebauliche Abgrenzung gegenüber vielen Anlagen für kulturelle oder sportliche Zwecke und Schank- und Speisewirtschaften, die im Bezug auf das Wohnen weitergehend zulassungsfähig sind, ist die Voraussetzung einer zusätzlichen Störqualität für Vergnügungsstätten, die sich gerade durch die vergnügungsstättentypische Ausgelassenheit ihrer Benutzer ergibt, insbesondere ein besonderer qualitativ und etwa alkoholbedingt gesteigerter Lärm[232] und ähnlich fassbare Belästigungen, die über den bloßen nächtlichen An- und Abfahrtslärm oder die bloße erhöhte Verkehrsmenge[233] hinausgehen.[234]

---

229 Trotz Ende des bundeseinheitlichen Ladenschlussgesetzes ist eine nächtliche Öffnung von Einzelhandelbetrieben jedenfalls faktisch (noch) nicht typisch, vgl. etwa VGH Mannheim 16.2.2011 – VBlBW 2011, S. 235, 238.

230 Vgl. OVG Koblenz 1.6.1999 – BauR 1999, S. 1010, 1011; *Reinhardt/Schwertner*, JuS 2002, S. 893, 895.

231 Vgl. insbesondere 2. Teil B. I. 2. a), III. 3., D. I. 3. b) und IV. 1.; *Zerr*, IBR 1999, S. 591 oder die Gleichsetzung von Schank- und Speisewirtschaften in § 18 GastG (s. dazu I. 4. b)). Allgemein über das konfliktträchtige Verhältnis zwischen Gaststätte und Nachbarschaft: *Pöltl*, GastR, § 2 GastG, Rn. 77.

232 Diese Unruhe wird oft von der Betriebsgestaltung geradezu heraufbeschworen und ist auch nicht unüblich, sodass er dem Betrieb auch zurechenbar ist, vgl. etwa BVerwG 6.12.2011 – BRS 78 Nr. 69, S. 329.

233 Ob Kfz-Verkehr entsteht, hängt im Ergebnis von der Größe und Verbreitung (Einzugsbereich) der Nutzung ab. Mit der Frage der Nutzungsart hat dies jedoch wenig zu tun. Vergnügungsstätten kann daher kaum ein grundsätzlich erhöhter Kfz-Verkehr zugeordnet werden.

234 So deutlich auch *Roeser*, in: K/R/S, BauNVO, § 7, Rn. 16; *Herbolsheimer* NVwZ 2017, S. 685, 687; *Fickert/Fieseler*, BauNVO, § 4a, Rn. 22.2. Auch in der Rechtsprechung (OVG Münster 28.8.1998 – BauR 1999, S. 1012, 1014, vgl. auch OVG Berlin 17.3.1999 – BauR 1999, S. 1004, 1007) wird gelegentlich erwähnt, dass junge Leute „erfahrungsgemäß nicht selten dazu [neigen], ihrer guten Laune nach dem Besuch einer Vergnügungsstätte auch durch ihr Verhalten beim Betrieb eines Kraftwagens Ausdruck zu verleihen (z.B. durch spektakuläre Ampelstarts, Fahren im hohen Drehzahlbereich, übermäßige Radiolautstärke bei offenen Fenstern oder offenem Verdeck, unmotiviertes Hupen etc.)"; ansatzweise auch bei BVerwG 20.11.2006 – BRS 70 Nr. 71, S. 391, wenn es neben dem An- und Abfahrtsverkehr auch auf den Lärm hinweist, der von der Gebäudenutzung selbst ausgeht – wie Musikdarbietungen oder die Geräusche von feiernden Teilnehmern.

Diese zusätzliche Störqualität ist jedenfalls für Opern, Theater oder Restaurants ausgeschlossen, jedoch auch bei Kneipen denkbar. Eine Abgrenzung ist jedoch konstruierbar über die bei Vergnügungsstätten im Unterschied zur Kneipe vorherrschende Animation durch entsprechend offensiv herausgestellte kostenpflichtige (Musik-)Veranstaltungen und daher entsprechend rücksichtsloses Verhalten, höheres, auf die wenigen Abend- und Nachtstunden mit Veranstaltungen konzentriertes Verkehrsaufkommen und Lärm aus dem Inneren.[235]

Problematisch an diesem Kriterium der Wohnruhe ist jedoch, dass dann viele ganz herrschend als Vergnügungsstätten angesehene Nutzungen nicht mehr unter die Vergnügungsstätte fallen würden. Es gilt zwar für das typische nächtliche Tanzamüsement (s. 2. Teil A.), nicht jedoch für fast alle Betriebe aus dem Bereich „Spiel" und für manche mit sexuellem Charakter – etwa Videokabinen, Peepshows und Swingerclubs – nur in geringem Maße.[236] Diese stören das Wohnen nur dann typischerweise, wenn Störung im weiten Sinn verstanden wird.[237]

Und schließlich werden auch in Verbindung mit Profisportstadien und Ähnlichem typischerweise solche Störungen auftreten.[238]

Für eine Definition der Vergnügungsstätte kann daher nicht beim Kriterium des Nachtlärms stehen geblieben werden, sondern es muss nach weiteren Kriterien gesucht werden.

4. *Kerngebietstypik*

Wenn das Merkmal des nächtlichen Lärms (allein) entscheidend wäre, wäre auch unverständlich, warum Vergnügungsstätten in Industriegebieten gar nicht und in Gewerbegebieten nur ausnahmsweise zulässig sind. Denn dort ist das Wohnen noch weniger zulässig oder geschützt als im Kerngebiet[239] und Gewerbebetriebe bedürfen hinsichtlich (nicht erheblich störenden) Nachtlärms keines Schutzes[240]. Vielmehr darf in Gewerbe- und Industriegebieten auch abends und nachts, etwa durch Nachtschichtarbeit, Lärm verursacht werden. Dem entsprechend wurde vor der abschließenden Regelung 1990 auch argumentiert, dass Gewerbe- und Industriegebiete neben dem Kerngebiet als Baugebiete, in denen

235 Vgl. dazu 2. Teil A. I. 1. und 2.
236 Vgl. je 2. Teil B. und C.
237 Vgl. o. 2.
238 Vgl. 2. Teil D. IV.
239 Vgl. nur §§ 8 Abs. 3 Nr. 1, 9 Abs. 3 Nr. 1 BauNVO.
240 Und sind grundsätzlich auch nicht auf die Attraktivität der Umgebung angewiesen, vgl. 2. Teil B. I. 2. b) aa).

Vergnügungsstätten (a fortiori) keine städtebaulichen Spannungen mit der Umgebung befürchten lassen, in Betracht kommen.[241] Nach herrschender Meinung waren aber kerngebietstypische Vergnügungsstätten in den Gewerbe- und Industriegebieten der BauNVOen von vor 1990 unzulässig. Die städtebauliche Ordnung, die Zweckbestimmung eines Baugebiets und daher die Eingruppierung in die Baugebiete wird nämlich nicht nur durch den Störgrad – dem Maß der Immissionen und der Schutzwürdigkeit der Wohnnutzung – bestimmt, sondern auch durch die Funktionen des Baugebietstyps, die ihm im Verhältnis zu anderen Baugebietstypen zukommen. Durch die Unzulässigkeit kerngebietstypischer Vergnügungsstätten in Gewerbe- und Industriegebieten soll sichergestellt werden, dass zentrale Dienstleistungsbetriebe der Unterhaltungsbranche (Kultur und Freizeit), die sich an die Wohnbevölkerung eines größeren Einzugsbereichs wenden, im Kerngebiet konzentriert werden, damit dessen zentrale, attraktive Funktion erhalten wird. Gleichzeitig soll vermieden werden, dass sich in den regelmäßig am Rande der Kernstadt liegenden Gewerbegebieten Vergnügungsviertel, die der Verordnungsgeber in Kerngebieten vorgesehen hat[242], für einen überörtlichen Einzugsbereich bilden oder dorthin abgedrängt werden, zumal die Standorte in Gewerbe- und Industriegebieten wegen der regelmäßigen Lage am Stadtrand mit großer Entfernung zur City und zu dichter Bebauung sowie wegen mangelnder Erschließung für größere Besucherzahlen auch weniger gewinnträchtig sind.[243] Hinzu kommt, insbesondere hinsichtlich der

---

241 VG Stuttgart 19.9.1980 – VBlBW 1981, S. 190, 191. Zustimmend: VG Freiburg 23.11.1984 – VBlBW 1985, S. 313, 314; VGH München 29.10.1987 – NVwZ 1988, S. 1140, 1141; OVG Münster 7.10.1993 – juris, Rn. 12 ff.; *Stober*, WiVerw 1984, S. 129, 145; *Dolde/Schlarmann*, BauR 1984, S. 121, 125, 127; *Jeromin*, Zulässigkeit von Vergnügungsstätten, S. 127; *ders.*, NVwZ 1989, S. 31 f.; *Stelkens*, UPR 1987, S. 125, 128; *Schlemminger/Winterstein*, NVwZ 1988, S. 1078, 1081; *Jöhnk*, SchlHA 1988, S. 57, 59. Im Ergebnis so auch: VGH Mannheim 20.4.1988 – BRS 48 Nr. 41, S. 113; VG München 21.10.2009 – juris, Rn. 29; *Fickert/Fieseler*, BauNVO, 5. Aufl. 1985, § 9, Rn. 6; *Lieber*, VBlBW 2011, S. 6, 9.

242 BVerwG 20.8.1992 – BRS 54 Nr. 50, S. 147; 24.2.2000 – NVwZ 2000, S. 1054 (vgl. dazu auch OVG Münster 18.4.2002 – BRS 65 Nr. 165, S. 724); VGH München 13.2.1996 – juris, Rn. 15 ff.; VGH Mannheim 27.6.1989 – BRS 49 Nr. 64, S. 156; 20.4.1988 – BRS 48 Nr. 39, S. 109 f. (bestätigt durch BVerwG 28.7.1988 – BRS 48 Nr. 40, S. 111); *Fickert/Fieseler*, BauNVO, § 8, Rn. 16.2.

243 BVerwG 24.2.2000 – NVwZ 2000, S. 1054; OVG Münster 15.4.2011 – juris, Rn. 17; *B. Schneider*, DÖV 1989, S. 611, 617 f. Deshalb präferieren auch die Kommunen die Kerngebiete wieder mehr für die konzentrierte Ansiedlung von Vergnügungsstätten, insbesondere Spielhallen (*Stühler*, BauR 2013, S. 685, 700).

Unzulässigkeit aller Vergnügungsstätten in Industriegebieten nach der BauNVO ab 1990, dass Vergnügungsstätten nicht mit den erheblichen Emissionen des Industriegebiets vereinbar sind.[244]

Die begrenzte Zulässigkeit von Vergnügungsstätten im Gewerbegebiet wird nach der Novellierung der BauNVO 1990 durch die kodifizierte Ausnahmezulässigkeit aller Vergnügungsstätten ebenso gewährleistet wie durch die vorherige Rechtsprechung der allgemeinen Zulässigkeit nicht kerngebietstypischer Vergnügungsstätten.[245]

Die Begründung der weitgehenden Unzulässigkeit von Vergnügungsstätten in Gewerbe- und Industriegebieten entspricht der Begründung der Schaffung der kerngebietstypischen Vergnügungsstätten.

Bevor der Streit über die Subsumierbarkeit der Vergnügungsstätten unter die sonstigen Gewerbebetriebe aufkam (vgl. dazu A. III.) wurden diese Aspekte (Gewährleistung der zentralen Funktion des Kerngebiets, Infrastruktur) dadurch berücksichtigt, dass Vergnügungsstätten nur in Kerngebieten (und besonderen Wohngebieten) zulässig waren.

Die Vergnügungsstätte war gerade deshalb „als Nutzungsart verselbstständigt und als allgemein zulässige Nutzung (schon immer) nur im Kerngebiet aufgeführt“, weil sie „wegen der typischerweise mit ihr verbundenen städtebaulichen Auswirkungen und […] Standortanforderungen“, „nicht in der Regel […] mit der Zweckbestimmung anderer Baugebiete [als dem Kerngebiet] vereinbar“ war.[246]

---

244 *Scharmer*, Steuerungsmöglichkeiten, S. 17 f.; *Söfker*, GewArch 1990, S. 81, 84; vgl. auch BVerwG 24.2.2000 - NVwZ 2000, S. 1054.
Vergnügungsstätten können nicht nur das Wohnen stören, sie bedürfen selbst des Schutzes vor zu starken Emissionen, die insbesondere in Gewerbe- und Industriegebieten entstehen können, denn diese Gebiete dienen nach ihrem städtebaulichen Leitbild in erster Linie der Arbeit und nicht – wie Vergnügungsstätten – der Freizeit und Erholung. Vergnügungsstätten gehören daher vorrangig in die M-Gebiete.

245 So im Ergebnis auch VG Freiburg 24.10.2000 - NVwZ 2001, S. 1442, 1443; *Worms*, NVwZ 2012, S. 280, 281.
Im Unterschied zu vorher geben aber die Gewerbegebiete nach der BauNVO von 1990 auch die Möglichkeit Groß-Spielhallen, -Diskotheken, -Kinos, -Bordelle (oder solche mit Anbahnungswesen) und Festhallen als Vergnügungsstätten im Gewerbegebiet zu platzieren und das Kerngebiet von ihren starken Auswirkungen zu entlasten, vgl. A. IV. Dies war zuvor nur im Wege der Befreiung nach § 31 Abs. 2 BauGB möglich, vgl. VGH München 24.3.2011 – BauR 2011, S. 1785, 1787 für eine 643 m^2 große (Mehrfach-)Spielhalle bei guter verkehrlicher Erschließung des konkreten Gewerbegebiets.

246 BVerwG 25.11.1983 – E 68, S. 207, 210 f.; 28.7.1988 – BRS 48 Nr. 40, S. 111.

Danach waren Vergnügungsstätten typischerweise kerngebietstypisch. Der geeignete Standort jeder Betriebsart, die Vergnügungsstätte sein sollte, musste regelmäßig ausschließlich im Kerngebiet sein. Sie musste also typischerweise einen großen Einzugsbereich und zahlreiches Publikum aufweisen.[247] Dafür genügt nicht und ist auch nicht zwingend erforderlich, dass eine Nutzung aufgrund ihres Nachtlärms und ihrer besonderen Störungen wohngebietsunverträglich ist, sondern dass sie aufgrund ihres typischerweise großen Publikums und Einzugsbereichs auch in Gewerbe- und Industriegebieten unverträglich sein muss. Deshalb lassen sich unter dieses Kriterium, im Unterschied zur Wohnruhe, auch Peepshows und Videokabinen sowie alle heutigen typischerweise kerngebietstypischen Vergnügungsstätten, z.B. Diskotheken, Stripclubs, (Multiplex-)Kinos und Spielbanken fassen.[248] Es bleibt jedoch dabei, dass insbesondere Spielhallen nicht erfasst sind.[249]

Die Erfassung von Spielhallen gelingt nur, wenn die Schaffung der nicht kerngebietstypischen Vergnügungsstätten so verstanden wird, dass damit das Kriterium der Kerngebietstypik, der besondere Zusammenhang zwischen Vergnügungsstätten und dem Kerngebiet, als notwendige Voraussetzung aller Vergnügungsstätten gerade aufgegeben und nur noch als notwendige Voraussetzung der *kerngebietstypischen* Vergnügungsstätte angesehen wird.[250] Vor dem Hintergrund der herrschenden Auslegung des Begriffs der Vergnügungsstätte nach dem allgemeinen Sprachgebrauch liegt ein solches Verständnis auch nahe. Denn diese Auslegung kann angesichts der städtebaulichen Situation nur beibehalten werden, wenn die danach als Vergnügungsstätten angesehenen Nutzungen auch außerhalb der Kerngebiete grundsätzlich zulässig sind. Für dieses Verständnis der Schaffung der nicht kerngebietstypischen Vergnügungsstätten spricht auch die historische Entwicklung[251] und dass Spielhallen immer unter

---

247 Das entspricht auch dem Verständnis von *Rausch*, vgl. o. 2. d).

248 Vgl. 3. Teil A.

249 S. dazu vertiefend 2. Teil B. I. 2. sowie 3. Teil A. II.

250 Auch Videokabinen und Peepshows sind weiterhin Vergnügungsstätten, denn durch die Entwicklung der nicht kerngebietstypischen Vergnügungsstätte sollte der Begriff der Vergnügungsstätte als Ganzes nicht eingeengt, sondern vielmehr erweitert werden. Was vorher unter Vergnügungsstätte fiel, soll dies auch danach. Nach wie vor macht das Kerngebiet das Wesen der Vergnügungsstätte aus, es ist „gewissermaßen das Stammgebiet der Vergnügungsstätte" (*Zimmermann*, Behandlung der Prostitution, S. 146).

251 Vgl. 1. Teil A. II. und III. Nicht kerngebietstypische sind prinzipiell atypische Vergnügungsstätten; die jedoch seit den 70er-Jahre in der Praxis einen erheblichen, nicht mehr zu ignorierenden Anteil an den nach dem allgemeinen Sprachgebrauch

die Vergnügungsstätten gefasst werden sollten[252]. Entsprechend ist es auch nicht überraschend, dass nicht kerngebietstypische Vergnügungsstätten im Wesentlichen (kleine) Spielhallen sind.[253]

Wegen der Aufgabe der Voraussetzung der Kerngebietstypik durch die Schaffung der nicht kerngebietstypischen Vergnügungsstätte kann der Begriff der Vergnügungsstätte von der herrschenden Meinung recht weit, nach dem allgemeinen Sprachgebrauch, ausgelegt werden und auch solche Betriebsarten erfassen, die zwar nach dem allgemeinen Sprachgebrauch als Vergnügungsstätten anzusehen sind, aber typischerweise gerade keine enge Verbindung zum Kerngebiet, keinen kerngebietstypischen Charakter haben. Dem Argument, eine Nutzung könne auch außerhalb des Kerngebietes städtebaulich verträglich sein, wird dann mit dem Verweis auf die nicht kerngebietstypischen Vergnügungsstätten begegnet.[254]

Ein solches Verständnis des Instituts der nicht kerngebietstypischen Vergnügungsstätte macht aber eine Auslegung des Begriffs der Vergnügungsstätte anhand der Zulässigkeitsregelungen der BauNVO unmöglich, denn damit ist nicht mehr erklärbar, warum nicht kerngebietstypische Vergnügungsstätten in Gewerbe- und Industriegebieten unzulässig sind. Ein gänzlicher Verzicht auf eine enge Verbindung des Begriffs aller Vergnügungsstätten mit dem Kerngebiet schwächt Steuerungswirkung und Kontur des Begriffs der Vergnügungsstätte bis zur städtebaulichen Beliebigkeit. Die notwendige Elastizität des Begriffs kann durch eine Typusbetrachtung der verschiedenen Kriterien gewahrt werden, vgl. dazu III.

Ein Verständnis der nicht kerngebietstypischen Vergnügungsstätten als nur atypische (kleine) Formen von Betriebsarten, die (kerngebietstypische)

---

definierten Vergnügungsstätten erreicht haben, sodass über die Rechtsprechung des BVerwG die BauNVO 1990 Vergnügungsstätten als nicht kerngebietstypisch auch in anderen Baugebieten weitgehend zulassen musste.

252 Insbesondere auch bei der Novellierung 1990 (vgl. A. IV.) und auch schon vor 1983 (vgl. 2. Teil B. vor I.).

253 Dafür spricht auch der Gleichlauf von Nicht-Kerngebietstypik mit Gebietsverträglichkeit, (s. 3. Teil A. X.) denn danach ist auch etwa ein Krankenhaus typischerweise nicht im allgemeinen Wohngebiet zulässig, stellt aber trotzdem eine Anlage für gesundheitliche Zwecke dar.

254 Entsprechend halten *Fickert/Fieseler*, weil sie ursprünglich die Idee der nicht kerngebietstypischen Vergnügungsstätte ablehnen, sowohl Tanzcafés als auch kleine (übliche) Kinos im Unterschied zu BVerwG 25.11.1983 – E 68, S. 207, 210 nicht für Vergnügungsstätten, vgl. 2. Teil A. I. 3. c) und D. I. 2. b).

Vergnügungsstätten darstellen und damit lediglich als Unterformen von Vergnügungsstätten, die typischerweise ins Kerngebiet gehören, ist auch unter Berücksichtigung der maßgeblichen, die nicht kerngebietstypische Vergnügungsstätte schaffenden Entscheidung des Bundesverwaltungsgerichts vom 25. November 1983 möglich. Danach sind Vergnügungsstätten „in der Regel [nicht] mit der Zweckbestimmung anderer Baugebiete [als dem Kerngebiet] vereinbar" und als Beispiele für nicht kerngebietstypische Vergnügungsstätten hat das Bundesverwaltungsgericht gerade *kleine* Tanzlokale und *kleine* Kinos genannt[255], also Unterarten (Tanzlokale und Kinos) von Vergnügungsstätten, die typischerweise kerngebietstypisch sind[256], aber in kleineren Formen eben auch außerhalb des Kerngebiets städtebaulich verträglich sein können.

Festzuhalten ist also: Das Kriterium eines typischerweise großen Einzugsbereichs und zahlreichen Publikums ist Folge konsequenter städtebaulicher Auslegung. Das gilt auch für eine Rechtslage, die „nicht kerngebietstypische Vergnügungsstätten" kennt, denn diese finden ihren Anwendungsbereich zumindest in Fällen kleiner Tanzlokale und Kinos.

5. *Trading-down-Effekt*

Der Trading-down-Effekt, im weiten Sinne als Beeinträchtigung der Gebietsqualität zu verstehen[257], wird neben Lärm und Beeinträchtigung des Stadt- und Straßenbildes als negative städtebauliche Auswirkung von Vergnügungsstätte aufgezählt.[258]

Oft wird der Trading-down-Effekt aber auch eher als Folge der nach dem allgemeinen Sprachgebrauch verstandenen Vergnügungsstätten angesehen, denn als städtebauliche Begründung der Vergnügungsstätteneigenschaft genutzt.[259]

Jedoch ist das Phänomen des Trading-down-Effekts seiner Natur nach für die Einordnung in Nutzungsarten unfruchtbar. Der Trading-down-Effekt ist einer pauschal-abstrakten Regelung nicht zugänglich, denn er ist im Ergebnis nicht abhängig von Nutzungs- oder Baugebietsart, sondern von dem Zustand des

---

255 BVerwG 25.11.1983 – E 68, S. 207, 210 f.

256 Vgl. 3. Teil A. IV. und VIII.

257 Dazu ausführlich 2. Teil B. I. 2. b).

258 Vgl. nur VGH Mannheim 28.11.2006 – BRS 70 Nr. 73, S. 400; 3.9.2012 – NVwZ-RR 2012, S. 919, 920; VGH Kassel 19.9.2006 – NVwZ-RR 2007, S. 81; 25.8.2008 – NVwZ-RR 2009, S. 143, 144; *Fickert/Fieseler*, BauNVO, § 4a, Rn. 22.1; *Wahlhäuser*, in: Bönker/Bischopink, BauNVO, § 4a, Rn. 69.

259 Vgl. etwa VGH Mannheim 28.11.2006 – BRS 70 Nr. 73, S. 397, 400 für einen Swingerclub. Zum Teil auch ganz pauschal, vgl. 2. Teil B. I. 2. b), d).

Baugebiets[260] und der Qualität der betreffenden Nutzung. Damit können zwar Anlagen für kirchliche, kulturelle, soziale, gesundheitliche oder sportliche Zwecke noch ausgenommen werden, eine Abgrenzung zu Einzelhandelsbetrieben, Schank- und Speisewirtschaften und sonstigen Gewerbebetrieben ist aber nicht möglich. Ein Trading-down-Effekt kann überall vorkommen, insbesondere auch im Kerngebiet, das ja gerade primärer Standort der Vergnügungsstätten sein soll, und ist hochgradig von den konkreten Umständen des Einzelfalls abhängig.[261]

6. *Zusammenfassung der Definitionsversuche*

a) Eine Definition, die sich ausschließlich nach dem allgemeinen Sprachgebrauch richtet, entspricht nicht völlig den Ergebnissen der herrschenden Meinung, da Bordelle und Kinos unter sie fallen müssten. Eine solche Definition ist auch inhaltlich abzulehnen, denn dass eine Nutzung nach dem Sprachgebrauch einem bestimmten Begriff unterfällt, kann ihre Unzulässigkeit im allgemeinen Wohngebiet vor Art. 14 Abs. 1 GG nicht alleine rechtfertigen.

b) Eine Definition nach dem Wortlaut und zusätzlich Kriterien eines städtebaulich weiten Verständnisses[262] entspricht den Subsumtionsergebnissen der herrschenden Meinung und darf sich daher als die faktisch, wenn auch nicht offiziell herrschende Definition bezeichnen. Dennoch ist sie inhaltlich abzulehnen, da sie allgemein-ordnungsrechtlich geprägt ist.[263].

c) Eine ausschließlich auf städtebaulich weiten Kriterien beruhende Definition[264] entspricht nicht den Ergebnissen der herrschenden Meinung, da sie keine Abgrenzung zu einer Reihe von Funktionen von Sexshops bis hin zu Asylbewerberheimen ermöglicht, und ist inhaltlich ebenso abzulehnen, da sie die Wortlautgrenze und die Begriffssystematik der BauNVO nicht achtet.

d) Eine ausschließlich auf städtebaulich engen Kriterien beruhende Definition[265] ist inhaltlich konsequent und wird den verfassungsrechtlichen Rahmenbedingungen am ehesten gerecht, entspricht jedoch nicht den Ergebnissen der herrschenden Meinung, da sie Spielhallen nicht erfasst, Sportstadien und Kneipen dagegen schon.

---

260 Vgl. etwa VGH Mannheim 16.12.1991 – NVwZ-RR 1993, S. 122, 124.
261 Vgl. zu all dem: 2. Teil B. I. 2. b), d).
262 Vgl. 2. b).
263 S. 2. c).
264 So wohl BVerwG 20.11.2006 – BRS 70 Nr. 71, S. 391.
265 So in Ansätzen *Rausch*, vgl. 2. d) sowie die Versuche bei 3. und 4.

De lege ferenda, unter Auflösung oder Umbenennung der Begriffe „Vergnügungsstätte", „Laden", „Schank- und Speisewirtschaften", ist eine solche Definition vorzuziehen[266], aber ermöglicht wegen des fehlenden Wortlautbezugs nicht die de lege lata erforderlichen Abgrenzungen zu anderen Nutzungsarten.

III. Ergebnis

Wenn auf Grundlage der geltenden BauNVO und ihres Begriffssystems eine Definition versucht wird, muss sie jedenfalls zwei Teile enthalten. Zum einen den Bezug zum Wortlaut, schon wegen der Wortlautgrenze – auch bei der Abgrenzung zu anderen Nutzungsbegriffen der BauNVO – und der Bedeutung des Wortlauts für das Verständnis des Normadressaten. Zum anderen muss eine Definition auch städtebaulich enge Kriterien enthalten, damit die Unzulässigkeit von Vergnügungsstätten in §§ 2–4 sowie 9 BauNVO verfassungsrechtlich gerechtfertigt werden kann.

Für eine solche Definition bietet es sich an, schon beim Bezug auf den allgemeinen Sprachgebrauch so weit wie möglich städtebauliche Elemente aufzunehmen. Das kann durch das Kriterium der „kommerziellen Freizeit(angebote)" erfolgen. Aus „Freizeit" folgt etwa eine geringe Vereinbarkeit mit dem Wohnen aufgrund komplementärer Nutzungszeiten. „Kommerziell" grenzt zum Wohnen ab (s.o. I. 3. b)) und hat nützliche städtebauliche Implikationen: Durch das Abzielen auf finanziellen Profit hat der Betreiber grundsätzlich ein Interesse an möglichst hohem Kundenverkehr und Einzugsbereich. Und die Kunden sind, weil sie Geld bezahlt haben, weniger zur Rücksichtnahme bereit.

Bei kommerziellen Freizeitnutzungen entsteht daher (Verkehrs-)Lärm gerade auch abends, nachts und am Wochenende, wenn das Wohnen besonderen Schutzes bedarf.

Der mit dem Kriterium des kommerziellen Freizeitangebotes aber indizierte Abgrenzungsbedarf zu Anlagen für kulturelle und sportliche Zwecke und Schank- und Speisewirtschaften muss, de lege lata, aus dem historisch-konservativen, eher engen – die Begriffe wurden 1962 mit der BauNVO eingeführt – Sprachverständnis der BauNVO gewonnen werden. Die althergebrachten Begriffe höherer Kultur und sinnvoller körperlicher oder geistiger Ertüchtigung verhalten sich gerade komplementär zum Kernbereich des *Vergnügens* als Ausdruck nichtdomestizierter Lüste: dem Rausch, Spiel und der sexuellen Erregung; des Hedonismus, der Infantilität und Oberflächlichkeit, der banalen Zerstreuung, der Sensationen und Animation, mithin dessen, was heute auch unter

266 Vgl. insgesamt auch 4. Teil D. II.

„fun"- und Party-Kultur firmiert.[267] Zur Abgrenzung zu Schank- und Speisewirtschaften ist dabei entscheidend, dass das Vergnügen gerade *durch* (insbesondere seichte) *Unterhaltung* erfolgt[268] durch dieses Verständnis können die bereits im Rahmen der obigen Ausführungen zur Wohnruhe (s. o. II. 3.) konkretisierten besonderen vergnügungsstättentypischen Störungen im Rahmen einer Definition zusammengefasst und beschrieben werden.

Schließlich ist die besondere Verbindung der Vergnügungsstätte zum Kerngebiet (vgl. II. 4.) zu würdigen.

Vergnügungsstätten sind also kommerziell betriebene Einrichtungen, die der Freizeit gerade durch ihr Angebot seichter Unterhaltung dienen und deshalb typischerweise besondere (Lärm-)Belästigungen des Wohnens mit sich bringen und ein zahlreiches Publikum aus einem großen Einzugsbereich anziehen.

Die Verknüpfung zwischen den verschiedenen Kriterien, also der Umschreibung nach dem allgemeinen Sprachverständnis, der besonderen Lärmbelästigung und des zahlreichen Publikums aus einem großen Einzugsbereich, hat dabei im Sinne eines Typusbegriffs[269] zu erfolgen.

Denn ein kumulatives Verhältnis zwischen den Kriterien wäre de lege lata zu eng, dann wäre nicht nur die Subsumtion von Spielhallen, sondern auch von Swingerclubs, Peepshows und Spielbanken unter die Vergnügungsstätte ausgeschlossen, der Begriff der Vergnügungsstätte würde nur noch relativ wenige Nutzungen erfassen, womit die Sinnhaftigkeit seiner Verwendung in der BauNVO infrage gestellt sein könnte. Ein alternatives Verhältnis zwischen den Kriterien wäre indes zu weit, dabei bestünde die Gefahr nach dem Wortlaut eindeutig anderen Begriffen der BauNVO zugeordnete Nutzungsarten, etwa Kneipen, zu erfassen.

Die Frage, ob eine Vergnügungsstätte vorliegt, lässt sich also nicht abschließend anhand eines der genannten Definitionsmerkmale entscheiden; sie sind nicht bei jeder Vergnügungsstätte mit der gleichen Intensität ausgebildet. Die Entscheidung hat letztlich nach einer Gesamtschau der Kriterien zu erfolgen.

Daraus folgt, dass zwar weder der allgemeinsprachliche noch der städtebauliche Teil der Definition von einer Vergnügungsstätte vollständig erfüllt werden muss. Eine Gesamtschau der beiden Teile muss aber eine überproportionale Tendenz Richtung Vergnügungsstätte zeigen. Dabei gilt grundsätzlich: Je mehr

---

267 Vgl. dazu etwa 2. b) a.E.; und auch *Duden*, Herkunfts-, Universal- und Bedeutungswörterbuch; *Wahrig*; Meyers enzyklopädisches Lexikon (je unter „Vergnügungen").

268 Vgl. auch II. 3. und 2. Teil A. I. 2.

269 Vgl. dazu besonders instruktiv *Ehmann*, in: FS Adomeit, S. 131 ff.

eine Nutzung nach dem allgemeinen Sprachgebrauch als Vergnügungsstätte anzusehen ist, desto geringere Anforderungen bestehen an den städtebaulichen Teil und umgekehrt.

Zur Veranschaulichung kann folgendes Beispiel dienen: Der Grad der Erfüllung der städtebaulicher Kriterien und der Kriterien des allgemeinen Sprachgebrauchs wird jeweils auf einer Skala von 0 bis 100 abgebildet.[270] Eine Vergnügungsstätte liegt dann vor, wenn die Addition der beiden daraus resultierenden Zahlen insgesamt einen Wert von mehr als 120 erreicht.

Durch den Mindestgesamtwert von 120 ist zugleich ein Verstoß gegen die Wortlautgrenze ausgeschlossen, denn eine Nutzung, welche die Wortlautgrenze des Begriffs „Vergnügungsstätte" überschreitet, entspricht Wert 0 auf der Skala des allgemeinen Sprachgebrauchs. Der Mindestgesamtwert würde daher selbst bei einer vollständigen Erfüllung der städtebaulichen Merkmale einer Vergnügungsstätte nicht erreicht.

Fraglich bleibt, welches Gewicht der Wortlaut einerseits und die städtebaulichen Auswirkungen andererseits bei der Bestimmung einer Vergnügungsstätte haben sollen.

Aus folgendem Grund ist es dabei angezeigt, den Schwerpunkt – so weit wie de lege lata sinnvoll möglich – auf die städtebaulichen Aspekte zu legen:

Wegen der überaus restriktiven Zulässigkeit gerade von Vergnügungsstätten in der BauNVO besteht immer die Gefahr, dass die Unzulässigkeit einer Nutzung, insbesondere im allgemeinen Wohngebiet, darauf zurückzuführen ist, dass sie unter den allgemeinen Sprachgebrauch von Vergnügungsstätte fällt, auch wenn sie bei typisierender Betrachtung ihrer städtebaulichen Charakteristik gebietsverträglich wäre. In diesen Konstellationen entfällt die städtebauliche Rechtfertigung der Grundrechtseinschränkung des Bauherrn.[271] Sie sind daher möglichst zu vermeiden.

Im Unterschied dazu sind Nutzungen, zu denen Vergnügungsstätten typischerweise abzugrenzen sind, also Schankwirtschaften, Anlagen für sportliche oder kulturelle Zwecke sowie (sonstige) Gewerbebetriebe weitergehend zulässig. Sollten Formen dieser Nutzungsarten in einem Gebiet typischerweise städtebaulich unverträglich sein, können sie immer noch, jedenfalls

270 Auf der Skala des allgemeinen Sprachgebrauchs kann für danach unentschiedene Fälle ein Wert von 50 veranschlagt werden; auf der Skala städtebaulicher Auswirkungen können etwa Nutzungen mit bloßer nächtlicher Öffnungszeit aber häufig fehlender kerngebietstypischer Größe und entsprechendem Einzugsbereich mit 25 bewertet werden, usw.

271 Vgl. dazu 4. Teil D. I.

im Wege der Gebietsunverträglichkeit, als unzulässig eingestuft werden. Die damit verbundene Grundrechtseinschränkung ist dann auch städtebaulich gerechtfertigt.

Der Schwerpunkt kann im Rahmen des hier vorgestellten Typusbegriffs auch leicht in Richtung städtebaulicher Kriterien verschoben werden. Denn es gibt zwar Nutzungen, die schon wegen der Wortlautgrenze nicht unter den Begriff der Vergnügungsstätte fallen können, wie Kneipen, Opern und Theater, die klar Schankwirtschaften bzw. Anlagen für kulturelle Zwecke sind, es gibt aber kaum Nutzungen, die wegen der Wortlautgrenze zwingend nur unter die Vergnügungsstätten und keine andere Nutzungsart der BauNVO fallen können. Hintergrund ist, dass Vergnügungsstätten allgemein als kommerziell bzw. als besondere Gewerbebetriebe definiert werden. Sie sind einer Einordnung als (sonstiger) Gewerbebetrieb im Sinne der BauNVO vom Wortlaut her immer zugänglich. Ausnahme sind insofern allenfalls Spielbanken.[272]

Es ist daher naheliegend, die obige Definition in der Weise zu präzisieren, dass in den Gesamtwert die Punkte nicht einfließen, die auf der Skala des allgemeinen Sprachgebrauchs den Wert 80 überschreiten.

Diese Modifikation wirkt sich im Ergebnis vor allem so aus, dass Spielhallen und ähnliche Nutzungen (noch) eindeutig(er) nicht unter den so modifizierten Begriff der Vergnügungsstätte fallen.

Dennoch sind Grenzfälle – wie die Einordnung von Swingerclubs, Kinos, Kabaretts und Lasertaghallen – nicht zu vermeiden.

Was die Definition im Einzelnen für die konkreten Nutzungen bedeutet, zu welchem Grad die jeweiligen Kriterien genau erfüllt sind, wird im 3. Teil, und für die Frage von Einzugsbereich und Publikum genauer im 4. Teil, herausgearbeitet.[273]

---

272 S. dazu o. I. 3. b).

273 Für Grenzfälle oder wenn gewichtigen Stimmen aus Literatur oder Rechtsprechung zu widersprechen ist, werden zu Zwecken der Nachvollziehbarkeit und Konsistenz der Einordnung im 2. Teil jeweils die angenommenen Skalenwerte in einer Fußnote aufgeführt.

2. Teil: Konkreter Inhalt des Begriffs der Vergnügungsstätte

Der folgenden Untersuchung der einzelnen, als Vergnügungsstätten in Betracht kommenden, Nutzungsarten sind einige Aspekte voranzustellen.

Die Umgrenzung der einzelnen Nutzungsarten ergibt sich aus der Verkehrsanschauung. Die Analyse der städtebaulichen Auswirkungen dieser Nutzungsarten folgt einer typisierenden Betrachtungsweise.

Diese Vorgehensweise folgt aus dem Ansatz der BauNVO, abstrakten Baugebietskategorien Nutzungen zuzuordnen. Typisierende Betrachtungsweise bedeutet, dass der konkrete Einzelfall unter eine nach der Verkehrsanschauung typisierbare Nutzungsart (z.B. Diskothek, Tanzcafé, Spielhalle) zu subsumieren ist. Bezüglich dieser Art von Nutzung wird dann gefragt, welche Nachteile und Belästigungen regelmäßig von ihrem Betrieb ausgehen können. Auf die konkreten Störwirkungen im Einzelfall kommt es nicht an, etwa eine Vorbelastung der Umgebung durch Verkehrslärm, Parkmöglichkeiten, eine eventuelle Sperrzeitverkürzung oder inwieweit die in der Betriebsbeschreibung angegebenen Öffnungszeiten oder Besucherzahl tatsächlich ausgenutzt werden. Entscheidend ist vielmehr der mit der Baugenehmigung bewilligte Umfang, da der Betreiber jederzeit den tatsächlichen Betrieb bis dahin erweitern dürfte.[274]

Die Nutzungen, die in Literatur und Rechtsprechung (weitgehend) unstreitig unter den Begriff der Vergnügungsstätte fallen, bilden zugleich oft die (einzige) Definition, die für die Vergnügungsstätte gegeben wird – nämlich in Form einer aneinanderreihenden Aufzählung.[275]

Dabei werden Begriffe wie Diskotheken, Tanzlokale, -bars, -cafés; Varietés, Kabaretts; Nachtbars, -lokale oder -clubs oft auch im Zusammenhang mit Striplokalen und sogar Peepshows und Sexkinos; Spielotheken, Spielhallen, -casinos, -salons und Flipperhallen genannt.

Ob diese Begriffe in einem Alternativ- oder Stufenverhältnis zueinander stehen, wird in der Regel nicht thematisiert. Vielmehr wurden die Begriffe aus den Entscheidungen der Rechtsprechung und damit den Bezeichnungen der

---

274 BVerwG 25.11.1983, E 68, S. 207, 212 f.; 213, 216; 21.2.1986 – BRS 46 Nr. 51, S. 121 f.; 24.2.2000 – NVwZ 2000, S. 1054; OVG Berlin 10.11.2004 – NVwZ-RR 2005, S. 160, 161; OVG Schleswig 5.10.2009 – juris, Rn. 37 ff.

275 Vgl. z.B. Föster, BauNVO, § 4a, Anm. 3 b); *Walper*, BauNVO, § 4a, S. 70.

Betreiber entnommen. Sie sollen beim vom allgemeinen Sprachgebrauch ausgehenden Leser einen Vorstellungshorizont aufspannen.

Im Fortgang muss also auch, soweit es nötig und möglich ist, die (auch faktische) Bedeutung dieser Begriffe genauer geklärt werden.

Allenfalls Indizwirkung hat, welche konkreten (vom Betreiber gewählten) (Tarn-)Bezeichnungen die Betriebe führen.[276] Es kommt auf den objektiven Charakter der tatsächlich stattfindenden oder beantragten Nutzung an.[277]

In der folgenden Untersuchung werden schließlich auch bis zu einem gewissen Grade gaststätten- und gewerberechtliche Gerichtsentscheidungen für die Frage der Einordnung von Nutzungen als die Vergnügungsstätten im Sinne der BauNVO herangezogen.

Denn auch Gewerbe- und Gaststättenrecht befassen sich mit einer Reihe von Vergnügungsstätten. Zwar dienen diese Rechtsgebiete in erster Linie der Gefahrenabwehr, die Erlaubnisse nach §§ 1 GastG, 33a, 33i der GewO sind jedoch auch zu versagen, wenn der Betrieb im Hinblick auf seine örtliche Lage dem öffentlichen Interesse widerspricht, vgl. §§ 4 Abs. 1 Nr. 3 GastG; 33a Abs. 2 Nr. 3; 33i Abs. 2 Nr. 2 GewO. Maßgeblich sind dabei vor allem die §§ 29 ff. BauGB (ggf.) in Verbindung mit den Regelungen der BauNVO[278].

Für das Gaststättenrecht besteht noch eine weitere für den Inhalt des Begriffs der Vergnügungsstätte bedeutsame systematische Verbindung, denn die im Rahmen der Vergnügungsstättendiskussion verwendeten Unterarten kommen dort in Form von Betriebsarten nach § 3 Abs. 1 GastG vor.[279] Daraus können auch materielle Rückschlüsse gezogen werden, denn eine besondere Betriebsart liegt

---

276 *Jeromin*, Zulässigkeit von Vergnügungsstätten, S. 15; *Fickert/Fieseler*, BauNVO, § 4a Rn. 22.21; § 6, Rn. 16.81; VGH Kassel 22.2.2012 – juris; Rn. 10; OVG Berlin 10.11.2004 – NVwZ-RR 2005, S. 160.
Zur Tarnbezeichnung von Nutzungen mit sexuellem Charakter anschaulich etwa VGH Mannheim 8.6.1999 – BRS 62 Nr. 74, S. 368 („Verein" auf Mitgliederbasis); VGH Kassel 14.10.2002 – BRS 65 Nr. 160, S. 705 f. („Relaxzentrum"); OVG Berlin 9.4.2003 – GewArch 2003, S. 498 f. („Massagestudio").

277 VGH Mannheim 25.2.1991 – 5 S 41/91 – juris; *Reidt*, in: Gelzer/Bracher/Reidt, BauPlR, Rn. 1433.

278 Vgl. etwa BVerwG 27.4.1993 – DÖV 1994, S. 214, 215; 17.10.1989 – E 84, S. 11, 13; 16.9.1975 – E 49 S. 154, 157.

279 Dementsprechend werden in Literatur und Rechtsprechung bau- und gaststättenrechtliche Entscheidungen vorbehaltslos für das jeweils andere Rechtsgebiet herangezogen, vgl. etwa *Schlichter/Friedrich*, WiVerw 1988, S. 199, 248 f.; *Metzner*, GastG, § 3, Rn. 38; *Michel/Kienzle/Pauly*, GastG, § 3, Rn. 15; VGH München 19.8.1975 – GewArch –1975, S. 341.

dann vor, wenn der Betrieb nach dem Gesamtgepräge – also insbesondere den Öffnungszeiten, der Art der Speisen und Getränke, des Angebots von Beherbergung oder Darbietungen – vom Grundtyp einer Gaststätte derartig abweicht, dass dies im Rahmen der Versagungsgründe des § 4 Abs. 1 GastG bedeutsam wird[280]. Wegen dessen Nr. 3 sind Nutzungen, die im Bauplanungsrecht nicht als Schank- und Speisewirtschaften eingestuft werden, gaststättenrechtlich als besondere Betriebsart zu beurteilen.[281] Ebenso sind Gaststätten ohne Abweichungen hinsichtlich § 4 Abs. 1 GastG – also ohne besondere Betriebseigentümlichkeit – mangels weitergehender Beeinträchtigungen zugleich Schank- und Speisewirtschaften im Sinne der BauNVO.[282] Umgekehrt kann vom Vorliegen einer Gaststätte mit besonderer Betriebsart nicht ohne Weiteres auf das Vorliegen einer Vergnügungsstätte geschlossen werden. Dies stellt höchstens ein Indiz dar[283], denn eine besondere Betriebsart kann auch auf § 4 Abs. 1 Nr. 1 oder 2 GastG beruhen, womit bauplanungsrechtlich weiterhin eine Schank- und Speisewirtschaft vorliegen würde oder – im Fall der Nr. 3 – eine dritte bauplanungsrechtliche Nutzungsart – etwa ein Beherbergungsbetrieb.

Diese Verknüpfung zwischen Bauplanungsrecht und Gaststättenrecht kann also zwar für städtebauliche Argumente aus § 4 Abs. 1 Nr. 3 GastG fruchtbar gemacht werden, aber nicht immer für die Einstufung in die Nutzungsarten.

A. Tanz- und Nachtlokale

Die vorliegende Arbeit nutzt die Begrifflichkeiten wie folgt: „-lokal" ist im Sinne seiner allgemeinen Bedeutung als Lokalität d.h. Örtlichkeit[284] zu verstehen und daher Oberbegriff und Synonym zu sonst gebräuchlichen Bezeichnungen wie „-bar" oder „-club" und trifft auf alle nachfolgend erörterten Nutzungen zu.

Tanzlokale sind dementsprechend Lokale, bei denen Tanz durch Gäste sowie die Musik im Vordergrund stehen. Diskotheken sind eine besonders störende Form des Tanzlokals.

---

280 BVerwG 1.3.1957 – NJW 1957, S. 1043; 22.7.1988 – NVwZ-RR 1989, S. 14; *Metzner*, GastG, § 3, Rn. 25, Rn. 27. Vgl. auch *Pöltl*, GastR, § 3 GastG, Rn. 15.

281 *Michel/Kienzle/Pauly*, GastG, § 3, Rn. 14a.

282 Vgl. auch die Definition der Schank- und Speisewirtschaften in der BauNVO, A. I. 2.

283 Vgl. etwa VG Neustadt 25.7.2002 – juris, Rn. 16.

284 I.d.S. auch der allgemeine Sprachgebrauch, vgl. *Duden* Universalwörterbuch („Lokalität").

Nachtlokale sind Lokale, welche spät in der Nacht ihren Nutzungsschwerpunkt haben.[285] Da dies auch für die meisten Tanzlokale im oben genannten Sinne zutrifft, wird der Begriff des Nachtlokals hier insoweit eingeschränkt, dass die Tanzlokale von ihm ausgenommen werden.

I. Tanzlokale

Da für Tanzlokale Abgrenzungsprobleme zu Schank- und Speisewirtschaften bestehen, bietet es sich an, zunächst die Diskotheken als Extremform des Tanzlokals und als „Idealtyp" der „klassischen" oder „typischen" Vergnügungsstätte[286] zu untersuchen, um daraus Abgrenzungskriterien zu gewinnen.

1. Diskotheken

Diskotheken werden einhellig als Vergnügungsstätten angesehen.[287]

a) Faktische Beschreibung

Diskotheken sind die heutzutage verbreitetste und zugleich städtebaulich störendste Form des Tanzlokals[288].

---

285 Vgl. *Duden* Universalwörterbuch („Nachtbar"); für das Gaststättenrecht: *Michel/Kienzle/Pauly*, GastG, § 3, Rn. 15.

286 Vgl. etwa *Schmitz*, LKV 1997, S. 345, 346; *Bönker*, in: Bönker/Bischopink, BauNVO, § 7, Rn. 94; VGH Mannheim 10.5.1979 – VBlBW 1981, S. 222, 223; *Aschke*, in: Kröninger/Aschke/Jeromin, BauGB, § 4a, Rn. 21.

287 Vgl. nur BVerwG 19.11.1990 – juris; 24.2.2000 – NVwZ 2000, S. 1054; 11.7.2001 – BRS 64 Nr. 73, S. 323; BGH 20.4.1977 – NJW 1977, S. 1285, 1286; VGH Mannheim 10.5.1979 – VBlBW 1981, S. 222, 223; 22.9.1989 – BRS 49 Nr. 228; 27.10.2010 – GewArch 2011, S. 220, 221; VGH München 17.11.1978 – BRS 33 Nr. 127, S. 255; OVG Münster 1.8.1972 – BRS 25 Nr. 6; VGH Kassel 31.5.1981 – BRS 38 Nr. 152, S. 344; 9.11.1986 – BauR 1987, S. 178; *Reidt*, in: Gelzer/Bracher/Reidt, BauPlR, Rn. 1433 f.; *Dolde/Schlarmann*, BauR 1984, S. 121 f.; *Jeromin*, Zulässigkeit von Vergnügungsstätten, S. 1; *Fickert/Fieseler*, BauNVO, § 4a, Rn. 22.3; *Stühler*, BauR 2013, S. 685; *Bönker*, in: Bönker/Bischopink, BauNVO, § 7, Rn. 94.

288 So auch *Metzner*, GastG, § 3, Rn. 50 f., wonach eine Diskothek mehr (nächtliche) Immissionen aufweist als ein Tanzlokal und dieses wiederum mehr als eine Schank- und Speisewirtschaft; *Kahler*, GewArch 1982, S. 354, 355; im Ergebnis auch: OVG Bautzen 30.5.1997 – GewArch 1998, S. 37, 38; OVG Münster 18.12.1990 – GewArch 1991, S. 185, 186; VGH Mannheim 28.11.1984 – GewArch 1985, S. 135; VG Hamburg 25.6.2004 – juris, Rn. 18.

Nach der insoweit entscheidenden Verkehrsanschauung und Publikumserwartung sind Diskotheken Betriebe, die sich besonders durch sehr laute Musik und ggf. eine Lichtshow, Tanzmöglichkeit und Discjockey auszeichnen sowie den Betriebsschwerpunkt in den späten Abend- und frühen Morgenstunden (22 bis 1 Uhr oder sogar noch deutlich später) haben und deshalb fast ausschließlich Jugendliche oder junge Erwachsene (bzw. solche, die sich so verhalten) anziehen.[289]

b) Städtebauliche Charakteristik

Fraglich ist, welche städtebaulichen Aspekte, die die baunutzungsrechtliche Eigenschaft der Diskothek als Vergnügungsstätte begründen, aus der faktischen Beschreibung der Diskothek folgen. Bei der Beantwortung dieser Frage wird zugleich auch der Unterschied zu einer normalen Gaststätte – einer Schank- und Speisewirtschaft im Sinne der BauNVO – deutlich.

aa) Geräusche aus der Diskothek

Von der lauten, durchdringenden und mehr oder weniger fortwährend gespielten Musik gehen erhebliche Geräusche aus.[290]

bb) Geräusche außerhalb der Diskothek

Es entsteht beim Betrieb einer Diskothek notwendigerweise auch im Freien Lärm, der nach allgemeiner Lebenserfahrung nicht gemindert oder gar vermieden werden kann.[291]

---

289 OVG Münster 17.11.1972 – BRS 25 Nr. 31, S. 86; 21.2.1983 – BRS 40 Nr. 57, S. 141; *Fickert/Fieseler*, BauNVO, § 4a, Rn. 22.3; VGH München 29.10.1987 – NVwZ 1988, S. 1140; *Schlichter/Friedrich*, WiVerw 1988, S. 199, 219; *Ziegler*, in: Brügelmann, BauGB, 67. Lfg. 2008, § 4a BauNVO, Rn. 86 (aA 104. Lfg. 2017, Rn. 87 – Diskotheken vertragen wirtschaftlich auch eingeschränkte Betriebszeiten). Für das Gaststättenrecht: *Metzner*, GastG, § 3, Rn. 51 ff.; *Kahler*, GewArch 1982, S. 354, 355. Die Streitpunkte (insbesondere Tanz und Öffnungszeit) im Gaststättenrecht sind nur für dessen Betriebsarten entscheidend.
Im BauR sind Nutzungen, die nicht Diskotheken par excellence sind, eben andere Tanzlokale und – bis zur Grenze der Schank- und Speisewirtschaften (s. dazu u.) – dennoch Vergnügungsstätten, vgl. VGH Kassel 22.2.2012 – juris, Rn. 10, LS; OVG Koblenz 9.6.1982 – GewArch 1982, S. 339; VGH Mannheim 15.3.1983 – BRS 40 Nr. 59, S. 144; OVG Schleswig 5.10.2009 – juris; OVG Koblenz 1.6.2011 – BRS 78 Nr. 178, S. 769.

290 OVG Münster 17.11.1972 – BRS 25 Nr. 31, S. 86.

291 VGH München 10.2.1977 – BRS 32 Nr. 41, S. 88.

Dieser Lärm entsteht durch An- und Abfahrt von Pkw.[292] Insbesondere durch das Zuschlagen von Autotüren beim Aus- und Einsteigen, Motorenlärm beim Anfahren und Beschleunigen sowie durch Rangieren beim Einparken[293] und die Parkplatzsuche.

Lärm durch An- und Abfahrtsverkehr ist zwar auch bei einer gewöhnlichen Gaststätte (und vielen anderen Nutzungen) üblich, äußert sich jedoch bei Diskotheken in gesteigertem Maße.

Gründe dafür sind einmal die Öffnungszeiten. Während eine Gaststätte in der Regel fast an allen Tagen der Woche und jeweils von Mittag bis Mitternacht geöffnet ist und sich die Gästeströme entsprechend verteilen, wird eine Diskothek nur an bestimmten Tagen der Woche – Freitag, Samstag, vor Feiertagen und ggf. am Mittwoch oder Donnerstag – betrieben und dann auch erst am Abend geöffnet und deutlich nach Mitternacht geschlossen; denn der Besucher will vor dem Hintergrund eines freien Folgetages und der damit verbundenen Möglichkeit auszuschlafen, eine lange Nacht verleben.[294] In dieser relativ kurzen Zeit soll die Diskothek bestimmungsgemäß besonders intensiv genutzt werden.[295] Es entsteht ein großer Besucherandrang.[296]

Ein weiterer Unterschied ist, dass ein größerer Teil der Diskothekenbesucher nur kurze Zeit bleibt und ggf. später wiederkommt. Es besteht eine erhöhte Fluktuation.[297] Dadurch ist die Unruhe im Verhältnis zur Gästezahl höher.[298]

Die Unterschiede werden weiter durch den hohen Motorisierungsgrad der Besucher intensiviert,[299] der wiederum im Zusammenhang mit der aufwendigen

---

292 VGH München 10.2.1977 – BRS 32 Nr. 41, S. 88; VGH Kassel 29.5.1985 – GewArch 1985, S. 300, 301 f.

293 OVG Münster 7.5.1976 – BRS 30 Nr. 41, S. 88; 9.12.1992 – GewArch 1993, S. 255.

294 VGH Mannheim 5.12.1986 – GewArch 1987, S. 133, 134; OVG Bautzen 13.7.1993 – LKV 1994, S. 296 f.; VGH Kassel 25.4.1983 – BRS 40, Nr. 166, S. 371; OVG Koblenz 1.6.2011 – BRS 78 Nr. 178, S. 769.

295 VGH München 10.2.1977 – BRS 32 Nr. 41, S. 88; *Jeromin*, Zulässigkeit von Vergnügungsstätten, S. 136.

296 VGH Kassel 31.5.1981 – BRS 38 Nr. 152, S. 344; VGH München 29.10.1987 – NVwZ 1988, S. 1140.

297 OVG Münster 7.5.1976 – BRS 30 Nr. 41, S. 88; *Schlichter/Friedrich*, WiVerw 1988, S. 199, 219; *v. Ebner*, GewArch 1990, S. 234.

298 VGH München 10.2.1977 – BRS 32 Nr. 41, S. 88; 29.10.1987 – NVwZ 1988, S. 1140; OVG Münster 17.11.1972 – BRS 25 Nr. 31, S. 86 f.; *Schlichter/Friedrich*, WiVerw 1988, S. 199, 219.

299 VGH München 10.2.1977 – BRS 32 Nr. 41, S. 88; VGH Kassel 31.5.1981 – BRS 38 Nr. 152, S. 344.

Ausstattung einer Diskothek – etwa durch eine große Musik- und Lichtanlage (s. a)) – steht, was zu einer Konzentration auf wenige (oft große) Angebote führt, die über einen großen Einzugsbereich verfügen[300]. Auch grenzt die junge Zielgruppe und die hohe Fluktuation sie von Gaststätten ab[301].

Besonderer Lärm entsteht aber auch durch sonstiges Verhalten der Diskothekenbesucher.

Zwar dürfte die Problematik der besonders lautstarken Mopeds gerade Jugendlicher[302] heute nicht mehr dermaßen virulent sein. Jedoch entspricht es nach wie vor der allgemeinen Erfahrung, dass junge Leute im Überschwang des Diskobesuchs – etwa im Zusammenhang mit Imponier- und Balzgehabe, euphorischer oder auch frustrierter Stimmung verursacht durch akustische, optische und emotionale Reizüberflutung[303] – eher dazu neigen, mit ihren motorisierten Fortbewegungsmitteln mehr Lärm zu veranstalten, als dies für deren ordnungsgemäßen Betrieb nötig wäre. Anschauliche Beispiele hierfür sind u.a. der Betrieb der Motoren im Stand oder eine kurze, unökonomische Fahrt[304], Anfahren im hohen Drehzahlbereich[305], übertriebenes Bremsen mit quietschenden Reifen, laute Musik bei offenen Fenstern oder Verdecken.

Dazu kommen weitere Beeinträchtigungen, die auch durch eine Kneipe und unabhängig[306] von junger diskothekenspezifischer Klientel möglich sind, etwa, dass sich die Besucher im Freien vor dem Lokal laut unterhalten, singen, schreien oder sich – bis hin zu körperlichen Auseinandersetzungen[307] – streiten.

---

300 VGH München 29.10.1987 – NVwZ 1988, S. 1140; VGH Mannheim 28.5.1973 – GewArch 1974, S. 130; OVG Koblenz 9.6.1982 – GewArch 1982, S. 339, 340; *Kahler*, GewArch 1982, S. 354, 355; vgl. dazu auch 3. Teil A. IV.
Gerade in ländlichen Gebieten sind Diskotheken oft die einzigen Institutionen des Nachtlebens und wegen der Struktur des ÖPNV meist nur per Auto zu erreichen.

301 BVerwG 10.1.1990 – GewArch 1990, S. 142 (im Zusammenhang mit § 18 GastG); vgl. auch VGH Mannheim 30.11.1983 – DWW 1985, S. 291.

302 Vgl. etwa OVG Münster 1.8.1972 – BRS 25 Nr. 6, S. 16; 7.5.1976 – BRS 30 Nr. 41, S. 88; *Kahler*, GewArch 1982, S. 354, 355.

303 Vgl. OLG Frankfurt 30.4.1985 – DWW 1985, S. 208 m.w.N.

304 Vgl. etwa OVG Münster 1.8.1972 – BRS 25 Nr. 6, S. 16 f.

305 *Kahler*, GewArch 1982, S. 354, 355.

306 A.A. wohl teilweise die Rechtsprechung: vgl. OVG Münster 1.8.1972 – BRS 25 Nr. 6, S. 16 f.; 7.5.1976 – BRS 30 Nr. 41, S. 88; VGH München 10.2.1977 – BRS 32 Nr. 41, S. 88; VGH Mannheim 28.5.1973 – GewArch 1974, 130; VG Bayreuth 12.7.2012 – juris, Rn. 4.

307 So im Ergebnis auch *Ellenrieder*, Niveaupflege, S. 7.
Eine solche Argumentation darf aber nicht zu weit gehen: Mit der Nutzung nicht unmittelbar zusammenhängende Ordnungswidrigkeiten sind nicht Gegenstand

Dies dürfte insbesondere mit dem Alkoholkonsum zusammenhängen. Der für die Nachbarschaft besonders problematische Aufenthalt außerhalb der Diskothek erfolgt aber auch um durch die Nichtraucherschutzgesetze noch vermehrte „Raucherpausen" einzulegen und – diskothekenspezifisch – sich vom Lärm im Innern zu erholen[308]. Streit ergibt sich auch daraus, „vor die Tür" gesetzt oder an der Tür abgewiesen worden zu sein, Lärm auch aus dem aus der Einlasskontrolle resultierenden Warten in einer Schlange vor der Tür.

Diese Lärmemissionen treten überwiegend kurzfristig und unregelmäßig auf, was gerade nachts für die Anwohner besonders belastend ist, weil es nicht möglich ist, sich auf sie einzustellen.

Zudem sind Beeinträchtigungen wie etwa Verunreinigungen der Umgebung durch Gäste nicht selten. Dies ist durch den Betreiber kaum zu verhindern und findet seine Ursache vielmehr im Alkoholkonsum in Kombination mit der Einstellung der Diskothekenbesucher, sich einmal hemmungslos gehen lassen zu dürfen (auch weil man am nächsten Tag frei hat) und der dadurch allgemein niedrigen Hemmschwelle. Hinzu kann wildes Parken kommen[309].

cc) Zusammenfassung

Es ist also festzuhalten, dass beim Betrieb einer Diskothek vor allem aufgrund der oben genannten Faktoren der Fluktuation, des unheilvollen Zusammenspiels zwischen Nutzungsart und Besucherkreis (häufig alkoholisierte Jugendliche, Balzverhalten), das zur Enthemmung beiträgt, mit hoher Störungsintensität, insbesondere was die Lärmbelastung betrifft, zu rechnen ist. Ihren Nutzungs- und damit Störungsschwerpunkt hat die Diskothek in den Nachtstunden des Wochenendes. Genau während dieser Zeit besteht jedoch auch ein besonders starkes Ruhebedürfnis und daher eine besondere Schutzwürdigkeit der Wohnnutzung.[310] Das unauflösbare Dilemma besteht also darin, dass die Kunden der Diskothek (laut) feiern wollen, weil sie freihaben; während die Wohnnachbarn

---

der Baugenehmigung. Gegen sie wird polizeirechtlich vorgegangen, OVG Berlin 17.3.1999 – BauR 1999, S. 1004, 1007; VGH München 17.11.1978 – BRS 33 Nr. 127, S. 256.

308 *Kahler*, GewArch 1982, S. 354, 355.

309 OVG Bautzen 13.7.1993 – LKV 1994, S. 296, 297; OVG Münster 9.12.1992 – GewArch 1993, S. 254, 257.

310 VGH München 29.10.1987 – NVwZ 1988, S. 1140; VGH Kassel 25.4.1983 – BRS 40 Nr. 166, S. 371; OVG Münster 7.5.1976 – BRS 30 Nr. 41, S. 87 f.; 21.2.1983 – BRS 40 Nr. 57, S. 142; VG Köln 13.8.2008 – juris, Rn. 35.

ihre Ruhe wollen (und brauchen), weil sie freihaben. Diskotheken sind daher mit der Wohnnutzung unvereinbar.

Die erörterten Unterschiede zur klassischen Gaststätte zeigen, dass die Diskothek eine deutlich höhere Störintensität aufweist.[311]

Während die gerade bei einer Diskothek erheblichen Geräusche im Inneren nicht immer nach draußen dringen und zur Abschirmung der Umgebung Schallschutzmaßnahmen denkbar sein können,[312] sind die Störungen durch Geräusche außerhalb des Gebäudes für eine Diskothek typisch und kaum vermeidbar.[313] Auch Sicherheitspersonal kann häufig nicht für Ruhe sorgen, vielmehr kann die Aufforderung leiser zu sein, zu weiteren Diskussionen führen.[314]

Folgerichtig war auch schon vor der BauNVO 1990 für das allgemeine Wohngebiet anerkannt, dass eine Diskothek nicht mit dem dortigen Schutzgrad des Wohnens und dem Gebietscharakter vereinbar und daher unzulässig ist.[315] Eine Diskothek ist also wohngebietsunverträglich.

Das spricht für sie als Vergnügungsstätte und dafür, dieses Merkmal in die Definition der Vergnügungsstätten aufzunehmen.

Diskotheken sind Vergnügungsstätten, weil sie wohnunverträglich sind, weil nachts draußen viel Lärm durch weit mehr als den bloßen An- und Abfahrtsverkehr entsteht (etwa weil Jugendliche betrunken streiten und Ähnliches). Auch sprechen insbesondere diese Kriterien im Rahmen einer Abgrenzung zur Schank- und Speisewirtschaft für das Vorliegen einer Vergnügungsstätte.[316] Ebenso entsprechen Diskotheken dem allgemeinen Sprachgebrauch von einer Vergnügungsstätte und ziehen typischerweise ein zahlreiches Publikum aus einem großen Einzugsbereich an.

---

311 OVG Münster 1.8.1972 – BRS 25 Nr. 6, S. 16; 7.5.1976 – BRS 30 Nr. 41, S. 89; VGH München 10.2.1977 – BRS 32 Nr. 41, S. 87 f.; VGH Kassel 25.4.1983 – BRS 40 Nr. 166, S. 371.

312 Vgl. VGH München 17.11.1978 – BRS 33 Nr. 127, S. 254; 10.2.1977 – BRS 32 Nr. 41, S. 88; BVerwG 10.1.1990 – GewArch 1990, S. 142; VGH Mannheim 30.11.1983 – DWW 1985, S. 291. Die häufig vorkommenden Bässe dürften dies jedoch stark erschweren.

313 OVG Münster 7.5.1976 – BRS 30 Nr. 41, S. 87; vgl. auch OLG Frankfurt 30.4.1985 – DWW 1985, S. 208.

314 Vgl. VG Bayreuth 12.7.2012 – juris, Rn. 4, 22; VGH München 23.11.1981 – GewArch 1982, S. 91, 92.

315 Vgl. OVG Münster 1.8.1972 – BRS 25 Nr. 6, S. 16 f.; 17.11.1972 – BRS 25 Nr. 31, S. 86; VGH Mannheim 28.5.1973 – GewArch 1974, S. 130.

316 Vgl. OVG Bautzen 9.12.2009 – juris, Rn. 11.

Diskotheken sind als geradezu idealtypisch für den Begriff der Vergnügungsstätten zu betrachten.

2. *Allgemeine Abgrenzung der Tanzlokale zu Schank- und Speisewirtschaften*

Der Begriff der Schank- und Speisewirtschaft wird definiert als gewerblicher Betrieb, in dem Getränke und/oder zubereitete Speisen zum Verzehr an Ort und Stelle verabreicht werden.[317]

Dies entspricht der Legaldefinition der Schank- und Speisewirtschaft nach § 1 Abs. 1 Nr. 1 und 2 GastG.[318] Diese kann jedoch schon aufgrund des anderen Sachzusammenhangs nicht einfach auf die BauNVO übertragen werden. Insbesondere unterscheidet die BauNVO eine Vielzahl von Nutzungsarten und kennt auch Begriffe wie „Beherbergungsbetrieb", „Anlagen für kirchliche, kulturelle, soziale, gesundheitliche oder sportliche Zwecke" und „Vergnügungsstätte", die die Definition des Gaststättenrechts unter Umständen ebenso erfüllen können. Dagegen enthält die Definition des § 1 GastG nur eine dichotome Weichenstellung, ob ein Betrieb dem GastG zu unterwerfen ist. Eine weitere Differenzierung findet erst im Rahmen des § 3 GastG statt.[319]

Im Hinblick auf die Existenz des Begriffs der Vergnügungsstätte sind deshalb aus dem Begriff der Schank- und Speisewirtschaft nach BauNVO solche Betriebe auszusondern, in denen nach den konkreten Umständen des Einzelfalls zwar die Gäste auch mit Getränken und/oder Speisen bewirtet werden, letztlich jedoch die Unterhaltung der Gäste – das „Amüsement" – (bei Tanzlokalen insbesondere Musik- und Tanzveranstaltungen) die im Vordergrund stehende, prägende Hauptleistung ist.[320] Mit anderen Worten: Dass auch Speisen und

---

317 OVG Koblenz 9.3.2007 – juris, Rn. 8; *Bielenberg*, in: E/Z/B/K, BauGB, 52. Lfg. 1995, § 2 BauNVO, Rn. 33. Unstrittig zählen zu ihnen etwa Restaurants, Cafés, Weinstuben, Eisdielen, auch Imbissstuben, Trinkhallen und Eckkneipen (OVG Koblenz 3.2.1982 – GewArch 1982, S. 162; *Fickert/Fieseler*, BauNVO, § 2, Rn. 13; § 6, Rn. 6; *Scharmer*, Steuerungsmöglichkeiten, S. 9, 14).

318 OVG Saarlouis 5.12.1995 – BRS 57 Nr. 64, S. 167; VGH München 4.10.2017 – juris, Rn. 5; *Ellenrieder*, Niveaupflege, S. 19; *Stock*, in: E/Z/B/K, BauGB, § 4 BauNVO, Rn. 57.

319 OVG Koblenz 3.2.1982 – GewArch 1982, S. 162 f.

320 Allg. Meinung, vgl. nur OVG Saarlouis 5.12.1995 – BRS 57 Nr. 64, S. 167; OVG Bautzen 13.7. 1993 – LKV 1994, S. 297; VGH Mannheim 17.8.1990 – BRS 50 Nr. 64, S. 148; OVG Schleswig 5.10.2009 – juris, Rn. 33; OVG Koblenz 9.3.2007 – juris, Rn. 8; VGH Kassel 31.5.1981 – BRS 38 Nr. 152, S. 344; 22.2.2012 – juris, Rn. 10; OVG Münster 7.5.1976 – BRS 30 Nr. 41, S. 89; OVG Berlin 10.11.2004 – NVwZ-RR 2005, S. 160; *Ziegler*, in: Brügelmann, BauGB, § 4a BauNVO, Rn. 67; *Bielenberg*, in: E/Z/B/K, BauGB,

Getränke verabreicht werden, reicht nicht um Schank- und Speisewirtschaft zu bleiben.[321] Und umgekehrt: Eine Schank- und Speisewirtschaft verliert ihren Charakter nicht durch jede beliebige Veranstaltung.

Die Abgrenzung kann bei „schleichender Entwicklung" im Einzelfall aber schwierig sein.[322]

Ob die Unterhaltung im Vordergrund steht und damit eine Vergnügungsstätte vorliegt, richtet sich nach folgenden Kriterien:

a) Stattfinden von Veranstaltungen

Es müssen Veranstaltungen zur Unterhaltung der Gäste (in der Regel durch Musik und Tanz) stattfinden.[323]

Musik wird zwar auch oft in normalen Schank- und Speisewirtschaften geboten, dort aber nur durch Abspielen von Medien (Automaten, Fernsehern, CD) als auch von den Gästen nicht als entscheidend angesehene,Nebenleistung und entsprechend dezent in geringer Lautstärke als beiläufige Hintergrundgeräuschkulisse zu Gesprächen, zur Schaffung einer behaglichen Atmosphäre beim Genuss der Speisen oder Getränke und nicht nach außen dringend.

Davon zu unterscheiden sind regelrechte Musikveranstaltungen/-aufführungen, (wechselnde) „Events", Partys, insbesondere auch Veranstaltungen, die der Kontaktanbahnung dienen[324], ggf. in Verbindung mit Verlosungen, Quizspielen, Hitparaden und Ähnlichem. Diese Veranstaltungen ziehen eine höhere Gästezahl an, sind deshalb auch wirtschaftlich entscheidend und dienen im

---

52. Lfg. 1995, § 2 BauNVO, Rn. 33; *Stock*, in: E/Z/B/K, BauGB, § 4 BauNVO, Rn. 60 f.; *Fickert/Fieseler*, BauNVO, § 5, Rn. 17.2; 22.1; *Aschke*, in: Kröninger/Aschke/Jeromin, BauGB, § 4a BauNVO, Rn. 21; *Jeromin*, Zulässigkeit von Vergnügungsstätten, S. 13. Diese Abgrenzung gilt auch für das Gaststättenrecht (vgl. nur *Metzner*, GastG, § 3, Rn. 22, 49 ff.; *Michel/Kienzle/Pauly*, GastG, § 3, Rn. 15 m.w.N.), dessen Entscheidungen können daher, vgl. auch o. vor. I., übernommen werden.

321 OVG Koblenz 9.3.2007 – juris, Rn. 9; *Stock*, in: E/Z/B/K, BauGB, § 4a BauNVO, Rn. 69; *Fickert/Fieseler*, BauNVO, § 4a, Rn. 22.5; *Jeromin*, Zulässigkeit von Vergnügungsstätten, S. 20; *Dolde/Schlarmann*, BauR 1984, S. 121, 122; *Schlichter/Friedrich*, WiVerw 1988, S. 199, 208 und *Jahn*, BauR 1990, S. 280, 281.

322 BVerwG 11.7.2001 – BRS 64 Nr. 73, S. 323.

323 OVG Münster 9.12.1992 – GewArch 1993, S. 254, 257; *Fickert/Fieseler*, BauNVO, § 5, Rn. 22.1; VGH Kassel 31.5.1981 – BRS 38 Nr. 152, S. 344; 25.4.1983 – BRS 40, Nr. 166, S. 370; VGH Mannheim 18.10.1990 – NVwZ-RR 1991, S. 405.

324 OVG Koblenz 1.6.2011 – BRS 78 Nr. 178, S. 769; VGH Kassel 22.2.2012 – juris, Rn. 10; OVG Berlin 10.11.2004 – NVwZ-RR 2005, S. 160, 161; *Aschke*, in: Kröninger/Aschke/Jeromin, BauGB, § 4a BauNVO, Rn. 21.

besonderen Maße der Unterhaltung. Sie sind durch ihre Lautstärke sowie ggf. ihre Unterstützung durch optische Effekte und (DJ-)Moderation in den Vordergrund gerückt[325], was ihnen den Charakter einer besonderen, organisierten Veranstaltung verleiht.[326]

Die Bewirtung tritt dabei in den Hintergrund, was sich etwa in reduzierten Gaststättenleistungen – nur einfache Speisen oder gar nur (teure) Getränke – ausdrücken kann[327] und diese nur dazu dienen sollen, dass „für eine gute Grundlage gesorgt werden kann"[328].

Die Abgrenzung anderer Vergnügungsstätten zu Schank- und Speisewirtschaften erfolgt im Ergebnis ebenso durch das Vorliegen von Veranstaltungen: bei Nachtlokalen die Schaustellung von Personen, bei Kinos und Varietés die Aufführung eines Films und von Kleinkunst, bei Spielhallen das Vorhandensein von Spielgeräten.

Für das Vorliegen einer Vergnügungsveranstaltung genügt dagegen die bloße unterhaltsame Atmosphäre nicht, die sich aus der Interaktion der Besucher untereinander, im Wesentlichen durch Gespräche und Getränkekonsum angeregt, ergeben kann. Bei dieser gaststättentypischen Situation geht es gerade um Kommunikation, weshalb die Musik nicht zu laut ist und damit – städtebaulich – nicht nach draußen dringend.[329]

Veranstaltungen sind demgegenüber geeignet andere Dimensionen von Besucherzahlen anzuziehen, welche daher auch aus einem größeren Umkreis

---

325 Dafür spricht etwa die (dauerhafte) Ausstattung mit einer groß dimensionierten Musikanlage ggf. zzgl. Lichtanlage, Videoleinwand oder Plasmamaschine (VGH Mannheim 15.3.1983 – BRS 40 Nr. 59, S. 144). Vgl. o. 1. a).

326 Vgl. *Dolde/Schlarmann*, BauR 1984, S. 121, 122; *Schlichter/Friedrich*, WiVerw 1988, S. 199, 208; *Bielenberg*, in: E/Z/B/K, BauGB, 55. Lfg. 1997, § 4a BauNVO, Rn. 58a; *Fickert/Fieseler*, BauNVO, § 4a, Rn. 22.5; OVG Koblenz 9.3.2007, Rn. 8, 12 – juris; OVG Bautzen 9.12.2009 – juris, Rn. 7; OVG Schleswig 5.10.2009 – juris, Rn. 34, 36 sowie, aus dem Gaststättenrecht, VGH Kassel 21.2.1985 – GewArch 1985, S. 274, 275; VGH München 21.1.1980 – GewArch 1980, S. 303, 304; 6.10.1981 – GewArch 1982, S. 238; OVG Bremen 2.8.1978 – GewArch 1978, S. 339; VGH Mannheim 24.9.1971 – GewArch 1972, S. 222, 223. Dies, auch bezüglich der Häufigkeit (dazu b)), gilt mutatis mutandis auch für die Abgrenzung zu Anlagen für kulturelle Zwecke (Gesangsvereinsheim), vgl. OVG Koblenz 16.4.2003 – BRS 66 Nr. 73, S. 341 f.

327 VGH Mannheim 18.10.1990 – NVwZ-RR 1991, S. 405; VG Neustadt 23.8.2010 – juris; i.d.S. auch OVG Münster 21.2.1983 – BRS 40 Nr. 57, S. 141 (Indizien dafür sind das Vorhandensein und die Größe von Küche und Tischen).

328 OVG Berlin 10.11.2004 – NVwZ-RR 2005, S. 160, 161.

329 S. auch 1. Teil B. I. 3. c) bb).

kommen[330], was wiederum mehr Anfahrtsverkehr bedeutet. Bei Veranstaltungen besteht eine bestimmte Erwartungshaltung (man will etwas geboten bekommen, sich amüsieren, es ist etwas los), die etwa durch Eintrittsgeld[331] und Bewerbung der besonderen Veranstaltungen[332] gerechtfertigt und erhöht wird, weshalb die Kunden tendenziell weniger bereit sind, (auf die Nachbarschaft) Rücksicht zu nehmen, und die sich durch Störungen entladen kann. Zudem ist es für ein Gelingen der Veranstaltungen in der Regel wichtig, dass viele Leute anwesend sind.

Diese Kriterien sind für den Störgrad entscheidend. Wenn sie vorliegen, kann daher eine Vergnügungsstätte auch dann gegeben sein, wenn das Tanzen gegenüber der Musik im Hintergrund steht.[333]

b) Häufigkeit der Veranstaltungen

Ausgenommen von diesen Veranstaltungen werden jedoch (orts-)übliche Fest-/Tanzveranstaltungen[334].

Auch wenn die Formulierung es nahelegt, geht es dabei nicht in erster Linie um eine andere Qualität der Veranstaltungen, denn auch ein Fest mit einer gewissen Tradition kann gleichartige Störungen hervorrufen. Vielmehr geht es um eine andere Quantität der Veranstaltung, was sich auch daran zeigt, dass die dafür verwendeten Begriffe – falls eine Präzisierung stattfindet – meist hinsichtlich ihres zeitlichen Umfangs konkretisiert werden.

---

330 OVG Bremen 2.8.1978 – GewArch 1978, S. 339 f.; während bei Gastwirtschaften die Kundschaft auf einen kleinen Kreis aus der näheren Umgebung beschränkt sein kann (vgl. OVG Münster 21.2.1983 – BRS 40 Nr. 57, S. 142).

331 Was zur Abgrenzung, da in klassischen Gaststätten unbekannt, zum Teil auch herangezogen wird, vgl. OVG Koblenz 9.3.2007, Rn. 12 – juris; 1.6.2011 – BRS 78 Nr. 178, S. 769; *Metzner*, GastG, § 3, Rn. 51.

332 Auch darauf stellen ab: OVG Bautzen 9.12.2009 – juris, Rn. 7 („Partylocation" und liegt damit nach dem Empfängerhorizont näher an einer Vergnügungsstätte als an einer Schank- und Speisewirtschaft; es wird nämlich hervorgehoben, dass dort „Besonderes stattfindet und viel los ist"); OVG Berlin 10.11.2004 – NVwZ-RR, S. 160, 161 („abtanzen"); OVG Schleswig 5.10.2009 – juris, Rn. 36; OVG Koblenz 9.3.2007 – juris, Rn. 12 (beide: „Single-"; „Datingnight"; „ausgelassen entspannen" und „interessante Kontakte" knüpfen).
Die entsprechende Werbung zieht diejenigen an, die das Beworbene auch wollen und diese Kunden kommen nicht, um eine gewöhnliche Gaststätte zu besuchen.

333 OVG Berlin 10.11.2004 – NVwZ-RR 2005, S. 160, 161; VGH Kassel 22.2.2012 – juris, Rn. 10, 12 („Lounge"); VGH München 4.10.2017 – juris, Rn. 5.

334 *Fickert/Fieseler*, BauNVO, § 5, Rn. 17.2.

Es handelt sich um Veranstaltungen, die selten – höchstens zwölfmal pro Jahr – und meist zu bestimmten konkreten, festgelegten (und damit allgemein vorhersehbaren) Anlässen, etwa Silvester, in der Faschingszeit (auch mehrere hintereinander in kurzer Zeit) und Kirchweih oder im Rahmen geschlossener Gesellschaften, wie Hochzeiten, Betriebs- oder Familienfeiern (ggf. im typischen Gaststättensaal), stattfinden.[335]

Zur Abgrenzung von Vergnügungsstätten zu Schank- und Speisewirtschaften wird also weiter zwischen „regelmäßigen" und „bloß gelegentlichen" Veranstaltungen unterschieden.[336] Nur scheinbar widersprüchlich ist es, dass dabei auch dann eine Schank- und Speisewirtschaft vorliegen kann, wenn regelmäßig am Wochenende Veranstaltungen stattfinden[337] und zugleich auch Diskotheken häufig ebenso nur an den Wochenenden betrieben werden. Denn aufgrund der Abgrenzung nach dem Schwerpunkt ist nicht die absolute Zahl der Veranstaltungen in einem Zeitraum[338], sondern das Verhältnis zwischen den Gesamtbetriebs- und den Veranstaltungszeiten entscheidend.[339] So folgt aus der zweimal wöchentlichen Abhaltung von Tanzveranstaltungen eine Vergnügungsstätte,

---

335 Vgl. BVerwG 22.7.1988 – NVwZ-RR 1989, S. 14, 15; OVG Koblenz 9.6.1982 – GewArch 1982, S. 339; VGH Mannheim 17.8.1990 – BRS 50 Nr. 64, S. 148; VGH Kassel 25.4.1983 – BRS 40, Nr. 166, S. 371; *v. Ebner*, GewArch 1990, S. 234, 235; i.d.S. auch VGH München 6.9.2010 – juris, Rn. 14.

336 Vgl. etwa VGH Mannheim 24.9.1971 – GewArch 1972, S. 222, 223; VGH Kassel 25.4.1983 – BRS 40, Nr. 166, S. 370; OVG Münster 9.12.1992 – GewArch 1993, S. 254, 257; OVG Koblenz 9.3.2007 – juris, Rn. 8; OVG Bautzen 9.12.2009 – juris, Rn. 7; OVG Schleswig 5.10.2009 – juris, Rn. 33; *Stock*, in: E/Z/B/K, BauGB, § 4a BauNVO, Rn. 69; § 4, Rn. 61; *Fickert/Fieseler*, BauNVO, § 4a, Rn. 24.31; *Dolde/Schlarmann*, BauR 1984, S. 121, 122; *Schlichter/Friedrich*, WiVerw 1988, S. 199, 208.

337 VGH Mannheim 17.8.1990 – BRS 50 Nr. 64, S. 148; zustimmend: *Fickert/Fieseler*, BauNVO, § 5, Rn. 17.2; *Stock*, in: E/Z/B/K, BauGB, § 4 BauNVO, Rn. 61; *Jeromin*, Zulässigkeit von Vergnügungsstätten, S. 20; *Ellenrieder*, Niveaupflege, S. 17.

338 Mit wohl unbeabsichtigt entgegengesetzter Akzentuierung: VGH Kassel 25.4.1983 – BRS 40, Nr. 166, S. 371.

339 Vgl. BVerwG 22.7.1988 – NVwZ-RR 1989, S. 14, 15; VGH Mannheim 24.9.1971 – GewArch 1972, S. 222, 223; *Kahler*, GewArch 1982, S. 354, 356; *Fickert/Fieseler*, BauNVO, § 5, Rn. 22.1.
So ist auch für die Einstufung als Vergnügungsstätte unerheblich, ob ein Betrieb täglich (so im Fall des OVG Berlin 10.11.2004 – NVwZ-RR 2005, S. 160, 161) oder nur zu diskothekentypischen Tagen stattfindet (so im Fall des OVG Koblenz 1.6.2011 – BRS 78 Nr. 178, S. 769).

wenn der (Schank-)Betrieb auch nur zu diesen Veranstaltungen geöffnet hat.[340] Findet jedoch an den übrigen Tagen oder auch zu früherer Stunde reiner Gaststättenbetrieb statt, kann bei der gleichen Häufigkeit von Tanzveranstaltungen eine Schank- und Speisewirtschaft vorliegen.[341]

Aus Sicht der Nachbarn besteht aber insoweit kaum ein Unterschied zwischen Diskothekenveranstaltungen und Tanzveranstaltungen in Gaststätten. Beide werden in der Regel an Tagen stattfinden, auf die länger ausgeschlafen werden kann und (relativ) viele Besucher in einem kleinen Zeitraum anziehen. Vorzugswürdig wäre also eine Begrenzung auf die oben erläuterten ortsüblichen Veranstaltungen. Allgemein zeigt diese Konstellation, dass eine Schwerpunktbetrachtung den Bedürfnissen einer städtebaulichen Betrachtung nicht immer entspricht.

Faktische Indizien für die Abgrenzung können Größe und Raumaufteilung (etwa Tanzfläche bzw. große Bereiche ohne Bestuhlung[342] im Unterschied zu eher gedrängt angeordneten Sitzgelegenheiten[343]) oder die Öffnungszeiten ausschließlich zu sehr später Stunde (im Bereich von 21 Uhr bis 5 Uhr)[344] sein.

c) *Zusammenfassung*

Hauptunterschied der Zulässigkeit von Vergnügungsstätten und Schank- und Speisewirtschaften nach der BauNVO ist, dass Letztere im Zusammenhang mit dem Wohnen eher zulässig sind, und zwar in allen Wohngebieten und

340 Vgl. *Fickert/Fieseler*, BauNVO, § 5, Rn. 22.1; VGH Kassel 31.5.1981 – BRS 38 Nr. 152, S. 344; OVG Münster 9.12.1992 – GewArch 1993, S. 254, 255 und die Annahme einer Vergnügungsstätte, wenn an nahezu jedem Öffnungstag (OVG Koblenz 1.6.2011 – BRS 78 Nr. 178, S. 769), jedenfalls an der Mehrzahl der Wochentage, gerade wenn die Gaststätte am meisten besucht wird (VGH Mannheim 18.10.1990 – NVwZ-RR 1991, S. 405), Veranstaltungen stattfinden. VG Bayreuth 12.7.2012 – juris, Rn. 3 f., 9, 18 genügt sogar schon eine besondere Veranstaltung an einem von fünf Öffnungsabenden pro Woche.

341 Vgl. OVG Bautzen 13.7.1993 – LKV 1994, S. 296, 297.

342 VGH Mannheim 15.3.1983 – BRS 40 Nr. 59, S. 144; 18.10.1990 – NVwZ-RR 1991, S. 405.

343 VGH München 29.10.1987 – NVwZ 1988, S. 1140.

344 Vgl. OVG Schleswig 5.10.2009 – juris, Rn. 36; OVG Berlin 10.11.2004 – NVwZ-RR 2005, S. 160, 161; OVG Koblenz 1.6.2011 – BRS 78 Nr. 178, S. 769. Im Unterschied zu typischen Schank- und Speisewirtschaften, die bis 24 oder 1 Uhr geöffnet haben, vgl. VGH Kassel 22.2.2012 – juris, Rn. 12; VGH Mannheim 17.8.1990 – BRS 50 Nr. 64, S. 148.

im Mischgebiet allgemein oder zumindest ausnahmsweise, zum Teil unter Beschränkung auf die Gebietsversorgung (§§ 2–4 BauNVO).

Damit setzt der Verordnungsgeber voraus, dass die von Schank- und Speisewirtschaften ausgehenden Störungen mit dem Wohnen vereinbar sein können.[345] Dafür ist etwa im allgemeinen Wohngebiet die Dämpfung von Musik[346] und die Einhaltung der Nachtruhe ab 22 Uhr erforderlich[347]. Bei allen Vergnügungsstätten aus dem Bereich „Tanz und Musik" sind dagegen Immissionen auch nach 22 Uhr typisch und besonders stark.[348]

Die allgemeine Meinung grenzt Vergnügungsstätten von Schank- und Speisewirtschaften zwar danach ab, ob der Schwerpunkt der Nutzung auf Gaststättenleistungen oder Vergnügungsveranstaltungen liegt und damit nach dem allgemeinen Sprachgebrauch. In diesem Fall deckt sich diese Abgrenzung jedoch weitgehend mit der erforderlichen Abgrenzung nach städtebaulichen Kriterien, da die beschriebenen Vergnügungsveranstaltungen eine Nutzung wohngebietsunverträglich machen.

3. Einordnung weiterer Sonderformen

a) Jugendzentren

Auch in vielen Jugendzenten[349] finden Tanzveranstaltungen, etwa „Disko-Abende", statt. Jugendzentren werden in aller Regel aber als Anlagen für kulturelle oder soziale Zwecke und nicht als Vergnügungsstätten angesehen.[350] Obwohl sie insofern der oben beschriebenen Diskothek ähneln, als Jugendliche ihr Bedürfnis nach Unterhaltung mit Tanz und Musik (in Verbindung mit Alkoholkonsum) stillen, was zu den oben beschrieben Auswirkungen führen kann

---

345 Vgl. OVG Koblenz 3.2.1982 – GewArch 1982, S. 162; OVG Saarlouis 5.12.1995 – BRS 57 Nr. 64, S. 167.

346 *Fickert/Fieseler*, BauNVO, § 2, Rn. 13.

347 *Stock*, in: E/Z/B/K, BauGB, § 4 BauNVO, Rn. 65.

348 OVG Bremen 2.8.1978 – GewArch 1978, S. 339; BayOblG 18.5.1983 – GewArch 1983, S. 307; *Metzner*, GastG, § 3, Rn. 26; vgl. auch VGH Mannheim 24.9.1971 – GewArch 1972, S. 222, 223; VGH München 6.9.2010 – juris, Rn. 17; i.d.S. auch VGH Kassel 29.5.1985 – GewArch 1985, S. 300, 301; OVG Münster 7.5.1976 – BRS 30 Nr. 41, S. 89.

349 Zum Teil auch als „Jugendclubs", „-häuser" oder Ähnliches bezeichnet.

350 Vgl. VGH München 14.12.1981 – BRS 38 Nr. 215, S. 461; VGH Kassel 14.12.1992 – BRS 55 Nr. 171, S. 469, 472; zustimmend: *Ziegler*, in: Brügelmann, BauGB, § 2 BauNVO, Rn. 128; § 4a BauNVO, Rn. 57.

und daher mit dem Wohnen schwer vereinbar ist. Diese Störungen sollen aber durch das Rücksichtnahmegebot erfasst werden.[351]

Die Ablehnung der Einordnung als Vergnügungsstätte wird damit begründet, dass Jugendzentren nicht kommerziell betrieben werden[352] oder dass – ähnlich wie bei der Abgrenzung zu Schank- und Speisewirtschaften – Vergnügungsveranstaltungen weder den zeitlichen, noch den inhaltlichen Schwerpunkt eines Jugendzentrums ausmachen[353].

Jedenfalls werden in Jugendzentren keine hohen (Eintritts-)Preise erhoben. Es herrscht, zumindest unter den Stammgästen, eine gewisse Identifikation mit dem Betrieb und ein Gemeinschaftsgefühl, da sie selbst, etwa durch gemeinsame Arbeitseinsätze, Verantwortung für die Lokalität übernehmen.[354] Zudem besteht oft ein pädagogisches Konzept. Durch all dies wird die soziale Dynamik der Veranstaltungen weniger durch eine Anspruchshaltung als vielmehr auch durch Dankbarkeit für die zur Verfügung gestellten Möglichkeiten und Identifikation mit dem Projekt geprägt sein, wodurch wegen der erhöhten Rücksichtnahme im Vergleich zu einer Diskothek typischerweise weniger Störungen zu erwarten sind. Besondere Störungen wie bei einer Diskothek liegen also nicht vor. Jugendzentren weisen auch keinen hohen, kerngebietstypischen Einzugsbereich mit einer entsprechenden Motorisierung der Besucher auf. Ihre Zielgruppe besteht zum großen Teil aus minderjährigen, weniger mobilen Besuchern aus derselben – kleinen – Ortschaft oder demselben Stadtviertel. Daher liegt, auch unter städtebaulichen Gesichtspunkten, keine Vergnügungsstätte vor.

---

351 Vgl. VGH Kassel 14.12.1992 – BRS 55 Nr. 171, S. 472 f. Wenn nach OVG Bautzen 13.7.1993 – LKV 1994, S. 296, 297 diese Störungen unter Vergleich mit dem Lärm von Kinderspielplätzen als bis zu einem gewissen Maß als sozialadäquat hinzunehmen sein sollen, ist dagegen einzuwenden, dass es hier um nächtlichen Lärm geht.

352 VGH München 14.12.1981 – BRS 38 Nr. 215, S. 461; VGH Mannheim 19.10.1998 – BauR 1999, S. 1278; zustimmend: VGH München 6.9.2010 – juris, Rn. 16.
OVG Bautzen 13.7.1993 – LKV 1994, S. 296, 297 nimmt trotz Gewinnerzielungsabsicht keine Vergnügungsstätte an. Ihm geht es dabei ersichtlich um eine Stärkung der Jugendpflege im konkreten städtebaulichen Umfeld, wofür eine Einstufung als Vergnügungsstätte wegen der Folgen für die Zulässigkeit nicht sachgerecht sei.

353 Vgl. nur VGH Kassel 14.12.1992 – BRS 55 Nr. 171, S. 470, wo die Diskothekenveranstaltung als niederschwelliger Einstieg in die Angebote des Jugendzentrums beschrieben wird und daher im Verhältnis zu diesen untergeordnet ist; *Aschke*, in: Kröninger/Aschke/Jeromin, BauGB, § 4a BauNVO, Rn. 21.

354 So explizit jedenfalls OVG Bautzen 13.7.1993 – LKV 1994, S. 296, 297.

b) Erlebnisgastronomie

Anlass, sich mit der „Erlebnisgastronomie" auseinanderzusetzen, gibt eine Entscheidung des Verwaltungsgerichts Weimar, wonach dies als moderne Erscheinungsform der Gastronomie für eine Schank- und Speisewirtschaft spreche.[355]

Dieses Argument genügt jedoch keinesfalls, denn schon die dafür angeführte Quelle versteht Gastronomie im weiten Sinne des Gaststättengesetzes und nicht im Sinne der BauNVO (vgl. dazu o. 2.).

Das „Erlebnis" kann sich auf das bloße Ambiente oder die Speisen beziehen, dann liegt eine Schank- und Speisewirtschaft vor. Meint das „Erlebnis" aber die Abhaltung von Musik- und Tanzveranstaltungen[356], liegt nach den oben herausgearbeiteten allgemeinen Kriterien eine Vergnügungsstätte vor.

c) Tanzcafés

Diskotheken sind unstreitig Vergnügungsstätten. Die überwiegende Mehrheit nimmt das gleiche für alle andern – nach den allgemeinen Abgrenzungskriterien (s.o.) bestimmten – Tanzlokale an.

Einige[357] wollen jedoch explizit bestimmte Nutzungen, bei denen der Tanz dominiert, entgegen der obigen (2.) Abgrenzung von den Vergnügungsstätten ausnehmen. In diesem Zusammenhang ist meist von „Tanzcafés" die Rede.[358] Welche tatsächliche Erscheinung als „Tanzcafé" bezeichnet wird, bleibt diffus. So ist die Tatsache, dass dort „z.B. nachmittags oder sonst zu bestimmter Zeit *Gelegenheit* zum Tanzen" geboten wird,[359] kein taugliches Abgrenzungskriterium

---

355 VG Weimar 9.8.2005 – juris, Rn. 33 unter Verw. auf *Pöltl*, NVwZ 2004, S. 831, Fn. 1. I.E. hat das VG die Einstufung jedoch offengelassen, Rn. 24.

356 So war es in dem der Entscheidung des VG zugrunde liegenden Sachverhalt. Das „Erlebnis" war die zweimal wöchentliche Veranstaltung besonderer moderierter „Motto-/Singlepartys" unter nur reduziertem Angebot von Gaststättenleistungen. Die Werbung betonte Lebenslust, Spaß und den Ausschluss des Alltags, womit das Vergnügen hervorgehoben wird. (Rn. 4, 27)

357 *H. Dürr*, VBlBW 1981, S. 224, 225; *Fickert/Fieseler*, BauNVO, § 4a, Rn. 22.3, 22.5 sowie, jedoch unter einschränkendem Hinweis auf VGH Mannheim 18.10.1990 – NVwZ-RR 1991, S. 405 f., *Stange*, BauNVO, § 4a, Rn. 47.

358 Dagegen zählt *Jeromin*, Zulässigkeit von Vergnügungsstätten, S. 16 das „Tanzcafé" ohne weitere Ausführungen rechtlicher oder tatsächlicher Art zu den Vergnügungsstätten; so auch: BVerwG 25.11.1983 – E 68, S. 207, 211; OVG Bautzen 13.7.1993 – LKV 1994, S. 296; *Stock*, in: K/R/S, BauNVO, § 4a, Rn. 38; *Bielenberg*, in: E/Z/B/K, 52. Lfg, § 2 BauNVO, Rn. 33; *Gelzer/Birk*, BauPlR, Rn. 750; *v. Ebner*, GewArch 1990, S. 234.

359 *Fickert/Fieseler*, BauNVO, § 4a, Rn. 22.5.

zu anderen Tanzlokalen, denn städtebaulich ist weniger entscheidend ob nachmittags, sondern ob (auch) abends getanzt wird. Ein ausschließlich nachmittägliches Tanzangebot werden auch Tanzcafés nicht haben. Ein Tanzangebot „sonst zu bestimmter Zeit" beschreibt alle Tanzlokale. Auch die Hervorhebung der bloßen Gelegenheit zum Tanz, etwa in dem Sinn, dass kein allgemeiner Tanzzwang besteht und nur wenige tanzen, ist zur Abgrenzung nicht weiterführend, denn selbst in Diskotheken wird der eigentliche Tanz oft nur von wenigen ausgeführt. Vielen Besuchern geht es vielmehr um die spezifische, durch die Tanzmöglichkeit vermittelte Atmosphäre, die Möglichkeit Tänzen zuzuschauen oder die Musik zu genießen.[360]

Dass bei Tanzcafés im Unterschied zu Diskotheken oft die Geselligkeit und nicht das Vergnügen im Vordergrund steht, behauptet *H. Dürr*, kann dies jedoch nicht näher ausführen und gibt zu, dass insoweit eine Abgrenzung nur schwer möglich sei.[361]

Das einzige greifbare Argument zur Abgrenzung von Vergnügungsstätten und für die Besonderheit solcher Tanzcafés ist, dass sie ein älteres, gesetzteres Publikum ansprechen.[362] Daraus folgen geringere Geräuschimmissionen, denn dieses Publikum verursacht im Unterschied zu Jugendlichen außerhalb des Gebäudes deutlich weniger Störungen und nimmt mehr Rücksicht auf die Nachbarn.[363] Es unterhält sich mit Standardtänzen zu typischer – leiserer und weniger durch Bässe geprägter – Tanzmusik[364] und geht früher nach Hause[365].

Solche Tanzlokale „gehobener Art" für ältere Besucher haben auch die Rechtsprechung beschäftigt.

Auch dort wird anerkannt, dass von diesen weniger Emissionen als von einer Diskothek ausgehen, insbesondere wegen des gesetzteren Publikums und der geringeren Verkehrsmenge. Dennoch seien auch sie „besonders emissionsträchtig".[366]

---

360 Daher ist etwa die Größe der Tanzfläche irrelevant, vgl. auch OVG Münster 17.11.1972 – BRS 25 Nr. 31, S. 86; VGH Kassel 24.7.1990 – BRS 50 Nr. 61, S. 142 f.

361 *H. Dürr*, VBlBW 1981, S. 224, 225.

362 *H. Dürr*, VBlBW 1981, S. 224, 225; so auch im Gaststättenrecht: Vgl. VG Augsburg 21.3.1975 – GewArch 1975, S. 339, 340; VGH Mannheim 14.4.1989 – NVwZ-RR, S. 181 (Tanzlokal, von Kläger als Tanzcafé bezeichnet).

363 *H. Dürr*, VBlBW 1981, S. 224, 225.

364 *Pöltl*, GastR, § 3 GastG, Rn 24k, weshalb auch keine großen Musik-/Lichtanlagen vorhanden sind (vgl. *Fickert/Fieseler*, BauNVO, § 4a, Rn. 22.3).

365 *Pöltl*, GastR, § 3 GastG, Rn. 24e; *Kahler*, GewArch 1982, S. 354, 356.

366 VG Freiburg 23.11.1984 – VBlBW 1985, S. 313 f. (für einen Betrieb mit 181 Sitzplätzen und ca. 450 m^2 Tanzfläche).

Insbesondere die Verwaltungsgerichtshöfe Kassel und Mannheim haben klargestellt, dass auch solche Tanzlokale Vergnügungsstätten darstellen.

Auch eine Nutzung mit kleiner Tanzfläche (3 × 3 m) und gehobenem Niveau für ältere Besucher sei wegen des An- und Abfahrtslärms und „die mit dem Besuch einer Diskothek [verursachten] typischen Begleiterscheinungen" Vergnügungsstätte.[367] Irrelevant sei, dass Gesellschaftstanz für Personen über 30 Jahre angeboten werden soll, denn es ist baurechtlich nicht möglich, die Art der Musik oder das Alter der Gäste festzulegen.[368]

Fickert und *H. Dürr* ist zwar zuzugestehen, dass die städtebaulichen Auswirkungen von Tanzcafés weniger störend sein können. Jedoch ist die erforderliche Abgrenzung zu andern Tanzlokalen über das Alter der Besucher praktisch nicht zu gewährleisten.

Eine Einstufung der Tanzcafés als (ggf. nicht kerngebietstypische) Vergnügungsstätten entspricht dagegen nicht nur dem allgemeinen Sprachgebrauch, sondern ist auch städtebaulich noch tragbar. Auch Tanzcafés werden abends, in der Nacht oder am Wochenende betrieben und werden häufig eine nicht unerhebliche Gästezahl aus einem übergebietlichen Einzugsbereich anziehen, sodass sie wohngebietsunverträglich sind, auch wenn sie nicht immer ins Kerngebiet verwiesen werden müssen.[369]

Das Kompromissergebnis der nicht kerngebietstypischen Vergnügungsstätte stand *Fickert* und *H. Dürr* aufgrund ihrer damaligen Ablehnung dieses Instituts nicht offen.

Die Betrachtung der Tanzcafés zeigt also wieder, wie die Entwicklung der Differenzierung zwischen kerngebietstypischen und nicht kerngebietstypischen Vergnügungsstätten den Begriff der Vergnügungsstätte flexibler gemacht und städtebaulich begründeten Druck von ihm genommen, zugleich aber auch zu seiner Zerfaserung beigetragen hat.

---

367 VGH Kassel 24.7.1990 – BRS 50 Nr. 61, S. 142 f.

368 VGH Mannheim 18.10.1990 – NVwZ-RR 1991, S. 405, 406.

369 Nach den im 1. Teil B. III. vorgestellten Skalen ist für Tanzcafés von folgenden Werten auszugehen: Vergnügungsstätte nach Maßgabe des allgemeinen Sprachgebrauchs: 80 von 80; Vergnügungsstätte nach Maßgabe der für sie typischen städtebaulichen Merkmale der Wohn(gebiets)unverträglichkeit und Zentralität: 65 von 100. Insgesamt liegt damit ein Wert von 145 und eine Vergnügungsstätte vor.

II. (Andere) Nachtlokale, -clubs, -bars und Ähnliches

1. Begriffsverständnis

Nach dem allgemeinen Sprachgebrauch können unter die Bezeichnung „Nachtlokale“ die verschiedensten Einrichtungen gefasst werden. Sie erstrecken sich von getränkegeprägter Gastronomie, zum Teil mit Musik oder mit Tanzangebot, über Veranstaltungen mit kleinkünstlerischem bis zu eindeutig sexuellem Charakter.[370]

Aus dem Wortlaut ergibt sich jedenfalls, dass Nachtlokale (nur) nachts betrieben werden. Zur Unterscheidung von den oft daneben genannten Tanzlokalen liegt das Hauptaugenmerk der hier gemeinten Nachtlokale nicht auf einem Musik- oder Tanzangebot.

Nach dieser Betrachtungsweise, die sich mit einer Gesamtschau von Literatur und Rechtsprechung deckt, können also „Bars“, aber auch Striptease- und Animierlokale, Varietés und Kabaretts darunter verstanden werden.[371]

Abgesehen von Bars und Kabaretts sind dies nach herrschender Meinung Vergnügungsstätten.[372]

2. Bar(-betrieb)

Der Begriff „Bar“ ist schwierig zu fassen, da sein allgemeiner wie rechtlicher Gebrauch uneinheitlich ist und auch einem gewissen Wandel unterliegt.

Tendenziell ist damit, insbesondere heute, ausgehend von der Etymologie[373], welche nur auf die Theke zur Trennung von Gast- und Schankraum verweist[374],

---

370 Vgl. insbesondere wikipedia.de („Nachtclub“); ähnl. *Duden* – Bedeutungswörterbuch („Nachtlokal“).

371 Vgl. *Jeromin*, Zulässigkeit von Vergnügungsstätten, S. 16, 22; *Tuttlewski/Lange*, ZfWG 2009, S. 163 (die sogar die „Hardcoresexdarstellungen“ der Sexkinos und Peepshows dazu zählen); *Fickert/Fieseler*, BauNVO, § 4a, Rn. 22.2 f.; *Scharmer*, Steuerungsmöglichkeiten, S. 7, 9, 13 f.; *Schlichter/Friedrich*, WiVerw 1988, S. 199, 208; *Ellenrieder*, Niveaupflege, S. 17; *Bielenberg*, in: E/Z/B/K, BauGB, 55. Lfg. 1997, § 4a BauNVO, Rn. 58 a, 58h; OVG Koblenz 3.2.1982 – GewArch 1982, S. 163; VGH Mannheim 15.3.1983 – BRS 40 Nr. 59, S. 144; OVG Greifswald 14.7.2000 – juris, Rn. 16 unter Verweis auf *Gelzer/Birk*, BauPlR, Rn. 748.
I. d. S. auch das Gaststättenrecht: BVerwG 23.9.1976 – GewArch 1977, S. 24, 25 f.; VG Würzburg 27.1.1976 – GewArch 1976, S. 388 f.; *Metzner*, GastG, § 3, Rn. 42 f.; *v. Ebner*, GewArch 1976, S. 216, 217.

372 Für die Betriebe, deren Hauptzweck sexuelle Darstellungen sind sowie Varietés und Kabaretts, vgl. C. III. und D. II.

373 Stange, Schranke, vgl. *Duden* – Herkunftswörterbuch; *Wahrig* (je unter „Bar“).

374 Vgl. auch VGH Mannheim 11.12.1984 – BRS 44, Nr. 106, S. 259 f.

ein Lokal gemeint, das zwar seinen Nutzungsschwerpunkt abends und nachts hat, jedoch im Wesentlichen dem Verzehr von (hauptsächlich alkoholischen) Getränken (und der Geselligkeit) dient, ggf. untermalt von Hintergrundmusik und aufwendiger (gemütlicher, luxuriös bis exotischer) Einrichtung, etwa mit Sesseln oder Couches, in meist überschaubarer Größe.[375]

Eine solche Bar stellt keine Vergnügungsstätte, sondern eine Schank- und Speisewirtschaft dar.

Dies steht im Spannungsverhältnis mit einem, insbesondere in der früheren Literatur, recht pauschalen Verständnis von Bars als Vergnügungsstätte.[376] Die tatsächlichen Fälle auf die verwiesen wird, zeigen jedoch, dass dabei Strip-, Animier- und Anbahnungslokale gemeint sind. Dort ging es nämlich etwa um die strenge Auswahl der Gäste, Separees und zahlreiche weibliche Bedienungen, die sich auch zu den Gästen setzen und ihnen Gesellschaft leisten, „wucherische" Getränkepreise sowie die Vorführung von Sexfilmen.[377]

Symptomatisch für die begrifflichen Probleme sind die Ausführungen *Stocks*, der „Bars" undifferenziert zu den Vergnügungsstätten zählt[378], an anderer Stelle jedoch tautologisch relativiert: „selbst eine Bar kann schlicht eine Schankwirtschaft sein, wenn die Attribute einer Vergnügungsstätte nicht erfüllt sind."[379] Ein anderes Beispiel für die Begriffsverwirrung findet sich in dem einer Entscheidung des Verwaltungsgerichtshofs Mannheim vom 11. Dezember 1984 zugrunde liegenden Sachverhalt: Eine „Bierbar" (und damit eine Schank- und Speisewirtschaft) wurde genehmigt, eine Animierbar (und damit eine Vergnügungsstätte)

---

375 Vgl. auch VGH Mannheim 3.7.2014 – juris, Rn. 41; OVG Berlin 10.11.2004 – NVwZ-RR 2005, S. 160, 161; VG Bayreuth 12.7.2012 – juris, Rn. 3 f., 9; OVG Münster 13.2.1963 – DÖV 1963, S. 879, 880.

376 Vgl. etwa *Leder/Scholtissek*, BauNVO, § 6, Rn. 5; *Kautt*, Der Städtetag 1983, S. 798, 799; *Fickert/Fieseler*, BauNVO, § 2, Rn. 13.21; § 6, Rn. 6; *Walper*, BauNVO, § 4a, S. 69; *Bielenberg*, in: E/Z/B/K, BauGB, 55. Lfg. 1997, § 4a BauNVO, Rn. 58a; *Schlichter/Friedrich*, WiVerw 1988, S. 199, 208; für die Betriebsart *Metzner*, GastG, § 3, Rn. 38; *Michel/Kienzle/Pauly*, GastG, § 3, Rn. 15.

377 OVG Münster 13.2.1963 – DÖV 1963, S. 879, 880; OVG Koblenz 3.2.1982 – GewArch 1982, S. 163; VGH Mannheim 11.12.1984 – BRS 44, Nr. 106, S. 259 f.
Ebenso etwa bei: VGH Mannheim 31.1.1979 – GewArch 1979, S. 382, 383 („Bar mit Nacktbad"); OVG Koblenz 2.11.1960 – GewArch 1961, S. 87 f. („barähnlicher Betrieb"; wobei dieser insbesondere nicht zum „geselligen Beisammensein" aufgesucht wird, sondern auch um Bekanntschaft mit den Bedienungen zu machen, S. 89)

378 *Stock*, in: E/Z/B/K, BauGB, § 4 BauNVO, Rn. 60.

379 *Stock*, in: E/Z/B/K, BauGB, § 4 BauNVO, Rn. 58.

wurde stattdessen betrieben.[380] *Fickert/Fieseler* erkennen, dass der Begriff „Bar“ einem gewissen Wandel unterliegt und auch eine Schank- und Speisewirtschaft bezeichnen kann.[381]

Für die Einordnung in die Nutzungsarten ist also zu differenzieren: Wird der Schwerpunkt vom Essen oder Trinken wegverlagert, insbesondere zur Schaustellung von Personen (Striptease, Varieté), Tanz, Filmvorführungen oder Ähnlichem, liegt – nach Maßgabe der oben (I. 2.) entwickelten Abgrenzungskriterien – eine Vergnügungsstätte vor. Um Missverständnisse zu vermeiden, sollten diese Nutzungen auch entsprechend etwa als Stripclub oder Animierbar bezeichnet werden. Als Oberbegriff bietet sich Nachtlokal an. Der Begriff „(Nacht-)Bar“ sollte in diesem Zusammenhang vermieden werden oder so verwendet werden, dass er kein Vorliegen einer Schank- und Speisewirtschaft oder einer Vergnügungsstätte präjudiziert und die Abgrenzung offen lässt.[382]

B. Nutzungen des Bereichs „Spiel“

I. Spielhallen und Spielbanken

In Literatur und Rechtsprechung werden nach ganz herrschender Meinung unter die Vergnügungsstätten gefasst: „Spielhallen“ und „Automatenhallen“, „Spielcasinos“ sowie „Spielbanken“.[383]

---

380 VGH Mannheim 11.12.1984 – BRS 44, Nr. 106, S. 259 f.

381 *Fickert/Fieseler*, BauNVO, § 6, Rn. 6.

382 Vgl. etwa VG München 11.10.2012 – juris, Rn. 22; VGH Mannheim 15.11.1990 – GewArch 1992, S. 70, 71; *Jeromin*, Zulässigkeit von Vergnügungsstätten, S. 15.

383 Vgl. nur *Reidt*, in: Gelzer/Bracher/Reidt, BauPlR, Rn. 1433 f., 1439; *Dolde/Schlarmann*, BauR 1984, S. 121 f.; *Stober*, WiVerw 1984, S. 129, 144; *Schlichter/Friedrich*, WiVerw 1988, S. 199, 208; *Scharmer*, Steuerungsmöglichkeiten, S. 14; *Stühler*, BauR 2013, S. 685; *Jeromin*, Zulässigkeit von Vergnügungsstätten, S. 16; *Stock*, in: E/Z/B/K, BauGB, § 4a BauNVO, Rn. 69; *Knaup*, BauNVO, 1. Aufl. 1962, S. 55; *Walper*, BauNVO, § 4a, S. 70; *Stelkens*, UPR 1987, S. 125, 127; *Wank*, Spielhalle, S. 49; BR-Drs 881/10: Bericht des Bundeswirtschaftsministeriums, S. 71; *Fickert/Fieseler*, BauNVO, § 4a, Rn. 22.2, 22.23; *Roeser*, in: K/R/S, BauNVO, § 7, Rn. 16; *Jahn*, LKV 1992, S. 41, 43; *Ziegler*, in: Brügelmann, BauGB, § 4a BauNVO, Rn. 66; *Ellenrieder*, Niveaupflege, S. 17. Und durchgehend in st. Rspr. Frühe Entscheidungen waren etwa: BVerwG 22.5.1987 – E 77, S. 308 ff.; OVG Münster 24.6.1987 – BRS 47 Nr. 50, S. 133; OVG Lüneburg 22.2. 1979 – BRS 35 Nr. 35, S. 96 und VGH Mannheim 10.5.1979 – VBlBW 1981, S. 222 f.

1. Faktische Beschreibung und Terminologie

Inhaltlich ist allen diesen Nutzungen gemeinsam, dass Spiele (in Abgrenzung zum Sport) im Vordergrund stehen.

Es bestehen jedoch auch erhebliche tatsächliche – und auch städtebauliche – Unterschiede, weshalb für diese Arbeit die nachfolgende Differenzierung angezeigt ist.

a) Spielhallen

Der Wortlaut der BauNVO kennt den Begriff der Spielhalle nicht. Rechtlich sind Spielhallen primär durch das Gewerbe- (§§ 33c ff. GewO sowie die Spielverordnung (SpielV)) und Glücksspielrecht (die Ausführungsgesetze zum Ersten Glücksspieländerungsstaatsvertrag (GlüÄndStV)) erfasst.

Dort werden Spielhallen, im Anschluss an den allgemeinen Sprachgebrauch, als Betriebe definiert, in denen schwerpunktmäßig (in Abgrenzung zu den vielen anderen Aufstellungsorten, etwa Gaststätten, Kinos, Bahnhöfe) Spiel*geräte* (mit oder ohne Gewinnmöglichkeit; Zufalls- oder Geschicklichkeitsspielgeräte; automatisiert oder mechanisiert) zur beliebigen Betätigung aufgestellt sind.[384]

Aus der damit verbundenen Subsumtion unter § 33i GewO kann jedoch keine klare Tendenz für oder gegen die Einordnung als Vergnügungsstätte im Sinne der BauNVO abgeleitet werden[385] und die gewerberechtliche Auslegung des Spielhallenbegriffs orientiert sich an der spezifisch gewerberechtlichen Zielsetzung[386]. Daher wird der Spielhallenbegriff des Gewerberechts im Baurecht im

---

384 BVerwG 14.12.1982 – GewArch 1983, S. 135; 4.10.1988 – GewArch 1989, S. 23; *Schumacher*, Eindämmung des Spielhallengewerbes, S. 24; vgl. auch die Gesetzesbegründung zu § 33i GewO (BT-Drs 3/318, S. 16).

385 Eine Subsumtion unter § 33i GewO führt zwar dazu, dass Alkohol nicht erlaubt ist und daher eine vergnügungsstättenuntypische geringere Lärmbelästigung naheliegt. Andererseits kann ein stärkerer Trading-down-Effekt angenommen werden, da § 33i GewO gerade auf ein zweifelhaftes Milieu – das eigentümliche „Spielhallenatmosphäre(fluidum)", welches die Spielleidenschaft anstachelt und leicht zum Sammelplatz fragwürdig-kriminelle Elemente wird (BVerwG 28.5.1963 – GewArch 1963, S. 202, 204 f.; BT-Drs 3/318 – Begründung, S. 16) – abstellt.

386 Etwa wird dessen weite Auslegung maßgeblich damit begründet, dass der Schutzzweck des § 33i GewO nicht unterlaufen werden soll (vgl. u.a. VGH München 7.12.1983 – GewArch 1984, S. 289; BVerwG 14.12.1982 – GewArch 1983, S. 135, 136). Es geht dabei um die Spielhallenatmosphäre, die sich insbesondere aus der Raumprägung (und damit dem Inneren) ergibt, während städtebauliche Wirkungen gerade auf das Äußere bezogen sind. Auch ist das Gewerberecht raum- (vgl. BVerwG 9.10.1984 – E

Ergebnis nur soweit übernommen, als er der Verkehrsauffassung entspricht und bei Mischnutzung auch auf den Schwerpunkt abgestellt wird.[387]

Eine Unterscheidung von Spielhallen mit Schwerpunkt auf Geldautomaten (die mit Abstand verbreitetste Nutzung) und Betrieben mit Spiel(geräten) ohne Gewinnmöglichkeit (dazu bei III. 1. b) und c)) bietet sich für die vertiefte städtebauliche Betrachtung an.[388]

b) Spielbanken

Spielbanken bieten – anders als Spielhallen[389] – Glücksspiel im Sinne des § 284 StGB an und unterfallen daher einem anderen Rechtsregime mit zahlreichen Implikationen für ihre faktische Ausgestaltung, erlauben aber auch wesentlich höhere Einsätze. Das Angebot besteht aus großem (Roulette-, Karten- und Würfelspiel) und kleinem Spiel (Automaten).

Spielbanken sind meist sehr groß, mit großzügiger Ausstattung versehen und veranstalten regelmäßige Events wie Pokerturniere und Tanzabende. Folglich wird großer Wert auf Etikette gelegt und oft auch Eintrittsgeld verlangt. Dieses insgesamt betont exklusive Ambiente ist nicht mit – auch großen und modernen – Spielhallen vergleichbar.[390]

70, S. 180; *Fischer*, GewArch 2005, S. 62, 63; und auch bei 3. Teil A. II. 3.) statt vorhabenbezogen.

387 Vgl. *Fickert/Fieseler*, BauNVO, § 4a, Rn. 23.5 f.; *Jeromin*, Zulässigkeit von Vergnügungsstätten, S. 20; *Lieber*, VBlBW 2011, S. 6, 7; *Stange*, BauNVO, § 4a, Rn. 55; *Heinz/Janssen/Mittag/Scharmer/Schneidewind*, Strukturveränderungen, S. 21; *Jahn*, LKV 1992, S. 41; *Stühler*, BauR 2009, S. 54, 55; *Ziegler*, in: Brügelmann, BauGB, § 4a BauNVO, Rn. 66; *Schumacher*, Eindämmung des Spielhallengewerbes, S. 34 und *Buchholz*, GewArch 2000, S. 457, 458 f., unter der Anmerkung, dass die Abgrenzung zu Sportstätten möglicherweise anders zu erfolgen hat (vgl. dazu u. III.).
Damit sind jedenfalls die Abgrenzungsprobleme des Gewerberechts (s.u. 3. und III.) übertragbar (*Lieber*, VBlBW 2011, S. 6, 7).

388 Dem zum Teil (§ 3 Abs. 7 GlüÄndStV; BVerwG 9.10.1984 – E 70, S. 180, 181; *Liesching*, NVwZ 2005, S. 898, 899) auch verwendeten weiten Begriff der Spielhalle wird hier deshalb nicht gefolgt.

389 Vgl. § 33e Abs. 1 GewO. Das Angebot von Spielhallen ist auf „Unterhaltungsspiel" beschränkt, bei dem die Unterhaltung im Vordergrund steht – also keine „unangemessen hohen Verluste in kurzer Zeit" auftreten können (BR-Drs 881/10: Glossar des Abschlussberichts des IFT S. 3 f.); vgl. dazu auch BVerwG 28.5.1963 – GewArch 1963, S. 202, 203.

390 *Hahn*, in: Friauf, GewO, § 33h, Rn. 4; *Heinz/Janssen/Mittag/Scharmer/Schneidewind*, Strukturveränderungen, S. 21; zum Ganzen auch *Ennuschat*, in: Tettinger/Wank/Ennuschat, GewO, § 33i, Rn. 8 f.

Der Begriff des Spielcasinos wird zum Teil als Synonym für Spielhallen, zum Teil für Spielbanken benutzt.[391]

2. *Begründung der Vergnügungsstätteneigenschaft der Spielhallen*

Spielhallen werden allgemein als besonders problematisch angesehen. Wenn dies näher begründet wird, werden in städtebaulicher Hinsicht Lärm, Trading-down-Effekt und Beeinträchtigung des Straßenbildes angeführt, im Übrigen insbesondere Jugendgefährdung und Spielerschutz.[392]

a) Lärm

Aus der Spielhalle selbst dringt kaum Lärm.[393]

Auch durch das Verhalten der Besucher vor der Spielhalle entsteht, vom An- und Abfahrtsverkehr und dessen zwingenden Begleiterscheinungen abgesehen, kaum Lärm. Denn die Besucher streben nach aller Erfahrung die Räumlichkeiten selbst an und halten sich nur selten vor der Spielhalle auf.[394] Es sind überwiegend Einzelpersonen, die ihrer Freizeitgestaltung alleine nachgehen und eine hohe Verweildauer[395] aufweisen. In einer Spielhalle wird kein Alkohol ausgeschenkt (vgl. § 3 Abs. 3 SpielV) und Alkoholisierten kein Einlass gewährt, keine laute Musik gespielt und Jugendliche überwiegen nicht; unter 18-Jährigen – die

391 Entsprechend soll die Nennung von Spielcasinos im Zusammenhang mit Spielhallen wegen Erschwerung der Unterscheidung zur Spielbank vermieden werden (so etwa auch § 16 Abs. 5 des Gesetzes zum GlüÄndStV NRW [LT-Drs 16/17, S. 44], weshalb auch der Begriff der Spielcasinos nicht explizit in § 33i GewO aufgenommen wurde [BVerwG, 9.3.2005 – GewArch 2005, S. 292, 293 unter Verw. auf BT-Drs. 3/318, S. 16]).

392 Vgl. *Schlemminger/Winterstein*, NVwZ 1988, S. 1078; *Erdmann*, DVBl 1988, S. 1094, 1096; *Kraus*, UPR 2011, S. 288, 292; *Lieber*, VBlBW 2011, S. 6. So auch bei Umfragen unter Gemeinden und Stadtplanern, s. *Heinz/Janssen/Mittag/Scharmer/Schneidewind*, Strukturveränderungen, S. 28 f.; *Scharmer*, in: Scharmer, Spielhallen in der Diskussion, S. 11, 16 f.

393 *Heinz/Janssen/Mittag/Scharmer/Schneidewind*, Strukturveränderungen, S. 31; *Wahlhäuser*, in: Bönker/Bischopink, BauNVO, § 4a, Rn. 89.

394 OVG Lüneburg 11.9.1987 – BRS 47 Nr. 51, S. 137; 28.6.1985 – BRS 44 Nr. 233, S. 547; VG Münster 24.7.1986 – GewArch 1987, S. 69, 70; zudem ist das Angebot auf „rein innerräumliche Aktivitäten" beschränkt (*Koch*, Spielhallen in der Stadt, S. 79 f.)

395 Vgl. BR-Drs 881/10: Abschlussbericht des IFT, S. 100. Darauf sind die Betriebe auch ausgerichtet, vgl. *Reichertz et al.*, Jackpot, S. 80 f., 102, 119.

häufig lautstarke Zweiräder besitzen – ist per Gesetz der Zugang verwehrt.[396] Auch sind häufige laute Gefühlsausbrüche vor Spielhallen wegen des Spielausgangs nicht bekannt.

Der Lärm überschreitet daher typischerweise das mischgebietsverträgliche Maß nicht, das gilt auch für die besonders sensiblen Nachtstunden.[397] Besonderer Lärm liegt also nicht vor.

Für die Lärmproblematik insgesamt sind auch die Öffnungszeiten von großer Bedeutung. Jedenfalls Öffnungszeiten bis nach 24 Uhr, wie bei Diskotheken, sind aber nicht der Regelfall.[398] Die typischen Erwartungen und Motivationen der Besucher und das Geschäftsmodell der Spielhalle sprechen sogar – im Unterschied zu den Tanz- und Nachtlokalen – nicht dagegen, das Ende der Öffnungszeit erforderlichenfalls auf eine die Nachtruhe wahrende Zeit, etwa auf 22 oder 23 Uhr, festzulegen[399], ohne dabei den profitablen Betrieb der Spielhalle zu

---

396 *Jeromin*, Zulässigkeit von Vergnügungsstätten, S. 136; *Heinz/Janssen/Mittag/Scharmer/Schneidewind*, Strukturveränderungen, S. 22, 31; *Otto*, DVBl 2011, S. 1330, 1332; *Lieber*, VBlBW 2011, S. 6, 10; vgl. im Ergebnis auch VGH München 19.10.2000 – juris, Rn. 33. S. zu alldem auch *Reichertz et al.*, Jackpot, S. 127 f., 134.
Früher wurden – allerdings nur teilweise und nie positiv, sondern immer nur um die geringen Störungen einer Spielbank oder einer kleinen Spielhalle zu betonen – ein überdurchschnittlich junges, stark fluktuierendes und in Gruppen auftretendes Publikum und damit Störungen im Maße von Diskotheken oder Schank- und Speisewirtschaften für möglich gehalten (vgl. OVG Lüneburg 26.6.1985 – Die Gemeinde 1985, S. 365, 366; OVG Münster 24.6.1987 – BRS 47 Nr. 50, S. 134; VGH Mannheim 27.6.1989 – BRS 49 Nr. 64, S. 156; *Stelkens*, UPR 1987, S. 125, 128; *Jöhnk*, SchlHA 1988, S. 57, 58 f.). Vor 1985, mit einer Übergangszeit bis 1996, war aber etwa auch noch Alkohol in Spielhallen zugelassen (vgl. § 3 Abs. 4 SpielV 85).

397 VGH Mannheim 16.2.2011 – VBlBW 2011, S. 235, 237. Dies zeigt auch das häufige Vorkommen nicht kerngebietstypischer – und daher im Mischgebiet zulässiger – Spielhallen.

398 Vgl. heute schon die teilweise auf 0 bis 6 Uhr festgesetzte Sperrzeit (z.B. § 46 Abs. 1 Landesglückspielgesetz BW). Die Situation war aber auch früher und ohne solche Regelungen nicht anders (vgl. *Heinz/Janssen/Mittag/Scharmer/Schneidewind*, Strukturveränderungen, S. 27; BR-Drs 881/10: Abschlussbericht des IFT, S. 121).

399 *Janning*, in: Scharmer, Spielhallen in der Diskussion, S. 117, 127 f.; *Koch*, Spielhallen in der Stadt, S. 80; VG Münster 24.7.1986 – GewArch 1987, S. 69, 70; vgl. auch OVG Magdeburg 2.9.2014 – juris, Rn. 12 (hinsichtlich einer SperrVO); OVG Münster 24.6.1987 – BRS 47 Nr. 50, S. 134; OVG Bremen 31.8.1987 – BRS 47 Nr. 206, S. 509 f.

gefährden.[400] In diesem Fall ist eine Störung der Nachtruhe schon von vornherein gar nicht möglich.[401]

Im Übrigen erstrecken sich die Öffnungszeiten über eine lange Zeitspanne. Spielhallen haben täglich geöffnet[402] und Öffnungszeiten zudem sind „nicht auf die Abend- und Nachtstunden beschränkt, sondern vorwiegend während der üblichen Geschäftszeiten bis zum frühen Abend“[403].

Frappierend ist der hier erkennbare Unterschied zur Diskothek und Nachtlokalen. Fast alles, was diese städtebaulich ausmacht (vgl. A.), liegt bei Spielhallen nicht vor.

Die (sehr) späten Öffnungszeiten, der regelmäßig große Einzugsbereich (vgl. 3. Teil A. II.) und die nächtliche Besucherkonzentration von Diskotheken und Nachtlokalen ergeben sich bereits zwangsläufig aus dem Charakter ihres Angebots, welches, im Unterschied zum maschinenzentrierten Angebot der Spielhallen, auf die „gute Stimmung“ der Gemeinschaft angewiesen ist. Spielhallen haben dagegen täglich geöffnet. Die Besucherzahl ist faktisch durch die Gerätehöchstzahl des § 3 Abs. 2 Satz 1 SpielV limitiert; zur Konzentration vieler Besucher (etwa aufgrund von Stehplätzen) und besonderen Lärmstörungen kommt es nicht. Der Lärm und die Beeinträchtigung der Wohnnutzung durch Spielhallen sind also geringer[404].

Viel größere Ähnlichkeiten weisen Spielhallen mit der Kneipe als typische – sogar im allgemeinen Wohngebiet zulässige – Schank- und Speisewirtschaft[405] auf.

Kneipen öffnen für gewöhnlich um die Mittagszeit und verzeichnen bis zum Feierabend nur einen geringen Besucherverkehr. Danach – bis etwa um Mitternacht – ist Hauptbetriebszeit.[406]

---

400 So auch OVG Koblenz 11.12.1991 – GewArch 1992, S. 190, 192 f. für eine landesweit ab 22 Uhr geregelte Sperrzeit.

401 OVG Lüneburg, 11.9.1987 – BRS 47 Nr. 51, S. 137; 28.6.1985 – BRS 44 Nr. 233, S. 547.

402 Vgl. *Heinz/Janssen/Mittag/Scharmer/Schneidewind*, Strukturveränderungen, S. 27; BR-Drs 881/10: Abschlussbericht des IFT, S. 121.; VG München 14.1.2008 – juris, Rn. 30.

403 *Jeromin*, Zulässigkeit von Vergnügungsstätten, S. 136. aA (allerdings für ein „Spielcasino“): *Fickert/Fieseler*, BauNVO, § 4a, Rn. 23.11.

404 *Schlichter/Friedrich*, WiVerw 1988, S. 199, 222; *Ellenrieder*, Niveaupflege, S. 7, vgl. auch BVerwG 29.7.1991 – 4 B 40.91 – juris, Rn. 6; OVG Hamburg 27.2.2.1989 – BauR 1989, S. 707, 709.

405 Kneipen fallen unter § 4 Abs. 2 Nr. 2 BauNVO, vgl. OVG Koblenz 3.2.1982 – GewArch 1982, S. 162; *Stock*, in: E/Z/B/K, BauGB, § 4 BauNVO, Rn. 64 f.

406 Vgl. auch VGH Mannheim 18.10.1990 – NVwZ-RR 1991, S. 405.

Anerkannt ist deshalb, dass durch sie die Wohnruhe ebenso besonders abends und nachts durch die üblichen Begleiterscheinungen der An- und Abfahrt mit Pkw gestört werden kann.[407]

Auch hinsichtlich des erforderlichen Stellplatzbedarfs, der auf den Umfang des Verkehrslärms schließen lässt, wird die Spielhalle als mit der Gaststätte vergleichbar angesehen.[408] Zwar könnte die Kfz-Nutzung von Spielhallenbesuchern durch das dortige Alkoholverbot begünstigt werden, das wird aber gegenüber Gaststätten dadurch ausgeglichen, dass die Gefahr alkoholbedingter Ruhestörungen geringer ist.

Daher finden sich auch in Literatur und Rechtsprechung immer wieder Aussagen, dass die (nächtlichen) (Lärm-)Auswirkungen der Spielhalle insgesamt, die von typischen Kneipen, Bars (in Form von Schank- und Speisewirtschaften) und auch manchen Restaurants nicht übersteigen.[409]

Dennoch sind Schank- und Speisewirtschaften in allgemeinen Wohngebieten, als der Gebietsversorgungen dienend, und im Mischgebiet allgemein zulässig, während Vergnügungsstätten und damit Spielhallen – jedenfalls seit 1990 – im allgemeinen Wohngebiet nicht einmal ausnahmsweise zulässig, sondern immer unzulässig, und in nicht überwiegend durch gewerbliche Nutzungen geprägten Mischgebieten nur ausnahmsweise zulässig sind.

Wenn vor 1990 – als die BauNVO noch nicht ausdrücklich einen Ausschluss von Vergnügungsstätten im allgemeinen Wohngebiet vorschrieb – teilweise eine generelle Unzulässigkeit aller Spielhallen in allgemeinen Wohngebieten angenommen wurde, wurde dies damit begründet, dass die Immissionen des An- und Abfahrtsverkehrs der Besucher deutlich das in der Regel von einer Wohnbebauung verursachte Verkehrsaufkommen überschreiten, weil Spielhallen typischerweise in den Abend- und Nachtstunden frequentiert werden. Dies unterscheide

---

Das entspricht auch der Feierabendzeit der meisten Kunden. Im Gegensatz zu Diskotheken werden Spielhallen und Kneipen nämlich nicht nur dann besucht, wenn am nächsten Tag frei ist.

407 Vgl. *Stock*, in: E/Z/B/K, BauGB, § 4 BauNVO, Rn. 65; VGH Mannheim 3.1.1990 – VBlBW 1990, S. 229, 230 f.

408 VG Münster 6.8.1987 (zit. nach *Janning*, in: Scharmer, Spielhallen in der Diskussion, S. 117, 140 f.).

409 Vgl. etwa BVerwG 20.5.1992 – GewArch 1992, S. 391, 392; VGH Mannheim 22.1.1986 – BRS 46 Nr. 52, S. 125; 25.6.1985 – GewArch 1985, S. 344; OVG Lüneburg 26.6.1985 – Die Gemeinde 1985, S. 365, 366; VG Münster 24.7.1986 – GewArch 1987, S. 69, 70; *Ellenrieder*, Niveaupflege, S. 7; *Koch*, Spielhallen in der Stadt, S. 79; *Adrian*, in: Scharmer, Spielhallen in der Diskussion, S. 71, 72.

sie von „normalen Gewerbebetrieben“ und führe dazu, dass sie „schon von ihrer Eigenart her das Wohnen“ stören.[410]

Dieses Verkehrsargument gilt jedoch auch für Gaststätten (vgl. soeben).

Ein Vergleich mit der Störungsintensität von Gaststätten sei aber nicht von Bedeutung, denn die von diesen ausgehenden Immissionen seien angesichts der allgemeinen Zulassung von Schank- und Speisewirtschaften (§ 4 Abs. 2 Nr. 2 BauNVO) durch den Verordnungsgeber in einem allgemeinen Wohngebiet gebietstypisch, sodass sie eher akzeptiert werden als Belästigungen von Spielhallen.[411]

Diese Begründung ist kritikwürdig, denn abgesehen davon, dass eine bloße Dezision des Verordnungsgebers noch nicht für geringere Störungen oder mehr Akzeptanz in der Bevölkerung sorgt, werden für die Unzulässigkeit von Spielhallen in allgemeinen Wohngebieten nicht deren tatsächliche Wirkungen angeführt, sondern vielmehr – zirkelschlüssig – ihre Einstufung als Vergnügungsstätte und die Entscheidungen des Verordnungsgebers zugrunde gelegt.

Diese Entscheidung muss sich aber, um den Artt. 3 Abs. 1, 12 Abs. 1 und 14 Abs. 1 GG gerecht zu werden, jedenfalls auf Tatsachen stützen lassen.

Bei der allgemeinen Zulassung von Nichtwohnnutzungen in Gebieten, die vorwiegend dem Wohnen dienen, will der Verordnungsgeber die Baugebiete mit einer angemessenen Infrastruktur ausstatten.[412] Er geht dabei davon aus, dass Nichtwohnnutzungen, für die üblicherweise ein Bedarf in Wohnungsnähe besteht, typischerweise das Wohnen nicht unzumutbar stören[413] und Gaststätten für die Versorgung des allgemeinen Wohngebiets dringlicher als Spielhallen sind.[414]

---

410 VG Münster 12.11.1987, 27.11.1987 (je zit. nach *Janning*, in: Scharmer, Spielhallen in der Diskussion, S. 117, 130); VG Frankfurt 3.2.1987 – NVwZ 1987, S. 1114; OVG Lüneburg 22.2.1979 – BRS 35 Nr. 35, S. 96. Diese Annahme wird weniger mit tatsächlichen Gründen untermauert, sondern auf S. 96 f. zirkelschlüssig (unter der Annahme Spielhallen seien Vergnügungsstätten) aus der Systematik – einem Vergleich des allgemeinen und besonderen Wohngebiets – abgeleitet (so auch *Schwerdtner*, BauR 1980, S. 524, 526; *Dolde/Schlarmann*, BauR 1984, S. 121, 126; *Stober*, WiVerw 1984, S. 129, 144).

411 OVG Lüneburg 14.6.1988 – Die Gemeinde 1988, S. 358, 359 f.

412 *Claus*, in: Mitschang, Fach- und Rechtsprobleme der BauNVO, S. 75, 84 (sonst wäre das allgemeine Wohngebiet unattraktiv oder steril); BVerwG 20.3.2019 – juris, Rn. 17.

413 BVerwG 29.10.1998 – NVwZ 1999, S. 417.

414 OVG Lüneburg 22.2.1979 – BRS 35 Nr. 35, S. 97, *Schwerdtner*, BauR 1980, S. 524, 526 f.

Auch wenn die Ausstattung des Baugebiets nicht das primäre Argument für die Auswahl der neben dem Wohnen im allgemeinen Wohngebiet zulässigen Nutzungen ist[415] und schlussendlich entscheidend ist, ob es um die Befriedigung solcher Bedürfnisse geht, denen nach den Maßstäben einer sinnvollen städtebaulichen Ordnung gerade im allgemeinen Wohngebiet entsprochen werden soll[416], muss gefragt werden, wie entschieden wird, für welche Nutzungen ein Bedarf in Wohnnähe besteht bzw. welche Bedürfnisse städtebaulich sinnvollerweise gerade im Wohngebiet befriedigt werden sollen.

In der tatsächlichen Nachfrage besteht diesbezüglich ein erheblicher historischer Wandel, der durch die BauNVO aber nicht abgebildet wird. Schon seit dem Aufkommen der Spielhallen in den 70er-Jahren ist schwer erklärbar, warum es in Wohnnähe etwa für eine Kegelbahn[417], eine Kneipe oder eine Billardvereinsgaststätte für Mitglieder überwiegend aus anderen Gemeinden[418] einen größeren Bedarf gibt als für eine Spielhalle. Lediglich zur Zeit der Einführung der BauNVO 1962 und davor war es für die meisten Männer noch selbstverständlich, mehrere Abende der Woche in einer Wirtschaft zu verbringen; entsprechend groß war die Zahl der Schenken. Die Privilegierung der Kneipe beruht also auf veralteten Tatsachengrundlagen.

Wenn Grund für die Privilegierung der Kneipen sein sollte, dass diese, im Unterschied zu Spielhallen[419], eine Kommunikationsfunktion erfüllen, wird damit eine freizeit- und gesellschaftspolitische Wertung und damit ein weites Verständnis städtebaulicher Ordnung zugrunde gelegt, das kritikwürdig ist[420]. Der nach einem engen Verständnis maßgebliche Lärm wird gerade durch die Kommunikation begünstigt.[421] Zudem muss sich der Verordnungsgeber dann

---

415 Wofür etwa spricht, dass sich die Einzugsbereiche der Anlagen nach § 4 Abs. 2 Nr. 3 BauNVO überwiegend oder vollständig auf andere Baugebiete erstrecken können (vgl. *Stock*, in: K/R/S, BauNVO, § 4, Rn. 44). Oder auch, dass man die Auswahl der Nutzungen ansonsten dem Markt überlassen könnte.

416 Vgl. OVG Koblenz 3.2.1982 – GewArch 1982, S. 162, 163.

417 Darauf läuft die Argumentation des BVerwG 29.10.1998 – NVwZ 1999, S. 417 hinaus.

418 Vgl. OVG Saarlouis 5.12.1995 – BRS 57 Nr. 64, S. 169.

419 *Volpert/Bachmann/Diederichsen*, S. 367 f. (es ginge nur um das ununterbrochene Betätigen von Spielgeräten); a.A. Vgl. 1. Teil B. I. 3. c) bb).

420 Vgl. 1. Teil B. II. 2. Auch wenn *Söfker*, in: Scharmer, Spielhallen in der Diskussion, S. 174, 176 ein weites Verständnis jedenfalls auf der Ebene von Entscheidungen des Verordnungsgebers (etwa Zulässigkeit von Nutzungsbegriffen in Baugebieten) für berücksichtigungsfähig hält und damit zumindest das Argument der Kompetenzüberschreitung der Gemeinden abgeschwächt wird.

421 Vgl. auch 1. Teil B. I. 3 c) bb).

fragen lassen, warum er die hinsichtlich Alkoholsucht[422] und Jugendschutz überaus problematischen Kneipen als in Wohngebieten allgemein zulässig sieht, während er Spielhallen selbst die Ausnahmezulässigkeit verwehrt.

Spielhallen dienen ebenso der Freizeitbeschäftigung eines relevanten Anteils der Wohnbevölkerung. Sowohl Nachfrage und Verbreitung als auch das erforderliche Investitionsvolumen oder die Angebotscharakteristik (etwa im Unterschied zu Diskotheken) sprechen nicht dafür, dass Spielhallen im allgemeinen Wohngebiet regelmäßig einen außergebietlichen Einzugsbereich mit entsprechendem Verkehrsaufkommen erlangen müssen oder auf andere Weise städtebaulich relevante Unruhe ins allgemeine Wohngebiet hineintragen. Sie können auch ausschließlich durch die Nachfrage des betreffenden Wohngebiets ausgelastet werden.

Dass Spielhallen keineswegs nur in völlig atypischen Fällen auch in Wohnlagen nachgefragt und grundsätzlich wohngebietsverträglich sein können, zeigt auch die mit den Leitentscheidungen vom 25. November 1983 begründete Rechtsprechung des Bundesverwaltungsgerichts, wonach Vergnügungsstätten auch in anderen Gebieten als dem Kerngebiet als sonstige Gewerbebetriebe zulässig sein können. Dies gelte grundsätzlich auch für Spielhallen im allgemeinen Wohngebiet. Spielhallen seien nicht generell als störender Gewerbebetrieb anzusehen. Es kommt auf die Einzelfallumstände an. Danach kann eine Spielhalle unter § 4 Abs. 3 Nr. 2 BauNVO fallen, wenn sie wegen geringer Nutzfläche und kleinem Einzugsbereich kerngebietsatypisch ist, „keine wesentlichen Störungen für die Wohnruhe – in erster Linie am Abend und in der Nacht – mit sich bringt und mit dem Charakter des Wohngebietes auch im Übrigen verträglich ist.“[423]

---

422 Zum Teil wird angedeutet, eine erhöhte soziale Kontrolle und Gemeinschaft in Gaststätten würde Alkoholsucht behindern (*Krämer-Badoni*, in: Scharmer, Spielhallen in der Diskussion, S. 19, 33; *Ellenrieder*, Niveaupflege, S. 11; *Koch,* Spielhallen in der Stadt, S. 58). Dies kann jedoch keinesfalls pauschal angenommen werden, denn alkoholsüchtig kann nicht nur der sein, der sozial besonders ausfällig wird.

423 BVerwG 18.5.1990 – NVwZ 1991, S. 264; zustimmend auch *Ellenrieder*, Niveaupflege, S. 28 m.w.N. Dies wird dahin gehend konkretisiert, dass höchstens 50 m^2 Nutzfläche, zehn Spielmöglichkeiten, eine äußere Aufmachung nach dem Charakter des Wohngebiets und insbesondere Öffnungszeiten bis maximal 22 Uhr zulässig seien, vgl. OVG Lüneburg 28.6.1985 – BRS 44 Nr. 233, S. 547; 14.6.1988 – Die Gemeinde 1988, S. 358, 359; *Janning*, in: Scharmer, Spielhallen in der Diskussion, S. 117, 131; *Wiese-von Ofen*, *ebd.*, S. 79, 88; *Stüer*, BPlan, Rn. 400; *B. Schneider*, DÖV 1989, S. 611, 617.
Zum Teil wurde wohl auch, wie bei Schank- und Speisewirtschaften, behauptet, dass die Spielhalle der Gebietsversorgung dient (OVG Lüneburg 5.7.1984 – BRS 42 Nr. 42, S. 110; vgl. auch *Koch,* Spielhallen in der Stadt, S. 95; *Stelkens*, UPR 1987, S. 125, 128).

Ein Vergleich zwischen Spielhallen und Kneipen nach den Kategorien Lärm und Zentralitätsgrad führt also zu dem Ergebnis, dass die – freilich unter dem Vorbehalt der Gebietsversorgung stehende – allgemeine Zulässigkeit von Kneipen als Schank- und Speisewirtschaften im allgemeinen Wohngebiet bei gleichzeitiger völliger Unzulässigkeit von Spielhallen eine nicht gerechtfertigte Privilegierung der Kneipen darstellt. Diese Ähnlichkeit von Kneipen und Spielhallen konnte vor 1990 noch durch die seit 1983 bestehende Rechtsprechung des Bundesverwaltungsgerichts berücksichtigt werden, wonach eine Zulässigkeit von Spielhallen im allgemeinen Wohngebiet – im Wege der Subsumtion unter die sonstigen Gewerbebetriebe – grundsätzlich möglich war. Nach 1990 ist eine Zulässigkeit nur noch möglich, wenn die Spielhalle nicht als Vergnügungsstätte verstanden wird (s. dazu u. d)).

b) Trading-down-Effekt

aa) Inhalt

Der Trading-down-Effekt ist normativ als Element der Störung zu verorten und ist kein Bestandteil des Begriffs der Vergnügungsstätte.[424]

Trading-down-Effekt meint im Kern die Verdrängung der „traditionellen“, „hochwertigen“, „seriösen“ Einzelhandels- und Dienstleistungsbetriebe[425] aus den für sie städtebaulich vorgesehenen Standorten, also insbesondere zentralen Einkaufsstraßen. Damit ist ein Rückgang der Angebots- und Branchenvielfalt

---

Wenn eine Spielhalle deshalb nicht der Versorgung des Gebiets dienen kann, weil „Versorgung“ nur die Befriedigung des täglichen Lebensbedarfs – etwa Grundnahrungsmittel und gerade nicht den Wunsch nach Amüsement erfasst (vgl. OVG Koblenz 3.2.1982 – GewArch 1982, S. 162, 163) ist dem entgegenzuhalten, dass auch Schank- und Speisewirtschaften oftmals dem Amüsement und jedenfalls nie nur der Grundversorgung dienen.

424 Vgl. dazu cc) und d) sowie im 1. Teil II. 5.

425 Damit sind gemeint: Nutzungen, die für die Funktionserfüllung der Innenstadt wichtig sind (OVG Münster 9.1.1989 – BRS 49 Nr. 77, S. 199, 201), etwa Läden oder Kleingewerbe (vgl. OVG Hamburg 12.12.2007 – BRS 73 Nr. 25, S. 136); Fachgeschäfte (vgl. VGH Mannheim 16.12.1991 – NVwZ-RR 1993, S. 122, 124, 126; BVerwG 21.12.1992 – BRS 55 Nr. 42, S. 121), Cafés (*Stelkens*, UPR 1987, S. 125, 126, OVG Münster 29.1.1997 – BRS 59 Nr. 27, S. 101) oder Rechtsanwalts- und Arztpraxen (OVG Lüneburg 11.9.1986 – BRS 46 Nr. 55, S. 134).

verbunden, was zu weiterer Attraktivitäts-, Qualitäts- und Imageminderung der Gegend – und daher in einen Teufelskreis – führt.[426]

Dadurch werden städtebauliche Funktionen dieser Gebiete wie die Bereitstellung eines gehobenen, vielfältigen und zentralen Versorgungsangebots[427] und daher auch die Funktion einer Stadt als Ober-/Mittelzentrum[428] gefährdet. Es droht im Ergebnis ein tief greifender Strukturwandel in Form eines „Umkippens" in ein Vergnügungsviertel[429], der nur schwer reparierbar ist[430].

Als Ursache wird oft die im Vergleich zu traditionellen Einzelhändlern hohe Mietzahlungsbereitschaft der Spielhallen und ähnlichen Nutzungen, die einen Trading-down-Effekt auslösen können, aufgrund ihrer höheren Einnahmen bei gleichzeitig geringerem Investitionsbedarf angegeben.[431]

Das ist in dieser Allgemeinheit jedoch empirisch nicht abgesichert.[432]

Abgesehen davon, dass sich rechtliche Grundlagen dieser erhöhten Rentabilität ändern[433] oder uneinheitlich sind[434], gibt es auch Betriebe wie Sexshops, die nachweislich weder einen angebotsstrukturellen noch öffnungszeitbedingten

---

426 VGH München 15.12.2010 – juris, Rn. 33 ff.; OVG Koblenz 11.5.2005 – juris, Rn. 21; VGH Mannheim 3.9.2012 – NVwZ-RR 2012, S. 919, 920; *Heinz/Janssen/Mittag/Scharmer/Schneidewind*, Strukturveränderungen, S. 10, 29 f.; *Schlichter/Friedrich*, WiVerw 1988, S. 199, 203; *Ellenrieder*, Niveaupflege, S. 4; *Otto*, DVBl 2011, S. 1330, 1333; *Koch*, Spielhallen in der Stadt, S. 88; *Fickert/Fieseler*, BauNVO, vor §§ 2 ff., Rn. 4.7; Materialien zur BauNVO, S. 68.

427 Vgl. BVerwG 29.7.1991 – BRS 52 Nr. 14, S. 56; 21.12.1992 – BRS 55 Nr. 42, S. 121.

428 OVG Münster 9.1.1989 – BRS 49 Nr. 77, S. 201; OVG Lüneburg 11.9.1986 – BRS 55 Nr. 46 – S. 134; OVG Bremen 1.12.1987 – GewArch 1988, S. 172, 173; VGH Mannheim 3.3.2005 – BRS 69 Nr. 119, S. 582; *Ellenrieder*, Niveaupflege, S. 4.

429 *B. Schneider*, DÖV 1989, S. 611, 621; *Heinz/Janssen/Mittag/Scharmer/Schneidewind*, Strukturveränderungen, S. 29 f.; *Stange*, BauNVO, § 4a, Rn. 39; *Minister für Stadtentwicklung NRW*, DVBl 1988, S. 27, 29; *Schlichter/Friedrich*, WiVerw 1988, S. 199, 203; *Ellenrieder*, Niveaupflege, S. 4; *Brandenburg /Brunner*, BauR 2010, S. 1851, 1857; *Otto*, DVBl 2011, S. 1330, 1333; *Koch*, Spielhallen in der Stadt, S. 88.

430 *Fuhrmann*, Der Städtetag 1983, S. 797.

431 OVG Münster 9.1.1989 – BRS 49 Nr. 77, S. 201; OVG Hamburg 12.12.2007 – BRS 73 Nr. 25, S. 136; OVG Schleswig 26.10.1994 – juris, Rn. 40; OVG Koblenz 27.8.2009 – BRS 74 Nr. 85, S. 419; *Scharmer*, Steuerungsmöglichkeiten, S. 9; *Kraus*, UPR 2011, S. 288, 290; *Tarner*, BauR 2011, S. 1273, 1278.

432 Vgl. *Heinz/Janssen/Mittag/Scharmer/Schneidewind*, Strukturveränderungen, S. 26 f., 30; *Krämer-Badoni*, in: Scharmer, Spielhallen in der Diskussion, S. 19, 33.

433 Z.B. besteht inzwischen aufgrund der Liberalisierung des Ladenschlusses kaum noch ein öffnungszeitbedingter Vorteil der Vergnügungsstätten.

434 Etwa das Vergnügungssteuerrecht als kommunale Angelegenheit.

oder steuerlichen Vorteil gegenüber traditionellem Einzelhandel haben und daher nicht in der Lage sind, höhere Mieten zu zahlen.[435]

Diese können aber aufgrund ihres negativen Images, weil sie kein – nach bürgerlichem Verständnis – seriöses Umfeld darstellen, zur Senkung von Niveau und Attraktivität eines Gebiets und damit zum Abwandern von Käuferschichten des traditionellen Einzelhandels führen.[436] Solche Bereiche bekommen einen schlechten Ruf. Ein „Normalbürger“ wird sie meiden, selbst die dortigen anspruchsvollen Einzelhandels- und Dienstleistungseinrichtungen, weil er nicht in Verdacht geraten will, auch die mit sozialen Unwerturteilen belegten Angebote anzunehmen.[437]

Primärer Grund des Trading-down-Effekts scheint daher schlechtes Image zu sein[438], denn dieser Grund erfasst auch die Nutzungen, die zwar in Zusammenhang mit dem Trading-down-Effekt gestellt werden, denen aber dabei zugleich eine hohe Mietzahlungsfähigkeit nachgesagt wird[439]. Entsprechend werden auch Nutzungen, die traditionelle Einzelhändler durch hohe Mietzahlungsbereitschaft

---

435 *Ellenrieder*, Niveaupflege, S. 3 unter Verw. auf *Heinz/Janssen/Mittag/Scharmer/Schneidewind*, Strukturveränderungen, S. 62 ff.

436 OVG Münster 9.1.1989 – BRS 49 Nr. 77, S. 201; OVG Koblenz 27.8.2009 – BRS 74 Nr. 85, S. 419 f.; *Minister für Stadtentwicklung NRW*, DVBl 1988, S. 27, 29; *Lieber*, VBlBW 2011, S. 6 f.; *Otto*, DVBl 2011, S. 1330, 1333; *Ellenrieder*, Niveaupflege, S. 3; *Schlichter/Friedrich*, WiVerw 1988, S. 199, 204 f.; *Erdmann*, DVBl 1988, S. 1094, 1098; *Heinz/Janssen/Mittag/Scharmer/Schneidewind*, Strukturveränderungen, S. 63; gegen diesen Erklärungsansatz stellt sich nur OVG Lüneburg 11.9.1986 – BRS 46 Nr. 55, S. 133 f.

437 *Janning*, in: Scharmer, Spielhallen in der Diskussion, S. 117, 128.

438 Damit im Zusammenhang auch die äußere Gestaltung der Nutzungen (s. dazu c)).

439 Ebenso erfasst der Grund des schlechten Images auch den immer wieder hergestellten Zusammenhang zwischen Trading-down-Effekt und einer oft unkonkret bleibenden Klientel (vgl. dazu näher 1. Teil B. II. 2.), die jedenfalls nicht die „Allgemeinheit“ darstellen soll, insbesondere keine Familien mit Kindern (VG Minden 10.2.2006 – juris, Rn. 15, zustimmend: VGH Kassel 19.9.2006 – NVwZ-RR 2007, S. 81; im Ergebnis auch VGH Mannheim 1.2.2007 – BauR 2007, S. 1217, 1218; OVG Saarlouis 24.4.2009 – BRS 74 Nr. 202, S. 924; *Tuttlewski/Lange*, ZfWG 2009, S. 163, 164.), sondern etwa kriminalitätsgeneigte Personen (vgl. *Stühler*, BauR 2016, S. 200, 204 f.), Junge sowie sozial Schwache (*Heinz/Janssen/Mittag/Scharmer/Schneidewind*, Strukturveränderungen, S. 100 ff.; *Koch*, Spielhallen in der Stadt, S. 149 ff.), welche den kaufkräftigen Konsumenten abschreckt (*Romeiss-Stracke*, Bericht über das Expertengespräch, S. 29, zit. nach *Koch*, Spielhallen in der Stadt, S. 38 f.; *Heinz/Janssen/Mittag/Scharmer/Schneidewind*, Strukturveränderungen, S. 31; *Krämer-Badoni*, in: Scharmer, Spielhallen in der Diskussion, S. 19, 33.)

verdrängen (etwa Filialen), aber kein schlechtes Image aufweisen, in diesem Zusammenhang in der Regel nicht problematisiert[440].

Das zeigt auch die Betrachtung der weit verstandenen Sonderformen des Trading-down-Effekts, die sich später aus ihm entwickelt haben.

So soll ein Trading-down-Effekt auch im Gewerbegebiet möglich sein.[441] In diesem Zusammenhang wird darauf abgestellt, dass die Flächen des Gewerbegebiets den dort allgemein zulässigen und seinem Zweck entsprechenden Nutzungen – dem produzierenden und artverwandten Gewerbe – vorbehalten bleiben sollen.[442]

Das schlechte Image als Ursache des Trading-down-Effekts wird dabei anerkannt, wenn argumentiert wird, eine solche Beeinträchtigung der Funktion des Gewerbegebiets durch Vergnügungsstätten könne nur in extremen Ausnahmefällen angenommen werden[443], da Gewerbegebiete in der Regel mit Betrieben besiedelt seien, für die die Attraktivität der Umgebung keine große Rolle spielt.[444]

Auch wird der Gedanke des Trading-down-Effekts entsprechend auf die Verdrängung von Wohn- statt Einzelhandelsnutzung angewendet. Es geht dann um die Abwanderung von Bewohnern[445] wegen Senkung der

---

440 Einzig ersichtliche Ausnahme: VGH Kassel 4.12.2003 – BRS 66 Nr. 40, S. 228.

441 Vgl. auch bei Bordellen (C. I. 3. c) ff)) und auch die „Renaissance der Spielhallenproblematik" durch Spielhallen im Gewerbegebiet (vgl. *Brandenburg/Brunner*, BauR 2010, S. 1851; *Stühler*, BauR 2013, S. 685, 686; *ders.*, BauR 2009, S. 54 ff.; *Otto*, DVBl 2011, S. 1330; *Kraus*, UPR 2011, S. 288; *Worms*, NVwZ 2012, S. 280; *Tarner*, BauR 2011, S. 1273; Pressemitteilung des bayerischen Städtetages vom 10.11.2011)

442 *Tarner*, BauR 2011, S. 1273, 1281; *Kraus*, UPR 2011, S. 288, 292; *Kirschbaum-Rohde*, in: Scharmer, Spielhallen in der Diskussion, S. 158, 168; vgl. auch BVerwG 11.5.1999 – BRS 62 Nr. 19.

443 *Tarner*, BauR 2011, S. 1273. A.A. wohl VG Neustadt 9.2.2009 – BauR 2009, S. 1258, 1260; *Fickert/Fieseler*, BauNVO, § 8, Rn. 16.5.

444 VGH München 15.12.2010 – BRS 76 Nr. 73, S. 410 (anders, wenn das Gewerbegebiet etwa durch Branchen der Spitzentechnologie geprägt ist; der VGH stellt dabei jedoch insbesondere auf eine – je nach Gebietscharakter mögliche – Störung durch starken Zu- und Abgangsverkehr ab); 24.3.2011 – BauR 2011, S. 1785, 1788; 20.12.2012 – BauR 2013, S. 570, 571; vgl. auch VGH Mannheim 12.7.2011 – NVwZ-RR 2012, S. 11. Zum Teil wird jedoch auch eine Verdrängung infolge des „Mieteffekts" angeführt (vgl. etwa *Lieber*, VBlBW 2011, S. 6, 7; VG Neustadt 9.2.2009 – BauR 2009, S. 1258, 1260 und bei Bordellen (C. I. 3. c) ff))

445 *Scharmer*, Steuerungsmöglichkeiten, S. 29, 31; *Heinz/Janssen/Mittag/Scharmer/Schneidewind*, Strukturveränderungen, S. 80; *Ellenrieder*, Niveaupflege, S. 8 m.w.N.

Wohnqualität[446] und daraus folgenden Auswirkungen auf die innerstädtische Wohnfunktion[447].

Schließlich sollen sogar sonstige „seriöse" Nutzungen wie Schulen, Jugendzentren, religiöse Einrichtungen oder historische Repräsentationsgebäude durch die dem Trading-down-Effekt zugrunde liegenden Faktoren in städtebaulich relevanter Weise gestört werden.[448]

Im Ergebnis sind also moralische Vorbehalte und soziale Unwerturteile Hintergrund des Trading-down-Effekts.

Zwar vertreten nur wenige direkt, dass diese – meistens andersgearteten – allgemeinen Wertvorstellungen und subjektiven Empfindungen[449] der „normalen" Anwohner bauplanungsrechtliche Bedeutung erlangen können[450], ohne dass sie sich tatsächlich und konkret städtebaulich auswirken.[451]

Vielmehr sei der Trading-down-Effekt gerade und nur deshalb städtebaulich relevant, weil dort die sozialen Unwerturteile durch die Veränderung städtebaulicher Strukturen konkrete städtebauliche Folgen auslösten.[452] Folglich machten sich die Gerichte durch Anerkennung des Trading-down-Effekts auch die dahinterstehenden moralischen Wertvorstellungen nicht zu eigen, sondern bezögen sich vielmehr auf die städtebaulichen Folgen dieser Vorstellungen.[453]

---

446 *Fickert/Fieseler*, BauNVO, vor §§ 2 ff., Rn. 4.7; Materialien zur BauNVO, S. 68; *Koch*, Spielhallen in der Stadt, S. 103; *Janning*, in: Scharmer, Spielhallen in der Diskussion, S. 117, 128.

447 *Erdmann*, DVBl 1988, S. 1094, 1096; vgl. VGH Mannheim 16.12.1991 – NVwZ-RR 1993, S. 122, 126; 3.3.2005 – BRS 69 Nr. 119, S. 581.
Janning, in: Scharmer, Spielhallen in der Diskussion, S. 117, 128 will bereits den Wertverlust der Wohnungen als städtebauliche Folge qualifizieren; a.A. *Koch*, Spielhallen in der Stadt, S. 104, denn dahinter stünden in der Regel keine (mit der Sicherung der Versorgungsstrukturen im Fall der Einzelhandelsbetriebe vergleichbaren) Allgemeinwohlbelange.

448 Vgl. nur *Koch*, Spielhallen in der Stadt, S. 104; *Kirschbaum-Rohde*, in: Scharmer, Spielhallen in der Diskussion, S. 158, 167; BR-Drs 354/89, S. 48; VGH Mannheim 16.12.1991 – NVwZ-RR 1993, S. 122, 126.

449 Dafür wird auch das im privaten Nachbarrecht seit Langem geläufige, aber auch dort von der Rechtsprechung nicht anerkannte Schlagwort der „ideellen" oder „immateriellen" Immissionen benutzt, vgl. dazu *Ellenrieder*, Niveaupflege, S. 8 m.w.N.

450 *Fickert/Fieseler*, BauNVO, 5. Aufl. 1985, 4a, Rn. 22.1; *Fickert*, BauR 1985, S. 1, 6; *Janning*, in: Scharmer, Spielhallen in der Diskussion, S. 117, 128.

451 Zur grundlegenden Kritik an einem solchen Ansatz, s. 1. Teil B. II. 2. c).

452 *Ellenrieder*, Niveaupflege, S. 56 f.; VG Berlin 5.5.2009 – GewArch 2009, S. 322, 326.

453 OVG Koblenz 27.8.2009 – BRS 74 Nr. 85, S. 419 f.

Der Übergang zwischen dem anerkannten Trading-down-Effekt und den nicht anerkannten immateriellen Immissionen ist jedoch fließend. So ist es schwer vorstellbar, dass sich die allgemeinen Unwerturteile der Wohnbevölkerung nicht in der Stadtstruktur niederschlagen[454], denn dafür genügt nach dem weiten Verständnis des Trading-down-Effekts schon die Senkung der Wohnqualität und dadurch die bloße Gefahr einer Verdrängung oder Beeinträchtigung der Wohnfunktion. Im Gegensatz zum ursprünglichen engen Verständnis, bei dem es darum ging, dass Nutzungen wirtschaftlich zwingend auf eine attraktive Umgebungsatmosphäre angewiesen sind (was im Ergebnis nur für den traditionellen Einzelhandel in den klassischen Einkaufsstraßen gilt), bleibt für andere Bereiche außerhalb dieser Kerngebiete, in denen etwa Geschäftskundenverkehr oder funktionale Bedarfsdeckung maßgeblich sind,[455] nur unkonkrete Niveauabsenkung und Strukturveränderung[456]. In diesem weiten Verständnis ist der Trading-down-Effekt dann nur noch die Störung, und dadurch Verdrängung, seriöser Nutzungen durch unseriöse.

Die Gerichte ziehen die Grenze zwischen spezifisch städtebaulichen und den anderen Rechtsgebieten zugewiesenen Aspekten nicht eindeutig. Entsprechend bilden im Trading-down-Effekt städtebauliche Ziele und allgemeine Unwerturteile meist ein unauflösbares Gemenge[457]. Einerseits soll es nämlich ein „allgemeine[r] städtebauliche[r] Erfahrungssatz" sein, dass sich (bestimmte) Vergnügungsstätten (gehäuft) negativ auf ihre Umgebung auswirken können[458], was aber empirisch kaum begründet ist[459] und dazu missbraucht zu werden scheint, Vergnügungsstätten effektiv und ohne viele Argumentationsaufwand pauschal zu verhindern[460]. Andererseits sei die Gefahr eines Trading-down-Effekts eine

---

454 So i.E. auch *Ellenrieder*, Niveaupflege, S. 37, 58 m.w.N.

455 *Kaldewei*, BauR 2009, S. 1227, 1228 f.; VGH München 24.3.2011 – BauR 2011, S. 1785, 1788; 20.12.2012 – BauR 2013, S. 570, 571.

456 Vgl. *Stühler*, BauR 2011, S. 54, 61.

457 *Ellenrieder*, Niveaupflege, S. 9; *Lieber*, VBlBW 2011, S. 6; ähnl. *Koch*, Spielhallen in der Stadt, S. 36 auch mit Verw. auf Krämer-Badoni, S. 22 f. *Wolf*, Prostitutive Einrichtung, S. 109. Deutlich auch bei Bezug auf die „soziale Wertigkeit des Gebiets" (vgl. *Otto*, DVBl 2011, S. 1330, 1335; OVG Hamburg 12.12.2007 – BRS 73 Nr. 25, S. 136).

458 BVerwG 15.12.1994 – NVwZ 1995, S. 698, 700; 25.2.1997 – juris, Rn. 18; 4.9.2008 – BRS 73 Nr. 26, S. 140; detailliert *Stühler*, BauR 2009, S. 54, 58 f.; *ders.*, BauR 2011, S. 54 je m.w.N.

459 *Heinz/Janssen/Mittag/Scharmer/Schneidewind*, Strukturveränderungen, S. 100 ff.; zustimmend: *Koch*, Spielhallen in der Stadt, S. 150 f.

460 Wegen des Erfahrungssatzes werden Vergnügungsstätten in einem Gebiet nach § 34 Abs. 1 BauGB, das noch keine andere Vergnügungsstätte enthält, unter Berufung auf einen drohenden Trading-down-Effekt nicht zugelassen (vgl. etwa BVerwG

Frage des Einzelfalls[461], womit das Erfordernis des Umschlags des schlechten Rufs in konkrete städtebaulich Folgen betont wird.

bb) Grundsätzliche Kritik

Auch der Kerngedanke des Trading-down-Effekts erweist sich als angreifbar.

Unbestreitbar ist zwar die Verödung mancher Einkaufslagen, es stellt sich aber die Frage, ob Vergnügungsstätten, und insbesondere Spielhallen, dafür auch kausal sind[462] oder ihr Auftreten nicht vielmehr nur Symptom[463] ganz anderer Probleme ist.

Soweit darauf rekurriert wird, Einzelhändler würden verdrängt, weil sie höheren Investitionsbedarf und geringeren Ertrag haben, ist zu fragen, ob nicht schlicht die Tatsache dahintersteht, dass diese Betriebe unrentabel sind und im Ergebnis zu wenig Kaufkraft anziehen. Es beruht also im Ergebnis auf den Freizeit- und Kaufentscheidungen der Konsumenten(allgemeinheit), dass diese Gewerbe durch die nachgefragten Nutzungen ersetzt werden.

15.12.1994 – NVwZ 1995, S. 698, 700). Sind schon Vergnügungsstätte vorhanden, wird deshalb von einem bereits eingesetzten Trading-down-Effekt gesprochen. Weitere Sachaufklärung sei nicht erforderlich. (OVG Lüneburg 29.6.1989 – Die Gemeinde 1991, S. 26, 27; OVG Koblenz 27.8.2009 – BRS 74 Nr. 85, S. 419; *Tarner*, BauR 2011, S. 1273, 1278).

Kritisch diesbezüglich auch *Lieber*, VBlBW 2011, S. 6, 7; *Stühler*, BauR 2016, S. 200, 201.

461 BVerwG 15.12.1994 – NVwZ 1995, S. 698; 4.9.2008 – BRS 73 Nr. 26, S. 140.

462 Was angenommen wird, wenn behauptet wird, dass die (unbeschränkte) Zulassung von Vergnügungsstätten und Spielhallen zu dieser Verödung vorher attraktiver Gebiete vielfältigen (Gemeinschafts-)Lebens geführt habe (*Stange*, BauNVO, § 7, Rn. 23; ähnlich: OVG Münster 9.1.1989 – BRS 49 Nr. 77, S. 201; OVG Lüneburg 29.6.1989 – Die Gemeinde 1991, S. 26, 27; *Scharmer*, Steuerungsmöglichkeiten, S. 36; *Koch*, Spielhallen in der Stadt, S. 89, der jedoch zugeben muss, dass dazu weder durch empirische noch exemplarische Untersuchungen vorliegen.)

463 So etwa *Warneke*, in: Scharmer, Spielhallen in der Diskussion, S. 56, 66; *Krämer-Badoni*, ebd., S. 19, 32.

Jedenfalls kann ihnen ein Kausalbeitrag nicht zugeschreiben werden (*Ellenrieder*, Niveaupflege, S. 5; *Heinz/Janssen/Mittag/Scharmer/Schneidewind*, Strukturveränderungen, S. 31, 81, 101; i.d.S. auch die Bundesregierung, BT-Drs 10/5866, S. 3 und *Wiese-von Ofen*, in: Scharmer, Spielhallen in der Diskussion, S. 79, 91).

Zwar beruht die Attraktivität der City für Besucher nicht auf Spielhallen, sondern auf den Einkaufsmöglichkeiten, Cafés und Ähnlichem.[464] Wenn diese Besucher dann ihr Geld auch bei diesen Nutzungen ausgeben, ist eine Verdrängung aber nicht zu befürchten. Wenn jedoch der Durchschnittskonsument zwar billig kaufen, aber zugleich in schönen, traditionellen Einzelhandelsbereichen flanieren will, ist das ein Widerspruch, der durch das Recht nicht in nachhaltiger Weise aufgelöst werden kann.[465]

Hier ist zwar nicht der Ort dem Ursachenkomplex, der zum Strukturwandel – mit massiven Veränderungen bis zum Aussterben – im traditionellen Einzelhandel[466] geführt hat, bis in alle Einzelheiten nachzugehen, jedoch spielt der Wandel gesamtgesellschaftlicher, makroökonomischer und technologischer Faktoren, wie die allgemeine Nutzung des Internets und Automobils, verstärkte Konzentrations- und Filialisierungsprozesse und die Veränderung der Kundenmilieus eine wesentliche Rolle. Dieser Wandel ist baurechtlich nicht aufzuhalten. Vielmehr muss sich die Planung an ihn anpassen und ihn möglichst allgemein verträglich gestalten, etwa durch die Schaffung innerstädtischer Parkmöglichkeiten oder auch durch die realistische Einschätzung der von „traditionellen“ Läden noch anziehbaren Kaufkraft. Dies ist häufig nicht geschehen. Stattdessen hielten viele Kommunen und ihre Stadtplaner an frommen Wünschen großer Bereiche traditioneller prosperierender Einkaufszonen fest, ohne der Realität ins Auge zu sehen.[467] Es kann mit dem Bauplanungsrecht nicht jeder beliebigen Gegend ein bestimmtes Niveau und ihrem Umfeld eine bestimmte Bewohner- und Konsumentenstruktur verordnet werden.[468] Spielhallen bewegen sich in einem völlig anderen Angebotssegment als Einzelhändler und sind im Vergleich zu den genannten Faktoren für die Struktur des Einzelhandels geradezu unbedeutend. Ein struktureller Mangel an Flächen für den Einzelhandel bestand nie, vielmehr wurde Leerstand beklagt. Entsprechend ist der Trading-down-Effekt

---

464 Vgl. *Wiese-von Ofen*, in: Scharmer, Spielhallen in der Diskussion, S. 79, 81 f.; *Stelkens*, UPR 1987, S. 125, 126; OVG Münster 29.1.1997 – BRS 59 Nr. 27, S. 101.

465 Da nützt auch die Klage von *Adrian*, in: Scharmer, Spielhallen in der Diskussion, S. 71, 75 nichts, dass „ein ungeregelter Markt“ nicht zu dem führt „was wir uns unter europäischen Städten vorstellen“.

466 Dazu: *Koch*, Spielhallen in der Stadt, S. 83 ff. m.w.N.

467 Ähnlich auch *Heinz/Janssen/Mittag/Scharmer/Schneidewind*, Strukturveränderungen, S. 100 ff.; zustimmend: *Koch*, Spielhallen in der Stadt, S. 150 f.

468 Vgl. auch VGH München 20.9.1985 – GewArch 1986, S. 65; *B. Schneider*, DÖV 1989, S. 611, 620.

kein Ausdruck eines Verdrängungswettbewerbs mit Vergnügungsstätten[469], sondern vielmehr des Konkurrenzkampfs zwischen Einzelhandelsstandorten.[470]

cc) Verursachernutzungen

Auf die Frage, welche Nutzungen den Trading-down-Effekt auslösen, werden gemeinhin (konzentrierte) Spielhallen angeführt. Es ist jedoch auch anerkannt, dass Spielhallen keineswegs allein die ursächliche Betriebsform sind. Zusätzlich werden die „Sexbetriebe“ der Sexshops, -kinos, -shows und Bordelle für Trading-down-Effekte verantwortlich gemacht,[471] seltener Schnellimbiss-Betriebe sowie Discount- und Billigläden, auch Videotheken und bestimmte Gaststätten sowie neuerdings Wettbüros.[472]

Wenn man die für den Trading-down-Effekt verantwortlich gemachten Nutzungen unter die verschiedenen Nutzungsarten der BauNVO subsumiert, ergibt sich ein uneinheitliches Erscheinungsbild.

---

469 So auch *Krämer-Badoni*, in: Scharmer, Spielhallen in der Diskussion, S. 19, 33; vgl. *Heinz/Janssen/Mittag/Scharmer/Schneidewind*, Strukturveränderungen, S. 30; VGH München 12.12.2013 – juris, Rn. 20, jedoch wird daraus keine Konsequenz für die Anwendung des § 1 Abs. 5 oder 9 BauNVO gezogen.

470 Ein Trading-down-Effekt droht in erstklassigen Lagen nicht, da Ketten und Kaufhäuser keine niedrigere Mietzahlungsfähigkeit aufweisen und der Mittelstand schon verdrängt ist; er droht v. a. in „zweiten Lagen“ (*Heinz/Janssen/Mittag/Scharmer/Schneidewind*, Strukturveränderungen, S. 30 f. *Scharmer*, Steuerungsmöglichkeiten, S. 9; *ders.*, in: Scharmer, Spielhallen in der Diskussion, S. 11, 15 ff; *Koch*, Spielhallen in der Stadt, S. 90; *Ellenrieder*, Niveaupflege, S. 4), in „‚kaputten‘ Gegenden“ (*Warneke*, in: Scharmer, Spielhallen in der Diskussion, S. 56, 66). Die den Trading-down-Effekt verursachenden Nutzungen stellen sich also vielmehr als „Aasfresser“ dar.

471 Zum Teil werden diese Sexnutzungen gar als primär bedeutsam angesehen, vgl. *Stange*, BauNVO, § 4a, Rn. 39; ders, in: FS Gelzer, S. 134; *von Heyl*, in: Scharmer, Spielhallen in der Diskussion, S. 145, 155; *Wiese-von Ofen*, ebd., S. 79, 91; *Schlichter/Friedrich*, WiVerw 1988, S. 199, 203 ff.

472 Vgl. dazu hier im 2. Teil und etwa OVG Münster 1.7.1986 – GewArch 1987, S. 158, 159; 9.1.1989 – BRS 49 Nr. 77, S. 201; OVG Koblenz 11.5.2005 – BRS 69 Nr. 35, S. 232 m.w.N.; VGH Mannheim 3.9.2012 – NVwZ-RR 2012, S. 919, 920; *Heinz/Janssen/Mittag/Scharmer/Schneidewind*, Strukturveränderungen S. 21 ff.; *Koch*, Spielhallen in der Stadt, S. 3, 92, 147; *Scharmer*, Steuerungsmöglichkeiten, S. 9, 12; *Redeker*, Sexshops und Spielhallen, S. 3, 6; *Adrian*, in: Scharmer, Spielhallen in der Diskussion, S. 71; *Schwerdtner*, NVwZ 1983, S. 266; *Ehrmann*, Innenstadt, S. 89, 91; *Ellenrieder*, Niveaupflege, S. 5; *Stelkens*, UPR 1987, S. 125, 126; *Fuhrmann*, Der Städtetag 1983, S. 797; die Gemeinden (vgl. *Minister für Stadtentwicklung NRW*, DVBl 1988, S. 27); *Schmidt-Eichstaedt*, in: Göb/Schuster, Reform der BauNVO, S. 149, 154 (Jeans-Shops, Tee- und Rauch-Salons usw.); VGH Kassel 25.8.2008 – NVwZ-RR 2009, S. 143, 145 (Erotikfilmverleih).

Keineswegs hängt der Trading-down-Effekt, wie häufig suggeriert wird[473], nur mit Vergnügungsstätten zusammen: Zwar haben Spielhallen, Sexkinos- und -shows eine große Bedeutung, doch andere (Kern-)Vergnügungsstätten (Tanzlokale; Kinos) haben in aller Regel keinen Zusammenhang mit Trading-down-Effekten.[474]

Vielmehr kann ein Trading-down-Effekt auch auf ganz anderen Nutzungsarten beruhen, z.B. auf bestimmten, kneipenartigen Schank- und Speisewirtschaften und Einzelhandelsbetrieben wie insbesondere Sexshops, aber, je nach Akzentuierung, auch auf Billigläden (Qualitätsverlust) oder allgemein Filialen (Individualitätsverlust)[475]. Neuere Erscheinungen sind etwa Billigfriseure, Nagelstudios, Handyläden oder Shishabars.

In Anbetracht seiner Ursachen lösen solche Nutzungen einen Trading-down-Effekt aus, die ein schlechtes Image aufweisen und deshalb von der „Allgemeinheit" abgelehnt werden (vgl. o. aa)).

Es kann also grundsätzlich jede – zumindest jede gewerbliche – Nutzungsart der BauNVO geeignet sein, einen Trading-down-Effekt zu verursachen. Als Verursacher des Trading-down-Effekts werden sogar Phänomene diskutiert, die wegen § 29 Abs. 1 BauGB schon gar nicht von der BauNVO erfasst werden, wie Straßenprostitution[476]. Das zeigt wieder, dass der Trading-down-Effekt an sich nur wenig mit dem Bauplanungsrecht zu tun hat.

Dass kein hinreichender Zusammenhang zwischen dem Phänomen des Trading-down-Effekts und der Nutzungsart Vergnügungsstätte bestehen kann, wird insbesondere klar, wenn man bedenkt, dass der Trading-down-Effekt 1962, als die bis heute geltenden begrifflichen Grundlagen der BauNVO gelegt wurden, noch unbekannt war. Folglich kann seine Beachtung bei Einteilung der Nutzungsarten ausgeschlossen werden. Überdies ist der Begriff der Vergnügungsstätte schon aufgrund der Wortlautgrenze im Verhältnis zu Laden (Sexshop) und Schank- und Speisewirtschaft (Kneipe) zur Erfassung aller zur Verursachung

473 Vgl. nur *Tarner*, BauR 2011, S. 1273, 1278; *Reidt*, in: Gelzer/Bracher/Reidt, BauPlR, Rn. 1441; *Jeromin*, Zulässigkeit von Vergnügungsstätten, S. 2; *Koch*, Spielhallen in der Stadt, S. 89.

474 So auch *Ellenrieder*, Niveaupflege, S. 63; vgl. dazu auch A. und D. I. und – für Diskotheken – *Heinz/Janssen/Mittag/Scharmer/Schneidewind*, Strukturveränderungen, S. 52 f. (anders nur bei VG München 14.1.2008 – juris, Rn. 3 ff., 31) sowie – für Kinos als Vergnügungsstätte – etwa OVG Hamburg 12.12.2007 – BRS 73 Nr. 25, S. 137.

475 *Ehrmann*, Innenstadt, S. 90 ff.

476 Vgl. *Scharmer*, Steuerungsmöglichkeiten, S. 12.

eines Trading-down-Effekt geeigneten Nutzungen und daher auch zur passgenauen Bekämpfung des Trading-down-Effekts selbst kaum geeignet.

c) Beeinträchtigung des Stadt- und Straßenbildes

Im Zusammenhang mit dem Trading-down-Effekt steht auch die Beeinträchtigung des Stadt- und Straßenbildes durch das äußere Erscheinungsbild einer Nutzung. Es kann (Mit-)Ursache des Trading-down-Effekts sein[477] und betrifft entsprechend die gleichen Nutzungen[478].

An Spielhallen werden insbesondere die Fassadengestaltung in Form undurchsichtiger Fensterfronten durch (farblich auffällige) Klebefolien, aber auch Vorhänge oder „leere Fensterhöhlen“ kritisiert.[479] Dies führt überdies zu einer Unterbrechung der geschlossenen Front von Schaufenstern und Gastronomie auf Erdgeschossebene, was sich auf die Einkaufs- und Freizeitqualität insbesondere der Fußgängerzonen für Schaufensterbummel negativ auswirkt. Zudem kritisiert wird die aggressive – jedenfalls außerhalb des vom Durchschnittsbetrachter gewohnheitsmäßig tolerierten Spektrums liegende – Aufmachung, etwa (blinkende) Leuchtreklame. Dadurch würden Assoziationen zu „Rotlicht-Bezirken“ oder „minderqualitativer Nutzung“ geweckt.[480] Diese Faktoren würden ein schlechtes Image[481] und eine Fremdkörperwirkung[482] zur Folge haben.

Gegen diese Kritik an Spielhallen wird eingewendet, dass das Straßenbild auf vielfältigste Weise beeinträchtigt sein kann – z.B. durch verunstaltete Gebäude und Fassaden, die zum Teil auch bestimmten Nutzungen zugeordnet werden können wie Imbiss- und Billigläden, bis hin zu den zugeklebten Schaufensterfronten von Discountern und den verbreiteten Sonnenschutzlamellen der Büros

477 *Erdmann*, DVBl 1988, S. 1094, 1096; *Heinz/Janssen/Mittag/Scharmer/Schneidewind*, Strukturveränderungen, S. 72, 98; *Koch*, Spielhallen in der Stadt, S. 87; *Ellenrieder*, Niveaupflege, S. 4 f.; *Lieber*, VBlBW 2011, S. 6, 7.

478 Vgl. *Fickert/Fieseler*, BauNVO, § 4a, Rn. 22.1; *Schlemminger/Winterstein*, NVwZ 1988, S. 1078; *Heinz/Janssen/Mittag/Scharmer/Schneidewind*, Strukturveränderungen, S. 30 f., 63; *Ellenrieder*, Niveaupflege, S. 6 ff.

479 Nach Aussagen der Automatenwirtschaft würden blickdichte Fenster jedoch von den Behörden unter Verweis auf § 15 Abs. 1 Nr. 2 Var. 2 JuSchG vorgeschrieben.

480 Vgl. *Heinz/Janssen/Mittag/Scharmer/Schneidewind*, Strukturveränderungen, S. 30; *Koch*, Spielhallen in der Stadt, S. 78 f.; Begründung des Wuppertaler Bebauungsplan 778, S. 11.

481 *Erdmann*, DVBl 1988, S. 1094; vgl. *Koch*, Spielhallen in der Stadt, S. 79.

482 *Heinz/Janssen/Mittag/Scharmer/Schneidewind*, Strukturveränderungen, S. 31; *Schlichter/Friedrich*, WiVerw 1988, S. 199, 203.

und Banken. Deshalb sei zu vermuten, dass die besonders negative Beurteilung von Spielhallen zum Teil vorgeschoben und in Wahrheit im emotionalen Bereich begründet sei.[483]

Relevant für die Beeinträchtigung des Stadt- und Straßenbildes ist also zum einen der einzelfallabhängige Grad der Anpassung an die Umgebung (so kann eine bestimmte Gestaltung beispielsweise unter historischer Bebauung störender wirken als in einem modernen Einkaufsbereich); zum anderen ist das „generelle Unbehagen“ gegenüber Spielhallen in Teilen der Bevölkerung zu bedenken, wodurch die Wahrnehmung emotional beeinflusst wird.

Relativiert werden Gestaltungsprobleme durch die Möglichkeit bauordnungsrechtlicher Gestaltungssatzungen[484] und dem sich ab den späten 80er-Jahren vollziehenden Wandel in der Spielhallenbranche. Um neue Publikumsschichten anzusprechen, hat sich die klassische Spielhölle gestalterisch modernisiert, legt mehr Wert auf das Einfügen in die Umgebung, ist hell und freundlich.[485]

d) Ergebnis der städtebaulichen Betrachtung

Hinsichtlich der städtebaulichen Charakteristik von Spielhallen ist also festzuhalten: Sowohl die Problematik des Trading-down-Effekts als auch die der Beeinträchtigung des Stadt- und Straßenbildes sind im hohen Maße vom spezifischen Einzelfall abhängig, etwa von der Art der Umgebungsnutzungen (insbesondere der Konzentration von Spielhallen und ähnlichen Vergnügungsstätten[486]; der Nähe „sensibler“ Nutzungen, des Bedrohungsgrades des Einzelhandels) und nur schwer allgemein fassbar, zumal auch diese Problematiken auch über subjektive Kriterien wie Attraktivität, Image und Atmosphäre definiert werden.[487] Entsprechend werden diese Probleme – auch bei Vergnügungsstätten – insbesondere

---

483 *Heinz/Janssen/Mittag/Scharmer/Schneidewind*, Strukturveränderungen, S. 31; *Koch*, Spielhallen in der Stadt, S. 79. Vgl. dazu auch f).

484 *Koch*, Spielhallen in der Stadt, S. 79; *Ellenrieder*, Niveaupflege, S. 61; Vgl. auch *Stühler*, BauR 2013, S. 685, 701.

485 *Warneke*, in: Scharmer, Spielhallen in der Diskussion, S. 56, 66; *Wiese-von Ofen*, ebd., S. 79, 81; *Krämer-Badoni*, ebd., S. 19, 28 f.; auch die Architekturwettbewerbe der Branche sind zu beachten (*Koch*, Spielhallen in der Stadt, S. 79; *Ellenrieder*, Niveaupflege, S. 6); vgl. auch *Reichertz et al.*, Jackpot, S. 62 ff. Moderne Spielhallen (in Gewerbegebieten) sind oft monolithisch, insbesondere fensterlos.

486 Vgl. etwa *Scharmer*, Steuerungsmöglichkeiten, S. 21, 31; *Koch* ,Spielhallen in der Stadt, S. 87. Jedoch ist ein Trading-down-Effekt auch bei einzelnen Spielhallen nicht ausgeschlossen (BVerwG 4.9.2008 – BRS 73 Nr. 26, S. 139 f.).

487 *Koch*, Spielhallen in der Stadt, S. 92.

durch § 1 Abs. 5 und 9[488] und die Abs. 3 der §§ 2 ff.[489] und § 15 Abs. 1 BauNVO[490] geregelt.

Auch zeigt die Untersuchung der Verursachernutzungen, dass kein hinreichender Zusammenhang zwischen Vergnügungsstätten und dem Trading-down-Effekt besteht. Zudem droht er besonders in Kerngebieten[491], denen Vergnügungsstätte aber gerade zugewiesen sind[492]. Überdies ist schon der Gedanke des Trading-down-Effekts an sich fragwürdig.

Der Trading-down-Effekt und die Beeinträchtigung des Stadt- und Straßenbildes können daher nicht als Argumente für oder gegen die Einordnung als Vergnügungsstätte fruchtbar gemacht werden.

Wenn – nach richtiger, enger, städtebaulicher Betrachtung – im Wesentlichen Lärmemissionen und Zentralität als maßgebliche städtebauliche Ordnungskriterien für die Nutzungsarten der BauNVO angesehen werden, lässt sich der Charakter der Spielhalle kaum mit den Zulässigkeitsregelungen für Vergnügungsstätten in der BauNVO vereinbaren. Denn der Lärm (im Wesentlichen nur im Zusammenhang mit An- und Abfahrtsverkehr, der aufgrund der typischen Größe von Spielhallen auch keinen großen Umfang erreicht) und Zentralitätsgrad von Spielhallen ist, im Unterschied zu Diskotheken, Nachtlokalen und Kinos, nicht typischerweise so hoch, dass Spielhallen im allgemeinen Wohngebiet gänzlich ausgeschlossen werden müssten und vorrangig im Kerngebiet zu verorten wären.

---

488 Vgl. nur die st. Rspr des BVerwG 21.12.1992 - BRS 55 Nr. 42, S. 121; 15.12.1994 - NVwZ 1995, S. 698, 700; 25.2.1997 - juris, Rn. 18; 4.9.2008 - BRS 73 Nr. 26, S. 139 f.

489 Die Ausnahmezulässigkeit ermöglicht im Genehmigungsverfahren eine passgenau-flexible Entscheidung im Einzelfall (vgl. auch Materialien zur BauNVO, S. 69), etwa die Verhinderung einer Massierung (*Kautt*, Der Städtetag 1983, S. 798, 801) oder einer zu auffälligen Erscheinung oder Platzierung (*Janning*, in: Scharmer, Spielhallen in der Diskussion, S. 117, 122).

490 *Schlemminger/Winterstein*, NVwZ 1988, S. 1078; *Jeromin*, NVwZ 1989, S. 31, 32; *Stühler*, BauR 2011, S. 54, 59; *Lieber*, VBlBW 2011, S. 6, 11; *Worms*, NVwZ 2012, S. 280, 284; vgl. etwa BVerwG 29.7.1991 - NVwZ 1991, S. 1078, 1079; VGH Mannheim 26.8.2009 - juris, Rn. 13 ff.; VGH Kassel 25.8.2008 - NVwZ-RR 2009, S. 144 f.

491 Diese Gebiete haben Bedeutung als „Visitenkarten“ der Kommunen und werden oft mit großem Aufwand attraktiv gestaltet (*Stelkens*, UPR 1987, S. 125, 126; *Erdmann*, DVBl 1988, S. 1094, 1095; *Ellenrieder*, Niveaupflege, S. 6; dazu auch *Koch*, Spielhallen in der Stadt, S. 80 f.), Trading-down-Effekt und die Beeinträchtigung des Stadt- und Straßenbildes haben dort daher besonders schädliche Wirkungen (ähnl.: *Kniep*, GewArch 1983, S. 149; vgl. auch *Fickert/Fieseler*, BauNVO, § 7, Rn. 7.5.).

492 Vgl. 1. Teil B. II. 4 sowie 3. Teil A. I.

Seit der Hochzeit der Spielhallendiskussion in den 80er-Jahren haben sich entscheidende tatsächliche Grundannahmen geändert. Etwa haben Spielhallen kaum noch jüngere, alkoholisierte Kunden oder eine besonders negative Außengestaltung.

Nach bloß städtebaulich-enger Betrachtung unter Berücksichtigung des bestehenden Begriffssystems ist daher die Spielhalle als sonstiger Gewerbebetrieb anzusehen.

Das widerspricht jedoch der ganz herrschenden Meinung. Zu fragen ist daher, welche weiteren, nichtstädtebaulichen Gründe hinter der Einordnung von Spielhallen als Vergnügungsstätte stehen.

e) Subsumtion unter den allgemeinen Sprachgebrauch

Zunächst lassen sich Spielhallen ohne Weiteres unter den allgemeinen Sprachgebrauch der Vergnügungsstätte, wie er auch in den herrschenden Definitionen (vgl. 1. Teil B. I.) zum Ausdruck kommt, subsumieren. Deshalb wurden Spielhallen auch seit ihrem Aufkommen in den 70er-Jahren durchgehend unter die Vergnügungsstätte gefasst, obwohl sie sich seitdem in städtebaulicher Hinsicht stark verändert haben.

Eine Erklärung dafür, warum Spielhallen nicht (mehr) im allgemeinen Wohngebiet zulässig sein können, bietet der allgemeine Sprachgebrauch allein – ebenso wenig wie eine (enge) städtebauliche Betrachtung – aber nicht.

f) Andere Hintergründe für die Behandlung von Spielhallen

Die Unzulässigkeit von Spielhallen im allgemeinen Wohngebiet hat ihren Ursprung in der Reform von 1990. Vorher waren sie dort nach § 4 Abs. 3 Nr. 2 BauNVO ausnahmsweise zulässig.

Die Rechtslage vor der Reform war nach überwiegender – und richtiger – Meinung auch städtebaulich angemessen. Denn als städtebauliche Probleme der Spielhallen wurden insbesondere der Trading-down-Effekt und die Beeinträchtigung des Stadt- und Straßenbildes angesehen, ihre, sowieso geringen, Lärmauswirkungen waren in der Reformdiskussion kein Thema. Entsprechend war städtebauliche Problematik der Spielhallen auch damals schon durch die Steuerungsmöglichkeiten der §§ 1 Abs. 4–9 und § 15 Abs. 1 BauNVO abgedeckt.[493]

---

493 *Scharmer*, Steuerungsmöglichkeiten, S. 10, 19 f., 75; *Schlichter/Friedrich*, WiVerw 1988, S. 199, 262, 264; *Scholtissek*, UPR 1989, S. 287, 290; *Jeromin*, NVwZ 1989, S. 31, 33; *Stock*, NVwZ 1990, S. 518, 521; *Jöhnk*, SchlHA 1988, S. 57, 63; *O. Schneider*, in: Göb/Schuster, Reform der BauNVO, S. 7, 11, *Dreesbach/Schäfer/Schmidt-Eichstaedt/*

Soweit eine Verschärfung der Zulässigkeit für notwendig erachtet wurde,[494] bezog sich dies dementsprechend auf ein Ende der allgemeinen Zulässigkeit in Misch- und Dorfgebieten, um über den jeweiligen Abs. 3 im Einzelfall leichter reagieren zu können; nicht aber auf den erfolgten Komplettausschluss von Spielhallen in allgemeinen Wohngebieten.

Dass für diesen (städtebauliche) Gründe angeführt wurden, ist nicht erkennbar. Dennoch wollte der Verordnungsgeber Spielhallen bewusst aus dem allgemeinen Wohngebiet ausschließen, denn gerade sie waren zentraler Hintergrund der Neuregelung der Zulässigkeit der Vergnügungsstätte und auch der daraus folgende Komplettausschluss der Vergnügungsstätte im allgemeinen Wohngebiet war Absicht des Verordnungsgebers.[495]

Angesichts der obigen Erkenntnisse kommen dafür nur noch nichtstädtebauliche Motive in Betracht.

Diese machen auch unstrittig den Großteil der Problematik der Spielhallen aus. Dabei geht es vor allem um ordnungsrechtliche Belange wie Jugendschutz sowie Spielsucht mit der Gefahr der Verarmung und Umfeldkriminalität, die vorrangig im Rahmen der jeweiligen Rechtsgebiete zu behandeln sind, also insbesondere im Gewerbe-, Jugendschutz- bzw. Sperrzeiten- und Vergnügungssteuerrecht.[496] Auch ihr Publikum, der freizeitpolitische Unwert und eine zumindest zum Teil in alledem begründete allgemeine sozial-moralische Ablehnung gegen Spielhallen als solche werden immer wieder vorgebracht.[497]

Walcha, in: ebd., S. 49, 116; *Schmidt-Eichstaedt*, in: ebd., S. 149 ff.; *Fieseler*, in: ebd., S. 15 f.; *Janning*, in: Scharmer, Spielhallen in der Diskussion, S. 117, 118; differenzierend: *Koch*, Spielhallen in der Stadt, S. 97, 109, 147 ff.;

494 Vgl. BR-Drs 354/89; *Dreesbach/Schäfer/Schmidt-Eichstaedt/Walcha*, in: Göb/Schuster, Reform der BauNVO, S. 49, 141; *Jahn*, BauR 1990, S. 280, 281; *Stange*, in: FS Gelzer, S. 131, 134.

495 Vgl. 1. Teil A. IV. insbesondere wollte der Verordnungsgeber auch nicht den Begriff der Vergnügungsstätte dadurch verengen, dass er sie im allgemeinen Wohngebiet ausschließt. Er legte den allgemein anerkannten Begriff der Vergnügungsstätte zugrunde und wollte vielmehr die städtebauliche Realität (in restriktive Richtung) verändern, vgl. auch BR-Drs 354/89, S. 1.

496 Materialien zur BauNVO, S. 67 f.; *Fieseler*, in: Göb/Schuster, Reform der BauNVO, S. 15; *Söfker*, in: Scharmer, Spielhallen in der Diskussion, S. 174, 175; *Janning*, ebd., S. 117, 140; *Wiese-von Ofen*, ebd., S. 79, 90. Dazu auch *Ellenrieder*, Niveaupflege, S. 169 ff.; *Scharmer*, Steuerungsmöglichkeiten, S. 53 ff.; *Koch*, Spielhallen in der Stadt, S. 149.

497 *Koch*, Spielhallen in der Stadt, S. 1; *Kempen*, DZWir 1995, S. 361, 362 („Geruch des Unsoliden“); *Schlemminger/Winterstein*, NVwZ 1988, S. 1078. Aus der juristischen Literatur vgl. etwa *Kautt*, Der Städtetag 1983, S. 798 f.; *Adrian*, in: Scharmer,

Daher, dass diese Gründe trotz gegenteiliger Beteuerung durchaus auch mit dem Baurecht in Bezug gesetzt werden (vgl. 1. Teil B. II. 2.), sie wohl auch anderen Zulässigkeitsentscheidungen des Verordnungsgebers zugrunde liegen (s. a) Kneipe im allgemeinen Wohngebiet), andere Gründe nicht erkennbar sind bzw. ihre Untersuchung zeigt, dass sie nur vorgeschoben sind[498], und die Politik und insbesondere die Kommunen auf die Reform 1990 und die Verschärfungen der Zulässigkeit gedrängt haben (vgl. 1. Teil A. IV.) und bei ihnen der Drang zur möglichst umfassenden Verhinderung von Spielhallen besonders ausgeprägt scheint[499], kann davon ausgegangen werden, dass Hintergrund der pauschalen

---

Spielhallen in der Diskussion, S. 71, 75 (Automatenspiel als „unsägliche Trivialität"); *Stüer*, ZfWG 2010, S. 386, 387, 394; *Erdmann*, DVBl 1988, S. 1094, 1098.
Entsprechend wird der Trading-down-Effekt zwar beklagt, es aber auch nicht gern gesehen, wenn Spielhallen etwas gegen ihren Beitrag zum Trading-down-Effekt unternehmen; wie z.B. Imagekampagnen betreiben oder ihre Gestaltung verbessern (s. *Schlemminger/Winterstein*, NVwZ 1988, S. 1078, 1079; *Kautt*, Der Städtetag 1983, S. 798, 799).
Diese Negativbewertung der Spielhalle ist Ausdruck eines Kulturpessimismus der 70er-Jahre – in Form der Differenzierung (der Entscheidungs- und Meinungsträger) zwischen sinnvoller aktiver Freizeittätigkeit und durch Freizeitindustrie manipulierten sinnentleertem Konsumismus (*Romeiss-Stracke*, Bericht über das Expertengespräch, S. 25, zit. nach *Koch,* Spielhallen in der Stadt, S. 37 f. Vgl. auch der Antrag BT-Drs 11/586 der von „Entfaltung von Kommunikation und Kreativität" spricht.). Vgl. 1. Teil B. I. 3 c) cc) und II. 2.

498 Vgl. o. a) – d); *Heinz/Janssen/Mittag/Scharmer/Schneidewind*, Strukturveränderungen, S. 31; VGH München 15.12.2010 – BRS 76 Nr. 73, S. 410. Ähnlich auch die überhöhten Anforderungen an Stellplätze, vgl. den vom VG Münster 6.8.1987 (zit. nach *Janning*, in: Scharmer, Spielhallen in der Diskussion, S. 117, 140 f.) mangels ausreichender Tatsachengrundlage abgelehnten Richtwert der VV zur BauO NRW.

499 *Adrian*, in: Scharmer, Spielhallen in der Diskussion, S. 71, 78; *Kirschbaum-Rohde*, ebd., S. 158, 171; vgl. Antrag zur „Eindämmung der Spielhallenflut" BT-Drs 11/586 (s. *Schönleitner*, GewArch 1988, S. 113, 114); *Kempen*, DZWir 1995, S. 361, 366 (Gesetzgeber von „Puritanismus, dem das Spielen suspekt und das Automatenspiel von Grund auf verdorben erscheint," ergriffen).; vgl. auch in jüngerer Zeit wieder *Dziallas/Kullick*, NZBau 2012, S. 284 oder der Antrag BT-Dr 17/4201, in dem die Forderung einer noch restriktiveren baurechtlichen Zulässigkeit von Spielhallen quasi ausschließlich mit der Spielsucht begründet wird.
Entsprechend werden auch in jedem Gebiet Gründe gegen Spielhallen gefunden, vgl. o und *Lieber*, VBlBW 2011, S. 6 f.
Das (kommunal-)politische Klima ist vom Druck gut organisierter lokaler Einzelhändler, den typischen wertkonservativ-/bürgerlichen kommunalen Medien, Wählern und Funktionären geprägt. Zu deren Ablehnung von Spielhallen, vgl. auch *Koch,* Spielhallen

Unzulässigkeit der Spielhallen im allgemeinen Wohngebiet die oben aufgeführten Gründe sind.

Dazu passt auch die oben[500] vertiefte These über die faktische Auffangfunktion des Baurechts in den letzten Jahrzehnten für nichtstädtebauliche und in ihren Rechtsgebieten nicht geregelte Probleme.

Jedenfalls aber für den Glücksspielbereich ist ein Rückgriff auf das Baurecht nach Erlass der neuen Spielhallengesetze (in der Form von Ausführungsgesetzen zum Ersten Glücksspieländerungsstaatsvertrag) nicht mehr nötig. Deren Ziel ist es gerade, die Spielhallenzahl zu reduzieren und Trading-down-Effekte zu vermeiden.[501] Dazu schränken sie Außenwerbung, auffällige Gestaltung und Öffnungszeiten empfindlich ein und schreiben Mindestabstände zu anderen Spielhallen sowie sensiblen Einrichtungen vor, vgl. §§ 25 f. GlüÄndStV.[502]

Die baurechtliche Einschränkung von Spielhallen aus nichtstädtebaulichen Gründen ist daher obsolet, sodass kein Grund mehr für die pauschale Unzulässigkeit von Spielhallen in allgemeinen Wohngebieten besteht.

g) Ergebnis

Spielhallen sind also nicht regelmäßig von besonderen Lärmbeeinträchtigungen für das Wohnen begleitet, ebenso wenig haben sie regelmäßig einen hohen Einzugsbereich oder zahlreiches Publikum. Sie sind nach diesen Gesichtspunkten vielmehr häufig mit Misch- und urbanen Gebieten verträglich. Der Trading-down-Effekt als städtebauliche Auswirkung, die immer wieder im Zusammenhang mit Spielhallen angeführt wird, kann keine Folgen für die Bestimmung der Nutzungsart nach der BauNVO haben.

Eine generelle Unzulässigkeit von Spielhallen im allgemeinen Wohngebiet ist, wie ein Vergleich zu Kneipen zeigt, nicht nachvollziehbar. Konsequenterweise

---

in der Stadt, S. 105; *Adrian*, in: Scharmer, Spielhallen in der Diskussion, S. 71, 76; die Kommentare zu *SpiegelONLINE*, Regierung knüpft sich Spielautomaten-Branche vor, http://www.spiegel.de/wirtschaft/soziales/bundesregierung-verbietet-tricks-der-spielautomaten-branche-a-976789.html#js-article-comments-box-pager (Stand 15.1.2019). Während die Klientel der Vergnügungsstätten, insbesondere der Spielhallen, gerade aus Leuten besteht, die keine Meinungsmacher sind, s. *Krämer-Badoni*, in: Scharmer, Spielhallen in der Diskussion, S. 19, 30 ff.; *Koch*, Spielhallen in der Stadt, S. 33; *Heinz/Janssen/Mittag/Scharmer/Schneidewind*, Strukturveränderungen, S. 22; BR-Drs 881/10: Abschlussbericht des IFT S. 89 ff.

500 1. Teil B. II. 2. b).

501 *Otto*, DVBl 2011, S. 1330, 1335 f.

502 S. dazu auch *Stühler*, BauR 2011, S. 54, 62; *Kneer*, BWGZ 2013, S. 103, 105.

dürften die Spielhallen einem Begriff der Vergnügungsstätte, der, wie nach der aktuellen Rechtslage, die Unzulässigkeit im allgemeinen Wohngebiet mit sich bringt, nicht unterfallen.

Hinter diesen gewichtigen Argumenten muss zurücktreten, dass Spielhallen nach dem allgemeinen Sprachgebrauch in hohem Grad Vergnügungsstätten entsprechen.[503] Auch eine Einstufung als (sonstiger) Gewerbebetrieb lässt sich mit der Wortlautgrenze vereinbaren. Es ist daher vorzugswürdig Spielhallen als sonstige Gewerbebetriebe im Sinne der BauNVO anzusehen.

3. *Abgrenzung zu Schank- und Speisewirtschaften*

Wie bereits (A. I. 2.) erwähnt, treten zu fast jeder als Vergnügungsstätte diskutierten Nutzung auch Gaststättenleistungen hinzu. So auch im Fall der Spielhalle.[504]

Andererseits können auch in einer Gaststätte (Geld-)Spielgeräte aufgestellt werden, § 3 Abs. 1 SpielV.

Daraus resultieren Abgrenzungsprobleme von Schank- und Speisewirtschaften zu Spielhallen. Wie auch bei anderen Mischnutzungen[505] hat sich als maßgebliches Kriterium herausgebildet, ob der Betrieb nach seinem Charakter schwerpunktmäßig Spiel- oder Gaststättenzwecken dient. Zur Veranschaulichung mag dabei die Frage dienen, ob der Ort primär aufgesucht wird, um Speisen und Getränke zu verzehren oder um den Spieltrieb zu befriedigen[506], was

---

503 Nach den im 1. Teil B. III. vorgestellten Skalen ist für Spielhallen zwar vom vollen Wert im Bezug auf den allgemeinen Sprachgebrauch auszugehen (80 aus 80), für die vergnügungsstättentypischen städtebaulichen Merkmale der Wohn(gebiets)unverträglichkeit und Zentralität jedoch allenfalls von 25 aus 100. Insgesamt liegt damit ein Wert von 105 und keine Vergnügungsstätte vor.

504 Insbesondere kann aus der Begrenzung auf drei Geldspielgeräte bei Alkoholausschank nach § 3 Abs. 3 SpielV kein Verbot des Angebots von Speisen und alkoholfreien Getränken bei Betrieben mit über drei Geräten abgeleitet werden (*Fickert/Fieseler*, BauNVO, § 4a, Rn. 23.42; BVerwG 4.10.1988 – GewArch 1989, S. 23, 24, da die Gefahr alkoholbedingten unkontrollierten Spiels nicht gegeben sein dürfte, vgl. auch die amtliche Begründung BR-Drs 496/85, S. 8 sowie § 3 Abs. 4 S. 1 SpielV. Skeptisch: *Orlob*, GewArch 1984, S. 255, 257, der eine Attraktivitätssteigerung verhindern will).

505 Vgl. etwa A. I. 2.

506 *Jeromin*, Zulässigkeit von Vergnügungsstätten, S. 21; *Odenthal*, NVwZ 1988, S. 1107; BVerwG 14.12.1982 – GewArch 1983, S. 135 f.; VGH München 7.12.1983 – GewArch 1984, S. 289 f.; BayObLG 24.2.1992 – BRS 54 Nr. 137, S. 386; VGH Mannheim 29.9.1989 – UPR 1990, S. 275; OVG Lüneburg 30.3.2010 – GewArch 2010, S. 221 f.; OVG Saarlouis 5.12.1995 – BRS 57 Nr. 64, S. 168 (wonach es aber der Einstufung als Schank- und Speisewirtschaft nicht prinzipiell entgegenstehen soll, wenn viele

sich wiederum aus der Gesamtwürdigung des konkreten Sachverhalts ergibt.[507] Bei den Kriterien der Abgrenzung wird im Allgemeinen nicht zwischen Gewerberecht, Gaststättenrecht und Bauplanungsrecht differenziert.[508]

Indizien für eine Abgrenzung lassen sich aus einer räumlichen und funktionalen Betrachtung der konkreten Ausgestaltung gewinnen, wie z.B. aus der Aufteilung der Nutzungsfläche, der Größe, Funktionsweise und Separierung der Spielgeräte: also ob die Tische oder die Spielgeräte raumbeherrschend sind, indem sie sich zentral im Raum und nicht an der Wand befinden oder ob die Automaten oder die Essgelegenheiten mit gemütlicheren Möbeln ausgestattet sind, also die Essgelegenheit aus einer Bar oder Stehtischen mit Hockern besteht oder aus Tischen mit Stühlen und ob vor den Spielgeräten Sitzgelegenheiten aufgebaut sind. Weitere Indizien für die Abgrenzung sind etwa Umfang, Komplexität und Entgeltlichkeit des gastronomischen Angebots, die Verteilung der Umsätze, ob die Fenster verklebt sind, welche Nutzung in der Außenwerbung

---

Gäste gerade wegen des Billardspiels kommen und dieses eine „Attraktion“ des Betriebes ist).

507 Das gilt sowohl für das Gewerberecht (vgl. bloß schon BVerwG 14.12.1982 - GewArch 1983, S. 135; 14.1.1991 - GewArch 1991, S. 186, 187; OVG Hamburg 17.10.1986 - GewArch 1987, S. 59; VGH Mannheim 2.10.1985 - GewArch 1986, S. 160, 161; BayObLG 7.5.1990 - GewArch 1990, S. 354; 24.2.1992 - BRS 54 Nr. 137, S. 386; OVG Koblenz 7.10.1981 - GewArch 1982, S. 23, zuletzt: OVG Saarland 7.9.2017 - juris, Rn. 10); als auch das BauR (vgl. BVerwG 18.5.1990 - NVwZ 1991, S. 264; VGH München 20.12.1991 - GewArch 1993, S. 37; VGH Mannheim 18.9.1991 - VBlBW 1992, S. 101, 102 f.; 29.9.1989 - UPR 1990, S. 275 [bestätigt durch BVerwG 20.8.1992 - BRS 54 Nr. 137, S. 387 ff.]; OVG Münster 13.9.1994 - GewArch 1995, S. 124 f.; OVG Saarlouis 5.12.1995 - BRS 57 Nr. 64, S. 167 f.; OVG Lüneburg 30.3.2010 - GewArch 2010, S. 221 f.; *Wank*, Spielhalle, S. 50 f.; *Aschke*, in: Kröninger/Aschke/Jeromin, BauGB, § 4a BauNVO, Rn. 21; *Stock*, in: E/Z/B/K, BauGB, § 4a BauNVO, Rn. 69; *Buchholz*, GewArch 2000, S. 457, 458 f.); im Ergebnis auch *Odenthal*, NVwZ 1988, S. 1107, 1108; *Jahn*, LKV 1992, S. 41; diese Kriterien für zu unklar hält: *Janning*, in: Scharmer, Spielhallen in der Diskussion, S. 117, 143.

508 Vgl. etwa *Odenthal*, NVwZ 1988, S. 1107, 1108 f.; die Berufung auf Entscheidungen aus beiden oder anderen Rechtsgebieten bei *Jeromin*, Zulässigkeit von Vergnügungsstätten, S. 21; *Wank*, Spielhalle, S. 50 f.; *Aschke*, in: Kröninger/Aschke/Jeromin, BauGB, § 4a BauNVO, Rn. 21; *Janning*, in: Scharmer, Spielhallen in der Diskussion, S. 117, 143; insbesondere das Abstellen auf das gewerberechtliche Spielhallenfluidum in baurechtlichen Entscheidungen (etwa VGH Mannheim 3.1.1990 - VBlBW 1990, S. 229, 230; 18.9.1991 - VBlBW 1992, S. 101, 102 f.; OVG Münster 13.9.1994 - GewArch 1995, S. 124, 125). Explizit als „entsprechendes Problem“: *Ellenrieder*, Niveaupflege, S. 17; i. E. auch *Ziegler*, in: Brügelmann, BauGB, § 4a BauNVO, Rn. 49, 51, 66.

hervorgehoben wird oder ob eine räumliche Verbindung zu einer Spielhalle besteht und deshalb unter Umgehung der Spielverordnung nur die Erweiterung einer bestehenden Spielhalle beabsichtigt ist.

Für einen Versuch, Aussagen über die Zahl (und Art) der Spiele zu treffen, ab der eine Spielhalle vorliegt, ist immer insbesondere auch die Relation zur Fläche zu bedenken. Die Aufstellung einzelner Spielgeräte allein verändert eine Gaststätte also nicht in eine Spielhalle. Eine Gesamtschau der Rechtsprechung ergibt, dass jedenfalls bei mehr als drei Geldspielgeräten („GSG") keine Schank- und Speisewirtschaft angenommen wird. Insofern besteht ein Gleichlauf mit § 3 Abs. 1 SpielV. Eine Schank- und Speisewirtschaft wird aber auch schon ab zwei Geldspielgeräten verneint, wenn insgesamt nur eine kleine Fläche zur Verfügung steht und daher gewiss mehr als ein Geldspielgerät pro 12 m², vgl. § 3 Abs. 2 SpielV, vorliegt[509] oder wenn noch andere Spielgeräte, in der Regel ab mehr als zwei Billardtischen, hinzutreten[510]. Bei weniger oder gar fehlenden Geldspielgeräten und dem Vorliegen anderer Spielgeräte ist die Rechtsprechung – zumindest für Fälle mit mehr als drei Billardtischen – uneinheitlich.[511]

Hier zeigt sich wieder deutlich, wie bei der Abgrenzung von der herrschenden Definition nach dem allgemeinen Sprachgebrauch ausgegangen und im

509 OVG Saarland 7.9.2017 – juris, Rn. 11.

510 Vgl. etwa VGH Mannheim 2.10.1985 – GewArch 1986, S. 160, 161; 12.10.1988 – BRS 49 Nr. 26, S. 58 f.; 3.1.1990 – VBlBW 1990, S. 229 f.; OVG Hamburg 17.10.1986 – GewArch 1987, S. 59; BayObLG 7.5.1990 – GewArch 1990, S. 354; 24.2.1992 – BRS 54 Nr. 137, S. 386 f.; OVG Münster 13.9.1994 – GewArch 1995, S. 124, 125; OVG Lüneburg 30.3.2010 – GewArch 2010, S. 221 f. (für drei Geldspielgeräte und zwei Plätze mit Internetzugang in einem Stehausschank).
Auch nach dem Bund-Länder-Ausschuss Gewerberecht 1988 (zit. nach *Schumacher*, Eindämmung des Spielhallengewerbes, S. 32; *Jahn*, LKV 1992, S. 41, 42) wird die Prägung durch die Aufstellung von zwei Geld- und einem Unterhaltungsspielgerät oder weniger in der Regel nicht geändert.

511 Einerseits wird eine Schank- und Speisewirtschaft zum Teil recht großzügig angenommen bei: VGH Kassel 15.10.1986 – NVwZ 1987, S. 428 (sechs Spielgeräte; bei elf erst „mindestens teilweise Vergnügungsstätte"); OVG Saarlouis 5.12.1995 – BRS 57 Nr. 64, S. 168 (zwei Billardtische bei zwölf Tischplätzen); VGH München 20.12.1991 – GewArch 1993, S. 37 ((dort n.v., s. aber BeckRS 1991, 09046): fünf Billardtische und „einige Spielgeräte" auf 200 m²); BayObLG 7.5.1990 – GewArch 1990, S. 354 (drei Billardtische und ein Kicker). Andererseits Vergnügungsstätte bei VGH Mannheim 29.9.1989 – UPR 1990, S. 275 (bestätigt durch BVerwG 20.8.1992 – BRS 54 Nr. 137, S. 387 ff.) (vier Billardtische auf 230 m²); 18.9.1991 – VBlBW 1992, S. 101, 102 (neun Billardtische auf 165 m²).

Wesentlichen auf das Innere abgestellt wird[512]. Es bleibt auch nichts Anderes übrig, weil eine genuin städtebaulich begründete Trennung von Schank- und Speisewirtschaft und Spielhalle nicht möglich ist (vgl. dazu o. 2 a)).

a) Problem der Mehrfach- oder Mini-Gaststätten als (Kleinst-)Spielhallen

Beim Problem des Betriebs von Mehrfach- oder Mini-Gaststätten als (Kleinst-) Spielhallen geht es um die Aufstellung von bis zu drei Geldspielgeräten in als Gaststätte deklarierten kleinen Betrieben und ggf. die Errichtung mehrerer dieser Betriebe in engem räumlichen Zusammenhang[513]. Diese Neuerscheinungen sind ihrem Wesen nach „Mikro-Spielhallen“. Die Aufstellung von Geldspielgeräten ist ihr Existenzzweck und ihre Existenzgrundlage, und sie dienen der Umgehung der gewerbe-[514] und glückspielrechtlichen Vorgaben.[515]

Baurechtlich können solche Nutzungen als Spielhalle eingestuft werden, indem nach bewährten Grundsätzen auf ihre betriebliche Einheit[516] bzw. ihren Nutzungsschwerpunkt[517] abgestellt wird.

---

512 Deshalb besteht auch ein Gleichlauf mit der gewerberechtlichen Abgrenzung, die sich am Spielhallenfluidum ausrichtet (s. 1. b)). Vgl. dazu etwa *Schumacher*, Eindämmung des Spielhallengewerbes, S. 29; *Buchholz*, GewArch 2000, S. 457, 458; BayOblG 7.5.1990 – GewArch 1990, S. 354; 24.2.1992 – BRS 54 Nr. 137, S. 385, 386.
Einzige Erwägung mit städtebaulichem Bezug ist es, wenn gelegentlich eine erhöhte Anziehungskraft für Besucher durch die Spielgelegenheiten behauptet wird (so z.B. VGH Mannheim 12.10.1988 – BRS 49 Nr. 26, S. 59; 18.9.1991 – VBlBW 1992, S. 101, 103).

513 Vgl. VGH Mannheim 15.9.2010. Dort ging es um die Nutzungsänderung einer Lagerhalle in drei Gaststätten mit je einem Gastraum von 55, 23 und 21 m^2 und je drei (also insgesamt neun) GSG. (zit. nach *Stühler*, BauR 2013, S. 685, 695).

514 Denn nachdem unter der SpielV von 1979, die nur drei Geldspielgeräte pro Spielhalle/ Erlaubnis vorschrieb, Kleinstspielhallen ausschließlich mit Geldspielgeräten Praxis waren, war Ziel der Einführung der „Quadratmeterlösung“ (Geldspielgeräte pro m^2) durch die Spielverordnung von 1986 gerade die Massierung von Geldspielgeräten auf kleinstem Raum zu verringern, um Spielanreize abzubauen (BR-Drs 496/85, S. 1, 4 ff.).

515 *Stühler*, BauR 2013, S. 685, 694; Arbeitskreis gegen Spielsucht LT-NRW-Stellungnahme-16/50, S. 5.

516 Vgl. VGH Mannheim 15.9.2010 (zit. nach *Stühler*, BauR 2013, S. 685, 695) sowie 3. Teil A. II. 3.

517 Vgl. soeben und insbesondere OVG Lüneburg 30.3.2010 – GewArch 2010, S. 221.
So ist auch die Umgehung gewerberechtlicher Regelungen ausgeschlossen, denn auch dort ist eine Nutzung nur bei entsprechendem Schwerpunkt Schank- und Speisewirtschaft. Ihr nichtvorliegen kann sich etwa aus karger Möblierung, Art

Otto nimmt die Problematik jedoch zum Anlass, die bisher herrschende Schwerpunktbetrachtung im Baurecht infrage zu stellen. Durch die Aufstellung von Geldspielgeräten diene die Gaststätte nicht mehr ausschließlich dem Angebot von Speisen und Getränken, sondern auch der kommerziellen Unterhaltung und soll deshalb – unabhängig vom Betriebsschwerpunkt – regelmäßig Vergnügungsstätte sein.

Denn durch die Aufstellung von Spielgeräten würde automatisch ein ausschließlich auf die Befriedigung seines Spieltriebs fixiertes Publikum angezogen. Dies würde durch die oft exponierte Aufstellung und Bewerbung der Spielgeräte sowie die Zulässigkeit alkoholischer Getränke noch verschärft. Gaststätten mit Geldspielgeräten seien daher ein „besonderer Magnet" für Glückspieler. Auch könne eine größere Zahl von Geldspielgeräten in enger Nachbarschaft aufgestellt werden und die Betriebe gemeinsam als Anziehungspunkt für Spieler wirken.

Auch sei die Nutzung von Geldspielgeräten, anders als z.B. Kartenspiele, nicht typischerweise mit Essen und Trinken vereinbar oder ihm funktional zugeordnet.[518]

Ottos Ansatz ist jedoch entgegenzuhalten, dass sich eine ggf. erhöhte bloße Besucherfrequenz bei nur drei Geldspielgeräten noch im Rahmen der Baugenehmigung halten dürfte.[519] Eher scheint *Otto* vergnügungsstättentypischen Besuchern, auch wenn sie in der Minderheit sind, an sich städtebauliche Relevanz beizumessen[520]. Wie oben (2. a)) gezeigt, führt aber die Klientel von Geldspielgeräten nicht zu stärkeren städtebaulichen Störungen als die Klientel von Schank- und Speisewirtschaften.

Von grundlegenden Unterschieden zwischen der Nutzung von Geldspielgeräten und Kartenspielen im Hinblick auf das Essen und Trinken kann nicht ausgegangen werden. Während des jeweiligen Spiels kann und wird getrunken

---

des Getränkeangebots und fehlender Gaststättenatmosphäre ergeben, BVerwG 18.3.1991 – DVBl 1991, S. 945.

518 *Otto*, DVBl 2011, S. 1330, 1332.

519 Angebotserweiterungen wie beispielsweise durch eine Kegelbahn oder Billardtische lassen keinen über den normalen Betrieb einer Schank- und Speisewirtschaft hinausgehende Beeinträchtigung für die Umgebung befürchten (*Odenthal*, NVwZ 1988, S. 1107, 1108).

520 Wenn es ihm dabei – städtebaulich irrelevant – auf die Bekämpfung der Spielsucht ankommt, muss er sich mit der Annahme auseinandersetzen, eine erhöhte soziale Kontrolle und Gemeinschaft in Gaststätten würden Spielsucht bekämpfen (*Krämer-Badoni*, in: Scharmer, Spielhallen in der Diskussion, S. 19; *Ellenrieder*, Niveaupflege, S. 11 m.w.N.).

werden; ein paralleles Essen ist kaum möglich. Mahlzeiten werden in den Pausen, vor oder nach den Spielen eingenommen.

Im Ergebnis ist daher nicht ersichtlich, warum die allgemein anerkannte Schwerpunktbetrachtung von Mischnutzungen hier relativiert werden soll. Sie kann der Problematik von Mehrfach- und Mini-Gaststätten, die als Kleinstspielhallen genutzt werden, bereits angemessen begegnen.

b) Billardcafés

Billardcafés im engen Sinn sind Betriebe, die überwiegend dem Billardspiel dienen und nur reduzierte Gastronomie, etwa kleinere Speisen und einige wenige nichtalkoholische Getränke anbieten,[521] also keine Schank- und Speisewirtschaften sind. Abgrenzungsprobleme stellen sich für die herrschende Meinung zwischen Vergnügungsstätten und Anlagen für sportliche Zwecke (vgl. dazu III.).

Wenn ein Billardcafé als Vergnügungsstätte angesehen wird, ist es eine eigenständige Unterart mit von Geschick bestimmten Unterhaltungsspielen ohne Gewinnmöglichkeit.[522] Eine Spielhalle – als ein Betrieb mit Geschicklichkeits- und Glücksspiel – liegt nur vor, wenn zu den Billardtischen andere Spielgeräte von einigem Gewicht hinzutreten, insbesondere ab mehr als zwei bis drei Geldspielgeräten, und den Betrieb so mitprägen.[523]

4. Begründung der Vergnügungsstätteneigenschaft von Spielbanken

In städtebaulicher Hinsicht ist für Spielbanken festzuhalten, dass sie keinen Trading-down-Effekt auslösen, denn sie sind selten, haben regelmäßig eine

---

521 So „nach Wortsinn und Verkehrsauffassung“: VGH Mannheim 18.9.1991 – VBlBW 1990, S. 101 f.; OVG Münster 13.9.1994 – GewArch 1995, S. 124; OVG Saarlouis 5.12.1995 – BRS 57 Nr. 64, S. 168; *Fickert/Fieseler*, BauNVO, § 4a, Rn. 23.61 f.; *Schumacher*, Eindämmung des Spielhallengewerbes, S. 33; *Buchholz*, GewArch 2000, S. 457, 459.

522 OVG Münster 13.9.1994 – GewArch 1995, S. 124, 125 (bestätigt von BVerwG 19.12.1994 – juris); VGH Mannheim 18.9.1991 – VBlBW 1992, S. 101, 103 (anders wohl noch 12.10.1988 – BRS 49 Nr. 26, S. 57; 3.1.1990 – VBlBW 1990, S. 229); OVG Saarlouis 5.12.1995 – BRS 57 Nr. 64, S. 168; *Stüer*, Handbuch, Rn. 716; *Schumacher*, Eindämmung des Spielhallengewerbes, S. 34.

523 So, unter Bezug auf die Verkehrsauffassung, *Fickert/Fieseler*, BauNVO, § 4a, Rn. 23.62; VGH Mannheim 18.9.1991 – VBlBW 1990, S. 101 f.; OVG Münster 13.9.1994 – GewArch 1995, S. 124 f. (je für Fälle von weiteren zehn bzw. acht GSG); *Odenthal*, NVwZ 1988, S. 1107, 1108; i. E. auch VGH München 20.12.1991 – GewArch 1993, S. 37.

ansprechende Außengestaltung und sind deutlich besser angesehen als Spielhallen[524], obwohl auch in Spielbanken die an Spielhallen kritisierte Klientel verkehrt[525]. Trotz abendlicher Hauptbetriebszeit ist besonderer, darüber hinausgehender Lärm durch Spielbanken nicht bekannt. Früher wurde ihnen zum Teil eine aufgrund geringerer Fluktuation und einem geringeren Anteil Jugendlicher im Vergleich zu Spielhallen geringere Störung zugeschrieben.[526] Diese Eigenschaften der Spielbanken haben sich nicht geändert, sie treffen aber, jedenfalls heute, auch für Spielhallen zu, vgl. 2. a).

Im Unterschied zu Spielhallen ziehen Spielbanken jedoch typischerweise beträchtliche Besucherströme an und weisen einen erheblichen Einzugsbereich auf.[527]

Spielbanken sind durch die für Vergnügungsstätten nach dem allgemeinen Sprachgebrauch typische eskapistische Unterhaltung geprägt. Jedoch erscheint vertretbar, dass es sich bei Spielbanken nicht um *gewerblich-kommerzielle* Unterhaltung im Sinne des allgemeinen Sprachgebrauchs handelt.[528]

Jedenfalls im Sinne der hier vertretenen Definition sind Spielbanken aber, insbesondere wegen ihres starken Bezugs zum Kerngebiet, (noch) als Vergnügungsstätten anzusehen.[529]

---

524 Ihnen wird ein gewisser Glamourfaktor zugesprochen (vgl. *Kempen*, DZWir 1995, S. 361 f.) obwohl die Spielsuchtproblematik nicht grundsätzlich geringer ist. Zwar ist Spielerschutz u.A. durch eine Spielersperre möglich (§ 8 Abs. 2 GlüÄndStV; das Residenzverbot wurde abgeschafft), andererseits ist Alkohol erlaubt, Jetons verschleiern die wahren Geldwerte und es wird um hohe Summen gespielt (*Koch,* Spielhallen in der Stadt, S. 42 f.).

525 Sozial Schwache dominieren insbesondere das kleine Spiel (*Krämer-Badoni*, in: Scharmer, Spielhallen in der Diskussion, S. 19, 32), dort können auch sie sich die Einsätze ohne Weiteres leisten. Zugleich macht dieses kleine Spiel (inzwischen) den Hauptumsatz der Spielbanken aus (*Reichertz et al.*, Jackpot, S. 172).

526 *Jöhnk*, SchlHA 1988, S. 57, 58; *Stelkens*, UPR 1987, S. 125, 128 (wegen dem typischen, störenden Gehabe auf Zweirädern); VGH Mannheim 27.6.1989 – BRS 49 Nr. 64, S. 156 (je unter der Bezeichnung „Spielcasino“).

527 S. dazu 3. Teil A. III. 1.

528 S. dazu 1. Teil B. I. 3. b).

529 Nach den im 1. Teil B. III. vorgestellten Skalen ist für Spielbanken von folgenden Werten auszugehen: Vergnügungsstätte nach Maßgabe des allgemeinen Sprachgebrauchs: 60 von 80; Vergnügungsstätte nach Maßgabe der für sie typischen städtebaulichen Merkmale der Wohn(gebiets)unverträglichkeit und Zentralität: 60 von 100. Insgesamt liegt damit ein Wert von 120 und noch eine Vergnügungsstätte vor.

Bei Subsumtion unter die herrschende Definition erscheint jedoch, entgegen Literatur und Rechtsprechung, die Annahme einer Vergnügungsstätte durchaus fraglich. Auf dieser Grundlage müsste über eine Einstufung etwa als Anlage für kulturelle Zwecke nachgedacht werden.

II. Wettbüros

Bei den Wettbüros handelt es sich um eine neuere, noch nicht völlig geklärte Problematik.

Zunächst wurde der Begriff des Wettbüros zum Teil in einem weiten Sinn verwendet. Danach erfasste er als Oberbegriff alle Geschäfte zum Abschluss von (Sport-)Wetten, das heißt bloße Wettannahmestellen ebenso wie Betriebe mit Anreizen für einen Verbleib. Da sich diese aber unter städtebaulichen Gesichtspunkten deutlich voneinander unterscheiden, lassen sich „Wettbüros" nach diesem Verständnis auch keiner Nutzungsart der BauNVO pauschal zuordnen.[530]

Inzwischen hat sich daher ein engeres Verständnis verfestigt. „Wettbüros" sind (nur) solche Betriebe, die eine gewisse aufenthaltsfördernde Wirkung haben.[531]

1. Abstrakte Differenzierung

(Nur) Diese Wettbüros im engen Sinn sind nach herrschender Meinung Vergnügungsstätten.[532]

Lediglich *Rausch* und *Kläner* halten auch solche Wettbüros regelmäßig für Läden. Für das Vorliegen einer Vergnügungsstätte sei ein erhöhtes Immissionsaufkommen außerhalb der Anlage erforderlich.[533] Ein solches entfalteten

530 OVG Münster 18.10.2005 – juris, Rn. 4; OVG Saarlouis 24.4.2009 – BRS 74 Nr. 202, S. 923.

531 VGH Mannheim 1.2.2007 – BauR 2007, S. 1217, 1218; 15.10.2013 – juris, Rn. 4; OVG Münster 10.7.2012 – BauR 2012, S. 1633; ähnl. *Fickert/Fieseler*, BauNVO, § 4a, Rn. 23.69; i.E. so auch *Tuttlewski/Lange*, ZfWG 2009, S. 163; a.A. *Kläner*, ZfWG 2017, S. 366, 367.

532 Vgl. VGH München 6.7.2005 – juris, Rn. 42; 25.4.2013 – juris, Rn. 4; VGH Kassel 19.9.2006 – NVwZ-RR 2007, S. 81 (zustimmend: *Stange*, BauNVO, § 4a, Rn. 45); VGH Mannheim 1.2.2007 – BauR 2007, 1217, 1218; OVG Saarlouis 24.4.2009 – BRS 74 Nr. 202, S. 923; VG Minden 10.2.2006 – juris, Rn. 13; *Tarner*, BauR 2011, S. 1273; *Jacob*, ZfWG 2012, S. 153, 154; *Fickert/Fieseler*, BauNVO, § 4a, Rn. 23.69.
Wobei auch unerheblich ist, ob Pferde- oder (andere) Sportwetten angeboten werden (VGH Kassel 25.8.2008 – NVwZ-RR 2009, S. 144; OVG Koblenz 14.4.2011 – BRS 78 Nr. 198, S. 860 f., *Tuttlewski/Lange*, ZfWG 2009, S. 163 f.).

533 S. zu *Rauschs* Definitionsansatz: 1. Teil B. II. 2. d); *Kläner*, ZfWG 2017, S. 366, 369 f.

Wettbüros nur in seltenen Ausnahmefällen, nämlich bei mehr als 50 Sitzplätzen und Verbindung mit anderen (insbesondere Gaststätten-)Nutzungen, weil dann auch Publikumsverkehr bestehe, wenn keine Wetten getätigt werden.[534]

Die herrschende Meinung argumentiert wie folgt: Der entscheidende Unterschied zum Laden bestehe darin, dass es den Besuchern nicht auf die bloße Auswahl und den Erwerb des Produkts ankomme. Anders als in Lotto- und Toto- oder reinen Wett-Annahmestellen, wolle der typische Besucher eines Wettbüros eben nicht nur die Wette einreichen und ggf. den Gewinn kassieren. Der Reiz des Besuchs eines Wettbüros bestehe zu einem wesentlichen Anteil darin, sich dort länger aufzuhalten, um sich ggf. mit anderen auszutauschen und die Zeit bis zum Eintritt des Wettergebnisses in einer als angenehm empfundenen, unterhaltenden Weise zu nutzen, also gemeinsam die Spannung des Wettspiels zu erleben, etwa indem Wettereignisse als Live-Übertragung auf Bildschirmen verfolgt werden und ggf. dadurch auch ein Anreiz entstehe weitere (insbesondere Live-)Wetten zu platzieren.

Daher liege eine kommerzielle (Freizeit-)Unterhaltung unter Ansprache des Spieltriebs und damit eine Vergnügungsstätte vor.[535] Es geht also beim Kriterium der Aufenthaltsdauer nicht um städtebauliche Wirkungen, sondern um die „Unterhaltung“ im Sinne des allgemeinen Sprachgebrauchs und der herrschenden Vergnügungsstättendefinition.

Diese wird dabei insofern konkretisiert, als dass eine Vergnügungsstätte nicht schon wegen des Angebots von (Glücks-)Spiel an sich vorliegt – beim bloßen Angebot von Toto-, Lotto- und Wettannahme soll es sich vielmehr um einen Laden handeln –, sondern wegen der dadurch gebotenen Unterhaltung vor Ort. Dies lässt sich aus dem Wortlaut Vergnügungs*stätte* in der Weise erschließen, als damit der Aufenthalt zum Vergnügen gemeint ist.

Das Kriterium der Dauer des Aufenthalts hat zwar städtebauliche Bedeutung, ist jedoch nicht zur städtebaulichen Unterscheidung zwischen Laden und Vergnügungsstätte geeignet.

Auch Läden, etwa im Falle eines Friseurs,[536] ist eine längere Aufenthaltsdauer nicht fremd. Insbesondere jedoch führt – und das ist die einzige Wirkung nach außen – eine längere Aufenthaltsdauer zu geringerer Fluktuation[537] und damit zu weniger (Verkehrs-)Lärm, soll aber gleichzeitig in der Abgrenzung zu Läden für

---

534 *Rausch*, DÖV 2009, S. 667, 674.

535 VG Minden 10.2.2006 – juris, Rn. 13; VGH Kassel 19.9.2006 – NVwZ-RR 2007, S. 81; OVG Saarlouis 24.4.2009 – BRS 74 Nr. 202, S. 923.

536 *Fickert/Fieseler*, BauNVO, § 2, Rn. 10.

537 Dies stellt eine Gemeinsamkeit zu Spielhallen dar, denn in den unter Vergnügungsstätten gefassten Wettbüros besteht eine vergleichbare Motivation der Gäste, weiter

eine Vergnügungsstätte sprechen, obwohl Vergnügungsstätten von der BauNVO grundsätzlich störender als Läden angesehen werden[538]. Eine längere Aufenthaltsdauer ist daher, wenn überhaupt, eher ein Kriterium für Vergnügungsstätten. So wird auch im Fall der Diskotheken argumentiert.[539]

Taugliches Unterscheidungskriterium zwischen Laden und Vergnügungsstätte sind vielmehr die Öffnungszeiten. Denn auch nach Liberalisierung der Regelungen der Ladenöffnungszeiten haben Läden typischerweise, besonders am Wochenende, nicht nach 22 Uhr geöffnet[540].

Die Argumentation der herrschenden Meinung über die Aufenthaltsdauer läuft hier aber auf das gleiche Ergebnis hinaus, denn Wettbüros haben im Unterschied zu Wettannahmestellen gerade deshalb spätere Öffnungszeiten, da viele Wettereignisse abends sowie am Wochenende stattfinden und gerade diese im Wettbüro verfolgt werden sollen.

2. *Konkrete Ausgestaltung eines Wettbüros als Vergnügungsstätte*

Da eine Vergnügungsstätte also nur bei aufenthaltsverlängernden und unterhaltenden Elementen vorliegen soll[541], stellt sich die Frage, welche Anforderungen an die konkrete Ausgestaltung der Räume zu stellen sind, damit davon ausgegangen werden kann, dass das Wettbüro zum längeren Aufenthalt motiviert.

Zum Teil wird dafür verlangt, dass eine als angenehm empfundene Atmosphäre geschaffen wird, wozu zumindest Sitzplätze, eventuell auch ein Getränkeangebot, Kunden-WC und die Möglichkeit der Live-Verfolgung der Wettereignisse im TV erforderlich sind.[542]

---

vor Ort zu bleiben und auf das Wettangebot zuzugreifen (VG Neustadt 12.8.2010 – juris, Rn. 23).

538 Vgl. etwa die §§ 3–6a BauNVO, in denen Läden im Vergleich zu Vergnügungsstätten leichter zugelassen werden können.

539 Vgl. A. I. 1. b) bb).

540 So auch VGH Mannheim 16.2.2011 – VBlBW 2011, S. 235, 238; a.A. VG Schleswig 9.5.2014 – BeckRS 2014, 52324.

541 Diese können auch im Angebot von Internetplätzen und Spielgeräten liegen (VGH Mannheim 1.2.2007 – BauR 2007, S. 1217, 1218). Eine solche Nutzung geht aber schon stark in Richtung Spielhalle.

542 VG Bremen 3.5.2017 – juris, Rn. 55; VG Schleswig 9.5.2014 – BeckRS 2014, 52324; 16.2.2017 – juris, Rn. 37; VG München 17.2.2014 – juris, Rn. 32; VG Neustadt 12.8.2010 – juris, Rn. 23; 3.2.2011 – juris, Rn. 11; 9.2.2011 – juris, Rn. 11; so wohl auch OVG Münster 27.1.2016 – BauR 2016, S. 643, 644.

Für Andere genügt es, dass die Räumlichkeiten eine ausreichende Größe haben und durch Bildschirme oder ausliegende Fachinformationen den Kunden ein eigenständiger Anreiz geboten wird, sich zumindest über Wettangebote und -ergebnisse zu informieren, womit sie dazu geeignet sind, dass sich dort die Kunden aufhalten und untereinander über die Wetten austauschen können. Die (übrige) konkrete Ausgestaltung der Räume, insbesondere ob Sitzgelegenheiten sowie ein Getränkeangebot vorhanden sind, soll dabei keine Rolle spielen; im Ergebnis genügen Stehtische.[543]

Außerhalb Norddeutschlands scheint sich eine neuere Entwicklung durchzusetzen, die vom Verwaltungsgerichtshof München angestoßen wurde: Aufenthaltsverlängernde und unterhaltende Elemente und damit eine Vergnügungsstätte sollen dann vorliegen, wenn Live-Wetten angeboten werden. Denn Live-Wetten bieten anders als Wetten, bei denen lediglich auf das Eintreffen eines Ergebnisses zu festen Gewinnquoten gesetzt wird, eine rasche Aufeinanderfolge ständig aktualisierter Wettmöglichkeiten und -resultate. Sie verleiten den Kunden damit zu einem Verweilen, während dessen er die aktuellen Quoten und die Ergebnisse der Wetten auf Monitoren verfolgen und ggf. seine weiteren Wetten danach ausrichten kann. Im Hinblick auf die Einrichtung genügen dazu schon Monitore, die Live-Quoten anzeigen. Dass keine Sitzgelegenheiten, Getränke, Spielgeräte oder TV-Live-Übertragungen bereitgestellt sind, hindert die Annahme einer Vergnügungsstätte nicht, denn dies sind nur weitere Indizien, aber keine unabdingbare Voraussetzung dafür. Nichts anderes gilt hinsichtlich der Größe und Atmosphäre des Betriebs oder einer Mindestverweildauer.[544]

3. *Abgrenzung zu Schank- und Speisewirtschaften (insbesondere die „Sportsbar“[545])*

Die Abgrenzung von Wettbüros zu Schank- und Speisewirtschaften erfolgt wie üblich nach dem Schwerpunkt des Leistungsangebots und der Prägung.

---

543 VG Berlin 5.12.2013 – juris, Rn. 20 (93 m^2); 28.4.2014 – BeckRS 2014, 52618 (58 m^2); VG Saarlouis 19.11.2014 – juris, Rn. 55 (59 m^2).

544 VGH München 21.5.2015 – NVwZ-RR 2015, S. 774, 775; 15.1.2016 – juris, Rn. 8; 19.7.2016 – juris, Rn. 14. Dem haben sich auch OVG Münster 13.12.2017 – juris, Rn. 47; 9.1.2018 – juris, Rn. 4 ff. und VGH Mannheim 18.9.2018 – BauR 2018, S. 1989, 1990 ff. angeschlossen. Dafür auch *Stühler*, BauR 2016, S. 2016, 2029 f.; *Fickert/Fieseler*, BauNVO, § 4a, Rn. 23.69.

545 Dieser Begriff bezeichnet nach OVG Münster 10.7.2012 – BauR 2012, S. 1633; VG Augsburg 18.10.2012 – juris, Rn. 30 die Schank- und Speisewirtschaften; nach VG

Dabei steht es einer Einstufung als Schank- und Speisewirtschaften auch nicht entgegen, wenn das gemeinsame Erleben von Sportübertragungen aus sportlichem Interesse im Vordergrund steht,[546] was auch durch das Angebot von (zwei) Wettterminals nicht zwingend ausgeschlossen wird.[547]

Der Wettbetrieb steht dagegen insbesondere im Vordergrund, wenn eine Massierung von Monitoren auf vergleichsweise kleinen Raum vorliegt, welche über Wettergebnisse, -angebot und -quoten informieren[548] und das gaststättentypische Angebot – etwa in Form eines Getränkeselbstbedienungsautomaten – nur auf ein Mindestmaß und die rein unterstützende Funktion, die Gäste zu mehr Wetten anzuhalten, beschränkt ist.[549]

4. *Städtebauliche Auswirkungen*

Ebenso wie Spielhallen sind Wettbüros zwar geeignet, das Stadt- und Straßenbild zu beeinträchtigen[550] oder einen Trading-down-Effekt zu verursachen[551], dies ist jedoch für die Frage der Einstufung in die Nutzungsarten nicht weiterführend.[552]

Städtebaulich bedeutsamer Unterschied zwischen Spielhallen und Wettbüros[553] ist, dass aus dem Bezug der Angebote von Wettbüros zu externen Ereignissen kürzere Öffnungszeiten resultieren, denn spätestens um 23 Uhr (Spielschluss

---

Gelsenkirchen 22.1.2013 – juris, Rn. 30 spricht er gegen das Vorliegen einer Schank- und Speisewirtschaft.

546 OVG Münster 10.7.2012 – BauR 2012, S. 1633; VG Augsburg 18.10.2012 – juris, Rn. 30.

547 VGH Mannheim 15.10.2013 – juris, Rn. 4.

548 OVG Münster 10.7.2012 – BauR 2012, S. 1633; VG Augsburg 18.10.2012 – juris, Rn. 30; insg. ebenso: *Jacob*, ZfWG 2012, S. 153, 154.

549 Vgl. VG Neustadt 12.8.2010 – juris, Rn. 24.

550 *Jacob*, ZfWG 2012, S. 153, 154; ähnlich wie Spielhallen haben sie eine uneinheitliche Fassadengestaltung, von zugeklebt bis anspruchsvoll (vgl. *Rausch*, DÖV 2009, S. 667, 668).

551 VGH München 25.4.2013 – juris, Rn. 4; VGH Mannheim 1.2.2007 – BauR 2007, S. 1217, 1219; VGH Kassel 25.8.2008 – NVwZ-RR 2009, S. 143, 145; *Stühler*, BauR 2016, S. 2016, 2030; auch – trotz Verneinung im konkreten Fall – VG Neustadt 12.8.2010 – juris, Rn. 27 ff; VG Darmstadt 5.10.2010 – BeckRS 2011, 47510. A.A. VG München 14.1.2008 – juris, Rn. 32, denn Wettbüros zögen ein anderes Publikum als Spielhallen an.

552 Vgl. I. 2. d).

553 Die stärkere Geselligkeit in Wettbüros (VG München 14.1.2008 – juris, Rn. 30; *Dziallas*/*Kullick*, NZBau 2012, S. 284) führt in städtebaulicher Hinsicht nicht weiter, vgl. 1. Teil B. I. 3 c) bb).

der europäischen Fußballligen) sind die interessanten Wettereignisse regelmäßig beendet, während eine solche Einschränkung für Spielgeräte nicht besteht.[554]

Wenn die Frage der städtebaulichen Auswirkungen der Wettbüros überhaupt thematisiert wird, wird daher vertreten, dass von Wettbüros in jedem Fall keine mischgebietsunverträglichen und zudem geringere städtebauliche Störungen als von Spielhallen ausgehen.[555] Nach ihren städtebaulichen Auswirkungen sind Wettbüros daher (a fortiori) nicht als Vergnügungsstätte anzusehen. Dieses Ergebnis ist so deutlich, dass es auch nicht mehr dadurch geändert werden kann, dass Wettbüros nach allgemeinem Sprachgebrauch unter die herrschende Definition der Vergnügungsstätten gefasst werden können.[556] Wettbüros sind vielmehr, wie Spielhallen, sonstige Gewerbebetriebe im Sinne der BauNVO.

III. Abgrenzung zu (Fun-)Sport

„Vergnügen“ und „Sport“ lassen sich nicht ausschließen; im aktiven Sport liegt regelmäßig eine Quelle der Freude.[557] Da die BauNVO aber Vergnügungsstätten und Anlagen für sportliche Zwecke nennt, ist eine Abgrenzung erforderlich. Deren Grundlage ist, da Anlagen für sportliche Zwecke und Vergnügungsstätten nicht in einem Stufenverhältnis zueinander stehen, die bekannte Schwerpunktbetrachtung.[558]

---

554 OVG Schleswig 18.1.2011 – juris, Rn. 8. So auch im Ansatz *Rausch*, DÖV 2009, S. 667, 668 und *Jacob*, ZfWG 2012, S. 153, 154.

555 Vgl. VG Darmstadt 5.10.2010 – BeckRS 2011, 47510; VG Neustadt 12.8.2010 – juris, Rn. 27 ff.; VG München 14.1.2008 – juris, Rn. 30; 24.9.2012 – juris, Rn. 41; VG Ansbach 9.4.2014 – BeckRS 2014, 52970.

556 Nach den im 1. Teil B. III. vorgestellten Skalen ist für Wettbüros davon auszugehen, dass sie nach Maßgabe des allgemeinen Sprachgebrauchs einer Vergnügungsstätte zwar voll entsprechen (80 von 80); jedoch kaum die vergnügungsstättentypischen städtebaulichen Merkmale der Wohn(gebiets)unverträglichkeit und Zentralität aufweisen (25 von 100). Insgesamt liegt damit ein Wert von 105 und keine Vergnügungsstätte vor.

557 So etwa OVG Lüneburg 20.1.1969 – DVBl 1969, S. 910, 912 (für das Steuerrecht); im Ergebnis so auch das BauR, etwa: *Ziegler*, in: Brügelmann, BauGB, § 4a BauNVO, Rn. 56.

558 Daher kann *Stange*, in: FS Gelzer, S. 131 f. nicht gefolgt werden, wenn er unter Anlagen für sportliche Zwecke alle Anlagen fassen will, die „im weitesten Sinne“ sportlichen Zwecken dienen, sollte damit auch die Betätigung des Spieltriebs oder der Geselligkeit als Freizeitgestaltung gemeint sein.

1. Herrschende Abgrenzung nach dem allgemeinen Sprachgebrauch

Eine Anlage für sportliche Zwecke liegt nach der herrschenden Abgrenzung dann vor, wenn nach den Umständen des Einzelfalls Wettbewerbs-/Leistungsaspekte und die körperliche Ertüchtigung im Vordergrund stehen,[559] während die Vergnügungsstätte vorwiegend der bloßen Geselligkeit, Unterhaltung, Entspannung, Zerstreuung, Belustigung oder dem Zeitvertreib dient.[560]

Für die Definition der Anlagen für sportliche Zwecke im Sinne der BauNVO wird somit, wie in anderen Rechtsgebieten auch, auf den althergebrachten allgemeinen Sprachgebrauch des Begriffes „Sport“ abgestellt. Die Definitionen unterschiedlicher Rechtsgebiete werden dabei untereinander übernommen.

Die in diesem Rahmen angeführten Aspekte bleiben jedoch ohne eine einheitliche Linie und ohne die Klärung der Frage, inwieweit die verschiedenen Aspekte sich untereinander ausgleichen können.

Manche betonen eher die körperliche Ertüchtigung. Dagegen spreche zwar nicht, dass Geschicklichkeit und Treffsicherheit erforderlich seien, es wird aber eine ausgiebige Durcharbeitung des Körpers verlangt, die wesentlich zur Kräftigung des Leibes und zur Förderung des allgemeinen Wohlbefindens beiträgt. Dann sei unschädlich, wenn die Tätigkeit im konkreten Fall nicht wettkampfmäßig betrieben und trainiert, sondern lediglich als Hobby bzw. Freizeitgestaltung gespielt werde.[561]

---

559 Die ungeklärte Frage, ob gewerblich betriebene Sportstätten Anlagen für sportliche Zwecke oder sonstige Gewerbebetriebe sind, ist für die Abgrenzung zu Vergnügungsstätten nicht weiter von Bedeutung.

560 Das gilt für alle Rechtsgebiete, die eine Abgrenzung zwischen Vergnügen(Spiel) und Sport erfordern, s. BVerwG 9.3.2005 – GewArch 2005, S. 292, 293; *Ennuschat*, in: Tettinger/Wank/Ennuschat, GewO, vor §§ 33c ff., Rn. 2; *Hahn*, in: Friauf, GewO, vor § 33c, Rn. 1; *Liesching*, in: Erbs/Kohlhaas, JuSchG, § 6, Rn. 2 (je für das Gewerberecht) unter Verw. auf OVG Münster 13.9.1994 – GewArch 1995, S. 124 f. (Baurecht). OVG Lüneburg 20.1.1969 – DVBl 1969, S. 910, 912 (Steuerrecht); *Ziegler*, in: Brügelmann, BauGB, § 4a BauNVO, Rn. 56 (Baurecht).
Deshalb kann auch ein „Relaxzentrum“, eine Art Wellness-Einrichtung, wegen der Kombination aus Schwimmbecken, Whirlpool, Solarium, Sauna, Massageraum, Bar und Ruheräumen, Vergnügungsstätte sein (VGH Kassel 14.10.2002 – BRS 65 Nr. 160, S. 706).

561 Vgl. etwa VGH Mannheim 19.8.1993 – GewArch 1993, S. 475, 476; zustimmend BVerwG 25.11.1993 – GewArch 1994, S. 108, 109 (zwar zum Sportbegriff nach der SpielV, dieser ist jedoch „auf das Planungsrecht übertragbar“, *Stock*, in: E/Z/B/K, BauGB, § 4 BauNVO, Rn. 103) unter Verw. auf den Brockhaus; OVG Lüneburg

Für andere soll weniger der körperliche Einsatz entscheidend sein, sondern dass (im konkreten Fall) eine vereins- und ligenmäßige Organisationsstruktur, verfestige Regeln und Trainings- oder Wettkampfzwecke vorliegen.[562]

Entsprechend ergeben sich die Abgrenzungsprobleme bei Nutzungen, die in erhöhtem Maße Elemente der Geselligkeit und Unterhaltung enthalten und zugleich eine geringere körperliche Aktivität oder Tradition aufweisen: Paintball, Lasertag; Bowling und Kegeln sowie Billard, wobei jedoch, entsprechend der unterschiedlichen Schwerpunktsetzung auf Definitionsebene, keine einheitlichen Subsumtionsergebnisse erzielt werden.

a) Bowling- und Kegelbahnen/-center

Bei reinen Bowling- und Kegelbahnen/-centern[563] nehmen nur Wenige eine Vergnügungsstätte an[564], die überwiegende Meinung dagegen Anlagen für sportliche Zwecke.[565] Hauptstreitpunkt ist dabei die Frage, ob Bowling als Sport anzusehen ist, was von der herrschenden Meinung bejaht wird.[566] Nach der Gegenansicht

---

20.1.1969 – DVBl 1969, S. 910, 911 f. (Steuerrecht); Sächs OVG 8.6.1925 – PrVBl 48, S. 17; VGH München 27.11.2012 – BRS 79 Nr. 156, S. 738.
So auch, wenn „Sportcenter“, in denen zudem z.B. Sauna, Gastronomie und Unterhaltungsmusik angeboten werden, zu Anlagen für sportliche Zwecke gezählt werden, so bei *Jeromin*, Zulässigkeit von Vergnügungsstätten, S. 13; *Jahn*, BauR 1990, S. 280, 282; *Fickert/Fieseler*, BauNVO, § 4a, Rn. 22.6; 23.61.; *Stock*, in: E/Z/B/K, BauGB, § 4 BauNVO, Rn. 102 f.

562 Vgl. *Buchholz*, GewArch 2000, S. 457, 460; *Ennuschat*, in: Tettinger/Wank/Ennuschat, GewO, vor §§ 33c ff., Rn. 3; OVG Koblenz 28.9.2016 – BauR 2017, S. 692, 694.

563 Dies sind selbstständige Anlagen mit mehreren Bahnen und Aufenthaltsbereich. Der Verzehr von Speisen und Getränken spielt eine untergeordnete Rolle, vgl. *Fickert/Fieseler*, BauNVO, § 2, Rn. 14; *Gelzer/Birk*, BauPlR, Rn. 700; OVG Münster 11.10.1982 – BRS 39 Nr. 65, S. 145.

564 *Stange*, BauNVO, § 4a, Rn. 49; *Jeromin*, Zulässigkeit von Vergnügungsstätten, S. 17 f.

565 *Schlichter/Friedrich*, WiVerw 1988, S. 199, 209; *Fickert/Fieseler*, BauNVO, § 4a, Rn. 22.6; *Bielenberg*, in: E/Z/B/K, BauGB, 55. Lfg. 1997, § 4a BauNVO, Rn. 58a; *Söfker*, in: E/Z/B/K, BauGB, § 7 BauNVO, Rn. 25; *Stock*, in: E/Z/B/K, BauGB, § 4a BauNVO, Rn. 69; BVerwG 2.7.1991 – DÖV 1992, S. 76; VGH München 12.12.1997 – BeckRS 1997, 18585; für sonstige Gewerbebetriebe, wenn die Anlagen gewerblich betrieben werden: *Reidt*, in: Gelzer/Bracher/Reidt, BauPlR, Rn. 1435. Gegen das Vorliegen einer Vergnügungsstätte auch: *H. Dürr*, VBlBW 1981, S. 224, 225.

566 So auch für das Steuerrecht: OVG Lüneburg 20.1.1969 – DVBl 1969, S. 910, 912 und das Gewerberecht: *Odenthal*, NVwZ 1988, S. 1107, 1108; VGH Mannheim 19.8.1993 – GewArch 1993, S. 475, 476; zustimmend BVerwG 25.11.1993 – GewArch 1994, S. 108, 109.

herrschen dagegen sportliche Betätigung und körperliche Ertüchtigung nicht vor. Da eine Kegelbahn als Bestandteil einer Schank- und Speisewirtschaft fast nie als Anlage für sportliche Zwecke angesehen wird, weil durch den Zusammenhang mit der Schank- und Speisewirtschaft die Geselligkeit – und damit auch die Unterhaltung, Entspannung und angenehme Freizeitgestaltung – im Vergleich zum sportlichen Zeitvertreib vorherrsche[567], sei sie das auch nicht, wenn sie alleine stehe.[568]

b) *Billard(cafés)*

Für Billard wird Sport zum Teil bejaht[569], zum Teil aber auch verneint[570]. Die herrschende Meinung nimmt Sport nur an, wenn das Billardspiel im konkreten Fall vereinsmäßig trainiert wird und auf Wettkampf ausgelegt ist.[571] Allerdings haben die dafür herangezogenen baulichen Ansatzpunkte – das deutliche

---

567 Vgl. BVerwG 25.11.1993 – GewArch 1994, S. 108, 109; OVG Münster 11.10.1982 – BRS 39 Nr. 65, S. 144, 145; VGH Mannheim 3.2.1977 – BRS 32 Nr. 31, S. 74, 75; 2.10.1985 – GewArch 1986, S. 160, 161; *Fickert/Fieseler*, BauNVO, § 2, Rn. 14.2; *Bielenberg*, in: E/Z/B/K, BauGB, 75. Lfg. 2005, § 4 BauNVO, Rn. 15; *Gelzer/Birk*, BauPlR, Rn. 700; i. E. so auch: BVerwG 29.10.1998 – NVwZ 1999, S. 417, 418; *Söfker*, in: E/Z/B/K, BauGB, § 7 BauNVO, Rn. 25.

568 *Jeromin*, Zulässigkeit von Vergnügungsstätten, S. 17.

569 *Fickert/Fieseler*, BauNVO, § 4a, Rn. 23.61; *Marcks*, in: Landmann/Rohmer, GewO, § 33i, Rn. 12.

570 OVG Lüneburg 20.1.1969 – DVBl 1969, S. 910, 913.

571 VGH Mannheim 22.9.1989 – UPR 1990, S. 275 (bestätigt von BVerwG 20.8.1992 – BRS 54 Nr. 137, S. 387 ff.); 3.1.1990 – VBlBW 1990, S. 229, 230; 18.9.1991 – VBlBW 1992, S. 101, 102; OVG Münster 13.9.1994 – GewArch 1995, S. 124; OVG Saarlouis 5.12.1995 – BRS 57 Nr. 64, S. 168 f.
I.E. ähnlich auch die differenzierte Betrachtung des Gewerberechts, ob es nach der Gesamtausstattung des Umfeldes Zweck des Billardtischs ist, Zeitvertreib, Zerstreuung und Entspannung zu dienen (vgl. dazu nur VGH Mannheim 2.10.1985 – GewArch 1986, S. 160, 161; OVG Hamburg 17.10.1986 – GewArch 1987, S. 59; 18.3.1987 – GewArch 1987, S. 302, 303; BayObLG 24.2.1992 – BRS 54 Nr. 137, S. 385, 386 f.; *Odenthal*, NVwZ 1988, S. 1107, 1108 f.; *Buchholz*, GewArch 2000, S. 457, 458).
Das Gewerberecht tendiert insofern mehr Richtung Sport, als es bei einem reinen Billardbetrieb wohl höhere Voraussetzung für das Vorliegen von § 33i GewO hat, als das Baurecht für das Vorliegen einer Vergnügungsstätte (vgl. auch *Ennuschat*, in: Tettinger/Wank/Ennuschat, GewO, § 33i, Rn. 23; *Schumacher*, Eindämmung des Spielhallengewerbes, S. 34). Daher werden Billardcafés zum Teil grundsätzlich als Sportstätten bezeichnet, die erst durch hinzutreten sonstiger Spielgeräte zu Spielhallen werden (*Buchholz*, GewArch 2000, S. 457, 459 m.w.N.).

Überwiegen der Sitz- im Verhältnis zu den Spielerplätzen sowie bauliche Elemente wie Teeküche, Personalraum, Aufsichtsplatz und Alkoholausschank, die für Sport nicht nötig, aber vorhanden sind, oder wie Umkleidekabinen und Duschräume, die in Sportstätten üblich, aber nicht vorhanden sind – weniger mit Wettkampfaspekten, sondern vielmehr mit körperlicher Betätigung zu tun. Etwa sind Duschräume nur für Letzteres erforderlich, während Sitzplätze und Getränkeausschank auch den Zuschauern eines Wettkampfs dienen können.

c) Betriebe mit Geschicklichkeitsspielen ohne Gewinnmöglichkeit, insbesondere „Internetcafés“

Fraglich ist, wie Betriebe zu behandeln sind, die im Unterschied zur klassischen Spielhalle gar nicht oder nur sehr untergeordnet reine Glücksspiele oder Spiele mit Gewinnmöglichkeiten anbieten, sondern im Wesentlichen Geschicklichkeitsspiel mit Wettkampfcharakter, wie Dart, Tischkicker, aber auch Flipper bis hin zu PC-/TV-Spielen.

Diese Betriebe werden von der allgemeinen Meinung im Baurecht ohne Weiteres als Spielhallen und damit als Vergnügungsstätten angesehen. Schon das Vorhandensein von Spielautomaten (aller Art) spreche gegen andere Nutzungsarten.[572]

Denn (auch) Spiele ohne Gewinnmöglichkeit bereiteten „ein Vergnügen“ und dienten der Unterhaltung und Entspannung[573]. Die Begründung orientiert sich

---

572 Vgl. etwa VGH Mannheim 3.1.1990 – VBlBW 1990, S. 229 f. (auch unter Orientierung am Gewerberecht und Spielhallenfluidum; für Betriebe mit sechs Telespielgeräten, einem Dart und zwei GSG sowie vier Billardtischen, je einem Flipper- und Tischfußballgerät und zwei GSG); 1.2.2007 – BauR 2007, S. 1217, 1218 (für drei Spielgeräte ohne Gewinnmöglichkeit und drei PC); VGH München 11.12.1992 – GewArch 1993, S. 258, 259 (für einen Betrieb mit mehrheitlich Geschicklichkeitsspielen aber auch sieben GSG); VG Gießen 8.9.2009 – juris, Rn. 28; *Wank*, Spielhalle, S. 50 f.; *Aschke*, in: Kröninger/Aschke/Jeromin, BauGB, § 4a BauNVO, Rn. 21.
Mischangebote und Betriebe ohne Gewinnmöglichkeit werden unproblematisch als Spielhalle/Vergnügungsstätte gesehen (VGH Mannheim 3.9.2012 – NVwZ-RR 2012, S. 919, 921, wonach die Änderung zu einem Betrieb mit ausschließlich Geldspielgeräten wohl nicht einmal eine Nutzungsänderung darstellt); ebenso *Janning*, in: Scharmer, Spielhallen in der Diskussion, S. 117, 143.
Jedenfalls das Baurecht scheint für die Einstufung als „Spielhalle“ einen Schwerpunkt auf Automaten zu verlangen, vgl. dazu auch I. 3 a), wonach reine Billardcafés zwar Vergnügungsstätte, aber keine Spielhallen sind.

573 BayObLG 21.5.1957 – GewArch 1957, S. 81, 82; VGH Mannheim 3.1.1990 – VBlBW 1990, S. 229 f.; 1.2.2007 – BauR 2007, S. 1217, 1218.

also eng am allgemeinen Sprachgebrauch und entspricht der herrschenden Definition der Vergnügungsstätte.

Im Hinblick auf § 33i Abs. 1 Satz 1 GewO a.F. schien die Rechtsprechung ebenso Spieleigenschaft anzunehmen.[574] Die Literatur war jedoch zu Recht kritischer eingestellt, denn das Telos dieser Norm ziele nach richtiger herrschender Meinung nicht auf den Schutz vor der bloßen Verschwendung von Freizeit und Taschengeld oder dem noch so ausgedehnten Unterhaltungsspiel. Auf die Spielleidenschaft zielt es vielmehr nur insoweit, als sie im Zusammenhang mit der Gefahr der Beschaffungskriminalität wegen des daraus resultierenden Geldbedarfs – insbesondere die Ausbeutung bei Spielen mit Gewinnmöglichkeit – und mit jugendgefährdenden Spielen steht[575], weshalb spielhallentypisch in erster Linie auch nur solche Spiele sind.[576] Diese Auffassung wird durch die Novellierung des § 33i Abs. 1 Satz 1 GewO 2012 bestätigt, denn dort wird die Streichung der „gewerbsmäßigen Aufstellung von Unterhaltungsspielen ohne Gewinnmöglichkeit“ damit begründet, dass der erforderliche Jugendschutz auch durch weniger einschneidende Maßnahmen gewährleistet werden könne.[577]

Als konkrete Erscheinung werden in diesem Zusammenhang „Internetcafés“ diskutiert. Dabei handelt es sich aber keineswegs, wie nach dem allgemeinen Sprachverständnis zu vermuten wäre, um Betriebe, deren Angebotsschwerpunkt im Internetzugang – in der Regel durch dort aufgestellte PCs – liegt.[578] Denn die Nutzung von Computer und Internet zur Kommunikation, Informationsrecherche oder Arbeit weist keine Nähe zu Vergnügungsstätten auf.

574 S. OVG Hamburg 17.10.1986 – GewArch 1987, S. 59; 18.3.1987 – GewArch 1987, S. 302, 303; BayObLG 24.2.1992 – BRS 54 Nr. 137, S. 386 f.

575 Vgl. BVerwG 9.10.1984 – GewArch 1985, S. 64, 65; 2.7.1991 – E 88, S. 348, 351 f.; 9.3.2005 – juris, Rn. 24.

576 So im Ergebnis auch der Bund-Länder-Ausschuss Gewerberecht, der § 33i GewO hinsichtlich der familienfreundlich konzipierten (gewalt-, sex-, glücks- und gewinnspielfreien) „FUN-planet-Center“ teleologisch reduzieren will (vgl. GewArch 2000, S. 319, 322 f.) und *Odenthal*, NVwZ 1988, S. 107, 1108 f; s. auch: *Liesching/Knupfer*, MMR 2003, S. 439 ff.; *Lober*, MMR 2002, S. 730, 731 f.; *Buchholz*, GewArch 2000, S. 457 f., 460 ff.

577 BR-Drs 272/12, S. 10.

578 Solche Nutzungen sind sonstige Gewerbebetriebe. Gegen die Einstufung als Laden spricht die erhebliche Anzahl von Kunden, die sich, ähnlich wie bei Schank- und Speisewirtschaften und Vergnügungsstätte, länger dort aufhalten. Davon zu unterscheiden sind auch die vielen Schank- und Speisewirtschaften, in denen es heutzutage WLAN-Zugang zusätzlich zum Kauf von Getränken oder Speisen gibt.

Dazu muss die Nutzung zu Spielzwecken in den Vordergrund treten, womit ein Betrieb aus Unterhaltungscomputerspielen vorliegt. Dafür ist ein Internetzugang gar nicht zwingend erforderlich[579]. Ab wann in diesen Fällen Spielzwecke im Vordergrund stehen, wurde in der Rechtsprechung bisher nur im Hinblick auf die Subsumtion unter § 33i Abs. 1 Satz 1 GewO a.F. erörtert. Abgestellt wird dabei auf die Gestaltung der Räumlichkeiten, Programmierung und Peripherieausstattung der Computer sowie die Selbstdarstellung des Unternehmens nach außen oder ob die Computer rein tatsächlich „einfach so" hauptsächlich zum Spielen genutzt werden.[580]

Diese Rechtsprechung wird ohne Weiteres für das Baurecht übernommen. Wenn Nutzungen danach unter § 33i Abs. 1 Satz 1 a.F. GewO fielen, dürften sie planungsrechtlich den Spielhallen oder zumindest den Vergnügungsstätten zuzuordnen sein.[581]

Die Frage, wann solche Betriebe mit Computerspielmöglichkeiten unter § 33i Abs. 1 Satz 1 GewO a.F. fallen, war aber nicht nur im Einzelnen strittig[582], sondern auch vom besonderen gewerberechtlichen Wortlaut und Telos geprägt[583]. Sie ist daher für das Baurecht kaum weiterführend. Schließlich sollen diese Internetcafés seit der Novellierung der GewO 2012 explizit nicht mehr unter § 33i Abs. 1 Satz 1 GewO fallen.[584]

579 Vgl. OVG Berlin 12.5.2004 – GewArch 2004, S. 385.

580 BVerwG 9.3.2005 – GewArch 2005, S. 292, 293 f. Für Beispiele s. *Liesching*, NVwZ 2005, S. 898, 899 und VG Berlin 21.8.2002 – MMR 2002, S. 767 f.

581 *Ziegler*, in: Brügelmann, BauGB, § 4a BauNVO, Rn. 62; zustimmend *Lieber*, VBlBW 2011, S. 6, 7 und wohl auch *Stühler*, BauR 2013, S. 685, 688.

582 Am weitgehendsten die Vorinstanz der BVerwG-Entscheidung, OVG Berlin 12.5.2004 – GewArch 2004, S. 385 f., wonach die bloße abstrakte Nutzungsmöglichkeit des Computers zu Spielzwecken genügen soll. Auf die tatsächliche Nutzung komme es nicht an. Kein Fall des § 33i GewO liege (nur) dann vor, wenn der Betreiber das Spielen unterbindet. Ähnl. 3.1.1.2. SpielVwV, allerdings mit weitreichenden Ausnahmen. Das Meinungsspektrum reicht bis zu *Lober*, MMR 2002, S. 730, 731 f., der Internetcafés nie unter § 33i GewO fassen will.

583 So geht es maßgeblich um den Begriff des Spiel*automaten*; den erforderlichen Geldbedarf (vgl. *Lober*, MMR 2002, S. 730, 731 f.); die Frage des Aufstellens von Spielen, wenn über Internet(server) gespielt wird (vgl. *Liesching/Knupfer*, MMR 2003, S. 439, 441) sowie Jugend-, Spielerschutz und innere Raumprägung (vgl. BVerwG 9.3.2005 – GewArch 2005, S. 292, 293 f.; *Liesching/Knupfer*, MMR 2003, S. 439, 442; OVG Berlin 12.5.2004 – GewArch 2004, S. 387).

584 Vgl. BR-Drs 272/12, S. 10.

Aber auch ohne Verweis auf das Gewerberecht werden solche „Internetcafés“ als Vergnügungsstätte angesehen. Das gelte jedenfalls, wenn Schwerpunkt des Betriebs auf Nutzung der Geräte zu Spielzwecken liege.[585] Sie seien mit Spielhallen und Wettbüros vergleichbar.[586]

d) Paintball- und Lasergamehallen

Paintball- und Lasergamehallen sind große, verschiedenartig gestaltete Räumlichkeiten, in denen es für die mit Laser- („Laserdrome“, „Quasar“, „Lasertag“) oder Druckluftwaffen („Paintball“, „Gotcha“, „Reball“) bestückten Teilnehmer darum geht, ihren Gegner zu treffen.

Eine gefestigte Rechtsprechung zur Einordnung in die Nutzungsarten der BauNVO besteht noch nicht. Eine vertiefte Auseinandersetzung mit der Thematik erfolgte bisher in der Rechtsprechung nur vom Oberverwaltungsgericht Koblenz.[587] Dieses sieht Lasertaghallen als Vergnügungsstätten an. Zwar könne Lasertag durchaus mit schnellen Bewegungen und körperlicher Anstrengung verbunden sein. Jedoch findet das Spiel in einer Fantasiekulisse statt (Abdunklung, Lichteffekte, Musik, synthetische optische und akustische Effekte beim „Schuss“) und auch die „Berührung“ des Mitspielers erfolgt nur durch Infrarot, womit eine virtuelle (Computerspiel-)Atmosphäre und damit Unterhaltungselemente im Vordergrund stünden. Zudem bestehe nur ein rudimentäres Regelwerk und weder organisierter Spielbetrieb mit Ligen oder Turnieren, noch systematisches Training.

Vom Lasertag zu unterscheiden sei Paintball, denn es findet bei Tageslicht und ohne Lichteffekte statt und damit mit einer stärkeren Konzentration auf das eigentliche Wettkampfgeschehen. Zudem erfolgen die Treffer physisch-real durch Farbmarkierungen.[588] Dadurch versucht das Oberverwaltungsgericht einen Widerspruch mit dem Verwaltungsgerichtshof München zu vermeiden, der (jedenfalls) in der Paintball-Spielvariante „Flaggeneroberung“ Sport im Sinne der BauNVO sah, weil sie zumindest auch der körperlichen Ertüchtigung dient.[589] Ob dies vom Verwaltungsgerichtshof bezüglich Lasertag anders gesehen würde, scheint aber zweifelhaft, denn beim Paintball wurde das Vorliegen einer

---

585 *Fickert/Fieseler*, BauNVO, § 4a, Rn. 23.6 und *Tuttlewski/Lange*, ZfWG 2009, S. 163, 164, die aber zusätzlich verlangen, dass Ausstattung und Benutzungsregeln auf eine längere Verweildauer des Kunden zielen.

586 *Tarner*, BauR 2011, S. 1273, 1279.

587 OVG Lüneburg 18.2.2010 – BRS 76 Nr. 158, S. 783 hat die Einstufung offengelassen.

588 OVG Koblenz 28.9.2016 – BauR 2017, S. 692, 694.

589 VGH München 27.11.2012 – BRS 79 Nr. 156, S. 738.

Vergnügungsstätte nicht einmal diskutiert und gerade nur auf die körperliche Ertüchtigung und nicht auf weitere Aspekte abgestellt.

Auch *Ehegartner* akzentuiert die Definition des Sports anders als das Oberverwaltungsgericht. Spielort und physischer Kontakt seien dafür irrelevant, weshalb Lastertaghallen, wie auch Paintballhallen, Anlagen für sportliche Zwecke seien.[590]

Allerdings wird im Gewerberecht, welches bekanntlich die grundsätzlich gleiche Definition zugrunde legt, überwiegend Spiel angenommen.[591]

2. *Kritik*

Eine Gesamtbetrachtung der hier diskutierten Problembereiche zeigt, wie unbefriedigend Maßstab und Ergebnisse sind.

Kegeln wird nicht als Vergnügen angesehen, Billard jedoch schon, außer wenn es im konkreten Fall wettkampfmäßig betrieben wird, während die genannten Geschicklichkeits- und Bildschirm-Spiele immer dem Vergnügen und nie dem Sport zugerechnet werden.

Diese Ergebnisse können aber aus einer konsequenten Anwendung der obigen Definition(en) von Sport nicht abgeleitet werden. Diese würde vielmehr dazu führen, dass entweder, bei Schwerpunkt auf körperlicher Betätigung, nur Kegeln oder, bei Schwerpunkt auf Wettkampf, nur die konkreten Fälle mit Ausrichtung auf sportliche Wettkämpfe als Sport angesehen werden.

Denn ein Unterschied in der körperlichen Aktivität und Geschicklichkeit zwischen Billard auf der einen und Dart sowie Kickerspielen auf der anderen Seite ist nicht erkennbar. Ebenso werden alle diskutierten Betätigungen ganz überwiegend freizeitmäßig betrieben; aber auch bei allen (selbst beim Computerspiel) existieren organisierte Wettkämpfe.

---

590 *Ehegartner*, SpuRt 2017, S. 84, 85.

591 Vgl. *Schumacher*, Eindämmung des Spielhallengewerbes, S. 37 f.; *Liesching*, in: Erbs/Kohlhaas, JuSchG, § 6, Rn. 2; VGH München 4.7.1994 – NVwZ-RR 1995, S. 32 (beide für „Laserdrome"); OVG Koblenz 21.6.1994 – GewArch 1994, S. 374, 375 (mit den gleichen Argumenten wie in der baurechtlichen Entscheidung. im Ergebnis gehe es um „vergnügliche Freizeitgestaltung"); a.A. (Sport): LG Stuttgart 23.6.1993 – NJW-RR 1994, S. 427.

Dass die Nutzungen nicht von § 33i GewO erfasst werden, liegt nur am Fehlen des Tatbestandsmerkmals des „Aufstellens" (vgl. *Ennuschat*, in: Tettinger/Wank/Ennuschat, GewO, § 33i, Rn. 31 m.w.N.).

Viel grundlegender ist jedoch bereits der Definitionsansatz über den allgemeinen Sprachgebrauch abzulehnen.[592]

Denn ob in einer Halle mit Laser- oder Druckluftwaffen gespielt wird, oder auch, ob man sich im Inneren einer baulichen Anlage mehr oder weniger körperlich betätigt, kann für deren städtebauliche Auswirkungen allenfalls sekundär sein.

3. *Versuch städtebaulicher Ansätze*

Entscheidend ist daher, ob die Nutzung in einem den Lärm einhausenden Gebäude stattfindet,[593] ob Nachtbetrieb herrscht und ob typischerweise besondere Störungen zu erwarten sind.[594] Danach sind Lasertag- wie Paintballhallen Anlagen für sportliche Zwecke[595]; für Kegelbahnen ist das Vorliegen einer Vergnügungsstätte eher vorstellbar, als sich dies aus der bisher wenig umfangreichen Diskussion schließen lässt. Denn Kegelbahnen haben, auch in Verbindung mit einer Schank- und Speisewirtschaft, eine späte Öffnungszeit, einen hohen Einzugsbereich und den besonderen Lärm des Kegelns und der Lüftungsanlage, weshalb sie in der Rechtsprechung in jedem Fall als wohngebietsunverträglich angesehen werden.[596]

Geschicklichkeitsspielhalle und Internetcafé lassen keine besonderen Störungen erwarten. Hoher Alkoholkonsum ist wegen der starken Geschicklichkeitselemente untypisch, späte Öffnungszeiten wegen der überwiegenden Nachfrage

---

592 Dies vertreten auch *Ziegler*, in: Brügelmann, BauGB, § 4a BauNVO, Rn. 61b und *Herbolsheimer*, NVwZ 2017, S. 685, 686 hinsichtlich der Entscheidung des OVG Koblenz, jedoch ohne dabei über den Fall hinauszugehen. Maßgeblich seien städtebaulich relevante Auswirkungen. Daher führe die Diskussion, ob Lasertag „Sport“ sei, die das OVG ausschließlich geführt hat, nicht weiter.

593 Was nach *Ziegler*, in: Brügelmann, BauGB, § 4a BauNVO, Rn. 61b eine – jedenfalls grundsätzliche – Vereinbarkeit mit allgemeinen Wohngebieten bedeutet.

594 *Herbolsheimer*, NVwZ 2017, S. 685, 687.

595 *Herbolsheimer*, NVwZ 2017, S. 685, 687; so wohl auch *Ziegler*, in: Brügelmann, BauGB, § 4a BauNVO, Rn. 61b.

596 OVG Münster 11.10.1982 – BRS 39 Nr. 65, S. 144 f.; VGH Mannheim 3.2.1977 – BRS 32 Nr. 31, S. 75 f.; *Fickert/Fieseler*, BauNVO, § 2, Rn. 14 f., § 4, Rn. 4.31 f.; vgl. auch BVerwG 2.7.1991 – DÖV 1992, S. 76. Wobei teilweise jedoch eine Generalisierung dieses Befundes im Sinne einer typisierenden Betrachtungsweise zugunsten einer Einzelfallbetrachtung abgelehnt wird (*Bielenberg*, in: E/Z/B/K, BauGB, 75. Lfg. 2005, § 4 BauNVO, Rn. 15; *Gelzer/Birk*, BauPlR, Rn. 700; wohl auch BVerwG 29.10.1998 – NVwZ 1999, S. 417, 418).

durch minderjähriges Publikum ebenso. Städtebaulich ist nicht erkennbar, warum sie dem strengen Zulässigkeitsregime des Begriffs der Vergnügungsstätte unterworfen werden sollten. Was den Grad städtebaulicher Störung betrifft, sind sie jedenfalls Spielhallen vergleichbar[597].

Ebenso gibt es nach dem städtebaulichen Störpotenzial keine entscheidenden Unterschiede zwischen Billardcafé und Spielhalle.[598] Wenn zum Teil weniger Störungen eines auf Billard im Vergleich zu einem auf Geldspiel ausgerichteten Publikum vermutet werden[599], ist dies jedenfalls heute hinfällig[600].

Die hier untersuchten Nutzungen haben also nur im geringen oder allenfalls mittleren (Bowling- und Kegelbahnen) Grad vergnügungsstättenspezifische städtebauliche Auswirkungen. Auch nach dem allgemeinen Sprachgebrauch ist eine Einstufung als Vergnügungsstätte keineswegs trivial.

Nach der gebotenen Gesamtbetrachtung sind also *reine* Bowling- und Kegelcenter[601], Billardcafés[602], Betriebe mit Geschicklichkeitsspielen ohne Gewinnmöglichkeit[603] sowie Paintball- und Lasergamehallen[604] sonstige Gewerbebetriebe oder Anlagen für sportliche Zwecke und keine Vergnügungsstätten.

---

597 Einzelne Stimmen nehmen mehr (*Lieber*, VBlBW 2011, S. 6, 10) oder geringere (OVG Münster 24.6.1987 - BRS 47 Nr. 50, S. 134) Störungen an.

598 *Acocella*, in: Die städtebauliche Steuerung von Vergnügungsstätten, S. 2.

599 OVG Münster 24.6.1987 - BRS 47 Nr. 50, S. 134. So wohl auch VGH Mannheim 18.9.1991 - VBlBW 1992, S. 101, 103.

600 Vgl. 2. a).

601 Nach den im 1. Teil B. III. vorgestellten Skalen ist für *reine* Bowling- und Kegelcenter von folgenden Werten auszugehen: Vergnügungsstätte nach Maßgabe des allgemeinen Sprachgebrauchs: allenfalls 60 von 80; Vergnügungsstätte nach Maßgabe der für sie typischen städtebaulichen Merkmale der Wohn(gebiets)unverträglichkeit und Zentralität: allenfalls 50 von 100. Insgesamt liegt damit ein Wert von maximal 110 und damit keine Vergnügungsstätte vor.

602 Billardcafés liegen mit Werten von 60 aus 80 für den allgemeinen Sprachgebrauch und von 25 aus 100 für die Fragen von Wohn(gebiets)unverträglichkeit und Zentralität bei einem Gesamtwert von 85 und sind daher keine Vergnügungsstätte.

603 Betriebe mit Geschicklichkeitsspielen ohne Gewinnmöglichkeit haben den Billardcafés vergleichbare Werte.

604 Paintball- und Lasergamehallen liegen mit Werten von 35 aus 80 für den Bereich des allgemeinen Sprachgebrauchs und von allenfalls 75 aus 100 für Wohn(gebiets)unverträglichkeit und Zentralität bei einem Gesamtwert von 110 und damit außerhalb des Bereichs von Vergnügungsstätten.

4. Ergebnis

Im Ergebnis gilt für fast den gesamten Bereich „Spiel“ (u.a. Spielhallen, Wettbüros, Billard- und Internetcafés): Nach der herrschenden Definition über den allgemeinen Sprachgebrauch ist ihre Einordnung als Vergnügungsstätten nachvollziehbar. Zwar ist auch eine Öffnung nach 22 Uhr verbreitet, jedoch nicht typischer als für Kneipen. Besondere, vergnügungsstättentypische Störungen (alkoholbedingter Lärm, allgemeine Unruhe, besondere Besucherkonzentration oder Ähnliches) oder ein typischerweise übergemeindlicher Einzugsbereich[605] liegen nicht vor. Das sind – im Unterschied zu Tanzlokalen und den Nutzungen mit sexuellem Charakter – gerade keine zwingenden Auswirkungen von Nutzungen des Bereichs „Spiel“.

Mögen bei Tanzlokalen und Nutzungen mit sexuellem Charakter also die Ergebnisse aus dem allgemeinen Sprachgebrauch vom Vergnügen und der sich aus Zulässigkeitssystematik der BauNVO ergebenden städtebaulichen Kriterien für Vergnügungsstätten (insbesondere in Form von wohngebietsunverträglichen Störungen und grundsätzlich kerngebietstypischem Einzugsbereich) noch halbwegs gleichlaufen, gilt dies nicht mehr für die Nutzungen aus dem Bereich „Spiel“.

Dort besteht ein städtebaulich nicht lösbarer Widerspruch zwischen Wortlaut und Zulässigkeit: „Spiel“ passt typischerweise ins Mischgebiet und auch als Ausnahmezulässigkeit ins allgemeine Wohngebiet, während Vergnügungsstätten nicht ins allgemeine Wohngebiet und vorrangig ins Kerngebiet sollen.

Trotz der aufgezeigten städtebaulichen Unterschiede sind sowohl Spielhallen als auch Diskotheken nach ganz herrschender Meinung Vergnügungsstätten. Daraus folgt, dass der von der herrschenden Meinung benutzte Begriff der Vergnügungsstätte eine sehr große Bandbreite hat, sodass er kaum zur Erfassung städtebaulicher Wirkungen geeignet ist.

605 Eine Ausnahme stellen hier Spielbanken dar, vgl. I. 4 und 3. Teil A. III. 1.

C. Nutzungen mit sexuellem Charakter

I. Prostitutionsbetriebe

1. Definition der Begriffe und Arten der Prostitution

Bereits eine Definition der Prostitution ist problematisch, denn sie hängt von den jeweiligen sexualmoralischen Vorstellungen ab.[606]

Vor dem Hintergrund der Thematik dieser Arbeit ist eine Definition angezeigt, die den Diskussionsgegenstand möglichst präzise herausarbeitet. Für Prostitutionsbetriebe ist streitig, ob sie Vergnügungsstätte oder Gewerbebetrieb im Sinne der BauNVO sind. Davon getrennt behandelt werden Vorführungen sexuellen Charakters (dazu III.) und Swingerclubs (dazu II.), weil diese weit überwiegend als Vergnügungsstätte angesehen werden. Auch zum Wohnen sind die Prostitutionsbetriebe abzugrenzen.

Daher wird Prostitution hier als berufsmäßige[607] Vornahme nicht lediglich darstellender[608] sexueller Handlungen[609] an, vor oder mit einem unmittelbar anwesenden Kunden[610] verstanden.[611]

---

606 So definierte sie *Kisch* 1930 als jeder außereheliche Geschlechtsverkehr, vgl. *Hirschfeld*, Einblick und Ausblicke Bd 3, S. 298 (zit. nach *Malkmus*, Prostitution, S. 157).

607 Daraus folgt auch, dass sie in emotional und gesellschaftlich unverbindlicher Weise, entgeltlich und mit wechselnden Partnern dauerhaft und in gewissem Umfang zur Sicherung oder Steigerung des Lebensunterhalts betrieben wird.
Gegen „Gewerbsmäßigkeit“ als Merkmal spricht, dass auch selbstständige Prostituierte klar erfasst sein sollen (vgl. *Wolf*, Prostitutive Einrichtung, S. 22, 25). Das Kriterium dient überdies der Abgrenzung zum Wohnen (s. genauer unter c)).

608 So auch § 2 Abs. 1 S. 2 ProstSchG in Abgrenzung etwa zu Strip-, Peep- und Liveshows (BT-Drs 18/8556, S. 59). S. dazu genauer 3. b) sowie III.

609 Nicht bloß „des Geschlechtsverkehrs“, denn auch sexuelle Massagen (deutlich insoweit OVG Berlin 14.11.2005 – juris, Rn. 7; wobei es jedoch zu Abgrenzungsproblemen zwischen einer Wellness-Massage mit „lediglich erotischem Einschlag“ und auf „sexuelle Stimulation ausgerichtete[m] Kontakt“ kommen kann, vgl. auch OVG Berlin 9.4.2003 – GewArch 2003, S. 498 f.) und der „SM“-Bereich (vgl. dazu OVG Bautzen 5.3.2015 – juris, Rn. 7) sollen erfasst sein.
Für den Zweck dieser Definition kann es entgegen *Wolf*, Prostitutive Einrichtung, S. 16 f. nicht auf die (andere) Selbstbezeichnung oder einen anderen allgemeinen Sprachgebrauch ankommen, so auch – für das ProstSchG – BT-Drs 18/8556, S. 59.

610 Vgl. auch § 2 Abs. 1 S. 1 ProstSchG; in Abgrenzung etwa zur Produktion eines Filmes.

611 Ungenauer, aber im Ergebnis ebenso, für das Baurecht: OVG Berlin 9.4.2003 – GewArch 2003, S. 498 (unter Verw. auf *Tröndle/Fischer*, StGB, § 180a, Rn. 3 und § 1 ProstG); 14.11.2005 – juris Rn. 7; *Stühler*, NVwZ 1997, S. 861; *Ziegler*, in: Brügelmann,

Auch geht es hier nicht um Prostitutionsausübung ohne bauplanungsrechtlichen Bezug, wie etwa außerhalb von baulichen Anlagen (auf dem Straßenstrich oder in Wohnwagen) oder ohne Prägung der Nutzung (weil die Prostitution, etwa in Wohnungen von Freiern oder in Hotels ohne Wissen des Betreibers[612], nur selten ausgeübt wird).

Als Bezeichnung für Prostitutionsbetriebe dominieren in der älteren Rechtsprechung Begriffe wie „Dirnenwohnheim" oder „Dirnenunterkunft". Diese suggerieren zwar eine reine Wohnnutzung ohne Prostitution, eine solche Nutzung würde jedoch nicht die erörterten Probleme aufwerfen.[613] Vielmehr geht es auch bei diesen Begriffen um die Ausübung der Prostitution.[614]

Seit mehr als zwanzig Jahren überwiegt jedoch, trotz grundsätzlich vielfältiger Begriffe[615], in Rechtsprechung und Literatur die Begriffstrias „Bordell", „bordellartiger Betrieb" und „Wohnungsprostitution".[616]

a) Bordell, bordellartiger Betrieb

Zurückgehend auf Struktur und Begrifflichkeiten des bis 1973 geltenden § 180 Abs. 2 StGB a.F.[617] wird „bordellartiger Betrieb" gegenüber dem herkömmlichen Bordell – Einrichtungen größeren Umfangs in (fast) ausschließlich prostitutiv genutzten Gebäuden, etwa Eros-Center oder Laufhaus – als Auffangbegriff verwendet. „Bordellartiger Betrieb" ist also jede räumliche Vereinigung mehrerer

---

BauGB, § 4a BauNVO, Rn. 69; vgl. auch *Zimmermann*, Behandlung der Prostitution, S. 16 f.; OVG Hamburg 6.5.2015 – juris. Rn. 56.

612 Sog. aufsuchende Prostitution, vgl. *Wolf*, Prostitutive Einrichtung, S. 23 f.

613 *Zimmermann*, Behandlung der Prostitution, S. 115 f.; *Bielenberg*, in: E/Z/B/K, BauGB, 55. Lfg. 1997, § 4a BauNVO, Rn. 58a.

614 Vgl. etwa die Beschreibungen bei VGH Mannheim 27.7.1971 – VwRechtsprechung 24 Nr. 12, S. 68, 71; 30.11.1976 – BWVPr 1977, S. 40.

615 *Zimmermann*, Behandlung der Prostitution, S. 113 („Begriffswirrwarr, von Dirnen(-wohn-)heimen, Dirnenunterkünften, großen und kleinen, klassischen und versteckten Bordellen, bordellartigen Betrieben und Wohnungsprostitution, sogar von Frauenhäusern ist die Rede."), 122 ff. Vgl. auch die Aufzählung bei *Fickert/Fieseler*, BauNVO, § 4a, Rn. 23.7.
Neuerdings „prostitutionsähnliche Nutzung" (VG Neustadt 4.7.2012), was dem bordellartigen Betrieb entsprechen dürfte.

616 *Zimmermann*, Behandlung der Prostitution, S. 115; *Rhein/Zitzen*, NJOZ 2009, S. 267, 268; *Fickert/Fieseler*, BauNVO, § 4, Rn. 9.63; *Stühler*, BauR 2010, S. 1013, 1026; *Wolf*, Prostitutive Einrichtung, S. 30.

617 Vgl. *Stühler*, NVwZ 1997, S. 861, 865; VGH Mannheim 27.7.1971 – VwRechtsprechung 24 Nr. 12, S. 68, 73.

Dirnen, die nach Größe und Organisation nicht dem klassischen Bordell entsprechen – insbesondere kleine, „getarnte" („Relaxzentrum"; „Verein für zwischenmenschliche Beziehungen"; „Massage-Salon", „Sauna-Club", „Bar") oder gemischte Angebote (s. d)).[618]

Die Unterscheidung zwischen Bordell und bordellartigem Betrieb hat als Abstellen auf bloße (strafrechtliche Hilfs-)Begrifflichkeiten keine weiteren städtebaulichen Implikationen, da sie sich nicht mit Kriterien wie Größe und äußerlicher Unauffälligkeit deckt.[619] Die Aufzählung „Bordelle, bordellartige Betriebe und Wohnungsprostitution" hat sich aber eingebürgert, da sie nach einem rechtsgebietsübergreifenden Verständnis alle Prostitutionsbetriebe abdeckt und zugleich eine Unterscheidung ermöglicht.

b) Wohnungsprostitution

Der Begriff „Wohnungsprostitution" lädt zu Missverständnissen ein. Denn Prostitution ist das „Gegenstück zum Inbegriff des Wohnens"[620], weshalb in der Wohnungsprostitution trotz „Wohnens" allgemein eine gewerbliche Nutzung gesehen wird.[621]

Die Abgrenzung und differenzierte Behandlung zu Bordellen und bordellartigen Betrieben ist bauplanungsrechtlich erforderlich, weil der städtebauliche Störfaktor unterschiedlich ist.

Nach weit herrschender Meinung stört Wohnungsprostitution zwar auch das Wohnen im Sinne des § 4 BauNVO[622], jedoch überschreitet sie die Schwelle des

---

618 *Zimmermann*, Behandlung der Prostitution, S. 115 f.; 125, Fn. 4 (unter Verw. auf *Dreher*, StGB, § 180, Rn. 7); *v. Feldmann*, Das Grundeigentum 2007, S. 1422; *Stühler*, NVwZ 1997, S. 861, 865; *ders.*, BauR 2010, S. 1013, 1026 f. Vgl. auch *Schlichter/Friedrich*, WiVerw 1988, S. 199, 209; *Ziegler*, in: Brügelmann, BauGB, § 4a BauNVO, Rn. 69.

619 Daher verwendet das BVerwG, jedenfalls in der Entscheidung vom 12.9.2013 – E 147, S. 379, 382, bordellartiger Betrieb offensichtlich auch als Oberbegriff zu Bordell, vgl. auch *Fickert/Fieseler*, BauNVO, § 4, Rn. 9.65. Wogegen *Ziegler*, in: Brügelmann, BauGB, § 4a BauNVO, Rn. 69 den Begriff der bordellartigen Betriebe für überflüssig hält.

620 *Fickert/Fieseler*, BauNVO, § 4, Rn. 9.65.

621 *Zimmermann*, Behandlung der Prostitution, S. 116. Vgl. grundlegend BVerwG 28.6.1995 – NVwZ-RR 1996, S. 84.
Das bedeutet jedoch keineswegs, dass schon deshalb ein Gewerbebetrieb und keine Vergnügungsstätte vorliegen muss. Denn auch eine Vergnügungsstätte ist ein gewerblicher Betrieb; dieses Merkmal dient vielmehr (nur) zur Abgrenzung zum Wohnen, s. 1. Teil B. I. 3. b).

622 Zur inhaltlichen Begründung, s. 3. c).

„das Wohnen wesentlich stören" im Sinne des § 6 Abs. 1 BauNVO typischerweise nicht[623], während die unter a) aufgeführten Betriebe dies tun.[624]

Die bauplanungsrechtliche Abgrenzung zwischen bordellartigem Betrieb und der Wohnungsprostitution entscheidet also über die Zulässigkeit im Mischgebiet und für den Fall der Einstufung der Prostitutionsnutzungen als Vergnügungsstätte damit über die Abgrenzung zwischen kerngebietstypischer und nicht kerngebietstypischer Vergnügungsstätte.

aa) Abgrenzung der überwiegenden Rechtsprechung

Diese Abgrenzung wird nach überwiegender Rechtsprechung wie folgt vorgenommen:

(1) Erstens darf die Prostitutionsausübung nach außen nur wohnähnlich in Erscheinung treten und dem Gebäude, in dem sie stattfindet, nicht das „Gepräge" geben.[625]

Dieses Kriterium stammt, ebenso wie der Begriff der Wohnungsprostitution, aus einer 1992 ergangenen Entscheidung des Verwaltungsgerichtshofs Kassel zum Recht der Sperrgebietsverordnungen. Dementsprechend

---

623 Dies wurde früher zum Teil anders gesehen. Wegen des Blickfeldarguments sei jede Art von Prostitution im Mischgebiet unverträglich (VGH Mannheim 19.10.1990 – BRS 52 Nr. 55, S. 147 [aber ohne Diskussion der Wohnungsprostitution; das Phänomen erscheint erst ab Mitte der 90er-Jahre auf der Bildfläche]; 3.4.1996 – 8 S 838/96 – unv [zit. nach *Stühler*, GewArch 2006, S. 26]; *Fickert/Fieseler*, BauNVO, 9. Aufl. 1998, § 4, Rn. 9.59).

624 BVerwG 28.6.1995 – NVwZ-RR 1996, S. 84; VGH Mannheim 9.8.1996 – VBlBW 1996, S. 468; 13.2.1998 – NVwZ-RR 1998, S. 550; 24.7.2002 – GewArch 2003, S. 496, 497; VGH München 19.5.1999 – BRS 62 Nr. 73, S. 367 f.; 16.5.2008 – BRS 73 Nr. 75, S. 386 f.; OVG Münster 9.2.2010 – juris, Rn. 6 ff.; *Ziegler*, in: Brügelmann, BauGB, § 4a BauNVO, Rn. 69; *Fickert/Fieseler*, BauNVO, § 4, Rn. 9.6, 9.65; *Zimmermann*, Behandlung der Prostitution, S. 117, 130, 151; *Stühler*, NVwZ 2000, S. 990, 993.

625 Dies wurde als eine über das Wohnen (dazu (2)) hinausgehende Voraussetzung von VGH München 19.5.1999 – BRS 62 Nr. 73, S. 368 eingeführt. Die Rechtsprechung hat sich dem angeschlossen, vgl. OVG Münster 19.7.2007 – juris, Rn. 8 ff.; 10.9.2010 – juris, Rn. 5; OVG Koblenz 9.2.2007 – BRS 71 Nr. 191, S. 891; 23.6.2010 – juris, Rn. 27; OVG Saarlouis 8.1.2014 – BRS 82 Nr. 85, S. 497; VGH München 16.5.2008 – BRS 73 Nr. 75, S. 387; 10.6.2010 – juris, Rn. 23; VGH Mannheim 24.7.2002 – GewArch 2003, S. 496, 497 f.

Anders noch VGH Mannheim 9.8.1996 – VBlBW 1996, S. 468, das Wohnungsprostitution auch in einem Fall angenommen hat, als alle (drei) Wohnungen eines Hauses mit Prostituierten belegt waren (zit. nach *Stühler*, NVwZ 1997, S. 861, 866).

liegt Wohnungsprostitution vor, wenn die Zahl der Prostituierten sowie die Größe der von ihnen genutzten Räumlichkeiten im Verhältnis zur Zahl der sonstigen Hausbewohner und zur Größe der von ihnen genutzten Räumen nicht überwiegt. Ein entsprechendes Gepräge kann aber insbesondere auch durch von außen wahrnehmbare Hinweise auf den Verwendungszweck entstehen, etwa durch Reklametafeln, auffällige Beleuchtung (Rotlicht), akustische Signale[626] oder von innen verklebten Fensterscheiben, Klingelschildern nur mit Vornamen[627], entsprechende Bezeichnung und Bewerbung[628] und Ähnliches.

(2) Weitere Voraussetzung für das Vorliegen von Wohnungsprostitution soll sein, dass die Prostituierten in dem Gebäude tatsächlich wohnen.[629]
Wohnen im bauplanungsrechtlichen Sinn ist durch eine auf Dauer angelegte Häuslichkeit, Eigengestaltung der Haushaltsführung und des häuslichen Wirkungskreises sowie der Freiwilligkeit des Aufenthalts gekennzeichnet.[630]
Daraus folgt, dass die Prostituierte in der Wohnung einen längerfristigen – d.h. einige wenige Wochen und Monate übersteigenden – Aufenthalt inklusive Übernachten haben muss. Also nicht – wie häufig – ein ständiger Wechsel der Prostituierten stattfindet, der eine bloße Unterbringung darstellt.[631]

---

626 *Stühler*, BauR 2010, S. 1013, 1027. Vgl. VGH Kassel 23.4.1992 – NVwZ-RR 1992, S. 622, 623 (Die dort auch angeführte „innere Struktur oder die konkrete Organisationsform der Prostitutionsausübung" kann jedoch nicht in das Bauplanungsrecht übernommen werden; es sei denn, sie wirkt sich auf den Bereich außerhalb der Wohnungen aus).

627 VGH München 10.6.2010 – juris, Rn. 24.

628 OVG Koblenz 23.6.2010 – juris, Rn. 27.

629 Dies wird zum Teil auch als (wichtiges) Kriterium für ein entsprechendes Gepräge (1) verstanden (so deutlich: OVG Koblenz 23.6.2010 – juris, Rn. 27; VGH München 16.5.2008 – BRS 73 Nr. 75, S. 386, 387).
Mit dieser Voraussetzung operiert – schon vor Entwicklung von (1) – insbesondere der VGH Mannheim (grundlegend VGH Mannheim 9.8.1996 – VBlBW 1996, S. 468).

630 Vgl. BVerwG 25.3.1996 – NVwZ 1996, S. 893; *Fickert/Fieseler*, BauNVO, § 3, Rn. 1.

631 VGH Mannheim 24.7.2002 – GewArch 2003, S. 497; *Fickert/Fieseler*, BauNVO, § 4, Rn. 9.6, 9.65; *Stühler*, BauR 2013, S. 685, 690 f.; *ders.*, NVwZ 2000, S. 990, 993; *ders.*, GewArch 2006, S. 26 f.; *Zimmermann*, Behandlung der Prostitution, S. 115, 130; vgl. auch VGH Kassel 5.2.2004 – BRS 67 Nr. 123, S. 549.

bb) Weitere Kriterien nach Stühler

Insbesondere *Stühler* nennt noch weitere Voraussetzungen für das Vorliegen von Wohnungsprostitution. Es dürfe kein „Betrieb" im Sinne des § 180a Abs. 1 StGB und kein Untermietverhältnis vorliegen, stattdessen müsse die Prostituierte in der Wohnung gemeldet sein.[632] Diese Kriterien weisen jedoch allesamt wenig städtebauliche Substanz auf und sind daher für die Beantwortung der Frage nach der Mischgebietsverträglichkeit wenig hilfreich. Wenn ein Betrieb strafbar ist, gilt dies unabhängig vom Baugebiet. Die aufgeworfenen Fragen der inneren Organisation sind bauplanungsrechtlich grundsätzlich unbeachtlich; sie sagen auch nichts über die Selbstständigkeit der Prostituierten aus, denn auch der Wohnungseigentümer kann der Zuhälter sein. Im Melderecht kommt es auf das baurechtlich maßgebliche tatsächliche Wohnen nicht an[633]. *Stühlers* zusätzliche Kriterien können daher bestenfalls Indizien für das Vorliegen der anderen Voraussetzungen, insbesondere des Wohnens, sein.

cc) Die Berliner „Wohnungsbordelle"

Neuerdings werden jedoch unter der Bezeichnung „Wohnungsbordell" Nutzungen problematisiert, die zwar nach außen diskret sind, also die unter aa) (1) genannten Voraussetzungen erfüllen; in denen die Prostituierten jedoch nicht wohnen, vgl. aa) (2).

Auf der Grundlage der oben dargestellten herrschenden Meinung sind sie daher im Mischgebiet unzulässig. Nach einer im Vordringen befindlichen, und insbesondere vom Verwaltungsgericht Berlin ausführlich begründeten (vgl. dazu sogleich und 3. c) cc) (1)), anderen Ansicht[634] sollen solche „Wohnungsbordelle" jedoch im Mischgebiet zulässig sein. Eine explizite obergerichtliche Reaktion auf diesen Ansatz erfolgte noch nicht.[635]

---

632 Vgl. *Fickert/Fieseler*, BauNVO, § 4, Rn. 9.65.

633 *Rhein/Zitzen*, NJOZ 2009, S. 267, 274.

634 VG Berlin 5.5.2009 - GewArch 2009, S. 322 ff.; VG Sigmaringen 23.4.2009 - NJOZ 2009, S. 3874 ff.; im Ergebnis auch *Rhein/Zitzen*, NJOZ 2009, S. 267, 273 ff.; differenzierend: *Zimmermann*, Behandlung der Prostitution, S. 130 sowie *Wolf*, Prostitutive Einrichtung, S. 34, der zwar ein Wohnen nicht verlangt, aber die Nutzung einer Wohnung und nicht einer Gewerbeeinheit, etwa eines Ladenraums. (Anders wohl die h.M. und auch VG Berlin 5.5.2009 - GewArch 2009, S. 322, 324, nach dem die Nutzung einer Gewerbeeinheit aufgrund deren separaten Eingangs sogar weniger störend ist.)

635 Explizit reagieren auf die a.A.: *Stühler*, BauR 2010, S. 1013, 1030 ff.; *Fickert/Fieseler*, BauNVO, § 4, Rn. 9.6, 9.69; offengelassen: VGH München 10.6.2010 - juris, Rn. 24.

Im Kern geht es um die Frage, ob das Wohnen – als einziger Unterschied zwischen „Wohnungsbordell“ und „Wohnungsprostitution“ – nur geringe Bedeutung für die städtebaulichen Störungen als Außenwirkungen hat und daher als Kriterium verzichtbar ist.

Begründet wird die städtebauliche Relevanz des Wohnens damit, dass es „regelmäßig zum Kontakt zur Nachbarschaft und damit zur Integration in das nachbarliche Gemeinschaftsverhältnis“ führe. Es entstehe „ein gegenseitiges Vertrauensverhältnis, wodurch das Rücksichtnahmeprinzip beachtet wird“[636]. Einerseits wird die Prostituierte, wenn sie länger an einem Ort wohnt, verstärkt motiviert sein, mit den Nachbarn gut auszukommen, um Ärger zu vermeiden. Andererseits wird, wenn die „Besatzung“ der Wohnung alle paar Wochen wechselt, ein Organisator dahinterstehen, der zumindest in ähnlicher Weise motiviert ist, sich für Ordnung und Rücksichtnahme verantwortlich zu fühlen.

Für *Zimmermann* ist das Kriterium des Wohnens deshalb besonders bedeutsam, weil daraus auch folgt, dass die Privatsphäre gelebt und, etwa in Form eines bestimmten Stils, in der Wohnung gegenständlich wird. Ist die Wohnung dagegen auf das Erbringen der Dienstleistung ausgerichtet und entsprechend durch viele Besucher frequentiert, wird sie diese Handschrift nicht tragen – nur eine geringe Besucherzahl lässt einen persönlichen Lebensstil zu. Deshalb gelte: je mehr Wohnen, desto weniger gewerbliche Nutzung und Störungen, und umgekehrt.[637] Dies verkennt jedoch, dass die Prostituierte auch in einer anderen Einheit des Gebäudes wohnen kann[638].

Aber auch wenn für Wohnungsprostitution gefordert würde, dass die Prostituierte in der Wohnung der Leistung wohnt, wäre das Kriterium des Wohnens untauglich, denn das Bundesverwaltungsgericht definiert das Wohnen gerade in

---

636 *Stühler*, BauR 2010, S. 1013, 1032; *Fickert/Fieseler*, BauNVO, § 4, Rn. 9.65. Diese Erkenntnis sollte aber gerade hinsichtlich der typischen großstädtischen Mehrparteienhäuser nicht überstrapaziert werden. So kennen 80 % der Großstädter ihren Nachbarn nicht, vgl. *SpiegelONLINE*, „Stadtstress ist Kriechstress“, http://www.spiegel.de/gesundheit/psychologie/leben-in-der-grossstadt-stress-laerm-isolation-a-1022495.html (Stand: 15.1.2019).

637 *Zimmermann*, Behandlung der Prostitution, S. 130; i.E. ähnlich auch *Stühler*, BauR 2010, S. 1013, 1032.

638 Vgl. dazu etwa den Fall des VG Arnsberg 18.8.2008 – juris sowie die Definitionen bei OVG Koblenz 23.6.2010 – juris, Rn. 27; VGH Mannheim 24.7.2002 – GewArch 2003, S. 496, 497 f.; OVG Münster 19.7.2007 – juris, Rn. 8; a.A.: BVerwG 17.12.2014 – GewArch 2015, S. 258, 260 (für eine SperrgebietsVO); VGH Mannheim 9.8.1996 – VBlBW 1996, S. 468; VGH München 19.5.1999 – BRS 62 Nr. 73, S. 367; *Stühler*, BauR 2010, S. 1013, 1028 f.

Abgrenzung zu anderen Nutzungsformen (etwa Beherbergungsbetrieb; Heimunterbringung und Pflege). Danach ist für das Wohnen insbesondere auch kennzeichnend, dass es „keinem anderen in der BauNVO vorgesehenen Nutzungszweck […], insbesondere keinem Erwerbszweck dient",[639] während (auch) die Wohnungsprostitution vom Bundesverwaltungsgericht nach allgemeiner Auffassung als gewerbliche Tätigkeit angesehen wird (s.o. vor aa)).

Richtigerweise kann es daher kein Wohnen im Sinne der BauNVO geben, wenn in der Wohnung zugleich berufsmäßig der Prostitution nachgegangen wird. Dass ohne Wohnen schon „begrifflich" keine Wohnungsprostitution vorliegen könne[640], ist unerheblich, denn der Begriff stammt nicht aus dem Baurecht, muss aber hier baurechtlich verstanden werden.

Auch die Auslegung des Bundesverwaltungsgerichts zu § 13 BauNVO, nach der es für eine Wohnartigkeit gerade nicht erforderlich ist, dass in einem Gebäude neben der Arbeit auch gewohnt wird, zeigt, dass einem „tatsächlichen Wohnen" neben einer beruflichen Nutzung keine starke städtebauliche Bedeutung beigemessen werden kann. Das Bundesverwaltungsgericht verlangt nur, dass keine Zweckentfremdung des ganzen Hauses stattfindet,[641] was hier schon durch das Kriterium des „Gepräges" (s. dazu aa) (1)) gewährleistet wird.

Auch führt das Erfordernis des Wohnens zu inkonsequenten Ergebnissen. Danach wäre eine Wohnung mit einer Prostituierten, die dort nur arbeitet, unzulässig, eine Wohnung mit zwei Prostituierten, die dort neben der Arbeit auch wohnen aber nicht, obwohl Letztere die störendere Nutzung ist.[642] Denn die allenfalls geringfügige Senkung der Störung durch das Wohnen nach obiger Argumentation kann die erhöhte Störung, die allein durch die doppelte Freierfrequenz ausgelöst wird, nicht ausgleichen,[643] zumal es ganz anerkannt ist, dass auch mehrere – zumindest zwei bis drei – Prostituierte der Annahme Wohnungsprostitution nicht entgegenstehen[644], mithin die dadurch verursachte Störung noch mischgebietsverträglich sein kann.

---

639 BVerwG 25.3.2004 – BRS 67 Nr. 70, S. 302.

640 So OVG Saarlouis 8.1.2014 – BRS 82 Nr. 85, S. 495, 497; VGH München 26.9.2014 – juris, Rn. 4; *Stühler*, GewArch 2006, S. 26, 27.

641 BVerwG 20.1.1984 – NVwZ 1984, S. 236 f.

642 *Rhein/Zitzen*, NJOZ 2009, S. 267, 274; VG Berlin 5.5.2009 – GewArch 2009, S. 322, 324.

643 Auch VG Sigmaringen 23.4.2009 – NJOZ 2009, S. 3874, 3877 rückt die Zahl der Prostituierten in den Fokus, wenn es für bordellartige Betriebe mehr als eine Prostituierte verlangt und dabei auf die Rechtsprechung zu bordellartigen Betrieben verweisen kann, die immer von mehr als einer Prostituierten ausgeht.

644 *Fickert/Fieseler*, BauNVO, § 4, Rn. 9.65; VGH Mannheim 3.4.1996 – 8 S 838/96 – unv (zit. nach *Stühler*, GewArch 2006, S. 26); VGH Mannheim 9.8.1996 – VBlBW 1996,

Das Verwaltungsgericht Berlin hat jedoch eine Mischgebietsverträglichkeit auch bei einer Nutzung mit sieben bis acht Prostituierten angenommen[645], eine Anzahl, die bei klassischer Wohnungsprostitution – soweit ersichtlich – nie erreicht wurde. Zum Teil werden Wohnungsbordelle dann auch unabhängig von der Anzahl der Prostituierten definiert[646], dies kann aber jedenfalls baurechtlich nicht gelten, da die Anzahl der Prostituierten – allein schon wegen des An- und Abfahrtsverkehrs durch Freier, aber auch wegen erhöhter Auffälligkeit nach außen – zwingend Einfluss auf die durch den Betrieb verursachte Störung hat.

dd) Ergebnis

Zwar ist die herrschende Abgrenzung zwischen „Wohnungsprostitution" und „bordellartigem Betrieb" inzwischen hinreichend handhabbar[647], allerdings führt diese Abgrenzung dazu, dass die unter den „bordellartigen Betrieben" zusammengefassten Nutzungen eine große Bandbreite aufweisen. Sie erfassen sowohl kleinste Einheiten mit wenigen Prostituierten, die kaum Unterschiede zur Wohnungsprostitution erkennen lassen, als auch Einrichtungen, die von Größe und Auswirkung einem Bordell im engen Sinne gleichkommen.[648] Die Abgrenzung zwischen Wohnungsprostitution und bordellartigen Betrieben ist also durchaus kritikwürdig, wenn auch im Ergebnis dem Verwaltungsgericht Berlin mit seiner Auffassung, dass auch mittelgroße „Wohnungsbordelle" mischgebietsverträglich sein können, nicht zu folgen ist.

Entscheidend ist, sich von bloßen Begrifflichkeiten zu lösen und auf die städtebauliche Verträglichkeit in Mischgebieten abzustellen. Das bedeutet, dass für im Mischgebiet verträgliche Prostitution bzw. das Fehlen einer wesentlichen Störung nicht schon deshalb ein Wohnen erforderlich ist, weil diese Art von Prostitution bisher nach herrschender Meinung als Wohnungsprostitution bezeichnet

---

S. 468 (drei). Erforderlich sei jedenfalls eine deutlich geringere Zahl als bei vielen bordellartigen Betrieben. Bordellartige Betriebe sieht OVG Münster 19.7.2007 – juris, Rn. 8 ff. jedenfalls bei fünf Prostituierten als gegeben an.

645 Vgl. VG Berlin 5.5.2009 – GewArch 2009, S. 322, 323

646 *Leopold*, Wohnungsbordelle, S. 4.

647 So auch *Stühler*, BauR 2010, S. 1013, 1031; *Fickert/Fieseler*, BauNVO, § 4, Rn. 9.69 (nachdem dies früher nicht gegeben war, *Stühler*, NVwZ 1997, S. 861, 865; *ders.*, NVwZ 2000, S. 990, 992); a.A. VG Berlin 5.5.2009 – GewArch 2009, S. 322, 324 f.; *Rhein/Zitzen*, NJOZ 2009, S. 267, 273, 280; *Zimmermann*, Behandlung der Prostitution, S. 113, 125.

648 *Zimmermann*, Behandlung der Prostitution, S. 124; *Rhein/Zitzen*, NJOZ 2009, S. 267, 273; *Wolf*, Prostitutive Einrichtung, S. 30.

wurde. Vielmehr sind die mit dem jeweiligen Betrieb verbundenen (typischen) Störungen maßgeblich.[649]

Diese bestimmen sich nach Größe, Umfang, Betriebsweise und Gestaltung der Arbeitsabläufe.[650] Auch wenn die Ziehung einer exakten Grenze der Mischgebietsverträglichkeit nicht immer möglich ist, so doch eine Gesamtschau der Kriterien im Einzelfall.[651] Konkret wird es also insbesondere auf Nutzungsumfang und -zeiten – also, ob die Prostitution nachts ausgeübt wird – und die Zahl der Prostituierten bzw. die Anzahl der Freier ankommen, denn davon hängen Menge und Störwirkung des An- und Abfahrtsverkehrs ab.

Des Weiteren ist von Bedeutung, ob die Werbung, als optische Außenwerbung oder durch Ansprechen der Freier, am Ort der Leistung erfolgt, oder ob – gerade deshalb wird die unauffällige Umgebung der Wohngegend gesucht – auf Diskretion, Anonymität und Distanz zum Milieu abgezielt wird[652] und der Ort der Leistung daher von außen unauffällig ist und die Werbung (nur) über das Internet und Printanzeigen erfolgt. Daraus folgt dann auch, dass Termine ausschließlich unter Verwendung von Fernkommunikationsmitteln und fest vereinbart werden, sodass ein großer Teil der milieubedingten Auswirkungen – wie etwa versehentliches Ansprechen Unbeteiligter durch Freier, falsches Klingeln, Postierung der Prostituierten außerhalb der Wohnung und Ansprechen Unbeteiligter durch sie sowie voyeuristischer Besucherverkehr und damit die negativen Begleiterscheinungen des Anbahnungswesens – entfallen.[653]

Eine anschauliche Beschreibung einer solch unauffälligen Außengestaltung aus der Praxis liefert das Verwaltungsgericht Berlin: „Die Fensterfront der ehemaligen Ladeneinheit ist mit neutralen blickdichten Lamellenjalousien versehen, wie sie z.B. bei Büros oder Arztpraxen üblich sind. An der ehemaligen Ladeneingangstür befindet sich ein dezentes Messingschild mit dem Betriebsnamen, der Angabe der Öffnungszeiten und dem Hinweis auf den Eingang und die Ecke. Selbst die Namenswahl „Salon Prestige“ bietet verschiedenen

649 *Zimmermann*, Behandlung der Prostitution, S. 126.

650 BVerwG 22.11.2002 – BRS 66 Nr. 77, S. 360 f.

651 *Zimmermann*, Behandlung der Prostitution, S. 128 ff.; ebenso *Rhein/Zitzen*, NJOZ 2009, S. 267, 274 f.

652 Als Gründe dafür werden sozial hoher Status der Freier und Unabhängigkeit der Prostituierten angeführt (*Zimmermann*, Behandlung der Prostitution, S. 117 f.).

653 Vgl. für Wohnungsprostitution: *Zimmermann*, Behandlung der Prostitution, S. 117 f., 130; *Stühler*, NVwZ 2000, S. 990, 993; *Fickert/Fieseler*, BauNVO, § 4, Rn. 9.65.

Interpretationsmöglichkeiten über die Art des dort ansässigen Gewerbes Raum (z.B. Mode-Atelier, Kosmetik-Studio, Friseur-Salon)".[654]

Diese Kriterien der äußeren Gestaltung und der Art der Werbung sowie von Nutzungsumfang und -zeiten finden sich in der unter aa) (1) genannten Voraussetzung der wohnähnlichen Außenwirkung wieder. Dass die Prostituierten in dem Gebäude tatsächlich wohnen ((aa) (2)), mag dagegen das Vorliegen dieser Kriterien zwar begünstigen, ist für sie jedoch nicht kausal und daher letztlich, mit dem Verwaltungsgericht Berlin, als Voraussetzung untauglich. Kritisch an der wohnähnlichen Außenwirkung als einziger Voraussetzung ist nur, dass bei einer größeren Zahl von Prostituierten oder Zimmern ein Überwiegen gegenüber den anderen Hausbewohnern oder das Entstehen eines entsprechenden Gepräges nicht sicher ist, diese Voraussetzung also Fälle mit einer größeren Anzahl von Prostituierten nicht sicher ausschließt. Die Zahl der Prostituierten und Zimmer ist jedoch ganz maßgeblich für die Störung. Bisher wurde von der herrschenden Meinung Mischgebietsverträglichkeit daher nur bei höchstens drei bis vier Prostituierten angenommen. Aus diesen Gründen liegt nahe, neben der wohnähnlichen Außenwirkung vorauszusetzen, dass es sich nicht um mehr als drei bis vier Zimmer bzw. Prostituierte handeln darf[655]. Dieses Kriterium dürfte sich auch für die Vollzugspraxis als handhabbar erweisen.

„Wohnungsprostitution" ist daher maßgeblich vom Ergebnis (Mischgebietsverträglichkeit) her anzusehen als die Art von Prostitution, die kaum nach außen wahrnehmbar ist und nur einen geringen Umfang hat.[656] Damit ist auch der Begriff „Wohnungsprostitution" unpassend und irreführend.[657]

---

654 VG Berlin 5.5.2009 – GewArch 2009, S. 322, 326.

655 Das Kriterium der Zahl findet sich – allerdings eher am Rande – auch bei *Stühler*, NVwZ 1997, S. 861, 866; *ders.*, GewArch 2006, S. 26, 27; *ders.*, BauR 2010, S. 1013, 1028; *Fickert/Fieseler*, BauNVO, § 4, Rn. 9.65 (höchstens zwei). Jedoch dürfte auch der von drei bis vier Prostituierten ausgelöste nächtliche An- und Abfahrtsverkehr noch im Mischgebiet verträglich sein.

656 Dies entspricht auch der Rechtsprechungspraxis vor VGH Mannheim 9.8.1996 – VBlBW 1996, S. 468. Dort wurde, jedoch dogmatisch noch nicht verfestigt, etwa auf die Anzahl der Prostituierten (so auch im Hauptsacheverfahren 4.2.1998 – unv) oder die geringeren Störungen aufgrund der telefonischen Verabredung (VG Sigmaringen 18.6.1996 – unv) abgestellt (zit. nach *Stühler*, NVwZ 1997, S. 861, 865 und *Zimmermann*, Behandlung der Prostitution, S. 123 f.).

657 Die Prostitution in einer „Schein-Wohnung" dürfte in der Verwaltungs- und Gerichtssprache zu diesem vereinfachten Begriff geführt haben (*Fickert/Fieseler*, BauNVO, 10. Aufl. 2002, § 4, Rn. 9.53.).

c) Abgrenzung der Prostitutionsbetriebe zum Wohnen („Gelegenheitsprostitution")

Zudem sind Prostitutionsbetriebe als gewerbliche Nutzung vom Wohnen abzugrenzen.

Entsprechend meldet auch das Bundesverwaltungsgericht Zweifel an, ob bei nur gelegentlicher Ausübung der Prostitution schon von einem Gewerbe gesprochen werden kann.[658]

Mehr als gelegentliche Prostitution liegt vor, wenn ihre Ausübung dauerhaft, regelmäßig und auf Erwerb gerichtet ist. Dies ist dann der Fall, wenn drei bis vier Freier pro Tag empfangen werden, die Prostituierte auf einen regelmäßigen und dauerhaften Erlös aus dieser Tätigkeit wirtschaftlich angewiesen ist und entsprechend Werbung (z.B. über Kontaktanzeigen) betreibt.[659]

Anderenfalls, wenn etwa eine Einzelperson in ihrer nach außen unauffälligen Privatwohnung unregelmäßig oder vereinzelt Kontakte empfängt, wird schon der für eine städtebauliche Relevanz erforderliche Umfang fehlen und die Variationsbreite des Wohnens nicht überschritten sein.

d) Gemischte Angebote („Sauna-" oder „FKK-Club")

Gemischte Angebote, die oft unter der Bezeichnung „Sauna-" oder „FKK-Club" firmieren, sind eine relativ neue Erscheinung. Hintergrund ist, dass § 180a Abs. 1 Nr. 2 StGB die Förderung der Prostitutionsausübung durch Maßnahmen, „welche über das bloße Gewähren von Wohnung, Unterkunft oder Aufenthalt und die damit üblicherweise verbundenen Nebenleistungen hinausgehen" bis 2001 unter Strafe stellte. Die Besonderheit der seitdem zunehmend verbreiteten FKK-Sauna-Clubs im Vergleich zu bisherigen Bordellen ist es dementsprechend, dass neben Angebot und Anbahnung der prostitutiven Leistung nicht nur einzelne, sondern zahlreiche Zusatzangebote zur Entspannung (wie Wellness, Sauna, Solarium, Whirlpool, Massagen), gastronomischer Art (Bar, Grill, Buffet) und insbesondere zur gemeinsamen Unterhaltung der Besucher (Strip- und Sexshows, Porno- und Sportkino/TV) bereitgestellt werden.

Diese Betriebe werden von der bisher überwiegenden, aber noch nicht durch höhere Rechtsprechung oder fundierte Auseinandersetzung in der Literatur gefestigten Meinung unabhängig vom Streit über die Einordnung der anderen

---

658 BVerwG 28.6.1995 – NVwZ-RR 1996, S. 84.

659 OVG Schleswig 2.10.1996 – juris, Rn. 24; auf die städtebaulichen Auswirkungen, insbesondere den An- und Abfahrtsverkehr, abstellend: OLG Celle 8.4.1986 – NJW 1987, S. 1563.

Prostitutionsbetriebe als Vergnügungsstätten angesehen.[660] Entscheidendes Argument dafür ist, dass der Betrieb nach seiner Ausstattung, im Unterschied zu den bisher erörterten Betriebsformen, nicht allein auf die Befriedigung des Sexualtriebs, sondern wesentliche Teile des Angebots auf die vergnügungsstättentypische gemeinsame Unterhaltung der Besucher in Form eines geselligen Gemeinschaftserlebnisses gerichtet sei.

Hier ist eine Abweichung von der üblichen Schwerpunktbetrachtung festzustellen, denn die nach der herrschenden Definition vergnügungsstättentypischen Angebote – im Wesentlichen die Darstellungen sexuellen Charakters – sind klar untergeordnet und machen auch nur einen Teil der Zusatzangebote aus. Insbesondere bleibt jedoch für den Besucher eines solchen Betriebes die Wahrnehmung der sexuellen Dienstleistung primär. Diese wird er auf jeden Fall in Anspruch nehmen. Die weiteren Angebote sind nur eine Option, verbessern das Ambiente und erhöhen die Annehmlichkeiten – begründen sie aber nicht.

Entsprechend argumentiert (bisher nur) das Verwaltungsgericht Karlsruhe in einer neueren Entscheidung, dass ein FKK-Sauna-Club keine Vergnügungsstätte, sondern Gewerbebetrieb ist. Die angebotenen Zusatzleistungen hätten untergeordnete Bedeutung; sie dienten nur der Anbahnung des Hauptzwecks der sexuellen Kontakte mit den Prostituierten.[661]

Auch gehe es daher, im Unterschied zur Vergnügungsstätte Swingerclub[662], um die gewerbliche Ausübung der Prostitution und gerade nicht um Unterhaltung bzw. geselliges Beisammensein.[663]

---

660 *v. Galen*, Rechtsfragen, Rn. 499; *Weidemann*, in: Die städtebauliche Steuerung von Vergnügungsstätten, S. 30; VG Stuttgart 4.5.2006 – juris, Rn. 5; VG Karlsruhe 30.7.2009 – juris, Rn. 23 – zustimmend: *Stühler*, BauR 2010, S. 1013, 1021. A.A. (Gewerbebetrieb): VG Karlsruhe 28.5.2014 – juris, Rn. 26; offengelassen von: VGH Kassel 14.10.2002 – BRS 65 Nr. 160, S. 705, 707; VGH Mannheim 5.3.2012 – BRS 79 Nr. 87, S. 443, 445.
Eine Vergnügungsstätte wird auch von denen angenommen, die Prostitutionsbetriebe ansonsten als sonstige Gewerbebetriebe einordnen: *Fickert/Fieseler*, BauNVO, § 4a, Rn. 23.7, § 4, Rn. 9.61 (unter „Flatrate-Bordelle", was der Autor als Bezeichnung für gemischte Angebote ansieht, vgl. *Stühler*, BauR 2013, S. 685, 687); wohl auch VG Freiburg 24.10.2000 – NVwZ 2001, S. 1442, 1444.

661 VG Karlsruhe 28.5.2014 – juris, Rn. 26, 33.

662 Eine Vergleichbarkeit von FKK-Sauna-Clubs und Swingerclubs wird aber angenommen von VG Karlsruhe 30.7.2009 – juris, Rn. 23 (vermutlich aufgrund der ähnl. inneren Ausstattung) und wohl auch VG Freiburg 24.10.2000 – NVwZ 2001, S. 1442, 1444.

663 VG Karlsruhe 28.5.2014 – juris, Rn. 26.

Abgesehen davon, dass „Gemeinschaft" und (passive) „Unterhaltung" kaum geeignete Kriterien (s. u. 3. b)) sind, kommt die genuin städtebauliche Betrachtung erneut zu kurz.

In diesem Zusammenhang ist nämlich nach den äußeren Auswirkungen zu fragen: Die zusätzlichen Annehmlichkeiten mögen zwar die Nachfrage erhöhen, aber darauf hinzustreben, ist Kennzeichen eines jeden Gewerbes und rechtfertigt für sich keine andere Einstufung. Das Baunutzungsrecht kann nicht bei jeder nachfragefördernden Innovation seine Kategorien neu ordnen.

Weiter führen die zusätzlichen Angebote zu geringerer Fluktuation. Auch werden die Betriebe aus wirtschaftlichen Gründen eher größeren Umfang und Einzugsbereich, aber auch ausgedehntere Öffnungszeiten haben.

Die Summe dieser Auswirkungen entspricht, ebenso wie die sozialethische Bewertung und der daraus folgende Trading-down-Effekt, im Ergebnis der eines Bordells im engen Sinn (vgl. a)).

Aufgrund dessen, und weil mit dem Angebot sexueller Dienstleistungen ein gleicher Nutzungsschwerpunkt vorliegt, sind die Kombinationsnutzungen städtebaurechtlich wie Bordelle zu behandeln und können nicht in eine andere Nutzungsart nach der BauNVO eingruppiert werden.

Flatrate-Angebote, egal ob tatsächlich[664] oder nur werblich suggeriert[665], und ihre konkrete Ausgestaltung sind bauplanungsrechtlich unerheblich.

Ein eventueller Besucherandrang aufgrund des Werbeeffekts ist in der Baugenehmigung von vornherein einkalkuliert. Weitergehende städtebauliche Implikationen sind nicht erkennbar. Dies deckt sich auch mit einem Vergleich zu Flatrate-Getränke-Angeboten in Diskotheken, die ebenso zu keiner bauplanungsrechtlichen Reaktion führen.

Städtebauliche Bedeutung kann auch die durch Flatrate-Angebote angeheizte besonders massive Ablehnung der Bevölkerung nicht gewinnen (vgl. 1. Teil B. II. 2. c)).

---

664 Nach allgemeinsprachlichem Verständnis (etwa im Zusammenhang mit Internet- oder Telefontarifen) wäre dies die Zahlung eines Pauschalpreises für die Berechtigung grundsätzlich unbegrenzter sexueller Handlungen mit verschiedenen Prostituierten innerhalb eines bestimmten Zeitrahmens. Bei FKK- und Sauna-Clubs ist die Konstruktion aber regelmäßig so, dass die Eintrittspauschale nur den Zugang zu den Zusatzangeboten und Verhandlungen mit den Prostituierten eröffnet, für deren sexuelle Dienstleistungen aber individuell zu zahlen ist. Es besteht also – anders als *Stühler*, BauR 2013, S. 685, 687 anzunehmen scheint – kein zwingender Zusammenhang zwischen Flatrate-Angeboten und FKK-Sauna-Clubs.

665 Vgl. dazu *Lehmann*, GewArch 2010, S. 291, 293.

e) *Angebot von Sexpuppen*

Eine noch gänzlich neue Erscheinung, die sich aber bereits einer gewissen Nachfrage erfreut und zu ersten Unsicherheiten hinsichtlich ihrer bauplanungsrechtlichen Einstufung geführt hat, sind Etablissements, in denen Kontakt zu Sexpuppen vor Ort angeboten wird. Es geht dabei also gerade nicht um den Handel mit solchen Puppen oder ihre Vermietung in der Weise, dass die Puppen nicht vor Ort genutzt werden.[666]

Bei den letzteren Varianten dürfte ohne Weiteres ein sonstiger Gewerbebetrieb bzw. Einzelhandelsbetrieb vorliegen. Bei der ersten Variante liegt der Unterschied zur allgemeinen Definition der Prostitutionsbetriebe[667] zwar bloß in der Ersetzung der Prostituierten durch eine Puppe. Dennoch unterscheiden sich die städtebaulichen Auswirkungen erheblich. Betriebe, die vor Ort Kontakt zu Sexpuppen anbieten, entsprechen danach hinsichtlich ihrer städtebaulichen Auswirkungen vielmehr Swingerclubs.[668]

2. *Meinungsstand hinsichtlich der Einordnung in die Nutzungsarten*

Einerseits wird die Prostitution als das „älteste Gewerbe" der Welt bezeichnet, andererseits werden Prostituierte von ihren Kunden um des Vergnügens willen aufgesucht. Wenig verwunderlich ist also, dass sowohl in Rechtsprechung als auch im Schrifttum die Frage, ob Bordelle Gewerbebetriebe oder Vergnügungsstätten im Sinne der BauNVO darstellen, nicht einheitlich beantwortet wird.

a) *Vergnügungsstätte*

Die Einordnung als Vergnügungsstätte ist besonders in der älteren Rechtsprechung und Literatur verbreitet.[669]

---

666 *SpiegelOnline*, Das Puppentheater, http://www.spiegel.de/panorama/freiberg-am-neckar-rotlicht-etablissement-beschaeftigt-verwaltung-a-1229777.html vom 27.9.2018 (Stand 15.1.2019).

667 S. oben vor a).

668 So dürfte eine besondere milieubedingte Unruhe regelmäßig nicht zu erwarten sein. Puppen liefern weniger Grund für Streit oder Anschluss an ein gewalttätiges „Milieu". Die Besucher werden unauffällig bleiben wollen. Auch dürften typischerweise ein übergemeindlicher Einzugsbereich und eine gewisse Betriebsgröße bestehen, was insgesamt zu wohngebietsunverträglichem An- und Abfahrtsverkehr führen wird. Vgl. zu alledem II. 2.

669 In der Literatur etwa: *Schlichter/Friedrich*, WiVerw 1988, S. 199, 209; *Dolde/Schlarmann*, BauR 1984, S. 121, 122; *Scharmer*, Steuerungsmöglichkeiten, S. 14; *Stober*, WiVerw 1984, S. 129, 141; *Jeromin*, Zulässigkeit von Vergnügungsstätten, S. 19;

b) (Sonstiger) Gewerbebetrieb

Die Betrachtung als (sonstige) Gewerbebetrieb[670] ist spätestens seit den neuen Entscheidungen des Bundesverwaltungsgerichts (s.u.) als herrschend zu bezeichnen.

c) Anlage sui generis

Es wird vertreten, Prostitutionsbetriebe seien überzeugend weder den Vergnügungsstätten noch den Gewerbebetrieben zuzurechnen, sondern vielmehr Anlagen sui generis[671]; denn derartige Einrichtungen würden vor dem Hintergrund eines möglichen Verstoßes gegen die guten Sitten lediglich geduldet.[672]

H. Dürr, VBlBW 1981, 224 f.; *Stühler*, BauR 2013, S. 685; *ders.*, NVwZ 1997, S. 861, 867; *Zimmermann*, Behandlung der Prostitution, S. 140 ff.; *Ellenrieder*, Niveaupflege, S. 18; *Fickert/Fieseler*, BauNVO, 4. Aufl. 1979, § 4a, Rn. 23 f.; *Gelzer/Birk*, BauPlR, Rn. 748; *Ziegler*, in: Brügelmann, BauGB, 67. Lfg. 2008, § 4a BauNVO, Rn. 74 (ab 104. Lfg. 2017, Rn. 69 aufgegeben); *Stange*, BauNVO, § 4a, Rn. 51; *Müller/Weiss*, BauNVO, § 8, S. 123.

Und in der Rechtsprechung: OVG Münster 19.1.1983 – BRS 40 Nr. 51, S. 124 f.; VGH Kassel 7.2.2008 – juris, Rn. 3, 7; 30.4.2009 – UPR 2010, S. 104, 105; OVG Saarlouis 30.6.2009 – BeckRS 2009, 35521 (im Beschluss vom 10.11.2015 – juris, Rn. 11 aufgegeben); VG Stuttgart 21.4.2004 – juris, Rn. 57 f. (allerdings nicht für die BauNVO 1990); VGH Mannheim 30.6.1970 – BRS 23 Nr. 25, S. 74, 75; 16.10.1974 – BWVPr 1975, S. 106, 107; 17.10.1996 – unv (zit. nach BVerwG 29.10.1997 – juris, Rn. 4; *Zimmermann*, Behandlung der Prostitution, S. 122).

670 Aus der Literatur etwa: *Stange*, in: FS Gelzer, S. 131, 132; *Schiller*, in: Bracher/Reidt/Schiller, BauPlR, Rn. 1635; *Wahlhäuser*, in: Bönker/Bischopink, BauNVO, § 4a, Rn. 77; *Bielenberg*, in: E/Z/B/K, BauGB, 52. Lfg. 1995, § 7 BauNVO, Rn. 24; 55. Lfg. 1997, § 4a BauNVO, Rn. 58a; *Roeser*, in: K/R/S, BauNVO, § 7, Rn. 16; *König*, in: K/R/S, BauNVO, 2. Aufl. 2003, § 7, Rn. 16; *Leder/Scholtissek*, BauNVO, § 4a, Rn. 12; *Loose/Schwägerl*, BayVBl 1992, S. 228, 234; *Stock*, in: E/Z/B/K, BauGB, §4a BauNVO, Rn. 70; *ders*, in: K/R/S, BauNVO, § 8, Rn. 22; *Stüer*, Handbuch, Rn. 713; *Wolf*, Prostitutive Einrichtung, S. 88; *Rhein/Zitzen*, NJOZ 2009, S. 267, 278 f.

In der Rechtsprechung explizit jedenfalls: OVG Hamburg 13.8.2009 – ZfBR 2010, S. 156; 6.5.2015 – juris, Rn. 47; VGH Mannheim 5.3.2012 – BRS 79 Nr. 87, S. 443, 444; VGH München 19.5.1999 – BRS 62 Nr. 73, S. 367, 368; 13.2.2008 – juris, Rn. 5; VG Freiburg 24.10.2000 – NVwZ 2001, S. 1442; VG Karlsruhe 10.7.2009 – BeckRS 2009, 37246; 27.10.2009 – juris, Rn. 44; VG Hamburg 22.11.2011 – BRS 79 Nr. 88, S. 450.

671 VG Berlin 5.5.2009 – GewArch 2009, S. 322, 324; *Fickert/Fieseler*, BauNVO, § 4a, Rn. 23.7 (i.E. sonstiger Gewerbebetrieb); § 8 Rn. 5.4, 16; Fickert BauR 1985, S. 6 f.; *ders.*, BauR 1990, S. 267.

672 *Fickert*. BauR 1985, S. 6 f.; *Fickert/Fieseler*, 10. Auflage, § 4a BauNVO, Rn. 23.7.

Jedoch sind Bordelle nicht verboten und müssen deshalb von der BauNVO erfasst und geregelt werden. Der „sui generis"-Ansatz kann zu der dadurch aufgeworfenen Frage der Zulässigkeit in den Baugebieten nichts beitragen und deshalb nicht weiterführen[673].

d) Freier Beruf im Sinne des § 13 BauNVO

In neuerer Zeit wird von einigen wenigen Stimmen auch vertreten, Prostitution könne – unter bestimmten Umständen – eine freiberufliche Tätigkeit im Sinne des § 13 BauNVO[674] sein.[675]

„Freiberuflich Tätige[] und solche Gewerbetreibende[], die ihren Beruf in ähnlicher Art ausüben" (§ 13 BauNVO) sind zunächst nach allgemeiner Meinung zu definieren als: Ein „Angebot persönlicher Dienstleistungen, die vorwiegend auf individuellen geistigen Leistungen oder sonstigen persönlichen Fertigkeiten beruhen. Diejenigen, die derartige Leistungen anbieten, befinden sich in der Regel in unabhängigen Stellungen; sie bieten ihre Dienste üblicherweise einer unbestimmten Anzahl von Interessenten an; und regelmäßig wird bei den Bewohnern aller Baugebiete im Sinne der BauNVO ein Interesse an derartigen Dienstleistungen bestehen."[676]

---

673 *Schlichter/Friedrich*, WiVerw 1988, S. 199, 208; zustimmend *Bielenberg*, in: E/Z/B/K, BauGB, 55 Lfg. 1997, § 4a BauNVO, Rn. 58a; *Ellenrieder*, Niveaupflege, S. 18; *Zimmermann*, Behandlung der Prostitution, S. 150. Das gilt auch für die Bezeichnung als atypische (Sonder-)Vergnügungsstätte (etwa bei BVerwG 25.11.1983 – E 68, S. 213, 215; *Wank*, Spielhalle, S. 50, Fn. 150, *Jeromin*, Zulässigkeit von Vergnügungsstätten, S. 22; *Stange*, BauNVO, § 4a, Rn. 51).

674 Systematisch handelt es sich dabei um eine Lex specialis im Verhältnis zu den anderen Nutzungsbegriffen (*Stock*, in: E/Z/B/K, BauGB, § 13 BauNVO, Rn. 82 f.).

675 *v. Galen*, Rechtsfragen, Rn. 491, 495; *Rhein/Zitzen*, NJOZ 2009, S. 267, 277 ff. (je für den Fall selbstständiger Prostituierten); *Gurlit*, VerwArch 2006, S. 409, 428 (für den Fall der Wohnungsprostitution).
Explizit dagegen etwa: *Stühler*, BauR 2010, S. 1013, 1016 f.; *Wolf*, Prostitutive Einrichtung, S. 87; *Fickert/Fieseler*, BauNVO, § 4, Rn. 4.32; *Stock*, in: E/Z/B/K, BauGB, § 13 BauNVO, Rn. 26; VGH Mannheim 4.8.1995 – juris, Rn. 21; VG Osnabrück 7.4.2005 – juris, Rn. 17; VG Arnsberg 18.8.2008 – juris, Rn. 38 ff.; VG Augsburg 14.7.2008 – juris, Rn. 32; VG Bremen 30.6.2010 – juris, Rn. 46; eher ablehnend auch bereits: OVG Schleswig 2.10.1996 – juris, Rn. 25.

676 BVerwG 20.1.1984 – E 68, S. 324, 327; *Fickert/Fieseler*, BauNVO, § 13, Rn. 4; *Stühler*, BauR 2010, S. 1013, 1016.

Nach *v. Galen* und *Rhein/Zitzen* treffe dies alles auf selbstständig tätige Prostituierte zu.[677]

Die Gegenmeinung verneint jedoch insbesondere das Beruhen der Dienstleistung auf individuellen geistigen Leistungen oder sonstigen persönlichen Fertigkeiten – ein Kriterium, das allgemein unter Rückgriff auf § 1 Abs. 2 S. 1 des Partnerschaftsgesellschaftsgesetzes als „Dienstleistungen höherer Art auf der Grundlage besonderer beruflicher Qualifikation oder schöpferischer Begabung" konkretisiert wird.[678] Zu Recht wird angeführt, dass die prostitutive Tätigkeit in ihrer Grundform auf Basis elementarer Körperfunktionen erfolgt, zu denen grundsätzlich jeder gesunde Erwachsene – gerade unabhängig von Grad und Umfang der Bildung oder Talente – in der Lage ist.[679] Anderes möge unter Umständen bei besonderen Massage- oder SM-Dienstleistungen gelten.[680]

Schon die Definition der Freien Berufe ist also nur in bestimmten, wohl eher theoretischen Konstellationen – im Grunde atypischen Formen der Prostitution, die über den bloßen Geschlechtsakt hinausgehen – erfüllt, etwa bei einer selbstständigen Wohnungsprostituierten, die nur „SM" oder Massagen anbietet. Viel schwerer wiegt vor diesem Hintergrund die schlechte praktische Handhabbarkeit dieser Ausnahme. Denn ob ihre Voraussetzungen erfüllt sind, wird schwer feststellbar sein. Zudem drohen eine hohe Rechtsunsicherheit, insbesondere hinsichtlich der Frage, welche Leistungen eine besondere Prostitutionsleistung in diesem Sinne darstellen, und zahlreiche Umgehungsversuche über den Weg des § 13 BauNVO.

Schließlich ist auch das städtebaulich entscheidende Kriterium der „Wohnartigkeit", die für freie und ähnliche Berufe typische, gleichsam private Art der Berufsausübung[681], nicht gewahrt, auch wenn die Prostitution

---

677 *v. Galen*, Rechtsfragen, Rn. 493 (Auch, dass sich ihr Adressatenkreis möglicherweise auf Männer beschränkt, schadet nicht); *Rhein/Zitzen*, NJOZ 2009, S. 267, 278.

678 *Stühler*, BauR 2010, S. 1013, 1017; *Stock*, in: E/Z/B/K, BauGB, § 13 BauNVO, Rn. 26; VG Osnabrück 7.4.2005 – juris, Rn. 17; VG Arnsberg 18.8.2008 – juris, Rn. 38 ff.; VG Augsburg 14.7.2008 – juris, Rn. 32. Auch nicht bei einer Erotikdarstellerin: VG München 5.10.2016 – juris, Rn. 32.

679 VG Bremen 30.6.2010 – juris, Rn. 46; *Wolf*, Prostitutive Einrichtung, S. 48 f.

680 *Wolf*, Prostitutive Einrichtung, S. 48 f. und sei zumindest insofern vergleichbar mit Masseuren und Fußpflegern als ähnl. Gewerbetreibende (vgl. *Rhein/Zitzen*, NJOZ 2009, S. 267, 278).

681 BVerwG 20.1.1984 – E 68, S. 324, 329.

unauffällig im obigen (1. b)) Sinne der Wohnungsprostitution ausgeübt wird.[682]

Es werden also zu Recht von der weit überwiegenden Meinung keinerlei Formen der Prostitution unter die freien Berufe subsumiert.

e) Die Rechtsprechung des Bundesverwaltungsgerichts

Erste – und zugleich bis heute zentrale – Äußerungen zur Frage der Einordnung von Prostitutionsbetrieben in die Nutzungsarten der BauNVO tätigte das Bundesverwaltungsgericht im Jahr 1983. Es machte dabei zwar einerseits deutlich, dass Bordelle ihren Standort im Gewerbegebiet und nicht etwa Kerngebiet haben sollten (s.u. c) cc)) – was klar gegen die Einstufung als Vergnügungsstätte spricht –, führte jedoch andererseits auch aus: „Ob deshalb Bordellbetriebe überhaupt Vergnügungsstätten […] sind, kann dahinstehen. Jedenfalls sind sie eine atypische Art der […] Vergnügungsstätten, so daß ihre Erwähnung in“ § 7 Abs. 2 Nr. 2 und § 4a Abs. 3 Nr. 2 BauNVO „nicht für ihre ausschließliche Zulässigkeit“ dort „und deshalb nicht schlechthin gegen ihre Zulässigkeit im Gewerbegebiet spricht.“[683]

Diese Ausführungen legen wiederum nahe, dass Bordelle als nicht kerngebietstypische Vergnügungsstätte angesehen werden können, zumal das Bundesverwaltungsgericht in der Parallelentscheidung „typisch“ auch mit kerngebietstypisch gleichgesetzt hat[684]. Eine Abgrenzung zum Gewerbebetrieb ist vor dem Hintergrund der damaligen Rechtsprechung nicht nötig. Zu dieser Zeit hat das Bundesverwaltungsgericht nämlich Vergnügungsstätten auch unter die Gewerbebetriebe subsumiert.

Entsprechend wurde insbesondere vor dem Hintergrund der BauNVO von 1990, nach der Vergnügungsstätten nicht mehr unter die Gewerbebetriebe subsumierbar sind, unterschiedlich interpretiert, ob das Bundesverwaltungsgericht hier die Frage offengelassen[685] oder zugunsten des Gewerbebetriebs[686] entschieden hat.

---

682 Vgl. u. c) cc). So auch VGH Mannheim 4.8.1995 – juris, Rn. 21; a.A.: *v. Galen*, Rechtsfragen, Rn. 494; *Gurlit*, VerwArch 2006, S. 409, 428; *Rhein/Zitzen*, NJOZ 2009, S. 267, 278.

683 BVerwG 25.11.1983 – E 68, S. 213, 215.

684 Vgl. BVerwG 25.11.1983 – E 68, S. 207, 210 ff. und auch *Scharmer*, Steuerungsmöglichkeiten, S. 16.

685 BVerwG 29.10.1997 – BRS 59, Nr. 62, S. 223; VG Freiburg 24.10.2000 – NVwZ 2001, S. 1442, 1443; *Jeromin*, Zulässigkeit von Vergnügungsstätten, S. 18; *Rhein/Zitzen*, NJOZ 2009, S. 267, 271; *Schröer*, NZBau 2009, S. 166; *Reidt*, in: Gelzer/Bracher/Reidt, BauPlR, Rn. 1435; *Fickert/Fieseler*, BauNVO, § 8, Rn. 5.3; *Ellenrieder*, Niveaupflege, S. 18; *Stock*, in: K/R/S, BauNVO, § 8, Rn. 22; *Janning*, BauR 2005, S. 958, 959; *Stange*, BauNVO, § 4a, Rn. 51; *Aschke*, in: Ferner/Kröninger/Aschke, BauGB, § 4a BauNVO, Rn. 21.

686 *Bönker*, in: Bönker/Bischopink, BauNVO, § 7, Rn. 82; *Zimmermann*, Behandlung der Prostitution, S. 134; *Stühler*, NVwZ 1997, S. 861, 866; *ders.*, GewArch 2006, S. 20, 22;

Lange hat das Bundesverwaltungsgericht trotz der – auch aus dieser Unsicherheit resultierenden – bundesweit unterschiedlichen Judikatur der 1. und 2. Instanz[687] keine deutliche Entscheidung getroffen, sondern die Frage offengelassen.[688]

In den letzten Jahren hat das Bundesverwaltungsgericht jedoch – zunächst am Rande der Frage, ob Bordelle auch unter § 1 Abs. 9 BauNVO fallen können,[689] und später dann in unmissverständlicher Deutlichkeit – Prostitutionsbetriebe als (sonstige) Gewerbebetriebe angesehen. Es äußert sich dabei auch zur BauNVO 1990 und, wenn auch nur knapp, zur Ansicht, Prostitutionsbetriebe seien Vergnügungsstätten.[690]

3. Argumente

a) Subsumtion unter die herrschende Definition

Nach dem allgemeinen Sprachgebrauch von „Vergnügungsstätte" und „Gewerbebetrieb" sind beide Einstufungen möglich. Denn es steht außer Frage, dass ein Prostituiertenbesuch auch Vergnügen bereitet.[691] Andererseits gehören Bordelle „begrifflich" zu den Gewerbebetrieben[692] und die allgemeine Zurückhaltung mit der Einstufung als Vergnügungsstätte sei wohl mit Rücksicht auf den treffenden Sprachgebrauch vom „ältesten Gewerbe der Welt" zu erklären.[693]

Gegen die Einstufung als Gewerbebetrieb wird zwar vorgebracht, dass die Prostitution kein Gewerbe im Sinne der Gewerbeordnung sei, weshalb sie

---

Loose/Schwägerl, BayVBl 1992, S. 228, 234; *Fickert/Fieseler*, BauNVO, § 4a, Rn. 23.7; *Roeser*, in: K/R/S, BauNVO, § 7, Rn. 16.

687 S. bei a) und b).

688 Vgl. BVerwG 28.6.1995 – NVwZ-RR 1996, S. 84 (vgl. o. 1. b) vor aa)); 29.10.1997 – BRS 59 Nr. 62, S. 223 f.; 12.9.2013 – E 147, S. 379, 382.

689 BVerwG 5.6.2014 – BRS 82 Nr. 18, S. 148.

690 BVerwG 2.11.2015 – BRS 83 Nr. 67, S. 450 f.

691 VG Freiburg 24.10.2000 – NVwZ 2001, S. 1442, 1443; *Zimmermann*, Behandlung der Prostitution, S. 136; ähnlich wohl *Wettling*, VBlBW 1983, S. 18, 19.

692 *Müller/Weiss*, BauNVO, § 8, S. 123, der sie aber i. E. als Vergnügungsstätte ansieht.

693 *Jäde/Dirnberger/Weiß*, BauGB und BauNVO, 7. Aufl. 2013, § 4a BauNVO, Rn. 20.

aufgrund der Einheit der Rechtsordnung und des fehlenden Grundrechtsschutzes auch keine Gewerbe im Sinne des Bauplanungsrechts sein könne.[694]

Für die bauplanungsrechtliche Definition von Gewerbe ist jedoch die Gewerbeeigenschaft nach der Gewerbeordnung nicht entscheidend.[695]

Wenn die Prostitution in die Nutzungsarten der BauNVO eingeordnet werden soll, kommt, da sie offensichtlich weder als Wohnen noch als Gemeinbedarfsanlage angesehen werden kann, nur Gewerbe in Betracht. Entsprechend ist nicht ersichtlich, warum die fehlende Gewerbeeigenschaft nicht auch als Argument gegen die Einstufung der Prostitution als Vergnügungsstätte vorgebracht wird, denn auch Vergnügungsstätten sind (besondere) Gewerbebetriebe. Ebenso ist daher aber auch die Bejahung eines Gewerbes im Sinne der BauNVO kein Argument gegen die Vergnügungsstätte.

Schließlich ist die Frage, ob die Prostitution Grundrechtsschutz genießt, unerheblich für die Einordnung als Vergnügungsstätte oder Gewerbebetrieb im Sinne der BauNVO.

Recht häufig wird vertreten, dass Prostitutionsnutzungen unter die übliche Definition der Vergnügungsstätte fallen. Bei der gebotenen sittlich neutralen Betrachtung sind sie Betriebe, die der Erholung und Entspannung dienen, ohne Anlagen für sportliche oder kulturelle Zwecke zu sein,[696] bzw. Betriebe, die durch kommerzielle Dienstleistungen auf dem Unterhaltungssektor gekennzeichnet sind[697].

Hier erschöpfen sich die Gegenargumente in der Aussage, dass Prostitutionsnutzungen mit „kommerzieller Unterhaltung auf sexuellem Gebiet“ gerade nicht völlig zu erfassen seien.[698] Damit werden weitere Präzisierungen benötigt, s. dazu sogleich.

---

694 *Stühler*, NVwZ 1997, S. 861, 867.

695 *Fickert/Fieseler*, BauNVO, § 4, Rn. 9.64. Vgl. auch die Definition des Gewerbes in der BauNVO bei 1. Teil B. I. 3. b).

696 *Zimmermann*, Behandlung der Prostitution, S. 139.

697 *Schlichter/Friedrich*, WiVerw 1988, S. 199, 209. Mit einer Definition nach dem allgemeinen Sprachgebrauch begründet auch OVG Saarlouis 30.6.2009 – BeckRS 2009, 35521 die Einordnung als Vergnügungsstätte. Für die Subsumierbarkeit unter eine solche Definition auch *Jeromin*, Zulässigkeit von Vergnügungsstätten, S. 19.

698 Vgl. *Fickert/Fieseler*, BauNVO, § 4a, Rn. 23.7. Sie spielen damit auf ihr weites städtebauliches Verständnis, vgl. 1. Teil B. II. 2., an.

b) *Vergleichbarkeit mit den allgemein als Vergnügungsstätte angesehenen Betrieben aus dem Sex-Gewerbe*

Unter die herrschende Definition der Vergnügungsstätten fallen auch Nutzungen mit sexuellem Charakter wie Swingerclubs oder Sexshows[699] und werden (auch) aus diesem Grund von der allgemeinen Meinung als Vergnügungsstätten angesehen. Eine Ausnahme stellen insofern die Prostitutionsbetriebe dar.

Daher ist zu untersuchen, ob Unterschiede, die damit weitere Merkmale der Vergnügungsstättendefinition wären, diese Ausnahme rechtfertigen können oder ob es sogar über den Inhalt der herrschenden Definition hinausgehende Gemeinsamkeiten gibt.

aa) Zunächst wird vertreten, dass Prostitutionsbetriebe im Unterschied zu Vergnügungsstätten typischerweise nicht der Wahrnehmung eines Gemeinschaftserlebnisses dienen.

Konkret wird darauf abgestellt, dass der übliche Besucher keinen Wert auf einen Austausch mit anderen Besuchern eines Bordells lege.[700] Oder auf „die – letztendlich historisch gewachsene – Erkenntnis“[701], dass es für Vergnügungsstätten kennzeichnend sei, dass eine Veranstaltung verschiedene Besucher gemeinsam unterhält, wie etwa bei Diskotheken, Tanzbars und Kabaretts. Bordelle seien grundsätzlich anders, da ihr Angebot nicht auf ein größeres Publikum angelegt sei, sondern auf dem sexuellen Kontakt im Einzelfall beruhe.[702]

Das Kriterium der Gemeinschaft ist zumindest insofern städtebaulich bedeutsam, als grundsätzlich mehr Interaktion und daher Lärm vor der Tür naheliegen.

Auch mag das gemeinschaftliche Erlebnis einen Unterschied von Swingerclubs und Mischnutzungen zu üblichen Bordellen markieren. Das Kriterium kann jedoch nicht maßgeblich für das Vorliegen einer Vergnügungsstätte sein, denn es fehlt Spielhallen; dort betätigen sich die Spieler im Wesentlichen alleine und ohne Kontakt zu anderen, während das gemeinschaftliche Erlebnis etwa bei Schank- und Speisewirtschaften ebenso vorliegt. Ist bei der Strip-Show die Isolation und Anonymität des Einzelnen zwar möglich,

---

699 S. II. und III. Zur tatsächlichen Abgrenzung von den Prostitutionsbetrieben, vgl. o. 1.
700 *Weidemann*, in: Die städtebauliche Steuerung von Vergnügungsstätten, S. 29.
701 *Weidemann*, in: Die städtebauliche Steuerung von Vergnügungsstätten, S. 28.
702 *v. Galen*, Rechtsfragen, Rn. 500; *Rhein/Zitzen*, NJOZ 2009, S. 267, 279; VG Karlsruhe 10.7.2009 – BeckRS 2009, 37246; 30.7.2009 – juris, Rn. 23.

aber zumindest atypisch, ist sie bei der klassischen Videokabine und der Peepshow geradezu kennzeichnend[703], vgl. auch 1. Teil B. I. 3. c) bb).

bb) Es wird auch angeführt, dass aufgrund der „unterschiedlichen Bedürfnisebene" ein „fundamentaler Unterschied" bestehe, der es verbiete Bordelle mit Sexdarstellungen (s. dazu III.) und anderen Vergnügungsstätten gleichzustellen.

Der Besucher von Sexdarstellungen suche eine Unterhaltung auf sexuellem Gebiet. Er befinde sich in einer passiven Rolle[704]; er lasse sich zerstreuen, ohne sich selbst anstrengen zu müssen[705]. Der Kunde eines üblichen Bordells beabsichtige dagegen von vornherein in einer aktiven Rolle durch bewusste Hinwendung sein sexuelles Bedürfnis zu befriedigen[706] und könne das, was er erlebt, beeinflussen, ggf. mitbestimmen und individuell Verschiedenes erleben[707].

Das Begriffspaar „aktiv-passiv" ist zwar eine verbreitete Abgrenzungsformel zwischen Prostitution und Sexdarstellungen.[708] Es erschließt sich jedoch nicht, warum dieses Merkmal für das Vorliegen einer Vergnügungsstätte von entscheidender Bedeutung sein sollte. Wenn das so wäre, ist nicht verständlich, warum der Gegensatz „aktiv-passiv" nur im Zusammenhang mit Prostitution und nicht in der Diskussion um Kinos verwendet wird, wo er sich auch anbieten würde.

Auch können Vergnügungsstätten nicht auf den passiven Konsum reduziert werden. Dort ist sowohl eine Mischung aus aktivem und passivem Konsum üblich, wie z.B. in Diskotheken[709], als auch (überwiegend) aktiver Konsum, wie in Swingerclubs, die sich in dieser Hinsicht nicht von Prostitutionsbetrieben

---

703 Vgl. die Maßgeblichkeit für das Sittenwidrigkeitsverdikt über die Peepshow in BVerwG 30.1.1990 – E 84, S. 314 ff.

704 *Fickert/Fieseler*, BauNVO, § 4a, Rn. 23.71 ff.

705 *v. Galen*, Rechtsfragen, Rn. 500; zustimmend: *Rhein/Zitzen*, NJOZ 2009, S. 267, 279; *Wolf*, Prostitutive Einrichtung, S. 86.

706 *Fickert/Fieseler*, BauNVO, § 4a, Rn. 23.71 ff.

707 *v. Galen*, Rechtsfragen, Rn. 500; zustimmend: *Rhein/Zitzen*, NJOZ 2009, S. 267, 279; *Wolf*, Prostitutive Einrichtung, S. 86.

708 So z.B. auch § 2 Abs. 1 S. 2 ProstSchG das insoweit deutlicher wird: Im Unterschied zu Darstellungen gehe es bei Prostitution um die aktive sexuelle Einbeziehung des Kunden (vgl. BT-Drs 18/8556, S. 59).

709 *Zimmermann*, Behandlung der Prostitution, S. 136.

unterscheiden[710], oder auch (überwiegend) passiver Konsum, wie beim maßgeblich vom Spielgerät und nicht vom Besucher beeinflussten Spielverlauf in Spielhallen.[711] Im Ergebnis ist eine Differenzierung nach Inhalt, Ziel oder Art der „Freizeitbeschäftigung“ kaum möglich.[712]

Selbst wenn dieser feinsinnige Abgrenzungsversuch im Hinblick auf die begriffliche Abgrenzung von Prostitution zu Sexdarstellungen richtig wäre, so wird doch nicht deutlich, warum die Frage, ob die Kunden eines bestimmten Betriebes sich dort aktiv oder passiv betätigen, städtebaulich bedeutsam sein und daher eine unterschiedliche Behandlung nach der BauNVO rechtfertigen sollte.[713]

So stellt auch das Bundesverwaltungsgericht zu Recht fest, dass „nicht die Motivation der Besucher“ maßgeblich ist, sondern die städtebaulich bedeutsamen Begleiterscheinungen der Bordelle.[714]

Diese sind aber schon für die verschiedenen Formen von Prostitution sehr uneinheitlich. Diese Bandbreite setzt sich in anderen Nutzungen mit sexuellem Charakter fort. So sind zwar das städtebauliche Störpotenzial wie Lärm, Außengestaltung, Milieu, sozialethische Bewertung und die daraus resultierenden Trading-down-Effekte von Sex-Animierbetrieben und Bordellen im engen Sinn (I. 1. a)) ähnlich.[715] Andere Auswirkungen haben jedoch etwa Swingerclubs und Wohnungsprostitution, die weniger (Swingerclubs sogar keine, s. dazu II.) milieubedingte Unruhe verursachen.

Eine Trennung von Prostitutionsnutzungen auf der einen und übrigen Sexnutzungen auf der anderen Seite ist also weder anhand der üblichen Definition oder

710 *Wolf*, Prostitutive Einrichtung, S. 86 f.; *Weidemann*, in: Die städtebauliche Steuerung von Vergnügungsstätten, S. 21 f., der deshalb auf das Gemeinschaftserlebnis abstellen will (S. 30, ebenso VG Minden 23.10.2012 – BeckRS 2012, 59893) – dazu sogleich.

711 *Wolf*, Prostitutive Einrichtung, S. 86, Fn. 243; vgl. dazu auch *Scharmer*, Steuerungsmöglichkeiten, S. 23; *Heinz/Janssen/Mittag/Scharmer/Schneidewind*, Strukturveränderungen, S. 23.

712 VG Freiburg 24.10.2000 – NVwZ 2001, S. 1442, 1443.

713 I.d.S. auch: *Zimmermann*, Behandlung der Prostitution, S. 136; VG Karlsruhe 30.7.2009 – juris, Rn. 23. So auch *Jeromin* S. 19 (und zustimmend *Ellenrieder*, Niveaupflege, S. 18) für die von *Fickert*, BauR 1985, S. 1, 6; *Fickert/Fieseler*, BauNVO, § 8, Rn. 5.4 vorgeschlagene Abgrenzung, ob sich der Besucher durch Dritte oder direkt vergnügen lässt.

714 BVerwG 2.11.2015 – BRS 83 Nr. 67, S. 450 f.

715 S. 3. c) und III.; *Wolf*, Prostitutive Einrichtung, S. 28 (für Filmvorführungen); *Ellenrieder*, Niveaupflege, S. 18. Vgl. auch VGH Mannheim 4.4.2013 – BauR 2013, S. 1635, 1636; VGH München 12.12.2013 – juris, Rn. 10, 20 f.

weitergehender Kriterien der Gemeinschaft oder der Passivität noch anhand ihrer städtebaulichen Auswirkungen möglich. Vielmehr lassen sich alle Nutzungen mit sexuellem Charakter unter Kriterien wie Wohngebietsunverträglichkeit oder sozialethische Vorbehalte vereinen, (s. c)) weshalb sie alle als Vergnügungsstätten anzusehen sind.

c) Städtebaulicher Charakter und geeigneter Standort

Nach der herrschenden Definition (s. a)) und einem Vergleich mit anderen Betrieben aus dem Sex-Gewerbe (s. b)) ist eine Subsumtion der Prostitutionsbetriebe unter die Vergnügungsstätte durchaus denkbar. Entscheidend für diese Einordnung ist jedoch, in welchen Gebieten Prostitutionsbetriebe aufgrund ihres städtebaulichen Charakters zulässig sein können.

Für die Einordnung als sonstiger Gewerbebetrieb spricht grundsätzlich, dass diese in den meisten Baugebieten zulassungsfähig sein können und zugleich nach Störgrad differenziert sind, weshalb der Begriff des Gewerbebetriebs in der BauNVO die Möglichkeit bietet, die große Bandbreite der in der Realität bestehenden Prostitutionsbetriebe und der mit ihnen verbundenen städtebaulichen Auswirkungen[716] zu erfassen.

Prostitutionsbetriebe sind aber dann Vergnügungsstätten, wenn sie, entsprechend der Zulässigkeit von Vergnügungsstätten in den Baugebieten der BauNVO, in jeder Form im Wohngebiet unzulässig, im Mischgebiet in manchen Formen zulässig sowie im Kerngebiet in allen Formen grundsätzlich ihren Hauptstandort haben sollen, während sie nur manchmal (vgl. die Ausnahmezulässigkeit des § 8 Abs. 3 Nr. 3 BauNVO) – insbesondere bei besonders großem Umfang – ins Gewerbegebiet verwiesen sein sollen.

Denn dann ist der Begriff der Vergnügungsstätte geeignet, die Prostitution in allen ihren Erscheinungsformen in städtebaulich angemessener Weise zu erfassen.

aa) An- und Abfahrtslärm

Eine störende Wirkung eines Bordells auf die Umgebung ist vor allem der An- und Abfahrtslärm der Kunden.[717] Dessen Intensität und Auftreten richten sich jedoch nach der Bordellgröße und den Öffnungszeiten. Die Größe von Bordellen weist eine erhebliche Bandbreite auf (von ein bis zwei Prostituierten bei

716 Vgl. o. 1. und hier aa) bis cc).

717 BVerwG 25.11.1983 – E 63, S. 213, 216; OVG Münster 19.1.1983 – BRS 40 Nr. 51, S. 125; VGH Mannheim 19.10.1990 – BRS 52 Nr. 55, S. 147.

Wohnungsprostitution, bis zu oft 30 bis 80 bei großen Eros-Centern oder Sauna-Clubs), sodass nicht pauschal gesagt werden kann, Bordelle zögen erheblichen An- und Abfahrtslärm nach sich.

Die Öffnungszeiten werden zwar vor allem abends bis nachts sein[718], andererseits ist auch eine Angleichung an die allgemeinen Ladenöffnungszeiten keine Ausnahme[719], wobei sich das Besucheraufkommen über die gesamte Öffnungszeit verteilen dürfte.[720]

Im Gewerbegebiet jedenfalls fällt der An- und Abfahrtslärm nicht aus dem Rahmen.[721] Jedoch sind auch ein wesentliches Stören des Wohnens und eine insgesamt stärkere Lärmbelästigung als durch Schank- und Speisewirtschaften zumindest zweifelhaft.[722]

Festzuhalten ist die erhebliche Bandbreite der Prostitutionsbetriebe hinsichtlich Umfang, Betriebszeiten, Einzugsbereich und Fluktuation, sodass keine verallgemeinerungsfähigen Aussagen über den An- und Abfahrtslärm möglich sind.[723]

bb) Äußere Gestaltung

Selbiges gilt für die Außengestaltung. Lichtintensive Werbung, deren Inhalt jedoch nur ordnungsrechtlich von Bedeutung ist,[724] kommt zwar vor, inzwischen dürften jedoch Bordellbetriebe, die nach außen als solche weithin erkennbar sind, die Ausnahme bilden.[725] Geworben wird eher über diverse Medien.[726]

Als Zwischenergebnis ist damit festzuhalten: Zumindest für die Wohnungsprostitution kann nicht davon ausgegangen werden, dass ihre Auswirkungen

---

718 VG Freiburg 24.10.2000 – NVwZ 2001, S. 1442, 1445; VGH Mannheim 4.8.1995 – juris, Rn. 21.

719 OVG Berlin 14.11.2005 – juris, Rn. 13; VG Bremen 30.6.2010 – juris, Rn. 54; *Stuttmann*, RÜ 2016, S. 260; *Wolf*, Prostitutive Einrichtung, S. 86; so i. E. auch OVG Saarlouis 10.11.2015 – juris, Rn. 12.

720 VG Stuttgart 4.5.2006 – juris, Rn. 8.

721 VG Karlsruhe 10.7.2009 – BeckRS 2009, 37246; VG Stuttgart 4.5.2006 – juris, Rn. 8; BVerwG 25.11.1983 – E 68, S. 213, 216.

722 VGH Mannheim 30.11.1976 – BVwPR 1977, S. 40, 41 f.

723 *Jeromin*, Zulässigkeit von Vergnügungsstätten, S. 138; *Otto*, in: Mitschang, Fach- und Rechtsprobleme der BauNVO, S. 119, 127.

724 *Zimmermann*, Behandlung der Prostitution, S. 129.

725 *Stuttmann*, RÜ 2016, S. 260.

726 Vgl. auch VG Karlsruhe 10.7.2009 – BeckRS 2009, 37246.

hinsichtlich An- und Abfahrtsverkehr oder äußerer Aufmachung regelmäßig so störend sind, dass sie mit dem allgemeinen Wohngebiet unverträglich sind.

Wären dies die einzig relevanten städtebaulichen Störungen von Prostitution, könnte etwa der durchaus vorkommenden Erscheinung einer einzelnen Wohnungsprostituierten, die nicht jeden Wochentag nachts arbeitet, im allgemeinen Wohngebiet wenig entgegengehalten werden[727]. Dies spräche zugleich gegen die Einstufung der Prostitutionsbetriebe als Vergnügungsstätte und für die Einstufung als nach § 4 Abs. 3 Nr. 2 BauNVO ausnahmsweise zulässiger Gewerbebetrieb. Ist aber jede Art von Prostitution im allgemeinen Wohngebiet ausgeschlossen[728], spricht dies für die Einordnung als Vergnügungsstätte.

cc) Sonstige milieubedingte Unruhe oder Nachteile

(1) Wohngebiet

Die Unverträglichkeit - auch der Wohnungsprostitution - im allgemeinen Wohngebiet könnte sich jedoch aus (sonstiger) milieubedingter Unruhe oder Nachteilen ergeben.

Es handelt sich dabei um Schlagworte, die in der Rechtsprechung zur Begründung der Wohngebietsunverträglichkeit allgegenwärtig[729] sind, aber selten mit Inhalt gefüllt werden[730].

Darunter sind zu verstehen: besonderen Störungen, die bei anderen Nutzungen nicht auftreten und daher entscheidendes Kriterium für die städtebauliche Charakterisierung von Prostitutionsbetrieben sind.[731] Aufgeführt werden: falsches Klopfen und Klingeln, (auch versehentliches) Ansprechen und Belästigen von unbeteiligten Männern (durch Prostituierte) und Frauen (durch Freier) oder Nachbarn; lautstarke Meinungsbekundungen unzufriedener oder alkoholisierter Freier, die Anziehung bloß Neugieriger, die dennoch unangenehm auffallen, bis hin zu Auseinandersetzungen der zum Milieu gehörenden Personen

727 So im Ergebnis auch *Gurlit*, VerwArch 2006, S. 409, 428; *v. Galen*, Rechtsfragen, Rn. 496 f., 504; *Wolf*, Prostitutive Einrichtung, S. 92 f.

728 So die h.M., vgl. etwa schon: VGH Mannheim 16.10.1974 - BWVPr 1975, S. 106, 107 oder BVerwG 28.6.1995 - NVwZ-RR 1996, S. 84; 29.10.1997 - BRS 59 Nr. 62, S. 223 f.

729 Vgl. z.B. BVerwG 25.11.1983 - E 68, S. 213, 216; VGH Mannheim 13.2.1998 - NVwZ-RR 1998, S. 550.

730 Vgl. nur *Fickert/Fieseler*, BauNVO, § 4, Rn. 9.66, wonach Prostitution gegenüber dem Wohnen in höchstem Maße rücksichtslos sei, was aber keiner besonderen Begründung bedürfe.

731 *Zimmermann*, Behandlung der Prostitution, S. 129.

und andere gewalttätige Begleiterscheinungen[732] sowie Verunreinigungen und Lärm in einer Weise, wie sie für den Amüsierbetrieb typisch sind.[733] Dass diese Vorkommnisse aufträten, entspreche der allgemeinen Erfahrung.[734]

Bei der Frage, ob im Falle von Wohnungsprostitution regelmäßig diese milieubedingten Nachteile vorliegen, muss differenziert werden.

Weder führt die mit Wohnungsprostitution verbundene Diskretion oder die allgemeine Entkriminalisierung dazu, dass all diese Auswirkungen regelmäßig nicht gegeben sind[735], noch können alle der einzelnen Formen milieubedingter Unruhe pauschal mit Wohnungsprostitution in Verbindung gebracht werden.

Wegen der telefonischen Verabredung entfallen zwar Belästigungen und Werbung seitens der Prostituierten sowie voyeuristischer Besucherverkehr, jedoch sind auch im Rahmen der Wohnungsprostitution Freier nicht selten, die (von vornherein) unter Alkohol- oder Drogeneinfluss stehen, die Prostituierte stalken, Streit mit der Prostituierten (u.a. um Bezahlung, Qualität oder Umfang der Leistung) anfangen und damit besondere Störungen, die andere Gewerbe nicht aufweisen (können) und die mit dem allgemeinen Wohngebiet nicht mehr verträglich sind, verursachen. Diese können von der Prostituierten und ihrem Betriebskonzept kaum beeinflusst werden, da sie von (potenziellen) Freiern ausgehen[736], nicht von vornherein berechenbar sind und in der Natur der

---

732 Vgl. *Zimmermann*, Behandlung der Prostitution, S. 129; *Stühler*, BauR 2013, S. 685, 690; BVerfG 28.4.2009 - juris, Rn. 16; OVG Hamburg 6.5.2015 - juris, Rn. 55 und dem folgend auch BVerwG 2.11.2015 - juris, Rn. 4; VG Osnabrück 7.4.2005 - juris, Rn. 15.

733 Vgl. OVG Münster 19.1.1983 - BRS 40 Nr. 51, S. 124 f.; *Stühler*, BauR 2013, S. 685, 690.

734 OVG Münster 19.1.1983 - BRS 40 Nr. 51, S. 124 f.; *Stühler*, BauR 2010, S. 1013, 1031 m.w.N.

735 So aber *v. Galen*, Rechtsfragen, Rn. 497; *Zimmermann*, Behandlung der Prostitution, S. 145; i. E. ähnlich VG Berlin 5.5.2009 - GewArch 2009, S. 322, 325. Soweit für Berlin festgestellt wurde, Störungen durch unzufriedene Kunden seien nicht ermittelbar gewesen (*Otto*, in: Mitschang, Fach- und Rechtsprobleme der BauNVO, S. 119, 127), fehlt es schon deshalb an einer genügenden Datengrundlage, als nur Berlin, das in vielerlei Hinsicht eine Sonderstellung einnimmt und als bundesweiterer Referenzmaßstab nicht geeignet sein dürfte, in den Blick genommen wird.

736 Vgl. auch VG Osnabrück 7.4.2005 - juris, Rn. 16; VG Bremen 30.6.2010 - juris, Rn. 54; BT-Drs 16/4146, S. 39. Dass Freier der Wohnungsprostitution oft Stammkunden sind und i.Ü. Diskretion suchen (*Zimmermann*, Behandlung der Prostitution, S. 117 f., 130; *Stühler*, NVwZ 2000, S. 990, 993; *Fickert/Fieseler*, BauNVO, § 4, Rn. 9.65) mag a priori bei Zugrundelegung rationalen Verhaltens zwar richtig sein, verkennt jedoch die spezifische - aus dem intimen Kontakt herrührende - Anfälligkeit dieses Gewerbes für die beschriebenen emotional-irrationalen Ausbrüche. Ebenso ist zweifelhaft,

Prostitution liegen. Diese Störungen wirken auch nach außen, denn sie werden von den Freiern auch außerhalb der Wohnung – etwa im Treppenhaus – begangen, wo sie sich u.a. in lautem Geschrei, Gewalt, Urinieren, Erbrechen, Herumlungern, beleidigendem Ansprechen Unbeteiligter und vielem mehr äußern können.[737]

Insgesamt wird Wohnungsprostitution daher zwar häufig deutlich weniger wahrnehmbar sein; die hier bisher thematisierten städtebaulichen Auswirkungen können jedoch nicht von vornherein als ausgeschlossen betrachtet werden.[738]

Im Übrigen begründet die Wohnungsprostitution schon in ihrer Eigenschaft als gewerbliche Nutzung die Gefahr bodenrechtlicher Spannungen mit dem Wohnen im Bereich des allgemeinen Wohngebiets[739] insbesondere auch weil sie nicht den Bedürfnissen des allgemeinen Wohngebiets dient[740], denn es besteht zwar eine von der Gebietsart unabhängige – allgemeine – Nachfrage nach Prostitutionsdienstleistungen, jedoch ist das Aufsuchen einer Prostituierten deutlich schambesetzter als der Besuch einer Kneipe oder Spielhalle, weshalb Freier meist nicht in ihrem eigenen (Wohn-)Gebiet eine Prostituierte aufsuchen. Daraus folgt auch ein typischerweise übergebietlicher Einzugsbereich.

Alle diese Aspekte zusammengenommen rechtfertigen zumindest insoweit eine typisierende Betrachtungsweise, dass im Ergebnis die von Prostitutionsbetrieben regelmäßig ausgehenden Beeinträchtigungen des Wohnens die Grenzen der Wohngebietsverträglichkeit überschreiten.[741]

Dieses Ergebnis der Unzulässigkeit in allgemeinen und reinen Wohngebieten kann zwar auch über die Einordnung der prostitutiven Nutzungen als

---

ob es den meisten Freiern primär auf die Diskretion ankommt oder ob nicht andere Aspekte für ihre Entscheidung, die Wohnungsprostituierte zu besuchen ausschlaggebend sind. Weiterhin kann nicht davon ausgegangen werden, dass die Prostituierte, die ihre Tätigkeit ja berufsmäßig betreibt, es sich immer erlauben kann, nur sicher „ruhige" Freier einzuladen.

737 Vgl. etwa BVerwG 29.10.1997 – BRS 59 Nr. 62, S. 223, 224 f.; OVG Koblenz 15.1.2004 – BRS 67 Nr. 72, S. 309; VG Sigmaringen 8.6.2005 – juris, Rn. 26; unter „Störungen durch Besucherverhalten" (je für bordellartige Betriebe): VGH Kassel 30.4.2009 – UPR 2010, S. 104, 105 f.; OVG Bautzen 28.6.2010 – juris, Rn. 7.

738 BVerfG 28.4.2009 – juris, Rn. 25.

739 BVerwG 29.10.1997 – BRS 59 Nr. 62, S. 224 f.

740 BVerwG 28.6.1995 – NVwZ-RR 1996, S. 84.

741 Jedenfalls im Ergebnis so auch die h.M.: *Stühler*, BauR 2010, S. 1013, 1024 ff.; *Fickert/Fieseler*, BauNVO, § 4, Rn. 9.62 a.E. m.w.N.; OVG Koblenz 16.9.2013 – juris, Rn. 8; a.A.: VG Berlin 5.5.2009 – GewArch 2009, S. 322 ff.; *v. Galen*, Rechtsfragen, Rn. 496. Vgl. dazu auch VG Minden 23.10.2012 – BeckRS 2012, 59893.

(störender) Gewerbebetrieb erreicht werden. Bei einer Einordnung als Vergnügungsstätte ist eine Zulässigkeit im allgemeinen Wohngebiet jedoch schon von vornherein unmöglich und damit eindeutig ausgeschlossen.

(2) Mischgebiet

Bei einer Einordnung als Vergnügungsstätte wären nur nicht kerngebietstypische Prostitutionsbetriebe im durch gewerbliche Nutzung geprägten Mischgebiet allgemein sowie in den übrigen Mischgebieten, im besonderen Wohngebiet und im Dorfgebiet ausnahmsweise zulässig. Es bestünde also noch genug Spielraum für Einzelfälle und die das Wohnen weniger beeinträchtigende Wohnungsprostitution könnte ihren städtebaulich angemessenen Platz einnehmen. Denn diese sollte auch neben der Wohnnutzung zulässig sein, soweit aufgrund des Gebietscharakters eine erhöhte Toleranz gegenüber gewerblichen Nutzungen verlangt werden kann, ansonsten wäre sie ohne „echte" städtebauliche Spannungen nirgends denkbar.[742] Die Wohnungsprostitution passt nach den §§ 2 ff. BauNVO genau auf die (nicht kerngebietstypische) Vergnügungsstätte: Denn für das Vorliegen von Wohnungsprostitution ist entscheidend, dass sie nach herrschender Meinung wohngebiets- aber nicht wohnunverträglich ist.[743]

Die – unabhängig von der Einstufung als Gewerbebetrieb oder Vergnügungsstätte – unstreitige[744] Unzulässigkeit anderer Prostitutionsbetriebe als der Wohnungsprostitution im Mischgebiet ergibt sich aus den städtebaulich relevanten Unterschieden zwischen Wohnungsprostitution und bordellartigen Betrieben[745] in den Bereichen „Lärm", „Äußere Gestaltung" und „Sonstige milieubedingte Nachteile".

---

742 *Zimmermann*, Behandlung der Prostitution, S. 151.

743 Sonst könnte sie nicht in einem Haus, in dem noch andere wohnen, betrieben werden, s. 1. b).

744 Vgl. VGH Mannheim 19.10.1990 – BRS 52 Nr. 55, S. 147; OVG Bautzen 28.6.2010 – juris, Rn. 7; OVG Berlin 9.4.2003 – GewArch 2003, S. 498; OVG Münster 19.7.2007 – juris, Rn. 3; OVG Koblenz 9.2.2007 – BRS 71 Nr. 191, S. 889; 16.9.2013 – juris, Rn. 7; VGH Kassel 30.4.2009 – UPR 2010, S. 104, 105 f.; BVerwG 12.9.2013 – E 147, S. 379, 382).

745 S. o. 1. b) v. a., dass Wohnungsprostitution auf Diskretion ausgelegt ist, weniger Bezug zum typischen Milieu, geringeren Umfang und weniger Störungen der Nachtruhe aufweist, s. auch VG Berlin 5.5.2009 – GewArch 2009, S. 322, 325; VGH Mannheim 9.8.1996 – VBlBW 1996, S. 468.

dd) Städtebaulich Irrelevantes

Für diese der herrschenden Meinung entsprechenden Ergebnisse für Wohn- und Mischgebiete bedarf es also keines Rückgriffs auf weitergehende unkonkrete und auch ansonsten städtebaulich zweifelhafte (vgl. 1. Teil B. II. 2.) Ausführungen zum Milieu oder zu sozialethischen Auswirkungen[746].

Für die weitere Frage nach der Einordnung in Kerngebiete oder Gewerbegebiete spielen sie zudem auch deshalb keine Rolle, weil dort ohnehin ein (besonders) geschütztes Wohnen nicht vorgesehen ist. Während im allgemeinen Wohngebiet oder auch im Mischgebiet das Wohnen stärker als privater Rückzugsraum, in dem kaum Möglichkeiten bestehen, Unangenehmem auszuweichen, verstanden werden kann, hat dagegen derjenige, der sich freiwillig ins Getümmel stützt, Öffentlichkeit und das bunte Leben sucht (Kerngebiet), keinen Anspruch darauf, von räumlicher Nähe oder Konfrontation zu einem sowieso bestehenden Milieu verschont zu bleiben.

Nicht zur Differenzierung zwischen Kerngebiet und Gewerbegebiet geeignet sind auch die immer wieder als besondere Störungen der Prostitution angeführten Erscheinungen, die in allen Gebieten in gleichem Maße problematisch sind und daher nicht „durch räumliche Trennung und Gliederung widerstreitender Nutzungsarten, nämlich durch die Verweisung in eine andere Gebietskategorie der BauNVO, gelöst werden können."

Dazu zählen etwaiges „anstößiges Verhalten von Besuchern des Betriebs oder von dort tätigen Personen gegenüber jugendlichen oder weiblichen Beschäftigten anderer Unternehmen [...] sowic cinc mögliche, dem Ansehen anderer Unternehmen [...] abträgliche Wirkung"[747] (im Unterschied zur Belästigung im Rahmen des Bereichs der privaten Wohnung [s. o. cc]) oder die (Begleit-)

---

746 So etwa die allgemeinen negativen „milieubedingten" Auswirkungen derartiger Einrichtungen auf das das dortige Wohnumfeld prägende soziale Klima (explizit OVG Berlin 9.4.2003 – GewArch 2003, S. 498, 499; zustimmend: OVG Bautzen 28.6.2010 – juris, Rn. 6; 5.3.2015 – juris, Rn. 9 [je für bordellartige Betriebe]); dass sich das Angebot sexueller Dienstleistungen nicht mit dem einem Wohngebiet immanenten „Ruhebedürfnis" verträgt, das auf die Vermeidung als atypisch angesehener Nutzungen zielt, die den Charakter einer kollektiven Wohngemeinschaft im Sinne des Gebietscharakters stören (OVG Berlin 14.11.2015 – juris, Rn. 13 [mit Verweis auf die Swingerclub-Entscheidung des VGH München 29.12.2003]; VG Bremen 30.6.2010 – juris, Rn. 49 f.) oder Schutz und Zumutbarkeit für die dortige (jugendliche) Wohnbevölkerung (VGH Kassel 30.4.2009 – UPR 2010, S. 104, 105 f.; OVG Bautzen 28.6.2010 – juris, Rn. 7)

747 BVerwG 25.11.1983 – 21.83 – E 68, S. 213, 216; VG Karlsruhe 10.7.2009 – BeckRS 2009, 37246.

Kriminalität – etwa organisierte Kriminalität, Menschen- und Drogenhandel, ausbeutende Zuhälterei, Straftaten gegen die sexuelle Selbstbestimmung, Verstöße gegen das Waffenrecht und Gewaltkriminalität bis hin zu Tötungsdelikten[748]. Letztere Phänomene sind jedoch bei Schank- und Speisewirtschaften wie Kneipen oder Shishabars nicht seltener[749], werden aber auch dort nicht als Argument für den Ausschluss aus Wohn- und Mischgebieten akzeptiert.

Insbesondere aber sind diese Phänomene – ebenso wie allgemeine menschenwürdebezogene Probleme[750] – bauplanungsrechtlich irrelevant. Mit der Prostitution einhergehende Kriminalität oder Entwürdigung wird durch die Verweisung der Prostitution in eine andere Gebietsart weder bekämpft noch in ihrem Unrechtsgehalt verringert. Diese zweifellos bestehenden Probleme treffen ebenso auf die Straßenprostitution zu, die schon wegen § 29 Abs. 1 BauGB nicht vom Bauplanungsrecht erfasst wird. Sie sind allgemeine und nicht standortgebundene Probleme der Prostitution und damit anderen Rechtsgebieten zugewiesen. Ihnen kann polizeirechtlich[751], strafrechtlich und jetzt auch durch das Prostituiertenschutzgesetz (ProstSchG) vom 21. Oktober 2016 (BGBl. I S. 2372) begegnet werden. Das Bauplanungsrecht ist dagegen nicht das geeignete Instrument zu ihrer Bewältigung.[752] Schließlich wird die konkrete Sicherheit aller Beteiligten im Kerngebiet durch den dort erhöhten Grad an Öffentlichkeit besser gewährleistet als im Gewerbegebiet.

V. Galen behauptet, die bisher herrschende städtebauliche Einordnung der Prostitution würde maßgeblich auf ihrer negativen sozialethischen Bewertung beruhen.[753] Aber auch wenn dies zum Teil, wie im Zusammenhang mit dem Blickfeldargument[754], durchaus angenommen werden kann, ergibt sich unter strikter Auslassung sozialethischer Bewertungen keine andere Einschätzung als

748 OVG Hamburg 6.5.2015 juris, Rn. 55 m.w.N. und dem folgend auch BVerwG 2.11.2015 – juris, Rn. 4 als Bestätigung und Subsumtion des Blickfeldarguments.

749 *Zimmermann*, Behandlung der Prostitution, S. 129.

750 Nach VG Hamburg 22.11.2011 – BRS 79 Nr. 88, S. 453 (in den Folgeinstanzen, bis BVerwG 2.11.2015 – juris, offengelassen) soll dagegen die allgemeine negative sozialethische Wertung der Prostitution auch bei der Auslegung der Vergnügungsstätte deshalb berücksichtigungsfähig sein, weil für diese Wertung v. a. maßgebend sei, dass in für die Prostituierte entwürdigender Weise der Intimbereich zur Ware gemacht wird (bezeichnenderweise unter Verweis auf eine gewerberechtliche Entscheidung des BVerwG).

751 *Zimmermann*, Behandlung der Prostitution, S. 151.

752 VGH Mannheim 9.8.1996 – VBlBW 1996, S. 468.

753 Vgl. *v. Galen*, Rechtsfragen, Rn. 482, 484.

754 Früher deutlicher, etwa *Fickert/Fieseler*, BauNVO, 9. Aufl. 1998, § 4, Rn. 9.52, 9.57 und 9.59 a.E.

die der herrschenden Meinung – nämlich dass Wohnungsprostitution im allgemeinen Wohngebiet und die übrigen Prostitutionsbetriebe auch im Mischgebiet unzulässig sind. Denn das ergibt sich schon aus den von diesen Nutzungen ausgehenden städtebaulichen Wirkungen des Lärms, der äußeren Gestaltung und sonstiger milieubedingter Unruhe.

Daher hat auch eine durchaus denkbare Veränderung der sozialethischen Bewertung[755] durch das Prostitutionsgesetz (ProstG) vom 20. Dezember 2001 (BGBl I S. 3983) keine Auswirkung auf diese Einschätzungen[756]; denn sie sind städtebaulich begründet und als solche unabhängig vom Prostitutionsgesetz oder sonstigen sittlichen Bewertungen.

Das Baurecht hat die Prostitution schon vor langer Zeit akzeptiert, indem es Bordelle als Nutzungen im Sinne der BauNVO anerkannt hat. Es kann in dieser Hinsicht nicht mehr und nicht weniger leisten.

ee) Städtebauliche Auswirkungen in Kern- und Gewerbegebieten

Umstritten ist insbesondere, ob (größere[757]) Bordelle eher in Kerngebiete oder in Gewerbe- und Industriegebiete gehören.

Nach dem Bundesverwaltungsgericht gehören sie vorrangig in Gewerbegebiete[758] und gerade nicht ins Kerngebiet. Dies ist für das Bundesverwaltungsgericht

---

Oder einem Vorgehen in der Rechtsprechung, die Störungen bereits „automatisch“ aus der negativen sozialethischen Bewertung abgeleitet oder „milieubedingte Unruhe“ oder „Begleiterscheinungen“ als feststehende Begriffe wiederholt aber nicht im Einzelfall verifiziert, *v. Galen*, Rechtsfragen, Rn. 483.

755 Dafür etwa: VG Berlin 5.5.2009 – GewArch 2009, S. 322, 325, vgl. auch Grulit, GewArch 2008, S. 426, 427 m.w.N.; a.A. und m.w.N. zum Meinungsstand: *Fickert/Fieseler*, BauNVO, § 4, Rn. 9.62.

756 So die g.h.M., etwa: VGH Kassel 30.4.2009 – UPR 2010, S. 104, 105; VGH München 13.2.2008 – juris, Rn. 8 f; OVG Berlin 9.4.2003 – GewArch 2003, S. 498, 499; und zustimmend OVG Koblenz 15.1.2004 – BRS 67 Nr. 72, S. 308; VGH München 10.6.2010 – juris, Rn. 20; OVG Bautzen 28.6.2010 – juris, Rn. 7; VG Osnabrück 7.4.2005 – juris, Rn. 16; *Stühler*, BauR 2010, S. 1013, 1033; BT-Drs 16/4146, S. 39; im Ergebnis auch: VGH Mannheim 24.7.2002 – GewArch 2003, S. 496 f.; *Gurlit*, VerwArch 2006, S. 409, 427; *Stock*, in: E/Z/B/K, BauGB, § 4 BauNVO, Rn. 120; § 4a, Rn. 60; *Ziegler*, in Brügelmann, BauGB, § 4a BauNVO, Rn. 69.

757 Das Blickfeldargument sagt nichts über kleinere bordellartige Betriebe und Wohnungsprostitution mit entsprechend weniger Verbindung zum „Milieu“ (*Zimmermann*, Behandlung der Prostitution, S. 145); deshalb für die Zulässigkeit von Wohnungsprostitution im Kerngebiet: *Janning*, BauR 2005, S. 958, 959; *Loose/Schwägerl*, BayVBl 1992, S. 228, 234.

758 Und auch in Industriegebiete, vgl. BVerwG 25.11.1983 – E 68, S. 213, 217.

zugleich das entscheidende Argument gegen die Einstufung als Vergnügungsstätten, denn diese sind in Gewerbegebieten nur ausnahmsweise zulässig, in Industriegebieten unzulässig und sollen ihren Hauptstandort im Kerngebiet haben.

Das Bundesverwaltungsgericht begründet das mit dem sog. „Blickfeldargument", wonach Bordelle „Einrichtungen [sind], für die sich im Hinblick auf die allgemeine sozialethische Bewertung und auf die sich aus dem ‚Milieu' ergebenden Begleiterscheinungen eher ein Standort eignet, der außerhalb oder allenfalls am Rande des ‚Blickfeldes' und der Treffpunkte einer größeren und allgemeinen Öffentlichkeit liegt und auch nicht in der Nachbarschaft von Wohnungen."[759]

Soweit hierbei auf bloße sozialethische Kriterien abgestellt wird, ist dies städtebaulich irrelevant, s. dd).

Im Übrigen muss angemerkt werden:

Das Blickfeldargument trifft auf einhellig als Vergnügungsstätte angesehene Nutzungsarten wie Striptease-Lokale[760], Sauna-Clubs oder auch Spielhallen[761] in ähnlicher Weise zu.

Entsprechend bringt die Einstufung als Gewerbebetrieb in Hinsicht auf das Blickfeldargument auch keinen entscheidenden Vorteil gegenüber der Einstufung als Vergnügungsstätte. Denn auch als Gewerbebetrieb sind Bordelle im Kerngebiet gemäß § 7 Abs. 2 Nr. 3 BauNVO allgemein zulässig und auch nicht zwingend gebietsunverträglich.[762] Die Behandlung von Bordellen im Kerngebiet nach § 15 BauNVO oder die Regelung durch eine Sperrgebietsverordnung[763] oder § 1 Abs. 9 BauNVO ist ebenfalls von der Einstufung als Vergnügungsstätte oder Gewerbebetrieb unabhängig.

Es stimmt auch nicht, dass bei einer Einstufung von Prostitutionsbetrieben als Vergnügungsstätte gerade große Bordelle mit überörtlicher Bedeutung nur

---

759 St. Rspr. des BVerwG seit 25.11.1983 – E 68, S. 213, 215. Zuletzt wieder 2.11.2015 – BRS 83 Nr. 67, S. 450 f. Dem ausdrücklich folgend etwa: VGH Mannheim 5.3.2012 – BRS 79 Nr. 87 S. 445 f.; *Fickert/Fieseler*, BauNVO, § 4a, Rn. 23.74.

760 Ähnl. auch *Ellenrieder*, Niveaupflege, S. 18.

761 Vgl. etwa *W. Dürr*, GewArch 2011, S. 142, 144 f.

762 Vgl. nur OVG Berlin-Brandenburg 7.6.2012 – juris, Rn. 48 f. (für ein Laufhaus mit 48 Zimmern und Öffnungszeiten von 11 bis 6 Uhr); OVG Saarlouis 10.11.2015 – juris, Rn. 12 (für einen Betrieb kleineren Umfangs und ohne nächtliche Öffnungszeiten); *Stühler*, NVwZ 1997, S. 861, 867; *Fickert/Fieseler*, BauNVO, § 4a, Rn. 23.74, der dem Blickfeldargument zustimmt, aber zugleich für die Zulassung von Prostitutionsbetrieben nach § 7 Abs. 2 Nr. 3 BauNVO keine besonderen Schwierigkeiten sieht. Vgl. dazu auch *Wolf*, Prostitutive Einrichtung, S. 99 m.w.N.

763 Die auch dem Jugendschutz dienen kann, BVerfG 28.4.2009 – juris, Rn. 23, 25.

im Kerngebiet – also etwa in der Innenstadt – zulässig wären.[764] Großbordelle ins Gewerbegebiet zu verweisen, wie vom Bundesverwaltungsgericht gewollt, spricht nicht gegen eine Einstufung als Vergnügungsstätte. Denn auch Großdiskotheken, -kinos oder -spielhallen können nach § 15 BauNVO im Kerngebiet unzulässig sein. Zudem ist die Ausnahmezulässigkeit im Gewerbegebiet gerade für solche besonders großen Vergnügungsstätten gedacht.[765] Im Ergebnis kann der Vergnügungsstättenbegriff die verschiedenen Erscheinungsformen der Prostitution städtebaulich angemessen einordnen.[766]

Vertreter der Einstufung als Vergnügungsstätten halten Bordelle dagegen für den Gewerbe- und Industriegebieten wesensfremd, da sie in einer solchen Umgebung besonders auffallen[767] und Gewerbe- und Industriegebiete nach ihrem städtebaulichen Leitbild „produzierenden und artverwandten Nutzungen" vorbehalten seien[768].

Dagegen wird eingewandt, es sei gerade auch Zweckbestimmung von Gewerbegebieten, solchen Betrieben einen Standort zu bieten, die im Hinblick auf ihre spezifischen Standortanforderungen und ihre Auswirkungen zu Unverträglichkeiten in Gebieten führen würde, in denen (auch) gewohnt werden soll.[769] Dies ist für die Abgrenzung zwischen Kerngebiet und Gewerbegebiet jedoch ein zirkuläres Argument, setzt es doch bereits voraus, dass Bordelle im Kerngebiet unverträglich sind.

Auch sei das Gewerbegebiet kein bloßes „Industriegebiet light", wie § 8 Abs. 2 Nr. 2 BauNVO, mit seinen Betrieben aus Handel, Dienstleistung, Versicherung, Bankwesen, deutlich mache.[770] Klar ist jedoch, dass auch in Gewerbegebieten „gearbeitet" werden soll[771]. Bordelle sind zwar für die Prostituierten Arbeit, aber für die Kunden Freizeit. Sie entsprechen daher nicht dem in Gewerbe- und Industriegebieten allgemein zugelassenen Gewerbe, sondern den insbesondere dem Kerngebiet zugeordneten Vergnügungsstätten.

---

764 So aber VG Freiburg 24.10.2000 – NVwZ 2001, S. 1442, 1443.

765 Vgl. BR-Drs 354/89, Beschluss, S. 5.

766 A.A. *Zimmermann*, Behandlung der Prostitution, S. 150, gleiches gelte aber auch für die sonstigen Gewerbebetriebe.

767 VGH Mannheim 27.7.1971 – VwRechtsprechung 24 Nr. 12, S. 68, 76.

768 *Schlichter/Friedrich*, WiVerw 1988, S. 199, 226; a.A.: *Söfker*, in: E/Z/B/K, BauGB, § 8 BauNVO, Rn. 8 m.w.N.

769 BVerwG 25.11.1983 – E 68, S. 213, 215 f.

770 *Wolf*, Prostitutive Einrichtung, S. 101.

771 BVerwG 2.2.2012 – E 142, S. 1, Rn. 18; 20.12.2005 – BRS 69 Nr. 69, S. 361.

Dort würden sich Bordelle auch gut in die für – nach der Konzeption der BauNVO gerade als Kerngebiete angesehenen – Bahnhofs- und Vergnügungsviertel typische Mischung aus Schank- und Speisewirtschaften, kulturellen Einrichtungen und anderen Dienstleistern von sexuellem Angebot – insbesondere Sexdarstellungen, diverse (Nacht-)Bars mit Separees oder Ähnliches – einfügen, denn es entspricht den Bedürfnissen der Freier, ein Bordell oft im Anschluss an „vergnügliche" Abende in diesen Einrichtungen aufzusuchen. Freier brauchen dann nur die Straßenseite zu wechseln,[772] was auch Verkehrsaufkommen verringert.

Auch suchen diese Nutzungen wegen ihrer Animations- und Anbahnungsfunktion hinsichtlich des Bordellbesuchs die räumliche und wirtschaftliche Nähe zu den Bordellen[773].

Anders sieht es dagegen im Gewerbegebiet aus, wo sich typischerweise kaum Angebote befinden, die im Zusammenhang mit Prostitution nachgefragt werden.[774]

Zudem sind diese Nutzungen auch im Übrigen, insbesondere hinsichtlich ihrer städtebaulichen Auswirkungen, mit Prostitutionsbetrieben vergleichbar (s. b) und III.). Bei von sittlichen Motiven freier Betrachtung gehen von Bordellen keine anderen oder stärkeren Störungen aus als von anderen im Kerngebiet zulässigen Vergnügungsstätten, etwa Stripclubs, kerngebietstypischen Diskotheken oder großen Spielhallen. Im Kerngebiet ist ohnehin mit stärkeren Emissionen zu rechnen, beispielsweise auffälliger (Licht-)Reklame, Unruhe durch zahlreiche Besucher und Aktivitäten – durch die dortigen langen Öffnungszeiten auch bis spät in die Nacht.[775] Wenn ein konkretes Kerngebiet vorrangig als Einkaufsmeile zu charakterisieren ist, können die Gemeinden Nutzungen mit

---

772 *Zimmermann*, Behandlung der Prostitution, S. 140.

773 Vgl. *Malkmus*, Prostitution, S. 189 (sog. Lokalprostitution); *Wolf*, Prostitutive Einrichtung, S. 35 f.
Insbesondere in den 50er-Jahren und der Anfangszeit der BauNVO war dies die vorherrschende Prostitutionsform. Daher ist es auch kein Wunder, dass Bordelle – als sie schließlich in die Nutzungsarten der BauNVO eingeordnet wurden – selbstverständlich als Vergnügungsstätten angesehen wurden, vgl. VGH Mannheim 30.6.1970 – BRS 23 Nr. 25, S. 74, 75; 16.10.1974 – BWVPr 1975, S. 106, 107. Zweifel entzündeten sich nur daran, ob Bordelle überhaupt von der BauNVO erfasst werden sollen.

774 Dem kann auch nicht die „gute Verkehrsinfrastruktur" der Gewerbegebiete (vgl. OVG Münster 19.1.1983 – BRS 40 Nr. 51, S. 126) entgegengehalten werden, denn diese besteht jedenfalls nicht für den ÖPNV in den Abend- und Nachtstunden.

775 *Zimmermann*, Behandlung der Prostitution, S. 140, so auch OVG Berlin-Brandenburg 7.6.2012 – juris, Rn. 49; OVG Saarlouis 10.11.2015 – juris, Rn, 13.

sexuellem Charakter ebenso wie Spielhallen nach § 1 Abs. 9 BauNVO (wegen der Gefahr eines Trading-down-Effekts) ausschließen.

Größere Bordelle mögen zwar ins Gewerbegebiet gehören, was dieses aber noch nicht zum Hauptstandort der Prostitutionsbetriebe macht, da im Gewerbegebiet Wohnungsprostitution generell nicht möglich ist[776].

Der Einordnung der Prostitutionsbetriebe als Vergnügungsstätten wird, zumeist ohne nähere Begründung, entgegengehalten, dass dies gegenüber der Einordnung als sonstige Gewerbebetriebe zu unerträglichen und praxisfremden Ergebnissen führe.[777] Ein Vergleich der Einstufung als Gewerbebetrieb und Vergnügungsstätte in den einzelnen Baugebieten[778] widerlegt dies jedoch, denn die wenigen Unterschiede sind praktisch kaum bedeutsam[779] und sprechen eher für eine Einstufung als Vergnügungsstätte.

Im Gewerbegebiet wäre Wohnungsprostitution als Gewerbebetrieb allgemein zulässig, während die Ausnahmezulässigkeit der Vergnügungsstätte die Differenzierung zwischen Bordell (bzw. bordellartigem Betrieb) und Wohnungsprostitution erleichtern würde.[780] Im Industriegebiet ist die Zulässigkeit von Bordellen schon für den Fall ihrer Einordnung als Gewerbebetrieb umstritten.[781] Als Vergnügungsstätte wären sie dort generell unzulässig. Schließlich sind die Unterschiede im besonderen Wohngebiet aufgrund von dessen Nähe zum Mischgebiet oder gar Kerngebiet und der Möglichkeit auf § 15 BauNVO zurückzugreifen akzeptabel.

Dass die Einstufung als Vergnügungsstätte die Rechtssicherheit verbessert[782], lässt sich nur hinsichtlich Industriegebieten nachvollziehen. In Gestalt der Abgrenzung zwischen kerngebietstypischer und nicht kerngebietstypischer

---

776 *Stühler*, BauR 2010, S. 1013, 1023; zustimmend: *Fickert/Fieseler*, BauNVO, § 8, Rn. 5.4; *Söfker*, in: E/Z/B/K, BauGB, § 8 BauNVO, Rn. 24a.
Das muss aber nicht damit begründet werden, dass Wohnungsprostitution ein Wohnen der Prostituierten voraussetzt, denn sie erfordert schon faktisch das unauffällige Umfeld von Wohnnutzungen.

777 *Zimmermann*, Behandlung der Prostitution, S. 141 (z.B. *Bielenberg*, in: E/Z/B/K, BauGB, 55. Lfg. 1997, 4a BauNVO, Rn. 58).

778 Vgl. etwa *Zimmermann*, Behandlung der Prostitution, S. 141 ff.

779 *Ziegler*, in: Brügelmann, BauGB, § 4a BauNVO, Rn. 74; *Zimmermann*, Behandlung der Prostitution, S. 149.

780 *Zimmermann*, Behandlung der Prostitution, S. 148.

781 Vgl. *Ziegler*, in: Brügelmann, BauGB, § 4a BauNVO, Rn. 72; *Stühler*, BauR 2010, S. 1013, 1023 f.; *Wolf*, Prostitutive Einrichtung, S. 103 f.

782 *Stühler*, NVwZ 1997, S. 861, 867; *Zimmermann*, Behandlung der Prostitution, S. 150.

Vergnügungsstätte bleibt die schwierige Differenzierung zwischen bordellartigen Betrieben und Wohnungsprostitution (etwa im Mischgebiet) bestehen.

ff) Trading-down-Effekt

Trotz des Wandels der gesellschaftlichen Anschauungen sind Bordelle und bordellartige Betriebe, jedoch nicht die unauffällige Wohnungsprostitution, auch heute noch in der Lage, einen Trading-down-Effekt auszulösen.[783] Diese Verdrängung anderer gewerblicher Nutzungen bis zum Kippen des Gebiets ergibt sich (indirekt) insbesondere aus ihren Wirkungen milieubedingter Unruhe sowie Ansehensminderung benachbarter gewöhnlicher Gewerbebetriebe, die unter der Anschrift eines bekannten Rotlichtbereichs firmieren müssen.[784] Teilweise wird auch der bereits oben (B. I. 2. b) aa)) beschriebene „Mieteffekt" angenommen.[785]

Bordelle sind also auch im Gewerbegebiet mit städtebaulichen Problemen verbunden. Der Trading-down-Effekt ist aber für die Einordnung in Nutzungsarten oder Baugebiete nur begrenzt fruchtbar und durch die Anwendung der §§ 1 Abs. 5 und 9, § 15 BauNVO zu lösen.[786]

d) Ergebnis

Wenn, aus Gründen der Praktikabilität, Verständlichkeit und um wenigstens einige Aspekte typisieren zu können, alle der vielfältigen Prostitutionsbetriebe unter eine Nutzungsart der BauNVO gefasst werden sollen, ist dafür die Vergnügungsstätte vorzuziehen, denn die Prostitutionsbetriebe erfüllen die gegenüber den Gewerbebetrieben bestehenden Besonderheiten der Vergnügungsstätte. Sie alle sind generell wohngebietsunverträglich, insbesondere aufgrund ihrer spezifischen besonderen Störungen (s. cc)), und sind hinreichend vom Wortlaut „Vergnügungsstätte" erfasst sowie mit den anderen, allgemein als Vergnügungsstätten

---

783 VG Karlsruhe 27.10.2009 – juris, Rn. 51. Vgl. VGH Kassel 5.2.2004 – BRS 67 Nr. 123, S. 549 f.; 30.4.2009 – UPR 2010, S. 104, 105 f.; OVG Bautzen 28.6.2010 – juris, Rn. 7; OVG Koblenz 27.8.2009 – BRS 74 Nr. 85, S. 419; VGH München 13.2.2008 – juris, Rn. 6 f.; VGH Mannheim 24.4.2013 – BauR 2013, S. 1635, 1636; *Janning*, BauR 2005, S. 958, 960.

784 VGH Mannheim 24.4.2013 – BauR 2013, S. 1635, 1636; VG München 25.4.2005 – juris, Rn. 82; VG Karlsruhe 27.10.2009 – juris, Rn. 51.

785 Vgl. OVG Koblenz 11.5.2005 – BRS 69 Nr. 35, S. 232 m.w.N.; VG Trier 13.2.2008 – juris, Rn. 23.

786 Vgl. 1. Teil B. II. 5.; 2. Teil B. I. 2 d).

angesehenen Nutzungen mit sexuellem Charakter vergleichbar.[787] Die dennoch insbesondere wegen der Wohnungsprostitution bestehende Bandbreite an städtebaulichen Auswirkungen kann über die Differenzierung zwischen kerngebietstypischer und nicht kerngebietstypischer Vergnügungsstätte treffend erfasst werden.

II. Swingerclubs

1. Definition

Swingerclubs werden als Einrichtungen beschrieben, deren Zweck es ist „ihren Besuchern (Einzelpersonen oder Paaren) gegen eine einmalige Entgeltpauschale Gelegenheit zu sexuellen Kontakten mit anderen gleichgesinnten Partnern in einem erotisierenden Ambiente zu bieten bzw. zu solcher Betätigung anzuregen, wobei Partnertausch und Gruppensex im Mittelpunkt stehen. Entsprechend dieser Zielsetzungen sind die Räumlichkeiten ausgestaltet. Außer Bereichen zur Kontaktaufnahme und zur Einnahme von Speisen und Getränken finden sich Räume zum Umkleiden, zur Reinigung und erotisierenden Vorbereitung (Sauna, Whirlpool, Dampfbad, Pornovideos, etc.) wie zur Durchführung der sexuellen Handlungen (Matrazen- und Schlafräume, etc.)".[788]

Dies ist eine Definition dessen, was allgemein unter einem Swingerclub zu verstehen ist. Für bauplanungsrechtliche Zwecke ist die Abgrenzung zur Prostitution (insbesondere zu sog. Sauna-/FKK-Clubs) hervorzuheben, wofür entscheidend ist, dass die Zahlung demjenigen, der sexuelle Handlungen vornimmt, nicht – auch nicht indirekt[789] – zukommt. Vielmehr werden die sexuellen Handelnden dafür – von wem auch immer – nicht bezahlt.

---

787 Nach den im 1. Teil B. III. vorgestellten Skalen ist von folgenden Werten auszugehen: Vergnügungsstätte nach Maßgabe des allgemeinen Sprachgebrauchs: 50 von 80; Vergnügungsstätte nach Maßgabe der für sie typischen städtebaulichen Merkmale der Wohn(gebiets)unverträglichkeit und Zentralität: 85 von 100 für eine Gesamtschau der Prostitutionsbetriebe. Insgesamt liegt damit ein Wert von 135 und damit eine Vergnügungsstätte vor.

788 VGH Mannheim 28.11.2006 – BRS 70 Nr. 73, S. 400; *Stühler*, GewArch 2006, S. 20; zum Teil unter Verweis auf die Sachverhalte der gaststättenrechtlichen Entscheidungen (BVerwG 6.11.2002 – NVwZ 2002, S. 603; OVG Berlin 5.6.2002 – Grundeigentum 2002, S. 1569) was unterstreicht, dass es sich hierbei eher um eine faktische Definition einer Nutzung, als um eine spezifisch bauplanungsrechtliche handelt.

789 Z.B. seitens des Anbieters der Räumlichkeiten. Insofern ungenau: *Ziegler*, in: Brügelmann, BauGB, § 4a BauNVO, Rn. 71.

Eine griffigere und auf die städtebaulichen Erfordernisse des Baunutzungsrechts zugeschnittene Definition könnte daher wie folgt lauten: Einrichtungen, deren Zweck es ist, einer nicht unerhebliche Besucherzahl[790] gegen Pauschalentgelt Räumlichkeiten für die Vornahme von unentgeltlichen sexuellen Handlungen untereinander zur Verfügung stellen.[791]

Alles, was unter diese Definition fällt, ist baurechtlich mit den unter die obere Definition fallenden – allgemeinsprachlich als Swingerclubs bezeichneten – Nutzungen gleichzusetzen. Sie ist für die Praxis wesentlich handhabbarer, die sich damit von bloßen Bezeichnungen befreien und vor allem den immer neuen Erscheinungen der Branche sicher begegnen kann.[792]

2. *Einordnung und Begründung*

Swingerclubs werden von Rechtsprechung und Literatur allgemein als Vergnügungsstätte eingestuft.[793]

Eine eindeutige Entscheidung des Bundesverwaltungsgerichts liegt jedoch nicht vor. Es befasste sich zwar in einem Beschluss vom 25. März 2004 mit der baurechtlichen Einstufung von Swingerclubs, erwähnte den Begriff der Vergnügungsstätte dabei allerdings nicht und diskutierte ausschließlich eine Zulässigkeit als sonstiger Gewerbebetrieb im allgemeinen Wohngebiet. Es ging jedoch um einen Bebauungsplan von 1976 in dessen Rahmen eine Abgrenzung zwischen sonstigem Gewerbebetrieb und Vergnügungsstätte nach der Rechtsprechung des

790 Ohne dieses Kriterium könnten auch bloße „Liebesnester" für Paare erfasst sein, die aber wegen ihres geringen Besucherverkehrs nicht mit Vergnügungsstätten gleichgesetzt werden können.

791 Ähnlich auch der Leitsatz des VGH Mannheim 28.11.2006 – BRS 70 Nr. 73, S. 397.

792 So sind sog. Darkrooms Vergnügungsstätten, vgl. dazu auch, *Kölner Stadt-Anzeiger*, Severinstraße in Köln – Ausnahme für Darkrooms, https://www.ksta.de/koeln/severinstrasse-in-koeln-ausnahme-fuer-darkrooms,15187530,26848778.html (Stand 15.1.2019).

793 VGH Mannheim 29.7.1991 – juris, Rn. 6; 28.11.2006 – BRS 70 Nr. 73, S. 399; VGH Kassel 27.3.2001 – juris, Rn. 5; OVG Schleswig 6.12.2001 – jurionRS 2001, 19116, Rn. 25; VGH München 30.7.2002 – juris, Rn. 2 (als jedenfalls mit Vergnügungsstätten vergleichbar); 29.12.2003 – NVwZ 2003, S. 15, 16; VG Karlsruhe 9.8.2000 – BeckRS 2005, 24177; VG Darmstadt 26.6.2012 – juris, Rn. 35; *Bielenberg*, in: E/Z/B/K, BauGB, 55. Lfg. 1997, § 4a BauNVO, Rn. 58a; *Stühler*, GewArch 2006, S. 20, 22; *Pauly*, GewArch 2003, S. 151, 154; *Fickert/Fieseler*, BauNVO, § 4, Rn. 9.5; § 4a, Rn. 22.22.

Bundesverwaltungsgerichts ohnehin nicht erforderlich war. Das Bundesverwaltungsgericht hat die Frage also zumindest offengelassen.[794]

Jedoch äußert es sich zur Abgrenzung zum Wohnen.[795] Eine bloß private Partygruppe aus dem Freundeskreis der Veranstalter zur Befriedigung ihrer eigenen sexuellen Interessen kann zwar als Form privater Lebensgestaltung in der Variationsbreite des Wohnens liegen. Wenn jedoch ein Entgelt erhoben wird, die Inhaber der Räumlichkeiten nicht an den angebotenen Vergnügungen teilnehmen, sondern in erster Linie als Personal fungieren[796] oder der Zugang unter entsprechender Werbung einem grundsätzlich unbeschränkten Teilnehmerkreis offensteht[797], liegt eine gewerbliche Nutzung vor.

Die Begründung der Einstufung als Vergnügungsstätte erfolgt zum Teil lediglich durch eine Subsumtion der inneren Einrichtung und Vorgänge unter die herrschende, auf den allgemeinen Sprachgebrauch fixierte Definition der Vergnügungsstätte, insbesondere wenn die Abgrenzung zu Schank- und Speisewirtschaften in Rede steht.[798]

Andere begründen die Vergnügungsstätteneigenschaft mit der Wohngebietsunverträglichkeit von Swingerclubs. Swingerclubs widersprächen der Zweckbestimmung der Wohngebiete, in erster Linie störungsfreies Wohnen (insbesondere für die Abend- und Nachtstunden) zu gewährleisten, denn sie werden typischerweise nachts betrieben und bringen damit entsprechende Störungen durch Kfz-Verkehr mit sich.[799]

Die Besucher der Swingerclubs wollen jedoch in der Regel gerade unauffällig bleiben, und es liegt eine geringe Fluktuation vor. Auch sonstige milieutypische

---

794 *Wahlhäuser*, in: Bönker/Bischopink, BauNVO, § 4a, Rn. 77; *Ziegler*, in: Brügelmann, BauGB, § 4a BauNVO, Rn. 73 lesen aus der Entscheidung gar eine Einstufung als Vergnügungsstätte heraus.

795 Vgl. dazu auch o. I. 1. c).

796 BVerwG 25.3.2004 – BRS 67 Nr. 70, S. 302; VGH München 29.12.2003 – NVwZ 2003, S. 15, 16; zustimmend: *Fickert/Fieseler*, BauNVO, § 4, Rn. 9.5; *Stock*, in: E/Z/B/K, BauGB, § 4 BauNVO, Rn. 32.

797 OVG Schleswig 6.12.2001 – jurionRS 2001, 19116, Rn. 27; VGH Mannheim 28.11.2006 – BRS 70 Nr. 73, S. 400; *Stühler*, GewArch 2006, S. 20. Daran ändert auch das Angebot auf Mitgliederbasis nichts, vgl. VG Karlsruhe 9.8.2000 – BeckRS 2005, 24177 sowie auch 1. Teil B. I. 3. b).

798 So etwa VGH Mannheim 29.7.1991 – juris, Rn. 6; VGH Kassel 27.3.2001 – juris, Rn. 5; VG Karlsruhe 9.8.2000 – BeckRS 2005, 24177.

799 VGH München 29.12.2003 – NVwZ 2003, S. 15, 16; zustimmend *Stühler*, GewArch 2006, S. 20, 22; so i. E. auch OVG Schleswig 6.12.2001 – jurionRS 2001, 19116, Rn. 25 und *Fickert/Fieseler* § 4 BauNVO, Rn. 9.5.

Unruhe (vgl. o. insbesondere I. 3. c) cc)) wird nicht zu verzeichnen sein. Da im Unterschied zur Prostitution für sexuelle Handlungen nicht gezahlt wird, besteht weniger Anschluss an das „Milieu" und auch weniger Grund für Streit.[800] Besondere, über die bloße nächtliche Nutzung hinausgehende Lärmstörungen liegen also nicht vor.

Daher wird zum Teil zusätzlich auf den Zweck des allgemeinen Wohngebiets, atypische Nutzungen zu vermeiden, die den Gebietscharakter der kollektiven Wohngemeinschaft bzw. das Wohnumfeld durch sonstige „atmosphärische" Begleiterscheinungen beeinträchtigen, abgestellt.[801] Konkretisiert werden diese Begleiterscheinungen aber nicht. Daher drängt sich der Verdacht einer rein sittlichen und somit baurechtlich unzulässigen Bewertung auf.

Die Wohngebietsunverträglichkeit von Swingerclubs ergibt sich aber auf jeden Fall daraus, dass ein Swingerclub ein Gewerbe mit – im Unterschied zu Wohnungsprostitution und auch Spielhallen sowie Schank- und Speisewirtschaften – typischerweise nächtlicher Hauptbetriebszeit, nicht nur einzelnen Kunden und übergemeindlichem Einzugsbereich ist.

Gegen die Einstufung von Swingerclubs als Vergnügungsstätten und für eine Einordnung als sonstige Gewerbebetriebe spricht zwar, dass auch öfter Betriebe vorkommen werden, die wegen ihres geringen Störgrads und fehlenden kerngebietstypischen Besucherzahlen von über 20–30 Personen nicht auf Kerngebiete angewiesen sind.[802] Nach dem vorgeschlagenen Verständnis (1. Teil B. III.) jedoch kann der Swingerclub aufgrund der typushaften Gesamtschau der Kriterien noch unter den Begriff der Vergnügungsstätte gefasst werden. Im Unterschied zur Spielhalle hat er typischerweise störendere Auswirkungen auf das Wohnen und einen höheren Einzugsbereich.[803]

Dass Swingerclubs auch keine Schank- und Speisewirtschaften oder Beherbergungsbetriebe sind, ergibt sich aus der üblichen Schwerpunktbetrachtung.[804]

---

800 Vgl. zu alledem etwa VG Darmstadt 26.6.2012 – juris, Rn. 42. a.A. wohl *Wolf*, Prostitutive Einrichtung, S. 26.

801 VGH München 30.7.2002 – juris, Rn. 2; 29.12.2003 – NVwZ 2003, S. 15, 16; i.E. ebenso *Stühler*, GewArch 2006, S. 20, 23 f.

802 Sie werden deshalb auch in vielen Fällen als nicht kerngebietstypische Vergnügungsstätte eingestuft, vgl. 3. Teil A. VII.

803 Swingerclubs entsprechen einer Vergnügungsstätte nach Maßgabe des allgemeinen Sprachgebrauchs vollständig (80 von 80); in den für Vergnügungsstätten typischen städtebaulichen Merkmale der Wohn(gebiets)unverträglichkeit und Zentralität erreichen sie 45 von 100 und damit einen Gesamtwert von 125.

804 Vgl. dazu etwa A. I. 2. oder B. I. 3.

Zwar werden in Swingerclubs auch Getränke ausgeschenkt und (kleinere) Speisen (zur Selbstbedienung) verabreicht. Doch steht nicht der Bewirtungszweck im Vordergrund; er hat vielmehr vorbereitende und dienende Funktion und ist wirtschaftlich bedeutungslos, sondern vielmehr die Befriedigung der erotisch-sexuellen Interessen der Besucher.

Das ergibt sich aus einer Gesamtschau des Gepräges, also sowohl der Einrichtung der Räume (etwa einer Bar, die Esstische ersetzt, Zweiersofas sowie Einrichtung mit eindeutig sexuellem Bezug) als auch dem Inhalt der Werbung, den Öffnungszeiten und besonders augenfällig durch die gestaffelten Pauschalpreise, bei denen einzelne Männer das Vielfache von Paaren zu zahlen haben, während einzelne Frauen nichts oder jedenfalls deutlich weniger als Paare zahlen.[805]

III. Vorführ- und Geschäftsräume, deren Zweck Darstellungen mit sexuellem Charakter sind

Im Unterschied zu Angeboten, bei denen der Besucher selbst an der Vornahme sexueller Handlungen beteiligt ist (I. und II.), geht es hier um die Darstellung sexueller Handlungen, entweder mithilfe medialer Unterstützung (Porno-Kinos, Videokabinen, Video-Peepshows) oder unmittelbar (Striptease-, Life-Sex- oder Peepshows).[806]

Diese Nutzungen werden allgemein als typische Vergnügungsstätten angesehen.[807] Nähere Begründungen werden nur selten gegeben: Weil das Gemeinschaftserlebnis (zumindest strukturell) im Vordergrund stehe[808], wogegen aber Peepshow und Videokabine sprechen (vgl. auch o. I. 3. b) aa)), oder weil sie den Besuchern zu Freizeitunterhaltung und Vergnügen dienen, für das zu

---

805 VGH Mannheim 29.7.1991 – juris, Rn. 6; 28.11.2006 – BRS 70 Nr. 73, S. 400; VGH Kassel 27.3.2001 – juris, Rn. 5; VG Ansbach 16.06.2004 – BeckRS 2004, 32437.

806 Zur Nutzungsänderung, vgl. OVG Münster 1.7.1986 – GewArch 1987, S. 158, 159.

807 Vgl. nur OVG Lüneburg 11.9.1986 – BRS 46 Nr. 55, S. 133; OVG Münster 27.2.1987 – BRS 47 Nr. 202, S. 498; 23.9.1988 – NVwZ-RR 1989, S. 344, 345; *Fickert/Fieseler*, BauNVO, § 4a, Rn. 22.21; *Jeromin*, Zulässigkeit von Vergnügungsstätten, S. 15 f.; *Wahlhäuser*, in: Bönker/Bischopink, BauNVO, § 4a, Rn. 76; *Roeser*, in: K/R/S, BauNVO, § 7, Rn. 16; *Reidt*, in: Gelzer/Bracher/Reidt, BauPlR, Rn. 1434; *Scharmer*, Steuerungsmöglichkeiten, S. 13 f; *Stühler*, BauR 2013, S. 685, 687; *Söfker*, in: E/Z/B/K, BauGB, § 6 BauNVO, Rn. 42.

808 *Weidemann*, in: Die städtebauliche Steuerung von Vergnügungsstätten, S. 29.

zahlen ist[809], was ein sehr stark vergnügungssteuerlich orientierter Ansatz ist (vgl. 1. Teil B. I. 4. a)).

Am überzeugendsten ist daher die Bezugnahme auf die „typischen, lästigen Begleiterscheinungen des nächtlichen Amüsierbetriebs".[810] Denn nach städtebaulicher Betrachtung ergeben sich für diese Nutzungen ein großer Einzugsbereich und Besucherströme bei gleichzeitigem Nutzungsschwerpunkt auf den Abend- und späten Nachtstunden, woraus sich die nächtliche Lärmproblematik wegen An- und Abfahrt, aber auch wegen alkoholisierter Besucher[811] sowie eine Verortung im Kerngebiet ergibt. Dafür sprechen auch ihre regelmäßige Verbindung zum entsprechenden Milieu und den daraus resultierenden Begleiterscheinungen und die oft auffällige Außengestaltung und -werbung. Schließlich werden die Betriebe der Sexdarstellungen eindeutig von der herrschenden Definition der Vergnügungsstätte über den allgemeinen Sprachgebrauch erfasst.

Aktuell ist die Problematik von Webcam-Shows aus Privatwohnungen. Eine solche Nutzung liegt, ähnlich wie ein Telearbeitsplatz, auch als dauerhafte und regelmäßige, auf Erwerb gerichtete Tätigkeit in der Bandbreite des Wohnens, wenn sie städtebaulich neben dem Wohnen nicht mehr als geringfügig nach außen in Erscheinung tritt.[812] Dies ist möglich, denn Webcam-Shows können vollständig anonym und über ausschließlich virtuellen Kundenkontakt betrieben werden, sodass weder Milieustörungen[813] noch Kundenverkehr entstehen.

Ein Wohnen ist aber jedenfalls dann nicht gegeben, wenn Kunden- oder Lieferverkehr entsteht, etwa weil Dritte (ggf. mit Hilfe von Werbung) zu gewerblichen Zwecken in die Wohnung eingeladen werden und die Wohnung den betrieblichen Mittelpunkt – gleichsam die Hauptniederlassung – eines Gewerbes darstellt.[814] Dann liegt, je nach konkreter Ausgestaltung, eine Vergnügungsstätte (Swingerclub, Sexshow, Prostitution) oder ein Gewerbebetrieb (Filmdreh) vor.

---

809 OVG Berlin 9.4.1997 – BRS 59 Nr. 215, S. 637; OVG Münster 23.9.1988 – NVwZ-RR 1989, S. 344, 345.

810 VGH München 20.12.1991 – GewArch 1993, S. 37.

811 Jedenfalls bei denen mit Gemeinschaft verbunden Nutzungen, die sich in dieser Hinsicht Diskotheken annähern (so auch, wegen der Betriebszeiten, *Stock*, in: K/R/S, BauNVO, § 4a, Rn. 38).

812 VG München 5.10.2016 – juris, Rn. 23 f.

813 *Wolf*, Prostitutive Einrichtung, S. 29.

814 So bei VG München 5.10.2016 – juris, Rn. 23 ff.

IV. Sexshops

Unter „Sexshops" sind „Verkaufsstellen für Sexartikel" zu verstehen.[815]

1. *Einordnung*

Unstreitig ist, dass „Sexshops" keine Vergnügungsstätten, sondern Einzelhandelsbetriebe sind.[816] Von anderen Einzelhandelsgeschäften sind sie nur durch das Sortiment unterscheidbar.[817]

Allerdings wird gelegentlich – jedoch ohne Verweise – angeführt, Sexshops würden als Vergnügungsstätte gesehen.[818] Dies bezieht sich wohl darauf, dass Sexshops – insbesondere von Politikern und stadtplanenden Nichtjuristen – oft undifferenziert und ohne weitere Argumente in die Vergnügungsstätten eingereiht werden.[819] Doch selbst Juristen, denen klar ist, dass Sexshops schon nach

---

815 OVG Lüneburg 11.9.1986 – BRS 46 Nr. 55, S. 132; *Reidt*, in: Gelzer/Bracher/Reidt, BauPlR, Rn. 1435.

816 OVG Lüneburg 11.9.1986 – BRS 46 Nr. 55, S. 133 f.; 8.5.1987 – BRS 47 Nr. 199, S. 491; OVG Münster 27.2.1987 – BRS 47 Nr. 202, S. 498 f. (oder sonstige Gewerbebetriebe); 9.1.1989 – BRS 49 Nr. 77, S. 201; VGH Mannheim 16.12.1991 – NVwZ-RR 1993, S. 122, 125; OVG Berlin 9.4.1997 – BRS 59 Nr. 215, S. 637; *Reidt*, in: Gelzer/Bracher/Reidt, BauPlR, Rn. 1435; *Fickert/Fieseler*, BauNVO, § 4a, Rn. 16.1; 22.3; *Stock*, in: E/Z/B/K, BauGB, § 4a BauNVO, Rn. 69; *Wahlhäuser*, in: Bönker/Bischopink, BauNVO, § 4a, Rn. 77; *Wank*, Spielhalle, S. 50; *Schlichter/Friedrich*, WiVerw 1988, S. 199, 209; *Scharmer*, Steuerungsmöglichkeiten, S. 14; *Jeromin*, Zulässigkeit von Vergnügungsstätten, S. 21; NVwZ 1989, S. 33; *Redeker*, Sexshops und Spielhallen, S. 11; *Ellenrieder*, Niveaupflege, S. 17; *H. Dürr*, DÖV 1992, S. 231, 232.
Das gilt auch für Videotheken: VGH Mannheim 12.9.1984 – BauR 1985, S. 537; *Schlichter/Friedrich*, WiVerw 1988, S. 199, 209; *Scharmer*, Steuerungsmöglichkeiten, S. 14, 36; *Jeromin*, Zulässigkeit von Vergnügungsstätten, S. 21; *Ellenrieder*, Niveaupflege, S. 19; *Stock*, in: E/Z/B/K, BauGB, § 4a BauNVO, Rn. 69; *Wahlhäuser*, in: Bönker/Bischopink, BauNVO, § 4a, Rn. 77.
Wobei die auch genannten Läden nach allgemeiner Meinung einen Unterfall der Einzelhandelsbetriebe darstellen, vgl. etwa *Söfker*, in: E/Z/B/K, BauGB, § 5 BauNVO, Rn. 41; *Fickert/Fieseler*, BauNVO, § 5, Rn. 15.1.

817 OVG Lüneburg 11.9.1986 – BRS 46 Nr. 55, S. 134; *Redeker*, Sexshops und Spielhallen, S. 9; *Fickert/Fieseler*, BauNVO, § 7, Rn. 7.4.

818 Vgl. *H. Dürr*, DÖV 1992, S. 231, 232 (die „allgemeine[] Praxis"); *Wank*, Spielhalle, S. 50 („bisweilen angenommen").

819 I. E. geht es dabei immer um Festsetzungen nach § 1 BauNVO (womit die Gemeinde auch eine gewisse Definitionshoheit innehat, vgl. 3. Teil B. und die Einleitung), insbesondere im Zusammenhang mit Sexdarstellungen (*Fieseler*, in: Göb/Schuster, Reform der BauNVO, S. 15, 21; aber auch *Fickert/Fieseler*, BauNVO, § 7, Rn. 7.5; vgl.

dem Wortlaut als Läden behandelt werden müssen, bedauern dies, da Sexshops oft dieselben Negativeffekte wie Spielhallen und ähnliche Vergnügungsstätten aufwiesen.[820]

Sexshops stellen jedoch auch bei vom Wortlaut der Nutzungsbegriffe losgelöster, rein städtebaulicher Betrachtung keine Vergnügungsstätte dar. Sie werden überwiegend nicht nachts betrieben.[821] Auch die sonstigen Begleiterscheinungen eines Amüsierbetriebs weisen sie nicht auf: Die Kunden sind in der Regel auf Anonymität bedacht und verhalten sich unauffällig. Ähnlichkeiten mit manchen Vergnügungsstätten bestehen nur in der Jugendschutzrelevanz, der negativen moralischen Bewertung und damit dem schlechten Ruf, der aber auch von der äußeren Gestaltung und dem Umfeld (Großstadt) abhängt.

Umstritten ist, inwieweit Sexshops zu einem Trading-down-Effekt beitragen können. Dagegen spricht, dass Sexshops, im Unterschied zu Sexdarstellungen, keinerlei Wettbewerbsvorteile außer ihrem Sortiment haben und daher nicht in gleichem Maße Verdrängungsgefahr bestehen könne.[822] Entscheidend ist jedoch (vgl. 2. Teil B. I. 2. b) aa)), dass sie dennoch das Niveau senken können[823]; zumindest bei entsprechender Werbung, Außengestaltung und Konzentration von anderen Nutzungen mit sexuellem Charakter in der Nähe[824].

Die Ähnlichkeiten mit manchen Vergnügungsstätten sind jedoch allesamt städtebaulich irrelevant oder als Kriterium zur Bestimmung der Nutzungsarten ungeeignet.[825] Zudem unterfallen Sexshops schon aufgrund der Wortlautgrenze zwischen Vergnügungsstätten und Einzelhandelsbetrieben Letzteren.

S. 6 der Begründung zu Bebauungsplan 778 Wuppertal [„Spielhallen, Porno-Shops, Sexkinos und vergleichbare Vergnügungsstätten"]; den Essener Bebauungsplan bei *Wiese-von Ofen*, in: Scharmer, Spielhallen in der Diskussion, S. 79, 82; BR-Drs 390/88 [Beschluss]; ähnl. im Verfahren zur BauNVO 1990 (BR-Drs 354-3-89).

820 Vgl. etwa *Janning*, in: Scharmer, Spielhallen in der Diskussion, S. 117, 139.

821 Bis zur Föderalismusreform war dies schon durch das Ladenschlussgesetz vorgegeben. Momentan bestehen bezüglich des Ladenschlusses zwar kaum Einschränkungen, faktisch haben die meisten Sexshops aber die früheren Öffnungszeiten beibehalten. Ob die Öffnungszeiten auf die Nacht ausgedehnt werden, scheint hauptsächlich von der Politik der dahinterstehenden Kette abzuhängen und ob Videokabinen angeboten werden (s. dazu 2.).

822 OVG Lüneburg 11.9.1986 – BRS 46 Nr. 55, S. 133.

823 OVG Münster 9.1.1989 – BRS 49 Nr. 77, S. 201; VGH Mannheim 3.3.2005 – BRS 69 Nr. 119, S. 582 f.; ebenso *Schlichter/Friedrich*, WiVerw 1988, S. 199, 236; *Ellenrieder*, Niveaupflege, S. 56.

824 VGH Mannheim 16.12.1991 – NVwZ-RR 1993, S. 122, 124 f.; OVG Münster 11.10.2001 – juris, Rn. 13 ff.

825 Vgl. 1. Teil B. II. 2. und 5.

2. *Angebot von Filmvorführungen in Sexshops*

Im Grundsatz besteht Einigkeit, dass Sexshops, wenn sie Sex-(Film-)Vorführungen anbieten, also insbesondere mit Videokabinen kombiniert werden,[826] Vergnügungsstätten sind.[827]

Unklar ist jedoch, ab wann genau dies der Fall ist.

Überwiegend scheint insbesondere auf die Kabinenzahl und ihren Zweck (Verkaufsförderung oder Vergnügen) abgestellt zu werden[828], wobei auch weiteren Elementen einer wirtschaftlich-räumlichen Schwerpunktbetrachtung keine Absage erteilt wird, auch wenn diese nicht immer so explizit zugrunde gelegt wird, wie etwa bei der Abgrenzung zwischen Schank- und Speisewirtschaften und Vergnügungsstätten.[829]

Jeromin dagegen genügt allein, dass Filme gezeigt werden, also jegliche Aufstellung von Videokabinen, um eine Vergnügungsstätte anzunehmen. Denn

---

826 Eine andere Frage ist, wann Kabinen und Verkauf als eigenständig angesehen und getrennt betrachtet werden müssen, dazu diffus: OVG Münster 27.2.1987 – BRS 47 Nr. 202, S. 498; OVG Berlin 9.4.1997 – BRS 59 Nr. 215, S. 637; VG Arnsberg, 17.6.2008 – juris.

827 OVG Lüneburg 8.5.1987 – BRS 47 Nr. 199, S. 491; OVG Münster 27.2.1987 – BRS 47 Nr. 202, S. 498; OVG Bremen 4.4.1991 – BRS 52 Nr. 50, S. 135; *Scharmer*, Steuerungsmöglichkeiten, S. 14; *Redeker*, Sexshops und Spielhallen, S. 11; *Jeromin*, Zulässigkeit von Vergnügungsstätten, S. 21; *Schlichter/Friedrich*, WiVerw 1988, S. 199, 209; *Stühler*, BauR 2013, S. 685; *Weidemann*, in: Die städtebauliche Steuerung von Vergnügungsstätten, S. 3, 29; *Fickert/Fieseler*, BauNVO, § 4a, Rn. 16. 1, 22.3; § 7, Rn. 7.4; *Bönker*, in: Bönker/Bischopink, BauNVO, § 7, Rn. 81; *Roeser*, in: K/R/S, BauNVO, § 7, Rn. 16. Für Videotheken: *Scharmer*, Steuerungsmöglichkeiten, S. 36; *Jeromin*, Zulässigkeit von Vergnügungsstätten, S. 21.

828 OVG Lüneburg 11.9.1986 – BRS 46 Nr. 55, S. 135, wonach bloß ein oder zwei Videokabinen, die dem Probeschauen potenzieller Käufer dienen, nicht genügen; i.E. so wohl auch *Fickert/Fieseler*, BauNVO, § 7, Rn. 7.4, wenn sie mindestens „mehrere" Videokabinen verlangen. Eine kerngebietstypische Vergnügungsstätte liege jedenfalls bei mehr als zehn Kabinen oder insgesamt mehr als 200 m^2 Fläche vor und *Fickert*, BauR 1990, S. 263, 270, wenn er auf die Änderung einer Gaststätte durch die Aufstellung einer von zwei bis drei Spielgeräten in eine Spielhalle verweist.

829 OVG Bremen 4.4.1991 – BRS 52 Nr. 50, S. 135 (20 Videokabinen jedenfalls Vergnügungsstätte); OVG Münster 27.2.1987 – BRS 47 Nr. 202, S. 498 (16 Videokabinen jedenfalls Vergnügungsstätte); 23.9.1988 – NVwZ-RR 1989, S. 344; *Ellenrieder*, Niveaupflege, S. 17.

dadurch werde „ein erweitertes Publikum, das auch auf Filmvorführungen wert legt, angesprochen“ und damit der Zweck erweitert.[830]

Dies widerspricht der für (andere) Mischnutzungen ganz herrschenden ergebnisoffenen Schwerpunktbetrachtung. Eine Schank- und Speisewirtschaft wird gerade nicht durch bloßes Aufstellen von ein oder zwei Spielautomaten zur Vergnügungsstätte, obwohl auch dadurch ein erweitertes Publikum angezogen wird.[831]

Zwar betont *Jeromin*, dass seine Ansicht für Filme aller Art und auch für Videotheken gelte; praktisch relevant wird sie jedoch hauptsächlich bei Sexshops. Als eigentlicher Grund erscheint aufgrund des weitverbreiteten Unbehagens an der Einstufung von Sexshops als Einzelhandelsbetriebe (vgl. 1.), dass Videokabinen als willkommener Vorwand genutzt werden, Sexshops, auch bei nur minimaler Kabinenausstattung, als Vergnügungsstätte zu qualifizieren.

Entscheidend sein muss vielmehr eine städtebauliche Betrachtung.

Vor dem Jahr 2006, unter Geltung eines einheitlichen und restriktiven Ladenschlussgesetzes, konnte das städtebaulich folgenreichste Kriterium der Öffnungszeiten präzise angewandt werden. Wenn damals Kabinen oder Kinos länger als nach Ladenschlussgesetz geöffnet hatten, mussten sie faktisch vom Shop räumlich (eigener Zugang) getrennt sein[832] und wären daher als bauplanungsrechtlich eigene Nutzungen (Vergnügungsstätte) anzusehen gewesen. Wenn sie dagegen baulich mit dem Laden verbunden waren, waren keine längeren Öffnungszeiten als für den Laden möglich, und daher eine Bewertung als (einheitlicher) Einzelhandelsbetrieb städtebaulich gut vertretbar. Zwar besteht wegen des großen Einzugsbereichs Wohngebietsunverträglichkeit, diese besteht aber auch für reine Sexshops[833] (und sonstige Läden mit seltenem Sortiment). Durch die Installation der Kabinen wird lediglich der Kundenverkehr im Vergleich zu einem bloßen

---

830 *Jeromin*, Zulässigkeit von Vergnügungsstätten, S. 21; i.E. ähnlich VG Gelsenkirchen 24.3.2004 – BeckRS 2006, 27250, das die Vergnügungsstätteneigenschaft wohl nur durch die Vergnügungsstätteneigenschaft der (vier) Videokabinen begründet; so wohl auch OVG Lüneburg 8.5.1987 – BRS 47 Nr. 199, S. 491, wenn es ohne jede Erwähnung der Kabinenzahl feststellt: „Durch das Aufstellen von Videokabinen sind die Räume in eine Vergnügungsstätte [...] umgewandelt worden.“

831 S. B. I. 3.

832 Diesbezüglich a.A., aber im Ergebnis wie hier: OVG Bremen 4.4.1991 – BRS 52 Nr. 50, S. 135 f.

833 Vgl. *Stock*, in: E/Z/B/K, BauGB, § 4 BauNVO, Rn. 48 (wegen des fehlenden Gebietsbezugs).

Laden gesteigert. Die bloße Steigerung des Kundenverkehrs an sich ist jedoch nicht vergnügungsstättenspezifisch.

Heute sind die Öffnungszeiten überaus uneinheitlich, sodass eine darauf beruhende Bewertung nicht mehr ohne Weiteres möglich ist.

Es ist jedoch möglich, die in der Realität vorkommenden Erscheinungen anhand einer Schwerpunktbetrachtung im Hinblick auf ihre städtebaulichen Auswirkungen sinnvoll zu trennen: auf der einen Seite der, heute wegen der medialen Entwicklung nur noch selten vorkommende Shop mit einigen wenigen Einzelkabinen und ladenähnlichen Öffnungszeiten; auf der anderen Seite ein Trakt mit nicht unerheblicher Kabinenzahl und/oder Sexkinos, möglicherweise Barausschank und Ähnlichem. Letztere Nutzung wird sich nur durch entsprechend späte Öffnungszeiten wirtschaftlich betreiben lassen. Sie zielt auf eine erhebliche Anzahl an Kundschaft, die sich zudem dort länger als nur eine halbe Stunde aufhält. Tatsächlich geht es dabei im Ergebnis auch um die Eröffnung von Gelegenheiten zu sexuellen Handlungen, Animation und Anbahnung. Bei diesen als Sexshop präsentierten Nutzungen handelt es sich nach dem Schwerpunkt faktisch eher um eine Mischung aus Sexkino und Swingerclub. Daraus folgen dann städtebaulich auch viele der typischen Begleiterscheinungen des (nächtlichen) Amüsierbetriebs.

Die erstere, klassisch-kleinere Form ist also als Laden anzusehen, die letztere als Vergnügungsstätte[834]. Als praktische Indizien für die Unterscheidung können insbesondere der Umfang der nicht dem Verkaufszweck dienenden Fläche und der Umstand, ob weitergehender Kontakt zwischen den Besuchern vorgesehen ist (etwa durch Vorhandensein eines Sexkinos, Barbereichs oder Ähnlichem), herangezogen werden.

---

834 So auch VGH München 27.2.2017 – juris, Rn. 22 ff., wonach eine Vergnügungsstätte vorliegt, wenn nicht lediglich Waren verkauft werden, sondern Filme mit erotischem Inhalt angeschaut werden können und die Möglichkeit zur Vornahme sexueller Handlungen eröffnet wird.
Ähnlich wohl VG Dresden 18.8.2004 – juris, Rn. 15; 3.9.2004 – juris, Rn. 20, wonach infolge des Getränkeverkaufs, Sexkinos und der Videokabinen eine Vergnügungsstätte vorliege – allerdings mit der im Hinblick auf die Schwerpunktbetrachtung unglücklichen Formulierung, eine unzulässige Nutzung könne nicht dadurch zulässig werden, dass sie durch eine zulässige Nutzung „überwogen" werde. Das vom VG gefundene Ergebnis war aber jedenfalls richtig, da das Vorhaben auch ohne den Shop sinnvoll realisierbar war.

D. Nutzungen mit Nähe zum Bereich „Kultur“ und sonstige

Neben den Bereichen „Tanz“, „Spiel“ und „Sex“ stellt sich Fragen der Abgrenzung und Einordnung auch noch für einige sonstige Nutzungen, insbesondere im Bereich „Kultur“.

I. Kinos

Schwierigkeiten bei der Subsumtion unter den Begriff der Vergnügungsstätten bereiten die Kinos, sodass nicht verwunderlich ist, dass diese Frage schon seit Entstehung der BauNVO umstritten ist[835].

1. Begriffsklärung

In Rechtsprechung und Literatur wird auch häufig das Wort „Lichtspieltheater“(-haus) verwendet.

Zur Vermeidung von unnötigen Abgrenzungsunklarheiten zum Theater sollte diese veraltete Bezeichnung jedoch im vorliegenden Zusammenhang vermieden werden. Diese Arbeit benutzt daher den Begriff „(Sex-/Programm-)Kino“, was dem Begriff des Lichtspieltheaters in der Alltagssprache auch entspricht.

Kino ist jeder Betrieb, dessen Schwerpunkt auf der Vorführung von Filmen liegt.

2. Meinungsstand hinsichtlich der Einordnung in die Nutzungsarten

Es bestehen im Wesentlichen zwei ungefähr gleich starke Meinungsblöcke.[836]

a) Alle Arten von Kinos sind Vergnügungsstätten

Teilweise wird vertreten, dass alle Kinos, ohne weitere Differenzierung, als Vergnügungsstätten anzusehen sind.[837]

---

835 So will *Knaup*, BauNVO, 1. Aufl. 1962, S. 52 Kinos als Anlagen für kulturelle Zwecke, *Müller/Neuffer/Weinisch*, BauNVO, § 7, S. 55 (1965) jedoch als Vergnügungsstätte ansehen.

836 Bei Abhandlungen mit Schwerpunkt im Bereich der Vergnügungsstätten ist eine entsprechende Einstufung des Kinos verbreiteter, vielleicht weil der Fokus auf Vergnügungsstätten eine Tendenz zur weiten Auslegung begünstigt, während in der (insbesondere neueren) Kommentarliteratur die unter b) vorgestellte Meinung ein Übergewicht beanspruchen kann.

837 *Scharmer*, Steuerungsmöglichkeiten, S. 7, 13 f.; *Jeromin*, Zulässigkeit von Vergnügungsstätten, S. 1, 17; *Schwerdtner*, NVwZ 1983, S. 266, 267; *Dolde/Schlarmann*, BauR 1984, S. 121, 122; *Schlichter/Friedrich*, WiVerw 1988, S. 199, 209; *Müller/Weiß*,

b) Nicht alle Kinos sind Vergnügungsstätten

Ein anderer Teil der Literatur ordnet Kinos als Anlagen für kulturelle Zwecke ein. Dies soll jedoch nur für Kinos mit „normalem"/„üblichem" Programm gelten,[838] worunter im Ergebnis alle Kinos außer Sex- und Multiplexkinos zu verstehen sind[839].

Eine davon etwas differenzierte Ansicht vertritt insbesondere *Reidt*. Er weist darauf hin, dass nach der Rechtsprechung des Bundesverwaltungsgerichts Anlagen für kulturelle Zwecke dem Gemeinbedarf dienen müssen[840]. Dies sei für typische Kinos gerade nicht der Fall. Zu Anlagen für kulturelle Zwecke zählten daher nur die Einzelfälle kleinerer Programmkinos, bei denen nach Ausgestaltung und vor allem Filmauswahl der kulturelle Aspekt und nicht das private Gewinnstreben im Vordergrund stehen.[841]

Ähnlich wird es zum Teil für vertretbar erachtet, nach Kapazität und Einzugsbereich, der jeweiligen Betriebsgestaltung und den bodenrechtlichen Auswirkungen im Einzelfall abzugrenzen.[842]

BauNVO, § 4a, S. 100; *Roeser*, in: K/R/S, BauNVO, 1. Aufl. 1999, § 7, Rn. 16; *König*, in: K/R/S, BauNVO, 2. Aufl. 2003, § 7, Rn. 16; *Gelzer/Birk*, BauPlR, Rn. 750; *Jahn*, LKV 1992, S. 41, 43; *Ellenrieder*, Niveaupflege, S. 17.

838 *Fickert/Fieseler*, BauNVO, § 4a, Rn. 22.5 (oder sonstige Gewerbebetriebe: Rn. 22.51 a.E.); *Fickert*, BauR 1990, S. 263, 266; *Söfker*, in: E/Z/B/K, BauGB, § 6 BauNVO, Rn. 42; *Knaup*, BauNVO, 1. Aufl. 1962, S. 52; *Stange*, BauNVO, § 4a, Rn. 48; *ders.*, in: FS Gelzer, S. 131; *H. Dürr*, VBlBW 1981, S. 224, 225; DÖV 1992, S. 232; *Bielenberg*, in: E/Z/B/K, BauGB, 55. Lfg. 1997, § 4a BauNVO, Rn. 58a (unter expliziter Aufgabe der a.A. aus der Vorauflage, § 7 BauNVO, Rn. 23); *Leder/Scholtissek*, BauNVO, § 4a, Rn. 12; *Stock*, in: K/R/S, BauNVO, § 4, Rn. 49a; *ders*, in: E/Z/B/K, BauGB, § 4 BauNVO, Rn. 87; *Ziegler*, in: Brügelmann, BauGB, § 4a BauNVO, Rn. 64 (unter expliziter Aufgabe der noch in der 23. Lfg. 1993, Rn. 66, 68 vertretenen a.A.).

839 Vgl. *Stock*, in: E/Z/B/K, BauGB, § 4 BauNVO, Rn. 87; *Stange*, in: FS Gelzer, S. 131; § 4a, Rn. 48; *Leder/Scholtissek*, BauNVO, § 4a, Rn. 12, der konkretisiert: Es gehe um „anspruchsvolle (künstlerisch wertvolle) Filme", da deren Begriff jedoch nicht eindeutig ist, sei eine Unterscheidung wesentlich nach Sex-Filmen vorzunehmen. So wohl auch *Bielenberg*, in: E/Z/B/K, BauGB, 55. Lfg. 1997, § 4a BauVNO, Rn. 58a.

840 Wonach sie eine öffentliche (der Allgemeinheit dienende) Aufgabe erfüllen müssen und das private Gewinnstreben deutlich zurücktreten muss (BVerwG 18.5.1994 – BauR 1994, S. 485; 2.2.2012 – juris, Rn. 10; a.A.: *Stock*, in: E/Z/B/K, BauGB, § 4 BauNVO, Rn. 78; *Ziegler*, in: Brügelmann, BauGB, § 2 BauNVO, Rn. 105 ff.).

841 *Reidt*, in: Gelzer/Bracher/Reidt, BauPlR, Rn. 1373, 1434.

842 *Bönker*, in: Bönker/Bischopink, BauNVO, § 7, Rn. 97; im Ergebnis ebenso: *Aschke*, in: Kröninger/Aschke/Jeromin, BauGB, § 4a BauNVO, Rn. 20.

c) Die Rechtsprechung des Bundesverwaltungsgerichts

Das Bundesverwaltungsgericht bezeichnete Kinos wiederholt als Vergnügungsstätte, allerdings stets in Obiter Ditca.[843]

So wird ein „Vorstadtkino“ als Beispiel für eine nicht kerngebietstypische Vergnügungsstätte genannt[844] und ein „Kino“ als Beispiel für die von der BauNVO „typischerweise gemeinten Vergnügungsstätte“ in einer Reihe mit Tanzbars und Kabaretts aufgeführt[845].

Festzuhalten ist, dass das Bundesverwaltungsgericht Kinos nie in den Zusammenhang mit Anlagen für kulturelle Zwecke stellt, sondern ohne weitere Problematisierung von Vergnügungsstätten ausgeht.

Jedoch hat es sich nur am Rande und nie explizit mit der Frage beschäftigt und daher auch nie argumentiert[846] oder auf die reichhaltige Literatur zum Thema Bezug genommen.

Einerseits könnte man dies so interpretieren, dass sich das Bundesverwaltungsgericht einer allzu verbindlichen Positionierung im Meinungsstreit entziehen wollte; andererseits hat es sich vielleicht gerade deshalb zur Frage geäußert, obwohl es für die behandelten Fälle nie nötig war.

Diese Unklarheit über die Einordnung der spärlichen Äußerungen des Bundesverwaltungsgerichts führt auch zu unterschiedlichen Interpretationen. Viele sehen das Bundesverwaltungsgericht eindeutig aufseiten der Meinung, die Kinos

---

Das soll „analog zu der herrschenden Differenzierung bei Diskotheken und Spielhallen“ geschehen. Diese werden aber unstrittig alle als Vergnügungsstätten angesehen. Eine Differenzierung findet nur hinsichtlich der Frage der Kerngebietstypik statt. Die vorgeschlagene Betrachtung ist auch in der Praxis problematisch, denn mit ihr würde die typisierende Betrachtungsweise aufgegeben und die Behörde hätte jeden Einzelfall zu prüfen.

843 Vgl. BVerwG 15.1.1982 - NVwZ 1982, S. 312, 313; 1.3.1989 - BauR 1989, S. 308 f.; 14.8.1989 - BeckRS 1989, 31227672.

844 BVerwG 25.11.1983 - E 68, S. 207, 211. Aufgrund der herausgehobenen Bedeutung der Entscheidung, in der zum ersten Mal der Gedanke der nicht kerngebietstypischen Vergnügungsstätte konkretisiert wurde und das Vorstadtkino neben dem Tanzcafé als (einzige) Beispiele dafür genannt wurden, kann es sogar als Musterbeispiel angesehen werden.

845 BVerwG 25.11.1983 - E 68, S. 213, 215.

846 Vgl. etwa *Ziegler*, in: Brügelmann, BauGB, § 4a BauNVO, Rn. 63 (weshalb über die Gründe nur gemutmaßt werden kann: vielleicht die Auffassung über die Trägerschaft von Anlagen für kulturelle Zwecke, s. dazu b).).

ohne Unterschied als Vergnügungsstätten ansieht.[847] Andere halten die Äußerungen des Bundesverwaltungsgerichts aus den obigen Gründen ausdrücklich zur Klärung der Rechtslage nicht für ausreichend.[848]

Die unteren Instanzen beschäftigen sich meist mit Multiplexkinos (dazu unter 4.). Im Rahmen ihrer dabei angestellten allgemeinen Erwägungen lassen sie eine eindeutige Tendenz im Hinblick auf die Einstufung „normaler" Kinos nicht erkennen.[849]

Die Aussagen zu den übrigen Kinos fallen wie beim Bundesverwaltungsgericht in nicht entscheidungstragenden Konstellationen und werden nicht weiter begründet[850] oder lassen die Frage offen[851].

Die Untersuchung der Rechtsprechung zeigt also, dass das Bundesverwaltungsgericht zwar offensichtlich alle Kinos als Vergnügungsstätte ansieht, aber keinerlei Argumente dafür vorbringt. Die Rechtsprechung der unteren Instanzen ist uneinheitlich.

---

847 So z.B. *Scharmer*, Steuerungsmöglichkeiten, S. 14; *König*, in: K/R/S, BauNVO, 2. Aufl. 2003, § 7, Rn. 16; *Schlichter/Friedrich*, WiVerw 1988, S. 199, 209; *Jeromin*, Zulässigkeit von Vergnügungsstätten, S. 17, Fn. 54; *Aschke*, in: Kröninger/Aschke/Jeromin, BauGB, § 4a BauNVO, Rn. 20; *Ziegler*, in: Brügelmann, BauGB, § 4a BauNVO, Rn. 63; *Schmitz*, LKV 1997, S. 345, 346; *Stock*, in: K/R/S, BauNVO, § 4, Rn. 49a; *Jahn*, BauR 1990, S. 280, 282, Fn. 10; *Ellenrieder*, Niveaupflege, S. 17; *Reidt*, in: Gelzer/Bracher/Reidt, BauPlR, Rn. 1434; OVG Weimar 19.3.2003 – NVwZ 2004, S. 249, 250; OVG Koblenz 1.6.1999 – BauR 1999, S. 1010, 1011; sogar von einer „ständigen Rechtsprechung" spricht VGH München 21.12.2001 – ZfBR 2002, S. 699; vorsichtiger („so wohl BVerwG"): OVG Lüneburg 19.12.2006 – juris, Rn. 23, *Bönker*, in: Bönker/Bischopink, BauNVO, § 7, Fn. 106.

848 *Fickert/Fieseler*, BauNVO, § 4a, Rn. 22.5; *Bielenberg*, in: E/Z/B/K, BauGB, 55. Lfg. 1997, § 4a BauNVO, Rn. 58a.

849 Vgl. OVG Bautzen 5.9.1995 – SächsVBl 1995, S. 286 f.; OVG Koblenz 1.6.1999 – BauR 1999, S. 1010, 1011; OVG Weimar 19.3.2003 – NVwZ 2004, S. 249, 250. Das gilt auch für VG Karlsruhe 9.7.1999 – VBlBW 2000, S. 234 (im Gegensatz zum redaktionellen Leitsatz, wonach Kinos grundsätzlich Vergnügungsstätten sind).

850 Für Vergnügungsstätte: VGH München 17.11.1978 – BRS 33 Nr. 127, S. 255; OVG Hamburg 27.2.1989 – BauR 1989, S. 709; 12.12.2007 – BRS 73 Nr. 25, S. 137; VG Freiburg 24.10.2000 – NVwZ 2001, S. 1442, 1443; a.A. Für Anlage für kulturelle Zwecke: VGH Kassel 25.8.2008 – NVwZ-RR 2009, S. 143, 144; VG München 18.6.2012 – BeckRS 2012, 56205 (unter nicht vertretbarem Verweis auf BVerwG 15.1.1982 und VGH München 21.12.2001); 14.1.2013 – juris, Rn. 55 f.

851 VGH München 21.12.2001 – ZfBR 2002, S. 699; OVG Lüneburg 19.12.2006 – juris, Rn. 23.

3. *Diskussion*

a) Allgemeiner Sprachgebrauch

Der bloße allgemeine Sprachgebrauch führt nicht weiter, da sich die Begriffe „Kultur“ und „Vergnügen“ nicht gegenseitig ausschließen, denn auch die Beschäftigung mit Kultur im engeren Sinne (Kunst, Theater, Museen, und Ähnliches) kann regelmäßig Vergnügen bereiten.[852]

Deshalb soll, entsprechend der herrschenden Definitionen von Vergnügungsstätten und Anlagen für kulturelle Zwecke, darauf abgestellt werden, welchen Zwecken die Nutzung dient. Also ob sie schwerpunktmäßig der kommerziellen Unterhaltung, Zerstreuung und Entspannung dient (vgl. 1. Teil. B. I.) oder – als Anlage für kulturelle Zwecke – der Kunst und Kultur[853], genauer: der aktiven geistigen Auseinandersetzung mit dem Dargebotenen[854], dem höheren Interesse daran[855].

Auf der Ebene der Definition herrscht also noch weitgehende Einigkeit.

Zur Subsumtion wird nach der Art des Angebotes – also dem Filminhalt – gefragt, wobei die Ergebnisse sehr unterschiedlich sind.

Ziegler gibt zwar zu, dass die üblichen Kinos und Filme inhaltlich nicht immer besonders anspruchsvoll sind, sondern der Unterhaltung dienen. Jedoch sei dies beim Angebot der als Anlagen für kulturelle Zwecke angesehen Theater und Opernhäuser oft auch nicht anders.[856] Auch nach *Reidt* spricht angesichts

---

852 OVG Koblenz 1.6.1999 – BauR 1999, S. 1011; VG Karlsruhe 9.7.1999 – VBlBW 2000, S. 234.

853 Dies soll in Abgrenzung zu Vergnügungsstätte weit zu fassen sein, vgl. *Jeromin*, Zulässigkeit von Vergnügungsstätten, S. 12; *Stock*, in: K/R/S, BauNVO, § 4, Rn. 49; zustimmend: OVG Weimar 19.3.2003 – NVwZ 2004, S. 249, 50.
A.A. zu Recht: VG Karlsruhe 9.7.1999 – VBlBW 2000, S. 234. Der BauNVO liegt ein engerer Kulturbegriff zugrunde, da sie Anlagen, die dem Vergnügen dienen, kennt und von den Anlagen für kulturelle Zwecke trennt.
Dem entspricht es, wenn allzu offensiv von Theatern jeder Art als Anlagen für kulturelle Zwecke gesprochen wird (so bei *Fickert/Fieseler*, BauNVO, § 4a, Rn. 22.5; *Knaup/Stange*, BauNVO, § 4a, S. 49), denn konsequenterweise fallen bei dieser weiten Auslegung auch (alle) Varietes und Kabaretts darunter, vgl. *Aschke*, in: Kröninger/Aschke/Jeromin, BauGB, § 4a BauNVO, Rn. 20.

854 VG Karlsruhe 9.7.1999 – VBlBW 2000, S. 234; *Ziegler*, in: Brügelmann, BauGB, § 4a BauNVO, Rn. 56, 64.

855 OVG Bautzen 5.9.1995 – SächsVBl 1995, S. 286; OVG Frankfurt (Oder) 21.3.2003 – BeckRS 2004, 20332; *Jeromin*, Zulässigkeit von Vergnügungsstätten, S. 15.

856 *Ziegler*, in: Brügelmann, BauGB, § 4a BauNVO, Rn. 64.

des Stellenwertes der Filme im geistigen und künstlerischen Leben, mehr für die Einordnung als Anlagen für kulturelle Zwecke, da sie Theatern und Opernhäusern insofern näher stehen als etwa Nachtlokalen und Spielhallen[857]. Nach *H. Dürr* kann angesichts der Vielfalt der Programme nicht davon ausgegangen werden, dass der typische Kinobesucher Vergnügen wünscht.[858]

Andere vertreten dagegen, dass das Angebot aller Kinos in erster Linie gewerbliche Unterhaltung darstellt, regelmäßig ohne höheres Interesse an Kunst.[859]

Im Ergebnis ist festzuhalten, dass sich auch „Kunst und Kommerz" jedenfalls nicht von vornherein ausschließen[860], so sind Filme Gegenstand des Feuilletons[861].

Fickert/Fieseler lehnen zwar das Definitionsmerkmal der „kommerziellen Unterhaltung" als eine vergnügungssteuerliche Sicht ab[862]. Auf der Ebene der Subsumtion sind für sie jedoch die gleichen Aspekte entscheidend – nämlich der Inhalt der Filme, die Programmgestaltung. Demgemäß seien Kinos, „die Kultur- und Heimatfilme, teils mit staatlicher Förderung oder etwa (religiöse) Problemfilme bringen", keine Vergnügungsstätten.[863] Dies trifft jedoch nur für kleine atypische (Programm-)Kinos und nicht gewöhnliche Kinos zu. Die Berufung auf Heimatfilme zeigt, dass *Fickert/Fieseler* mit „normalen" Kinos, die für sie keine Vergnügungsstätte sind, eher die Kinos aus den 50er-Jahren meinen, als ein solches Programm tatsächlich „üblich" war. Diese Ansicht geht daher von veralteten tatsächlichen Gegebenheiten aus. Was an Heimatfilmen künstlerisch

---

857 *Reidt*, in: Gelzer/Bracher/Reidt, BauPlR, Rn. 1373, 1434.

858 *H. Dürr*, VBlBW 1981, S. 224, 225.

859 OVG Weimar 19.3.2003 – NVwZ 2004, S. 249, 250; *Jeromin*, Zulässigkeit von Vergnügungsstätten, S. 16 f.; *Wahlhäuser*, in: Bönker/Bischopink, BauNVO, § 4a, Rn. 74 f.

860 OVG Weimar 19.3.2003 – NVwZ 2004, S. 249, 250; *Wahlhäuser*, in: Bönker/Bischopink, BauNVO, § 4a, Rn. 74 f.

861 OVG Bautzen 5.9.1995 – SächsVBl 1995, S. 286; OVG Frankfurt (Oder) 21.3.2003 – BeckRS 2004, 20332.

862 *Fickert/Fieseler*, BauNVO, § 4a, Rn. 22.1.

863 *Fickert/Fieseler*, BauNVO, § 4a, Rn. 22.51. Von der städtebaulichen Relevanz der Programmgestaltung geht auch *Stange*, in: FS Gelzer, S. 131 aus.
Fickert/Fieseler verwickeln sich in diesem Zusammenhang jedoch in Widersprüche. So führe die erwähnte Programmgestaltung zum Vorliegen eines sonstigen Gewerbebetriebs, während normale Kinos Anlagen für kulturelle Zwecke sein sollen (*Fickert/Fieseler*, BauNVO, § 4a, Rn. 22.5 f.). Auch sei die Programmgestaltung der Multiplexkinos einer der Gründe, warum sie als Vergnügungsstätte anzusehen sind (*Fickert/Fieseler*, BauNVO, § 7, Rn. 7.8; so auch *Stange*, BauNVO, § 4a, Rn. 48), obwohl der Inhalt ihres Programms gerade keinen Unterschied zu normalen Kinos darstellt.

oder intellektuell hochwertiger sein soll als am heutigen typischen Kinoprogramm, wird jedoch nicht weiter erläutert.

Ähnlich will *Stock* maßgeblich nach dem Programminhalt abgrenzen, wobei ein übliches Programm, welches dann zur Einstufung als Anlagen für kulturelle Zwecke führt, ein solches sein soll, welches ein allgemeines Publikum anspricht.[864]

Zum Teil wird aber eine Unterscheidung nach der Art der dargebotenen Filme und damit ggf. die Anerkennung kultureller Zwecke grundsätzlich abgelehnt, da sie aufgrund der Möglichkeit, dass die Filme (ständig) gewechselt werden baurechtlich unpraktikabel sei[865] und zudem nicht städtebaulich relevant.[866]

Es besteht vielmehr der Verdacht, dass hier moralische Wertungen eingebracht werden. Perspektivisch besteht dabei immer die Gefahr, dass sich der Staat entgegen Art. 5 Abs. 3 GG zum Kunstrichter aufschwingt. Deshalb ist eine Bewertung möglichst unabhängig von den gezeigten Filmen vorzunehmen.

Bielenberg hält dem entgegen, dass dies nur für eine Unterscheidung zwischen kulturell wertvollen und weniger wertvollen Filmen zuträfe, nicht aber für die Abgrenzung von „normalen“ zu Sexkinos, die zweifellos dem Vergnügen dienten und kulturell nichts böten.[867] Damit ist jedoch noch nichts darüber gesagt, ob die „normalen“ Filme eher als Kunst oder als Vergnügen anzusehen sind.

b) Städtebauliche Auswirkungen

Daher ist auf das städtebauliche Erscheinungsbild von Vergnügungsstätten abzustellen. Historie und Systematik der BauNVO zeigen, dass Vergnügungsstätten solche sind, mit deren Veranstaltungen oder Verkehr wohngebietsunverträgliche Lärmbelästigungen einhergehen (s. 1. Teil B. II. 3).

---

864 *Stock*, in: K/R/S, BauNVO, § 4, Rn. 49a; *ders.*, in: E/Z/B/K, BauGB, § 4 BauNVO, Rn. 87. Insoweit ähnlich: VGH Kassel 25.8.2008 – NVwZ-RR 2009, S. 143, 144, a.A. im Ergebnis OVG Hamburg 12.12.2007 – BRS 73 Nr. 25, S. 137, wonach auch ein Kino, trotz anderen Anspruchs und Benutzerschichten wie bei einer Spielhalle, eine Vergnügungsstätte sei.

865 *Gelzer/Birk*, BauPlR, Rn. 750; *Ellenrieder*, Niveaupflege, S. 17; *Jeromin*, Zulässigkeit von Vergnügungsstätten, S. 16 f. (Nicht abgrenzbar wären Kinos, die sowohl „übliche“ als auch pornografische Filme vorführten. Derselbe Betrieb wäre abwechselnd Vergnügungsstätte bzw. Anlage für kulturelle Zwecke.)

866 *Schlichter/Friedrich*, WiVerw 1988, S. 199, 209; *Schmitz*, LKV 1997, S. 345, 346; *Ziegler*, in: Brügelmann, BauGB, 23. Lgf. 1997, § 4a BauNVO, Rn. 66.

867 *Bielenberg*, in: E/Z/B/K, BauGB, 55. Lfg. 1997, § 4a BauNVO, Rn. 58a.

Im Unterschied dazu seien Anlagen für kulturelle Zwecke aufgrund ihrer durchgängig seit Erlass der BauNVO allgemeinen Zulässigkeit in allgemeinen Wohngebieten zwar nicht immer, aber typischerweise wohngebietsverträglich, da sie nicht bis in die späte Nacht betrieben würden.[868]

Jedenfalls bei großen Kinos führt Verkehrslärm zu verstärkter Beeinträchtigung, zumal die Abendvorstellungen in der Regel den größten Zulauf haben.[869]

Jedoch werden Theater, Opern und Konzerthallen, als Musterbeispiele für Anlagen für kulturelle Zwecke[870], ähnlich wie Kinos[871] typischerweise bis weit nach 22 Uhr betrieben. Alle sind als Freizeitaktivität im Wesentlichen eine Abend- und Wochenendveranstaltung und haben häufig einen erheblichen Einzugsbereich, der für entsprechenden Pkw-Verkehr sorgt.

Damit zeigt sich, dass das Kriterium der Wohngebietsverträglichkeit vor dem Hintergrund des Wortlautes der Nutzungsarten nicht zu einer widerspruchslosen Abgrenzung führen kann.

Wohngebietsverträglichkeit unter Lärmgesichtspunkten basiert nämlich wesentlich auf der Größe eines Betriebs und dem damit verbunden nächtlichen Verkehr. Damit lässt sich eine Differenzierung zwischen größeren Kinos und Multiplexkinos auf der einen und größeren Opern oder Theatern auf der anderen Seite oder auch zwischen kleinen Programmkinos und Kleinkunstbühnen kaum begründen.

Wie bereits gezeigt[872], sprechen für die Einordnung als Vergnügungsstätte daher insbesondere auch über die bloße hohe Quantität des nächtlichen An- und Abfahrtsverkehrs hinausgehende Störungen besonderer Qualität, vor allem durch alkohol- und partybedingte Enthemmung. Ein Unterschied zwischen Kino und Theater in dieser Hinsicht ist nicht erkennbar.

Ein trennscharfes und abstraktes Abgrenzungskriterium gibt es also nicht.[873]

---

868 OVG Koblenz 1.6.1999 – BauR 1999, S. 1010, 1011; *Reinhardt/Schwertner*, JuS 2002, S. 893, 895; *Fickert/Fieseler*, BauNVO, § 7, Rn. 7.8.

869 OVG Bautzen 5.9.1995 – SächsVBl 1995, S. 286; OVG Frankfurt (Oder) 21.3.2003 – BeckRS 2004, 20332.

870 Vgl. etwa *Reidt*, in: Gelzer/Bracher/Reidt, BauPlR, Rn. 1435; *Schlichter/Friedrich*, WiVerw 1988, S. 199, 208; *Stock*, in: K/R/S, BauNVO, § 4, Rn. 49; § 7, Rn. 16; *Jeromin*, Zulässigkeit von Vergnügungsstätten, S. 12 f.; *Stange*, BauNVO, § 4a, Rn. 48; *Scharmer*, Steuerungsmöglichkeiten, S. 14; *Leder/Scholtissek*, BauNVO, § 4a, Rn. 12; *Wank*, Spielhalle, S. 50.

871 Vgl. OVG Weimar 19.3.2003 – NVwZ 2004, S. 249, 250; *Reinhardt/Schwertner*, JuS 2002, S. 893, 895 f.; *Wahlhäuser*, in: Bönker/Bischopink, BauNVO, § 4a, Rn. 74 f.

872 S. 1. Teil B. II. 3; 2. Teil A. I. 1. b).

873 Ebenso: *Aschke*, in: Kröninger/Aschke/Jeromin, BauGB, §4a BauNVO, Rn. 20.

H. Dürr will in diesem Zweifelsfall auch berücksichtigen, dass Kinos in den unterschiedlichsten Baugebieten und auch kleineren Orten zu finden seien und schon deshalb keine Vergnügungsstätte sein könnten.[874] Damit nimmt er jedoch einen gefährlichen Schluss vom Faktischen auf das Normative vor. Außerdem hat sich die Situation in den über 30 Jahren seit diesem Aufsatz verändert. Heute sind Kinos kaum außerhalb von Misch-, Kern- oder Gewerbegebieten – und damit den für Vergnügungsstätten typischen Standorten – zu finden.

c) Ergebnis

Auch nach einer stärkeren Orientierung am Wortverständnis zur Zeit des Erlasses der BauNVO, wonach mit Vergnügen intellektuell geringerer Anspruch und starker Gegenwarts-, Konsum- und Genussbezug also bloßer Hedonismus gemeint ist, weshalb etwa die Oper nirgends als Vergnügungsstätte und das Sexkino nirgends als Anlage für kulturelle Zwecke angesehen wird, ist die Frage, ob das Kino mit nichtpornografischem Programm „Kultur“ im Sinne einer „Anlage für kulturelle Zwecke“ ist, für die meisten Fälle nur subjektiv zu beantworten und nicht objektiv abgrenzbar.

Zwar zeigt eine Betrachtung des typischerweise angebotenen und besuchten Filmprogramms, dass es – auch in der Vergangenheit – nicht kulturell hochstehend ist und eher infantile Wesenszüge befriedigt. Ob das jedoch genügt um „Kultur“ zu verneinen, ist zweifelhaft, denn eine gewisse Reflexion wird beabsichtigt und ausgelöst.

Der Film hat es jedoch allgemein schwer als Kunst anerkannt zu werden[875] und ist insofern eher der mit Tanz verbundenen Musik vergleichbar, die zwar in bestimmen Formen auch Kultur darstellen kann, sich aber in ihrer populären Ausprägung als Kern des Vergnügens darstellt.

Als klar kulturellen Zwecken dienend kommen daher nur Programmkinos in Betracht, also solche Kinos, die nach ihrem ganzen Betriebskonzept auf einen Programmschwerpunkt mit „etwa religiösen Problemfilmen“, kritischen Dokumentationen, Konzertaufnahmen und Ähnlichem ausgerichtet sind.

---

874 *H. Dürr*, VBlBW 1981, S. 224, 225.

875 Hintergrund ist wohl, dass der Film historisch zu spät aufkam, um als klassische Kulturform zu gelten, vielmehr insbesondere in die Nähe des Kommerzes (vgl. etwa *Adorno/Horkheimer*, Dialektik der Aufklärung, S. 128 ff.) und der Unterhaltung auf niedrigem Niveau gerückt wird.

Auch unter das Kriterium der vorrangigen kommerziellen Ausrichtung und damit der Gewerblichkeit fallen alle Kinos, außer bestimmte wenige Programmkinos.

Die Frage der Abgrenzung von Kultur und Vergnügen ist zwar an sich nicht von städtebaulicher Relevanz. Sie ist jedoch wegen des Begriffssystems der BauNVO, das eine Abgrenzung zwischen „Vergnügen" und „kulturellen Zwecken" erfordert, dennoch nicht ohne Bedeutung.

Opern und Programmkinos sind also schon aufgrund der Wortlautgrenze Anlagen für kulturelle Zwecke und keine Vergnügungsstätten.

Nicht innerhalb der Wortlautgrenze der „kulturellen Zwecke" liegen jedoch die übrigen Kinos.

Das städtebauliche Kriterium der generellen Wohngebietsunverträglichkeit von Vergnügungsstätten wird von den übrigen Kinos im Ergebnis erfüllt, denn um wohngebietsverträglich zu sein, dürften sie nur wenig Verkehr – d.h. geringen Einzugsbereich und wenige Sitzplätze – aufweisen. Dafür kommen nur kleine Kinos mit zugleich geringem Einzugsbereich in Betracht. Ein rentabler Betrieb eines solchen Kinos – und daher das Auftreten in der städtebaulichen Praxis – dürfte in allgemeinen Wohngebieten nicht möglich sein.

Aufgrund ihres Einzugsbereichs und der Besucherzahlen dürften Kinos überdies häufig auf Kerngebiete angewiesen sein.

Im Ergebnis weisen normale Kinos die vergnügungsstättenspezifischen städtebaulichen Auswirkungen mindestens in einem mittleren Grade auf. Ein ähnlicher Grad gilt für die Beantwortung der Frage, ob normale Kinos nach dem allgemeinen Sprachgebrauch eher unter „Kultur" oder „Vergnügen" fallen. Mithin handelt es sich bei normalen Kinos (gerade noch) um Vergnügungsstätten[876], lediglich die Programmkinos sind als Anlagen für kulturelle Zwecke anzusehen[877].

---

876 Nach den im 1. Teil B. III. vorgestellten Skalen ist für übliche Kinos von folgenden Werten auszugehen: Vergnügungsstätte nach Maßgabe des allgemeinen Sprachgebrauchs: allenfalls 50 von 80; Vergnügungsstätte nach Maßgabe der für sie typischen städtebaulichen Merkmale der Wohn(gebiets)unverträglichkeit und Zentralität: 70 von 100. Insgesamt liegt damit ein Wert von 120 und damit noch Vergnügungsstätte vor.
Theater und Opern haben zwar auch vergnügungsstättentypische städtebauliche Auswirkungen von 70 aus 100, jedoch im Bereich des allgemeinen Sprachgebrauchs einen Wert von 0.

877 Programmkinos entsprechen mit Wert von 35 im Bereich des allgemeinen Sprachgebrauchs und 60 aus 100 für Wohn(gebiets)unverträglichkeit und Zentralität bei einem Gesamtwert von 95 nicht mehr einer Vergnügungsstätte.

Es ist zwar schwer erträglich, dass Kinos trotz fast identischer städtebaulicher Auswirkungen anders als Theater und Opern eingeordnet werden, dies ist aber de lege lata nicht anders möglich. Denn die städtebaulichen Auswirkungen aller genannten Nutzungen haben ihre Unverträglichkeit im Wohngebiet zur Folge. Dies spricht für die Einstufung als Vergnügungsstätte in Abgrenzung zur dort zulässigen Anlage für kulturelle Zwecke. Dass Opern und Theater dennoch als Anlagen für kulturelle Zwecke angesehen werden müssen, liegt daran, dass eine Einstufung als Vergnügungsstätte die Wortlautgrenze überschritte.

4. *Multiplexkinos*

a) Begriff

Die erst in den 90er-Jahren des letzten Jahrhunderts aufgekommenen Multiplexkinos[878] sind – für städtebauliche Zwecke – als zusammenhängend geplanter und verwalteter Kinokomplex mit mehreren Sälen, erheblicher Gesamtplatzzahl[879] und ergänzenden Freizeitnutzungen[880] zu definieren.

Diese Merkmale bedeuten relevante Unterschiede zu (auch großen) ursprünglichen Kinos, denn aus ihnen folgt über den Faktor der Sitzplatzzahl hinaus eine erhöhte Anziehungswirkung auf Besucher, denn durch die Vielzahl von Sälen bestehen gesteigerte Differenzierungsmöglichkeiten des Angebotes im Hinblick auf Inhalt und Zeit und die zusätzlichen (zum Teil auch nur benachbarten) Freizeitangebote erhöhen die Besuchsmotivation.

Der obige Meinungsstand kann daher nicht ohne Weiteres auf Multiplexe übertragen werden.[881]

---

878 Teilweise wird auch der Begriff „Kinocenter/-zentrum“ benutzt, vgl. *Stock*, in: K/R/S, BauNVO, § 4, Rn. 49a; *Uechtritz*, BauR 1999, S. 572, 583.

879 Die Rechtsprechung behandelt in der Regel Fälle mit 1.500 bis 3.000 Plätzen und sechs bis elf Sälen.

880 Etwa Verkaufsstände kinoüblicher Erfrischungen, Kinoläden sowie Gastronomie (OVG Weimar 19.3.2003 – NVwZ 2004, S. 249; VG Karlsruhe 9.7.1999 – VBlBW 2000, S. 234; OVG Berlin 17.3.1999 – BauR 1999, S. 1004; OVG Bautzen 5.9.1995 – SächsVBl 1995, S. 286; OVG Frankfurt (Oder) 21.3.2003 – BeckRS 2004, 20332) oder gar angeschlossene Diskothek, Bowlingbahn u.ä. (*Kirchberg*, VBlBW 2000, S. 209, 210; *Schmitz*, LKV 1997, S. 345).

881 In diesem Sinn auch *Uechtritz*, BauR 1999, S. 572, 583 und *Schmitz*, LKV 1997, S. 345, 347.

b) Einordnung

Folglich werden Multiplexkinos weit überwiegend als (kerngebietstypische[882]) Vergnügungsstätten eingestuft.[883]

Die Diskussion bewegt sich wieder im Spannungsfeld zwischen Wortlaut und städtebaulicher Auslegung.

Schwerpunkt der Multiplexkinos ist die kommerzielle Unterhaltung. Die Belange der Kunst sind kaum noch erkennbar.

Wird die Frage der Einordnung bei normalen Kinos noch häufig nach dem Programminhalt beantwortet (vgl. o. 3. a)), wird bei Multiplexen dagegen maßgeblich mit ihrer vorrangig kommerzielle Natur argumentiert, die wegen ihrer Größe und zusätzlichen Freizeitangebote bestehe[884]. Dabei rücken diese zusätzlichen Angebote gegenüber dem Genuss der Filmkultur stärker in den Vordergrund.[885]

Dennoch steht noch immer der Film im Mittelpunkt des Besuchs. Getränke und Snacks werden heutzutage in beinahe jedem Kino angeboten. Ebenso wie

---

882 A.A. nur *Reinhardt/Schwertner*, JuS 2002, S. 893, 895, die als „Kompromiss" zwischen Vergnügungsstätte und Anlage für kulturelle Zwecke eine nicht kerngebietstypische Vergnügungsstätte annehmen wollen. S. dazu genauer 3. Teil VIII.

883 *Wahlhäuser*, in: Bönker/Bischopink, BauNVO, § 4a, Rn. 75; *Bönker*, in: Bönker/Bischopink, BauNVO, § 7, Rn. 96; kritisch *Scherer-Leydecker*, IBR 2003, S. 329 (der sie wegen ihrer Größe und damit verbunden Vielfalt eher mit großflächigen Einzelhandelsbetrieben vergleicht); gesicherte Rechtsprechung (so VGH München 21.12.2001 - ZfBR 2002, S. 699; *Uechtritz*, BauR 1999, S. 572, 583; OVG Weimar 19.3.2003 - NVwZ 2004, S. 249, 250; OVG Frankfurt (Oder) 21.3.2003 - BeckRS 2004, 20332): OVG Bautzen 9.5.1995 - SächsVBl 1995, S. 286; OVG Koblenz 1.6.1999 - BauR 1999, S. 1011; OVG Frankfurt (Oder) 21.3.2003 - BeckRS 2004, 20332; 25.10.2003 - BauR 2004, S. 1049, 1050; indirekt: OVG Münster 28.8.1998 - BauR 1999, S. 1014.
Auch die zur Einstufung der Kinos als Anlagen für kulturelle Zwecke neigende Literatur stuft Multiplexe, wenn sie sie erwähnt, als Vergnügungsstätte ein, vgl. *Fickert/Fieseler*, BauNVO, § 7, Rn. 7.7 ff.; *Stange*, BauNVO, § 4a, Rn. 48; kritisch aber: *Stock*, in: E/Z/B/K, BauGB, § 4 BauNVO, Rn. 88; *ders*, in: K/R/S, BauNVO, § 4, Rn. 49a.

884 Vgl. OVG Berlin 17.3.1999 - BauR 1999, S. 1004, 1006; VG Karlsruhe 9.7.1999 - VBlBW 2000, S. 234; *Schmitz*, LKV 1997, S. 345, 347; *Zerr*, IBR 1999, S. 591. Auch wenn diese nur in Form von Getränken und Snacks auftreten, vgl. OVG Bautzen 5.9.1995 - SächsVBl 1995, S. 286; OVG Frankfurt (Oder) 21.3.2003 - BeckRS 2004, 20332.
Nur *Fickert/Fieseler*, BauNVO, § 7, Rn. 7.8 und *Stange*, BauNVO, § 4a, Rn. 48 stellen (auch) auf die Programmgestaltung ab.

885 Diese Argumentation ließe sich auch auf die sog. „urban entertainment center" mit Musicaltheatern anwenden.

fast jedes Kino rein wirtschaftlich orientiert ist. Nach dem Wortlaut stellt das Multiplexkino also eindeutig eine Vergnügungsstätte dar. Die dafür benutzten Argumente, insbesondere, dass die Programmgestaltung hier keinesfalls gegen die Einstufung als Vergnügungsstätte spricht, zeigen jedoch in neuer Deutlichkeit, dass auch ein „normales“ Kino in der Regel Vergnügungsstätte ist.

Auch das aus der Konzeption der BauNVO abzuleitende Kriterium der generellen Wohngebietsunverträglichkeit von Vergnügungsstätten (insbesondere im Unterschied zu Anlagen für kulturelle Zwecke) wird von Multiplexkinos erfüllt. Es finden auch in den (späten) Abendstunden Vorstellungen statt. Zudem ist ein Multiplexkino auf eine große Besucherzahl und einen entsprechenden Einzugsbereich ausgelegt und angewiesen. Folglich geht mit Multiplexkinos eine wohnunverträgliche, hohe Verkehrsbelastung einher. Als Anlagen für kulturelle Zwecke wären sie auch in allgemeinen Wohngebieten zulässig.[886]

Einwände dagegen macht *Stock* geltend, der zwar zunächst klarstellt, dass solche großen Anlagen kaum je außerhalb des Kerngebiets gebietsverträglich sind[887]. Sein Hauptkritikpunkt ist aber, dass für die Einordnung in die Nutzungsarten die Größe (Anzahl der Sitzplätze) – und auch der damit verbundene Verkehrslärm – nicht allein entscheidend sei, denn auch ein Kulturzentrum für Theater und Oper wird nicht wegen seiner Sitzplatzkapazität zur Vergnügungsstätte.[888] Weiteres Kriterium für Vergnügungsstätten soll das Vorliegen bestimmter „betriebliche[r] Besonderheiten“ sein. Was darunter zu verstehen ist und ob Multiplexkinos diese erfüllen, lässt *Stock* jedoch offen.

Richtig ist jedenfalls, dass die Einordnung der Nutzungsarten nicht allein nach Größe und damit verbundenem Verkehrslärm erfolgen kann. Auch ein Theater verliert durch eine gesteigerte Sitzplatzanzahl nicht seinen Status als Anlage für kulturelle Zwecke.

Eine Differenzierung nach bloßer Größe entspricht dem Begriffssystem der BauNVO auch nicht.

---

886 OVG Frankfurt (Oder) 21.3.2003 – BeckRS 2004, 20332; OVG Weimar 19.3.2003 – NVwZ 2004, S. 249, 250; OVG Koblenz 1.6.1999 – BauR 1999, 1011; *Wahlhäuser*, in: Bönker/Bischopink, BauNVO, § 4a, Rn. 74 f.; *Schmitz*, LKV 1997, S. 345, 347; *Fickert/Fieseler*, BauNVO, § 7, Rn. 7.8; *Kirchberg*, VBlBW 2000, S. 209, 210.

887 Sie gehören städtebaulich (infrastrukturell, aufgrund ihrer Belebungswirkung und nach der Störungskonzeption der BauNVO) ins Kerngebiet. So wird ihr Besuch typischerweise mit anderen stadttypischen Aktivitäten (insbesondere gastronomischer Art) verknüpft. (*Schmitz*, LKV 1997, S. 345, 346, dort auch weitere Kritik zur Ansiedlung an den Stadträndern, vgl. dazu auch *Scherer-Leydecker*, IBR 2003, S. 329).

888 *Stock*, in: E/Z/B/K, BauGB, § 4 BauNVO, Rn. 88.

Zwar bezieht sich § 15 BauNVO ausweislich in seiner Systematik auf die Art der baulichen Nutzung, erwähnt aber auch den Umfang und zeigt daher, dass Größe auch mit Art zusammenhängen kann[889].

Grundsätzlich wird aber durch die bloße Größe keine Nutzung in der BauNVO zu einem anderen (selbstständigen) Nutzungsbegriff, also etwa von einer Anlage für kulturelle Zwecke zur Vergnügungsstätte.

Größere Läden werden zwar zu Einzelhandelsbetrieben und diese wiederum zu großflächigen Einzelhandelsbetrieben. Dies ist in der BauNVO aber offensichtlich angelegt, zum einen durch eine Verteilung auf die Baugebiete, wie es nach dem allgemeinen Sprachgebrauch deren Charakter entspricht, zum anderen dadurch, dass diese Begriffe niemals gemeinsam in einem Baugebiet aufgeführt werden, sie also in einem strikten Stufenverhältnis zueinander stehen.

In der BauNVO angelegt ist aber auch die Differenzierung zwischen kerngebietstypischen und nicht kerngebietstypischen Vergnügungsstätten, die auch von der Größe („Umfang") abhängt. Diese Differenzierung kann eher dabei helfen, die Multiplexkinos städtebaulich angemessen zu erfassen, indem man sie jedenfalls als kerngebietstypische Vergnügungsstätte ansieht. Kleinere Kinos können als nicht kerngebietstypische Vergnügungsstätte eingestuft werden, was wiederum der vom Bundesverwaltungsgericht vom Anfang der Prägung der nicht kerngebietstypischen Vergnügungsstätte an vertretenen Auffassung entspricht[890].

Die für die Einstufung der Multiplexkinos als Vergnügungsstätte vorgebrachten Argumente liegen auch für „normale" Kinos vor, beziehungsweise dürfen, wie die Größe, keinen Unterschied bei der Einstufung machen. Multiplexkinos unterscheiden sich auch nach Art des Gewerbes und der Tatsache, dass sie rein kommerziellen Zwecken dienen und Verkehr gerade in den Abendstunden anziehen, kaum von herkömmlichen Kinos.[891] Im Hinblick auf Zusatzangebote genügt für die Rechtsprechung schon der bloße Verkauf von Kinosnacks- und Getränken, was keine neue Qualität von Störungen im Unterschied zu üblichen Kinos befürchten lässt. Selbst wenn aufgrund der aufwendigeren Ausstattung überproportional viele Jugendliche angezogen werden, stellt dies keinen städtebaulich relevanten Unterschied zum normalen Kino dar, denn sie werden auch in Multiplexkinos nicht zu erhöhten Störungen animiert. Vielmehr ist im Kino

---

889 *Tuttlewski/Lange*, ZfWG 2009, S. 163, 166. „Im Einzelfall [kann] Qualität in Quantität umschlagen" (BVerwG 16.03.1995 – juris, Rn. 17).

890 Vgl. BVerwG 25.11.1983 – E 68, S. 207, 211.

891 *Scherer-Leydecker*, IBR 2003, S. 329.

selbst eine gewisse Ruhe verlangt. Deshalb wird (auch bei Jugendlichen) keine Alkoholisierung oder übermäßige Ausgelassenheit entstehen, die sich vor der Tür äußert. In diese Richtung ist auch in den der Rechtsprechung zugrunde liegenden Sachverhalten nichts bekannt[892].

c) Ergebnis

Im Ergebnis sind Multiplexkinos als Vergnügungsstätten einzuordnen, denn die dafür bei den übrigen Kinos vorgebrachten Kriterien werden von Multiplexkinos noch in weitaus höherem Maße erfüllt: Multiplexkinos sind noch deutlicher kommerziell geprägt. Kulturell hochstehende Filme werden nie Programmschwerpunkt sein. Multiplexkinos entsprechen daher nach dem allgemeinen Sprachgebrauch einer Vergnügungsstätte. Dieses Ergebnis wird auch durch die Betrachtung städtebaulicher Kriterien nicht umgekehrt. Zwar liegt keine besondere Lärmbelästigung wie z.B. aufgrund alkoholisierter Besucher vor. Multiplexkinos verursachen jedoch aufgrund ihres Einzugsbereichs und ihrer Nutzungszeiten erheblicher Verkehr nachts und am Wochenende und sind damit in allen Fällen wohngebietsunverträglich.

Anhand des Problems der Einstufung von Kinos als Vergnügungsstätte oder Anlage für kulturelle Zwecke zeigt sich die verunglückte Grundstruktur der BauNVO besonders deutlich: Der Wortlaut muss danach maßgeblicher Ausgangspunkt der Auslegung der Nutzungsbegriffe sein, diese sind jedoch weder systematisch aufgebaut noch systematisch abgrenzbar, denn die logische Konstruktion eines strikten Alternativverhältnisses zwischen Kunst und Vergnügen ist nicht möglich. Insbesondere ist eine rechtssichere Entscheidung über die Frage, ob Filme Kultur oder Unterhaltung sind, ausgeschlossen.

Weiterhin wirkt sich die allgemeinsprachliche Einordnung von Nutzungen nicht auf ihre städtebaulichen Eigenschaften aus. So können Opern und Theater aufgrund der Wortlautgrenze zwischen Anlage für kulturelle Zwecken und Vergnügungsstätte nur Ersteren zugeschlagen werden, sind aber zugleich typischerweise wohngebietsunverträglich und kerngebietstypisch und erfüllen damit die sich aus Historie und Systematik ergebende städtebauliche Charakteristik der Vergnügungsstätten.[893] Vor diesem Hintergrund bleiben zwei Wege: Der Ansatz *Stocks*[894], der Kinos mit Opern und Theatern vergleicht und dabei richtigerweise

---

892 Bei OVG Münster 28.8.1998 – BauR 1999, S. 1012, 1014 und OVG Berlin 17.3.1999 – BauR 1999, S. 1004, 1007 geht es insofern um bloße Mutmaßungen vor dem Hintergrund prägender benachbarter Vergnügungsstätten.

893 S. dazu 1. Teil B. II.

894 Vgl. 4. b).

keine unabhängig von der Größe bestehenden städtebaulichen Unterschiede feststellen kann, weshalb Kinos dann auch als Anlagen für kulturelle Zwecke anzusehen sein sollen, obwohl sie damit – jedenfalls dem Grunde nach – auch in allgemeinen Wohngebieten zulässig sein können und damit die Konstruktionsfehler der BauNVO noch vertieft werden. Oder der hier gewählte Weg der typushaften Gesamtschau von allgemeinem Sprachgebrauch und städtebaulichen Auswirkungen, wonach Kinos (außer Programmkinos) nach dem allgemeinen Sprachgebrauch tendenziell eher dem Vergnügen als der Kultur zuzuordnen sind und dieses Ergebnis auch städtebaulich vertretbar ist, da diese Kinos typischerweise sowohl kerngebietstypisch als auch wohngebietsunverträglich, wenn auch nicht aufgrund besonderer, über den bloßen Verkehr hinausgehender Störungen, sind.

Stocks Ansatz hat auch nicht den Vorteil, sich stärker vom allgemeinen Sprachgebrauch zu emanzipieren, denn auch er nimmt diesen zur Grundlage, wenn er von Opern und Theatern als Anlagen für kulturelle Zwecke ausgehen muss.

II. Varietés und Kabaretts

Während das Varieté, nach dem Sprachgebrauch ein Theater mit wechselndem, unterhaltendem Programm, artistischen, tänzerischen, musikalischen, komödiantischen oder ähnlichen Darbietungen[895], ganz überwiegend als Vergnügungsstätte angesehen wird[896], ist die Situation beim Kabarett unübersichtlicher. Zum Teil wird es als Vergnügungsstätte angesehen[897], sehr oft wird jedoch

895 *Duden* Universalwörterbuch („Varieté").

896 VGH Mannheim 11.12.1984 – BRS 44 Nr. 106, S. 260; *Dolde/Schlarmann*, BauR 1984, S. 121, 122; *Walper*, BauNVO, § 4a, S. 70; *Schlez*, BauNVO, § 7, Rn. 7; *Förster*, BauNVO, § 4a, Anm. 3b); *Jeromin*, Zulässigkeit von Vergnügungsstätten, S. 22; *Jahn*, BauR 1990, S. 280, 281; *Roeser*, in: K/R/S, BauNVO, § 7, Rn. 16; *Jäde/Dirnberger*, BauGB und BauNVO, § 4a BauNVO, Rn. 17; *Ziegler*, in: Brügelmann, BauGB, § 4a BauNVO, Rn. 68; *Knaup/Stange*, BauNVO, § 4a, S. 49; a.A. (Anlagen für kulturelle Zwecke) nur *Aschke*, in: Kröninger/Aschke/Jeromin, BauGB, § 4a BauNVO, Rn. 20.
Wobei auch hier die Abgrenzung zu ggf. kulturellen Ballett-/Musicalveranstaltungen fließend wäre.

897 BVerwG 25.11.1983 – E 68, S. 213, 215; VG Freiburg 24.10.2000 – NVwZ 2001, S. 1442, 1443; *Dolde/Schlarmann*, BauR 1984, S. 121, 122; *Walper*, BauNVO, § 4a, S. 70; *Schlez*, BauNVO, § 7, Rn. 7; *Leder/Scholtissek*, BauNVO, § 4a, Rn. 12; *Förster*, BauNVO, § 4a, Anm. 3b).

betont, dass es im Falle politisch-satirischer oder zeitkritischer Darbietungen eine Anlage für kulturelle Zwecke darstelle[898].

Dabei stellt das Kabarett ein gutes Beispiel für die Veränderung der Einstufung im Zuge des historischen Wandels dar.[899] Das Kabarett wurde zur Zeit des Erlasses der BauNVO und davor als Teil eines Vergnügungsviertels und mit sexuellem Bezug (ggf. in Verbindung mit einem Varieté) unstreitig nicht als Anlage für kulturelle Zwecke angesehen. Seitdem hat sich der objektive Inhalt des Kabaretts kaum verändert, aber der allgemeine Wertewandel ab den 70er-Jahren hat dazu geführt, dass, was damals „verrucht“ war, heute anerkannt und gesellschaftlich etabliert ist. Die Auffassung von Kultur erstreckt sich in den Bereich ehemaligen „Vergnügens“.

Entsprechend verfügen diese Nutzungen heute über einen überwiegend bürgerlichen Besucherkreis. Insbesondere das Kabarett wird als „künstlerisch hochwertig“, „geistig anspruchsvoll“ und „gesellschaftskritisch“ angesehen und daher nach dem Sprachgebrauch eher mit einem Theater und einer Oper verglichen als mit einem wie auch immer ausgestalteten „unanständigen“ Nachtlokal.

Wenn die Abgrenzung zwischen Vergnügungsstätte und Anlage für kulturelle Zwecke in diesem Zusammenhang thematisiert wird, bleibt sie beim allgemeinen Sprachgebrauch stehen.

Nach einer typushaften Gesamtschau der Kriterien des Begriffes der Vergnügungsstätte werde Kabaretts und Varietés heute als Anlagen für kulturelle Zwecke anzusehen sein. Der allgemeine Sprachgebrauch hat sich in Richtung Kultur verändert. Städtebaulich ist zu bedenken, dass Kabaretts und Varietés aufgrund ihrer Verwurzelung in der bürgerlichen Kulturszene keine besonderen, über die späten Öffnungszeiten hinausgehenden Störungen (mehr) mit sich bringen werden. Schließlich dürften sie auch in Form kleinkunstartiger Nutzungen mit

---

898 Vgl. *Jahn*, BauR 1990, S. 280, 282; *Stock*, in: K/R/S, BauNVO, § 4, Rn. 49; *Ziegler*, in: Brügelmann, BauGB, § 4a BauNVO, Rn. 67; *Bielenberg*, in: E/Z/B/K, BauGB, 55. Lfg. 1997, § 4a BauNVO, Rn. 58a; *Jäde/Dirnberger*, BauGB und BauNVO, § 4a BauNVO, Rn. 17; *Jeromin*, Zulässigkeit von Vergnügungsstätten, S. 12 f.; *Schlichter/Friedrich*, WiVerw 1988, S. 199, 208; *Scharmer*, Steuerungsmöglichkeiten, S. 13 f.; für die Einstufung aller Formen des Kabaretts als Anlage für kulturelle Zwecke: *Aschke*, in: Kröninger/Aschke/Jeromin, BauGB, § 4a BauNVO, Rn. 20.

899 Vgl. *Knaup*, BauNVO (Vergnügungsstätte bis 6. Aufl. 1975, S. 52; a.A. ab 7. Aufl. 1983, S. 49), *Fickert/Fieseler*, BauNVO (Vergnügungsstätte bis 3. Aufl. 1971, § 7, Tz. 104; a.A. ab 4. Aufl. 1979, § 4a, Rn. 23); *Müller/Weiss*, BauNVO (Vergnügungsstätte bis 5. Aufl. 1981; danach ohne Äußerung); *Gelzer*, BauPlR (Vergnügungsstätte bis 4. Aufl. 1984, Rn. 683; a.A. ab 5. Aufl. 1991, Rn. 750).

geringem Einzugsbereich vorkommen, was mit der Zulässigkeit von Anlagen für kulturelle Zwecke im allgemeinen Wohngebiet gemäß § 4 Abs. 2 Nr. 3 BauNVO zusammenfällt.[900] In einem Vergleich zu Kinos, für die sich ähnliche Abgrenzungsfragen stellen, entsprechen sie daher eher einem Programmkino als üblichen Kinos.

III. Festhallen

Bei der Einordnung von Festhallen in die Nutzungsarten der BauNVO kommt es zunächst – wie ganz allgemein – auf den Schwerpunkt der durch die Baugenehmigung erlaubten Veranstaltungen an[901].

Eine Turnhalle, in der nur zwölf lärmintensive Veranstaltungen, z.B. Vereinsfeste, im Jahr erlaubt sind, ist daher Anlage für kulturelle oder sportliche Zwecke.[902]

Wenn jedoch häufig Veranstaltungen mit erheblichen Immissionen möglich sind, handelt es sich um eine Vergnügungsstätte. Erhebliche Immissionen, insbesondere in Form von Fahrzeugaufkommen, ergeben sich aus dem Umfang, der sich aus der Größe der Festhalle ergibt, und der Art der Veranstaltungen: Unterhaltungsprogramme und geselliges Feiern, bei denen namentlich Musik und Tanz geboten werden, etwa „Abi-Party“, „kulturelle Veranstaltungen“, (Rock-) Konzerte, Disko, Fasching, Hochzeiten oder Familienfeste.[903] (Nur) Solche Feste sind mit besonderen, vergnügungsstättentypischen Störungen verbunden. Sie werden nicht nur bis spät in die Nacht abgehalten; zusätzliche Störungen ergeben sich auch aus dem Musiklärm und dem Verhalten der wegen des dort typischen Überschwangs zu erhöhter Rücksichtslosigkeit neigenden Besucher.[904]

---

900 Nach den im 1. Teil B. III. vorgestellten Skalen ist für Varietés und Kabaretts von folgenden Werten auszugehen: Vergnügungsstätte nach Maßgabe des allgemeinen Sprachgebrauchs: 40 von 80; Vergnügungsstätte nach Maßgabe der für sie typischen städtebaulichen Merkmale der Wohn(gebiets)unverträglichkeit und Zentralität: 65 von 100. Insgesamt liegt damit ein Wert von 105 und keine Vergnügungsstätte vor.

901 Nicht auf die tatsächliche Nutzung, vgl. OVG Münster 27.4.2006 – BRS 70 Nr. 70, S. 389; 15.4.2011 – juris, Rn. 22; auch OVG Schleswig 5.10.2009 – juris, Rn. 37.

902 VGH Mannheim 29.1.2008 – BRS 73 Nr. 74, S. 380 f.

903 So OVG Münster 27.4.2006 – BRS 70 Nr. 70, S. 389; 15.4.2011 – juris, Rn. 16 ff.; 5.7.2017 – BauR 2016, S. 1661, 1662; VG Karlsruhe 11.8.2010 – juris, Rn. 36 je Anschluss oder bestätigt durch die Definition von BVerwG 20.11.2006 – BRS 70 Nr. 71, S. 391 (vgl. dazu 1. Teil B. II. 2. d)). Dies gilt danach jedenfalls bei mindestens einmal pro Woche möglichen Veranstaltungen ab 300 Plätzen.

904 Vgl. allgemein bei 1. Teil B. II. 3. Nach dieser Argumentation sind auch Profisportveranstaltungen (s. IV. 1.) a fortiori als Vergnügungsstätten anzusehen.

Darunter fallen auch die häufig verfahrensgegenständlichen Nutzungsschwerpunkte der Hochzeiten aus dem türkisch-orientalischen Kulturkreis, denn sie lassen sich hinsichtlich ihrer Auswirkungen auf die Nachbarschaft von einer Diskothek nicht unterscheiden. Sie bieten Tanz und laute elektronisch verstärkte Musik und sind auch im Übrigen in besonderem Maße immissionserheblich, da sie in der Regel erst zwischen 0 und 1 Uhr enden und mit ihrem Charakter als überörtliche (Groß-)Familienzusammenkunft einen größeren Personenumfang und entsprechenden Fahrzeugverkehr aufweisen, der zur An- und Abfahrtszeit je rund zwei Stunden zusätzlich den Lärm des Anfahrens, Türenschlagens, Verabschiedungen im Freien und Ähnliches mit sich bringt.[905]

Entsprechend dem bei der herrschenden Definition von Vergnügungsstätten dominierenden Verständnis nach dem allgemeinen Sprachgebrauch wird dieser Rechtsprechung entgegengehalten, dass keine Vergnügungsstätte vorliege, wenn der Schwerpunkt von Veranstaltungen gebildet wird, bei denen das gesellige Zusammensein und nicht die kommerzielle Unterhaltung im Vordergrund steht, auch wenn Musik und ähnliche Darbietungen vorkommen (Hochzeits-, Familien-, Betriebsfeiern, Schützenveranstaltungen usw.).[906]

Zwar können solche Veranstaltungen nach dem allgemeinen Sprachverständnis auch als kulturelle Veranstaltungen angesehen werden. Dies ist jedoch nicht zwingend. Mit einer Einstufung als Vergnügungsstätte wird die Wortlautgrenze daher nicht verletzt. Für solche Grenzfälle sind daher die städtebaulichen Auswirkungen entscheidend, wie sie auch das Bundesverwaltungsgericht in seiner Entscheidung vom 20. November 2006 gerade anlässlich einer solchen Festhalle betont[907].

Bei regelmäßigem Stattfinden von Veranstaltungen mit vergnügungsstättentypischen Auswirkungen liegt daher eine Vergnügungsstätte vor.[908]

Auch genügen deshalb die Größe und die fehlende Begrenzung der Veranstaltungszeiten allein nicht, um eine Vergnügungsstätte anzunehmen, so jedoch OVG Münster 5.7.2017 – BauR 2016, S. 1661, 1662 für ein Bürgerzentrum.

905 OVG Münster 27.4.2006 – BRS 70 Nr. 70, S. 389; VG Karlsruhe 11.8.2010 – juris, Rn. 36.

906 VG Düsseldorf 14.4.2005 – juris, Rn. 48 und *Fickert/Fieseler*, BauNVO, § 4, Rn. 6.44; § 9, Rn. 7.23, der ohne weitere Begründung die betreffenden Festhallen als Anlage für kulturelle und soziale Zwecke ansieht.

907 Vgl. BVerwG 20.11.2006 – BRS 70 Nr. 71, S. 391 sowie 1. Teil B. II. 2. d).

908 Nach den im 1. Teil B. III. vorgestellten Skalen ist dann von folgenden Werten auszugehen: Vergnügungsstätte nach Maßgabe des allgemeinen Sprachgebrauchs: 50 von 80; Vergnügungsstätte nach Maßgabe der für sie typischen städtebaulichen Merkmale der

IV. Großflächige Unterhaltungsbetriebe

1. Stadien für Profisport

Bei unvoreingenommener Anwendung der herrschenden – wortlautorientierten – Definition[909], müssten Profisportstadien – insbesondere der Fußballbundesliga – als Vergnügungsstätten angesehen werden.

Denn der Besucher zahlt Eintritt, um passiv ein als vergnüglich-unterhaltend empfundenes Ereignis – einen Auftritt dafür bezahlter Akteure – zu erleben, ohne sich dabei selbst in irgendeiner Weise sportlich zu betätigen. Insofern besteht kein Unterschied zur Fernsehübertragung in Wettbüros oder Schank- und Speisewirtschaften oder dem Auftritt von Stripteasetänzern.

Dagegen argumentiert *Ziegler*, es komme nicht auf die Betätigung der Zuschauer an, sondern auf die Spieler.[910] Jedoch sind die Zuschauer die zahlenmäßig weit überwiegenden Nutzer und auch bei anderen Nutzungen wird auf den (zahlenden) Kunden und nicht auf den Anbieter abgestellt, denn es geht um die kommerzielle Unterhaltung der Besucher.[911] Profisportstadien unterscheiden sich damit von Anlagen für kulturelle Zwecke (wie Opern), bei denen der Zuschauer sich ja durch seine bloße Anwesenheit kulturell betätigt oder zu Erlebnis-/Spaßbädern, die zwar – im Unterschied zu klassischen, oft kommunalen Bädern – stark kommerziell geprägt und auf Unterhaltung ausgelegt sind, jedoch körperliche Ertüchtigung und ein spielerisch-aktives Einüben des Schwimmsports zumindest ermöglichen.[912]

Dennoch wird ein Profisportstadion allgemein als Anlage für sportliche Zwecke angesehen. Es wird zwar zugegeben, dass der Unterhaltungscharakter der sportlichen Darbietungen gegenüber der körperlichen Ertüchtigung in den Vordergrund tritt und es nicht um die sozialen und gesundheitlichen Funktionen aktiven Sports geht. Unbeschadet der wirtschaftlichen Dimension stünden aber gewerbliche Zwecke nicht im Vordergrund.[913] Gerade im Profisport, der

---

Wohn(gebiets)unverträglichkeit und Zentralität: 100 von 100. Insgesamt liegt damit ein Wert von 150 und damit eine Vergnügungsstätte vor.

909 S. 1. Teil B. I. 1. – 3.

910 *Ziegler*, in: Brügelmann, BauGB, § 4a BauNVO, Rn. 57.

911 Auch das BVerwG hält Spiele der Fußball-Bundesligen – in einem Urteil zu Polizeigebühren – für „kommerzielle[…] Veranstaltungen“, s. BVerwG 29.3.2019 – 9 C 4.18 (n.v., s. aber Pressemitteilung Nr. 26/2019).

912 Vgl. dazu auch – immissionsschutzrechtlich – *Kuchler*, NuR 2000, S. 77 ff.

913 VGH Mannheim 17.6.1992 – VBlBW 1993, S. 131, 132 (bestätigt von BVerwG 16.12.1992 – juris, Rn. 20). Zustimmend auch: *Stock*, in: K/R/S, BauNVO, § 8, Rn. 38.

damit auch geeignetes Abgrenzungskriterium zu Anlagen für sportliche Zwecke wäre, herrscht jedoch qua Definition Kommerzialisierung[914], womit eine Vergnügungsstätte oder jedenfalls ein sonstiger Gewerbebetrieb vorliegt. Auch nach ihren städtebaulichen Auswirkungen haben sie viel mit Vergnügungsstätten gemein: massiver Verkehr, Lärm und besondere Störungen von den Besuchern inner- und außerhalb der Anlage.[915]

2. Zirkusse, Volksfeste, Jahr- und Weihnachtsmärkte und Ähnliches

Nutzungen wie Zirkusse, Volksfeste, Jahr- und Weihnachtsmärkte fallen als regelmäßig bloße Ad-hoc-Veranstaltungen (einmalige, vorübergehende oder zeitlich genau begrenzte) ohne eigene standortgebundene Betriebsstätte gar nicht erst unter das Bauplanungsrecht. Eine bauliche Anlage im Sinne des § 29 Abs. 1 BauGB liegt mangels dauerhafter bodenrechtlicher Auswirkungen nicht vor,[916] womit auch die Nutzungsarten der BauNVO irrelevant sind.

Wenn doch ein Fall des § 29 Abs. 1 BauGB vorliegt, insbesondere beim Freizeitpark, ist die Eigenschaft als Vergnügungsstätte bei Subsumtion unter die übliche Definition eindeutig zu bejahen. Denn Zirkusse, Volksfeste, Jahr- und Weihnachtsmärkte und Ähnliches sind durch ein vielfältiges Angebot an Unterhaltung und Vergnügen gekennzeichnet, ein besonderer Unterhaltungswert für das Publikum steht im Vordergrund.[917] Nicht möglich ist zwar die Subsumtion unter die regelmäßig genannten Untergruppen der Vergnügungsstätte[918], diese werden aber nicht als Einschränkung, sondern als Veranschaulichung der Definition verstanden.[919] Ebenso ist das Merkmal der Wohnunverträglichkeit erfüllt.[920]

---

914 Vgl. das gesamte „drumherum" im Stadion: etwa Getränkeausschank, Eventcharakter und Merchandising.

915 Vgl. VGH Mannheim 17.6.1992 - VBlBW 1993, S. 131, 133 f.

916 Etwa *Jeromin*, Zulässigkeit von Vergnügungsstätten, S. 11; *Fickert/Fieseler*, BauNVO, § 4a, Rn. 22.7; *Ziegler*, in: Brügelmann, BauGB, § 4a BauNVO, Rn. 65.

917 *Jeromin*, Zulässigkeit von Vergnügungsstätten, S. 11, 16; *Jäde/Dirnberger*, BauGB und BauNVO, § 4a BauNVO, Rn. 17; *Ziegler*, in Brügelmann: § 4a BauNVO, Rn. 65; a.A.: *Fickert/Fieseler*, BauNVO, § 4a, Rn. 22.7.

918 *Schladebach*, ZfBR 1999, S. 251, 252.

919 Vgl. *Jeromin*, Zulässigkeit von Vergnügungsstätten, der mit Untergruppen arbeitet, Freizeitparks aber dennoch als Vergnügungsstätte ansieht.

920 *Schladebach*, ZfBR 1999, S. 251, 252 verneint dies und damit auch die Vergnügungsstätteneigenschaft, weil Freizeitparks wegen ihres Standorts in der Praxis mit Wohnbebauung nicht in Berührung kommen. Er verkennt dabei, dass für die Wohnunverträglichkeit selbstverständlich nicht erst eine konkrete Störung erforderlich ist.

3. Ergebnis

Stadien für Profisport ebenso wie Zirkusse, Volksfeste, Jahr- und Weihnachtsmärkte und Ähnliches stehen sowohl nach der herrschenden Definition über den allgemeinen Sprachgebrauch als auch nach ihren städtebaulichen Auswirkungen in Form von massivem Verkehr, Lärm und besonderen Störungen durch Besucher sowie eines großen Einzugsbereichs der Vergnügungsstätte nahe. Jedoch fehlt es ihnen gänzlich an dem erforderlichen Bezug zum Kerngebiet oder sonstigen Gebieten, in denen der Begriff der Vergnügungsstätte vorkommt, denn sie können wegen ihres hohen Flächen- und Infrastrukturbedarfs und ihren Auswirkungen auf die Nachbarschaft, vor allem ihres unter Umständen erheblichen Lärmerzeugungspotenzials, selbst in Kerngebieten und Gewerbegebieten häufig nicht verträglich sein. In der Praxis kommen sie üblicherweise „auf der grünen Wiese" vor. Sinnvoll ist ein Sondergebiet nach § 11 BauNVO.[921]

Stadien für Profisport, Zirkusse, Volksfeste, Jahr- und Weihnachtsmärkte und Ähnliches können im Ergebnis also nicht als Vergnügungsstätten angesehen werden.[922]

Zwar mag es sich bei diesen Nutzungen um Sonderfälle handeln, festzuhalten ist jedoch auch, dass ein Nutzungsbegriff, der sie entsprechend erfassen und wirklich etwas zur normativen Steuerung beitragen könnte, nicht besteht.

921 Vgl. *Schladebach*, ZfBR 1999, S. 251, 252 und auch *Ziegler*, in Brügelmann, BauGB, § 4a BauNVO, Rn. 65.
Das gilt in ähnlicher Weise für Kart- oder Pferderennbahnen bei denen ebenso Lärm und Platzbedarf dominierende Faktoren sind und die trotz ihres Freizeit- und Unterhaltungscharakters ohne Diskussion als sonstige Gewerbebetriebe (VGH Mannheim 23.8.1996 – GewArch 1997, S. 123, 125; VG Schleswig 14.2.1997 – GewArch 1997, S. 168, 169) oder Anlagen für sportliche Zwecke (*Stock*, in: E/Z/B/K, BauGB, § 4 BauNVO, Rn. 103; *Ziegler*, in: Brügelmann, BauGB, § 2 BauNVO, Rn. 136) eingestuft werden.

922 Nach den im 1. Teil B. III. vorgestellten Skalen ist von folgenden Werten auszugehen: Vergnügungsstätte nach Maßgabe des allgemeinen Sprachgebrauchs: 40 von 80; Vergnügungsstätte nach Maßgabe der für sie typischen städtebaulichen Merkmale der Wohn(gebiets)unverträglichkeit und kerngebietstypischen Zentralität: 70 von 100. Insgesamt liegt damit ein Wert von 110 und damit keine Vergnügungsstätte vor.

3. Teil: Gesetzliche Differenzierungen des Vergnügungsstättenbegriffs

A. Kerngebietstypische und nicht kerngebietstypische Vergnügungsstätte

I. Allgemeines

1. Entstehung dieser Unterscheidung in der Rechtsprechung vor dem Hintergrund der BauNVO 77

Mit dem grundlegenden Urteil des Bundesverwaltungsgerichts vom 25. November 1983, welcher die höchstrichterliche Entscheidung des Streits um die Vergnügungsstätten als Gewerbebetriebe brachte (vgl. o. 1. Teil A. III.), stellte sich die Frage, unter welchen Voraussetzungen eine Vergnügungsstätte außerhalb von Kerngebieten zulässig ist.

In derselben Entscheidung hat das Bundesverwaltungsgericht für das Mischgebiet entschieden, dass eine Vergnügungsstätte dann zulässig ist, wenn sie „nicht dem Typus der Vergnügungsstätte wie er für Einrichtungen im Kerngebiet kennzeichnend ist, entspricht [s. dazu a)] *und* keine wesentlichen Störungen für die Wohnruhe vor allem am Abend und in der Nacht mit sich bringt [s. dazu b)]".[923] Dies wurde in weiteren Entscheidungen auf andere Baugebiete ausgeweitet, wobei die zweite Voraussetzung, die Störung der Wohnruhe, in den Fällen von Gewerbegebieten und Industriegebieten entfiel[924], da sie einen höheren Störgrad als Kerngebiete zulassen.

Ausgangspunkt ist dabei der wechselseitige Bezug von Kerngebiet und Vergnügungsstätte nach Funktion und Systematik. „Vergnügungsstätten sind eine Nutzungsart, die die unterschiedliche Zweckbestimmung von Kerngebieten einerseits und Mischgebieten andererseits in besonderer Weise kennzeichnen."[925]

923 BVerwG 25.11.1983 – E 68, S. 207, 212; 21.2.1986 – BRS 46 Nr. 51, S. 120 f.

924 Vgl. BVerwG 28.7.1988 – BRS 48 Nr. 40, S. 111 (für das Gewerbegebiet); 18.5.1990 – NVwZ 1991, S. 264 (für das allgemeine Wohngebiet) und 24.2.2000 – NVwZ 2000, S. 1054 (für das Industriegebiet).

925 BVerwG 25.11.1983 – E 68, S. 207, 211.

Kerngebiete übernehmen im städtebaulichen Ordnungsgefüge die zentralen Funktionen. Sie enthalten vielfältige Nutzungen und ein urbanes Angebot an Gütern und Dienstleistungen für Besucher der Stadt und die Wohnbevölkerung eines größeren Einzugsbereiches, gerade auch im Kultur- und Freizeitbereich.[926] Die dort nur in begrenztem Umfang zulässige Wohnnutzung tritt zurück. Sie muss – im Vergleich zu den Gebieten, die vorwiegend oder zumindest gleichrangig dem Wohnen dienen – „ein Mehr an Beeinträchtigungen der Wohnruhe, nämlich gerade die typischerweise von zentralen innerstädtischen Funktionen auch in den Abend- und Nachtstunden ausgehenden Beeinträchtigungen, hinnehmen." Ähnliches gilt für das besondere Wohngebiet, das als in der Regel innerstädtisches Wohngebiet in Ansätzen kerngebietsähnlichen Charakter hat und in dem deshalb Vergnügungsstätten ausnahmsweise zulässig sind.[927]

Die „Vergnügungsstätten" sind als Nutzungsart verselbstständigt und als allgemein zulässige Nutzung schon seit Erlass der BauNVO ausschließlich im Kerngebiet aufgeführt, § 7 Abs. 2 Nr. 2 BauNVO. Daraus schließt das Bundesverwaltungsgericht, dass der Charakter der von der BauNVO gemeinten Vergnügungsstätten und der des Kerngebiets sich wechselseitig prägen und bedingen und auch, dass der Verordnungsgeber die Vergnügungsstätten „wegen ihres typischen Erscheinungsbildes, insbesondere wegen der typischerweise mit ihr verbundenen städtebaulichen Auswirkungen und ihrer typischen Standortanforderungen", „jedenfalls nicht als in der Regel mit der Zweckbestimmung anderer Baugebiete vereinbar angesehen hat."[928]

a) Größerer Einzugsbereich sowie größeres und allgemeines Publikum

Nach ständiger Rechtsprechung des Bundesverwaltungsgerichts sind dabei solche Vergnügungsstätten für Kerngebiete typisch, die als „zentraler Dienstleistungsbetrieb" „einen größeren Einzugsbereich haben" und „für ein größeres und allgemeines Publikum erreichbar sein sollen."[929] Denn sie sind gerade deshalb ins Kerngebiet verwiesen.[930]

---

926 BVerwG 28.7.1988 – BRS 48 Nr. 40, S. 111; 24.2.2000 – NVwZ 2000, S. 1054.

927 BVerwG 25.11.1983 – E 68, S. 207, 211 f.

928 BVerwG 25.11.1983 – E 68, S. 207, 210 f.; 28.7.1988 – BRS 48 Nr. 40, S. 111.

929 BVerwG 25.11.1983 – E 68, S. 207, 211 f.; 21.2.1986 – BRS 46 Nr. 51, S. 121; 28.7.1988 – BRS 48 Nr. 40, S. 111; 18.5.1990 – NVwZ 1991, S. 264; 20.8.1992 – BRS 54 Nr. 50, S. 147; 29.10.1992 – BRS 54 Nr. 49, S. 141 f.; 24.2.2000 – NVwZ 2000, S. 1054. Daran wird weder in Literatur noch Rechtsprechung grundlegende Kritik geübt („allgemeine Meinung" *Stühler*, BauR 2013, S. 685, 693; *Stock*, in: K/R/S, BauNVO, § 4a, Rn. 36); zustimmend auch BGH 23.9.1993 – NVwZ 1994, S. 405, 408.

930 BVerwG 24.2.2000 – NVwZ 2000, S. 1054; *Scharmer*, Steuerungsmöglichkeiten, S. 16; *Schlichter/Friedrich*, WiVerw 1988, S. 199, 216 f.

Zwar verwendet das Bundesverwaltungsgericht in einem Urteil vom 18. Mai 1990[931] die abweichende Formulierung: „erreichbar ist oder jedenfalls erreichbar sein sollen", es verweist dabei aber auf seine Entscheidung vom 28. Juli 1988 und will daher wohl keine inhaltliche Änderung, zumal es durch die Wendung „jedenfalls" auch klar wird, dass „erreichbar ist" nur eine Präzisierung der ursprünglichen Formulierung meint. Die abweichende Formulierung könnte ihre Rechtfertigung darin finden, dass sie nicht nur eine Ex-ante-Betrachtung, sondern auch einen laufenden Betrieb erfasst und überdies die Erforschung des Willens des Betreibers nicht mehr alternativlos ist.

Der Zusatz „als zentrale Dienstleistungsbetriebe"[932] ist eher deklaratorischer Natur, da sich die Zentralität und der große Einzugsbereich schon aus den obigen Kriterien und der Betonung der typischen Kerngebietsnutzungen ergeben. Wohl alle Vergnügungsstätten sind „Dienstleistungsbetriebe (auf dem Unterhaltungssektor)", weshalb damit keine Eingrenzung der kerngebietstypischen erreicht wird. Für eine Aufnahme in die Definition aller Vergnügungsstätten ist dieses Kriterium jedoch zu weit. Dasselbe gilt für die – im Zusammenhang mit nicht kerngebietstypischen Vergnügungsstätten gebrauchte – Formulierung „Entspannung und Freizeitbetätigung".

Entsprechend sind typischerweise nicht kerngebietstypische Vergnügungsstätten solche, die „nur der Entspannung und Freizeitbetätigung in einem begrenzten Stadtteil oder Stadtviertel dienen"[933], also lediglich auf die Befriedigung der Bedürfnisse der Bewohner der Umgebung ausgerichtet sind.[934]

aa) Für das Vorliegen eines größeren und allgemeinen Publikums ist eine Altersbegrenzung jedenfalls irrelevant[935]. Gemeint ist damit wohl ein besonderer „Besucheransturm", eine signifikante Größenordnung des

931 BVerwG 18.5.1990 – NVwZ 1991, S. 264; daran anschließend: BVerwG 20.8.1992 – BRS 54 Nr. 50, S. 147; aber kein grundsätzlicher Wandel in der Rechtsprechung, denn BVerwG 24.2.2000 – NVwZ 2000, S. 1054 formuliert wieder wie oben.

932 In der Literatur zum Teil nochmals ergänzt um die Wendung: „auf dem Unterhaltungssektor" (etwa *Schlichter/Friedrich*, WiVerw 1988, S. 199, 216; *Stange*, in: FS Gelzer, S. 131, 132).

933 BVerwG 25.11.1983 – E 68, S. 207, 211; 29.10.1992 – BRS 54 Nr. 49, S. 141 f.; zustimmend auch BGH 23.9.1993 – NVwZ 1994, S. 405, 408.

934 *Leder/Scholtissek*, BauNVO, § 4a, Rn. 12.

935 Vgl. OVG Schleswig 5.10.2009 – juris, Rn. 36 („ab 25"); VGH München 7.8.2003 – NVwZ-RR 2003, S. 816, 817.

Publikumsverkehrs[936], eine erhebliche Anziehung[937], wofür andere Gebiete als das Kerngebiet regelmäßig nicht ausgelegt sind.

bb) Ein größerer Einzugsbereich liegt jedenfalls dann vor, wenn sich der Einzugsbereich über die Stadt[938] hinaus auf die nähere Umgebung erstreckt. In der Regel wird es schon genügen, wenn der Einzugsbereich über den Stadtteil hinausgeht[939].

cc) Das Bedürfnis der Besucher nach Anonymität hat dagegen keine eigenständige Bedeutung für die Frage nach der Kerngebietstypik.[940] Denn dieses Kriterium wird bereits durch einen großen Einzugsbereich oder auch einen Standort in einer großen oder mittleren Stadt[941] erfüllt. Ein Standort im Kerngebiet ist dafür jedoch nicht zwingend. Es ist nämlich nicht wahrscheinlicher, Bekannten in einem weiter entfernten besonderen Wohngebiet oder Mischgebiet zu begegnen als in einem näher gelegenen Kerngebiet.

b) Bedeutung der „Störungen für die Wohnruhe" für die Kerngebietstypik

Im Unterschied zum größeren Einzugsbereich und größeren und allgemeinen Publikum (vgl. a)) sind mit den „Störungen für die Wohnruhe" solche Störungen gemeint, die nicht direkt mit der Anzahl der Besucher und dem Einzugsbereich, der wiederum für den Motorisierungsgrad der Besucher wesentlich ist, zusammenhängen – also insbesondere der *nächtliche* Lärm.[942]

---

936 *Bönker*, in: Bönker/Bischopink, BauNVO, § 7, Rn. 88.

937 *Leder/Scholtissek*, BauNVO, § 4a, Rn. 12.

938 BVerwG 24.2.2000 – NVwZ 2000, S. 1054; VGH München 10.2.1977 – BRS 32 Nr. 41, S. 88; OVG Münster 9.12.1992 – GewArch 1993, S. 254, 257; OVG Schleswig 5.10.2009 – juris, Rn. 36; *Stange*, in: FS Gelzer, S. 131, 132. Entsprechend wird als Indiz die Werbung im Internet, an überörtlichen Straßen oder in überregionalen Anzeigern angesehen, vgl. OVG Berlin 10.11.2004 – NVwZ-RR 2005, S. 160, 161; OVG Koblenz 9.3.2007 – juris, Rn. 11; VG Weimar 9.8.2005 – juris, Rn. 26.

939 Vgl. VGH München 17.11.1978 – BRS 33 Nr. 127, S. 255; VGH Mannheim 22.1.1986 – BRS 46 Nr. 52, S. 124 f.; so wohl auch BVerwG 25.11.1983 – E 68, S. 207, 211; a.A.: *Reinhardt/Schwertner*, JuS 2002, S. 893, 895 f. (erst, wenn über die Stadt hinausgehend); vgl. auch u. 3.

940 So aber *Stühler*, BauR 2013, S. 685, 694 für Swingerclubs, Sexshops mit Videokabinen und die Prostitutionsbetriebe.

941 *Heinz/Janssen/Mittag/Scharmer/Schneidewind*, Strukturveränderungen, S. 62.

942 Indizien dafür sind: Betrieb vorzugsweise abends und nachts; starke Fluktuation v.a. jugendlicher Besucher mit typischem Lärm außerhalb, die Begleiterscheinungen des Amüsierbetriebs; Alkoholausschank (*Schlemminger/Winterstein*, NVwZ 1988, S. 1078,

Dementsprechend spielt diese Voraussetzung nur bei allgemeinen Wohngebieten und Mischgebieten eine Rolle und nicht in Gewerbe- und Industriegebieten, während ein größerer Einzugsbereich und ein größeres und allgemeines Publikum in allen Baugebieten gleichbleibende Voraussetzung für die Zulässigkeit von nicht kerngebietstypischen Vergnügungsstätten ist.[943]

Die in den ersten Entscheidungen des Bundesverwaltungsgerichts noch deutlich angelegte Trennung zur Voraussetzung eines größeren Einzugsbereichs und Publikums[944] wird in der weiteren Entwicklung von Rechtsprechung und Literatur kaum klar durchgehalten.[945] Das ist auch nicht möglich, denn ohne größeres Publikum und größeren Einzugsbereich sind auch An- und Abfahrtsverkehr und die dadurch verursachte Störung des Wohnens geringer und damit die Wahrscheinlichkeit der Zulässigkeit in allgemeinen Wohngebieten und Mischgebieten höher. Und andersherum ist die Störung des Wohnens durch nächtlichen Lärm wichtiger Bestandteil der Abgrenzung zwischen Mischgebiet und Kerngebiet.[946]

Größerer Einzugsbereich und größeres Publikum sowie Störungen der Wohnruhe bedingen sich also gegenseitig und können nur schwer voneinander getrennt werden. Dementsprechend berücksichtigen Teile der Literatur den Nachtlärm schon beim Begriff der Kerngebietstypik, indem sie zudem „übliche" Freizeitbetätigung ausschließen, die als Betrieb der Vergnügungsstätte nicht über die „übliche Polizeistunde" hinaus definiert wird. Kerngebietstypische Vergnügungsstätten dagegen öffnen erst am späten Abend, was mit dem sich daraus ergebenden „Drum und Dran" nicht der Zweckbestimmung der dem Wohnen dienenden Gebiete entspricht.[947] Dennoch wird das Kriterium des Einzugsbereichs durch das Abstellen auf die Nachtemissionen nicht sekundär, da es auch Bedeutung für weitere Kriterien der städtebaulichen Ordnung – insbesondere

---

1080, vgl. etwa BVerwG 21.2.1986 – BRS 46 Nr. 51, S. 121; OVG Münster 24.6.1987 – BRS 47 Nr. 50, S. 134; 17.6.1992 – juris, Rn. 79 ff.; OVG Lüneburg 11.9.1987 – BRS 47 Nr. 51, S. 137; OVG Bremen 31.8.1987 – BRS 47 Nr. 206, S. 509).

943 Vgl. auch 1. Teil B. II. 4.

944 Vgl. BVerwG 25.11.1983 – E 68, S. 207, 212; BVerwG 21.2.1986 – BRS 46 Nr. 51, S. 120 f.

945 Vgl. nur BVerwG 18.5.1990 – NVwZ 1991, S. 264; OVG Koblenz 28.9.2016 – BauR 2017, S. 692, 694; *Roeser*, in: K/R/S, BauNVO, § 7, Rn. 17; *Stüer*, BPlan, Rn. 396; *Müller/Weiss*, BauNVO, § 4a, S. 100.

946 S.o. BVerwG 25.11.1983 – E 68, S. 207, 211 f.

947 *Bielenberg*, in: E/Z/B/K, 50. Lfg, § 4a BauNVO, Rn. 58h; *Fickert/Fieseler*, BauNVO, § 4a, Rn. 23.2.

die Funktion der Baugebiete und ihr (Zentralitäts-)Verhältnis zueinander – hat, die durch die Emissionen kaum erfasst werden kann.[948]

Im Rahmen dieser Arbeit wurden diese Störungen bereits auf der Ebene der Nutzungsbegriffe (2. Teil) berücksichtigt und analysiert, da aufgrund der städtebaulichen Bedeutung nicht nur auf den allgemeinen Sprachgebrauch, sondern maßgeblich auf die Störung abzustellen ist (s. 1. Teil B. II.).

Zur Qualität der vom Einzugsbereich unabhängigen Störungen kann also nach oben verwiesen werden. Soweit der Einzugsbereich aber über die Frage nach dem Lärm hinausgeht, wurde nur das Ergebnis genannt, weil er dann im Wesentlichen die Quantität und nicht die Qualität der Emissionen betrifft und aufgrund der typisierenden Betrachtungsweise insoweit auf der Ebene des Begriffs der Vergnügungsstätte nicht mit dem Einzugsbereich argumentiert wird. Die weitere Frage der Kerngebietstypik hat ihre Berechtigung in der weiteren Präzisierung und Differenzierung der von Vergnügungsstätten ausgehenden Emissionen und der Beschreibung der Grenze, ab der Vergnügungsstätten auch außerhalb der Kerngebiete zulässig sein können.

Da sich die Definition der Kerngebietstypik und die der Vergnügungsstätte nach städtebaulichen Auswirkungen stark überschneiden, gehen auch die Begründungen für die Eigenschaft als Vergnügungsstätte und für die Kerngebietstypik, insbesondere wenn auf Störungen durch späte Öffnungszeiten oder die Überörtlichkeit des Einzugsbereichs wegen besonderer Veranstaltungen abgestellt wird[949], untrennbar ineinander über.

Denn die entscheidende Bedeutung dieser Kriterien für den Begriff der Vergnügungsstätte insgesamt ergibt sich gerade aus der deshalb bestehenden Wohn(gebiets)unverträglichkeit und der daraus und aus weiteren Aspekten des Ordnungsgefüges der Baugebiete resultierenden Zuweisung in das Kerngebiet als idealer Platz für Vergnügungsstätten.[950]

c) Daraus folgende Kriterien

Für das erste Kriterium des größeren Einzugsbereichs sowie größeren und allgemeinen Publikums sind nach allgemeiner Meinung Einzugsbereich, Zentralitätsgrad und Besucherzahl der Vergnügungsstätte entscheidend. Dies ergibt sich zwar primär aus der Größe (der Kapazität) der Nutzung, wofür die Betriebsfläche wichtiges Kriterium sein kann. Einzugsbereich, Zentralitätsgrad und

948 Vgl. auch 1. Teil B. II. 4.

949 Vgl. etwa 2. Teil A. I. (Tanzlokale), D. I. (Kinos) und D. III. (Festhallen).

950 Vgl. auch 1. Teil B. II. 3. und 4.

Besucherzahl können sich jedoch auch schon aus der Art der Vergnügungsstätte ergeben, wenn z.B. aufgrund generell hoher Fixkosten oder hohen Investitionsbedarfs nur die Ansprache einer großen Besucherzahl rentabel ist.

Für das weitere Kriterium der Störungen für die Wohnruhe sind Nachtlärm und die Begleiterscheinungen des Amüsierbetriebs maßgeblich, was – im Hinblick auf die Quantität der Störungen – mit der Kapazität des Betriebs und – primär – mit der Art des Betriebs[951], insbesondere der davon abhängenden Öffnungszeiten[952], der Frequenz der Kundenbesuche[953] und besonderen Störungen zu tun hat.

Insgesamt sind also Größe und Unterart der Vergnügungsstätte für die Frage des Vorliegens einer kerngebietstypischen oder nicht kerngebietstypischen Vergnügungsstätte maßgeblich.[954]

2. *Aufnahme in die BauNVO durch die Novellierung 1990*

Der vom Bundesverwaltungsgericht entwickelten Unterscheidung in kerngebietstypische und nicht kerngebietstypische Vergnügungsstätten hat sich der Verordnungsgeber 1990 bei der Neuregelung der BauNVO bedient, indem er die Zulassungsfähigkeit von Vergnügungsstätten außerhalb von Kerngebieten, neben den besonderen Wohngebieten, in Dorfgebieten, Mischgebieten und Gewerbegebieten, kodifizierte und dabei – jedenfalls im besonderen Wohngebiet, Dorfgebiet und Mischgebiet (vgl. § 4a Abs. 3 Nr. 2 BauNVO) – von der in der Rechtsprechung bestehenden Unterscheidung ausging.[955]

Von einer vollständigen Übernahme der Rechtsprechung kann aber angesichts des Wortlauts der Novellierung, der den bisherigen Formulierungen der Rechtsprechung nicht entspricht und damit Raum für Interpretationen lässt, aber auch angesichts der unterschiedlichen Ergebnisse der Zulässigkeit[956], nicht ohne Weiteres ausgegangen werden.[957]

---

951 BVerwG 21.2.1986 – BRS 46 Nr. 51, S. 121.

952 So wohl OVG Schleswig 5.10.2009 – juris, Rn. 39; *Bielenberg*, in: E/Z/B/K, BauGB, 55. Lfg. 1997, § 4a BauNVO, Rn. 58h; *Fickert/Fieseler*, BauNVO, § 4a, Rn. 23.2.

953 VGH München 27.2.2017 – juris, Rn. 27.

954 BVerwG 21.2.1986 – BRS 46 Nr. 51, S. 121; 28.7.1988 – BRS 48 Nr. 40, S. 111 f.; 18.5.1990 – NVwZ 1991, S. 264; 20.8.1992 – BRS 54 Nr. 50, S. 147.

955 Vgl. BR-Drs 354/89, S. 32, 47, 55.

956 Vgl. 1. Teil A. IV.

957 Was dem Verordnungsgeber auch bewusst war, denn er hat nur von einer „teilweise[] Übernahme des geltenden Rechts“ gesprochen, BR-Drs 354–89, S. 32.

Jedenfalls auf die Grundsätze der bis dato ergangenen Rechtsprechung kann jedoch zurückgegriffen werden, denn die Unterscheidung war auch vorher schon in der Rechtsprechung entwickelt und konkretisiert worden, die in § 4a Abs. 3 Nr. 2 BauNVO genannten Kriterien – Zweckbestimmung und Umfang – waren auch dort maßgeblich[958] und die Begründung zur BauNVO 1990 enthält keine neuen Erklärungen dazu, was unter (nicht) kerngebietstypischen Vergnügungsstätten zu verstehen ist. Folglich sind aufgrund der Novelle keine signifikanten Veränderungen in der Rechtsprechung zu erkennen[959] und es ist allgemein anerkannt, dass die Auslegung der Formulierung des § 4a Abs. 3 Nr. 2 BauNVO von der vor 1990 ergangenen Rechtsprechung vorgezeichnet ist.[960] Die Regelung des § 4 Abs. 3 Nr. 2 BauNVO muss also als Versuch des Verordnungsgebers verstanden werden, die Grundsätze der Rechtsprechung zu kodifizieren.

Problematisch und nicht richtig geklärt ist jedoch, auf welche Weise genau sich die Grundsätze der Rechtsprechung (vgl. o. 1.) im Wortlaut des § 4a Abs. 3 Nr. 2 BauNVO 1990 wiederfinden lassen.

Nach § 4a Abs. 3 Nr. 2 BauNVO können Vergnügungsstätten nur zugelassen werden: „soweit sie nicht wegen ihrer Zweckbestimmung oder ihres Umfangs nur in Kerngebieten allgemein zulässig sind“, also nach Zweckbestimmung und Umfang auch außerhalb des Kerngebiets allgemein zulässig sein können. Darauf nehmen § 5 Abs. 3 BauNVO für Dorfgebiete, § 6 Abs. 2 Nr. 8 und Abs. 3 BauNVO für Mischgebiete und – seit 2017 – § 6a Abs. 3 Nr. 1 BauNVO für urbane Gebiete ausdrücklich Bezug. Die verneinten Vergnügungsstätten sind die kerngebietstypischen; diese haben keine explizite Erwähnung gefunden.

Wenn die Aussage „nur in Kerngebieten allgemein zulässig sind“ als Entsprechung des Kriteriums eines größeren Einzugsbereichs sowie größeren und allgemeinen Publikums (vgl. 1. a)) verstanden wird, dann würde die Formulierung „oder“ in § 4a Abs. 3 Nr. 2 BauNVO der Entscheidung des Bundesverwaltungsgerichts vom 21. Februar 1986 entgegenstehen, denn diese verlangt deutlich gerade einen gewissen Umfang für die Erfüllung dieses Kriteriums.

Ein Verständnis, wonach Kerngebietstypik nach Zweckbestimmung vorliege, wenn ein größerer Einzugsbereich sowie ein größeres und allgemeines

958 *Aschke*, in: Kröninger/Aschke/Jeromin, BauGB, § 4a, Rn. 22.

959 *Jäde/Dirnberger*, BauGB und BauNVO, § 4a BauNVO, Rn. 25.

960 Vgl. etwa *Fickert/Fieseler*, BauNVO, § 4a, Rn. 23.1; *Stange*, BauNVO, § 4a, Rn. 52; i.d.S. wohl auch die Entwurfsbegründung, BR-Drs 354–89, S. 47, wonach die Regelungen der §§ 4a–6 BauNVO 1990 „in Übereinstimmung mit dem geltenden Recht“ erfolgten.

Publikum gegeben sind[961], ist ebenso fehlerhaft. Denn dann bliebe kein Platz mehr für den nach dem Wortlaut gleichgestellten „Umfang"; zudem kann dieser für die Größe von Einzugsbereich und Publikum ebenfalls eine ganz erhebliche Bedeutung haben.

Das Kriterium des großen Einzugsbereichs sowie großen und allgemeinen Publikums definiert also nicht „Zweckbestimmung" im Sinne des § 4a Abs. 3 Nr. 2 BauNVO 1990, sondern, mit dem Kriterium der Störungen für die Wohnruhe[962], „nur in Kerngebieten allgemein zulässig sind". Denn nach der Definition der Rechtsprechung sind für diese Kriterien Umfang und Zweckbestimmung die entscheidenden Subsumtionsmerkmale. Durch die Novellierung von 1990 wurde also nur die Definition der Kerngebietstypik für die Erwähnung im Gesetz verkürzt und ihre Kriterien paraphrasiert.

Dabei ist die alternative Formulierung von „Umfang" und „Zweckbestimmung" angesichts der bereits vor 1990 ergangenen Rechtsprechung nicht in einem strengen Sinn alternativ (entweder nur nach Umfang oder nur nach Zweckbestimmung), sondern so zu verstehen, dass die Kerngebietstypik in der Regel sowohl aus Elementen des Umfangs als auch der Zweckbestimmung zusammensetzen wird, da beide Kriterien nicht ohne Überschneidungen sind (s.o. 1 b) und c)). Die Formulierung in § 4a Abs. 3 Nr. 2 BauNVO meint also „primär Zweckbestimmung oder primär Umfang".

Dieses Ergebnis entspricht sowohl der Rechtsprechung vor 1990, ist mit dem Wortlaut des § 4a Abs. 3 Nr. 2 BauNVO vereinbar und wird auch gestützt von einer Gesamtschau der Ausführungen zu den verschiedenen Unterarten[963].

Vor dem Hintergrund, dass Einzugsbereich, Zahl des Publikums und Emissionen entscheidend sind, meint „Umfang" die Größe und Kapazität der Nutzung. Denn ein Betrieb, der auf eine große Kapazität ausgelegt ist, kann grundsätzlich nur aus einem großen Einzugsbereich befriedigt werden. Auch eine mischgebietsunverträgliche Störung ist ohne eine gewisse, nach Störung pro Besucher zu bestimmende Besuchermenge nicht möglich.

---

961 *Stange*, BauNVO, § 4a, Rn. 52; *Fickert/Fieseler*, BauNVO, § 4a, Rn. 23.1, 23.3; *Kraus*, UPR 2011, S. 288, 289.

962 A.A. *Lieber*, VBlBW 2011, S. 6, 8, wonach dieses Kriterium wegen dem Ende der Subsumtion der Vergnügungsstätten unter die (wesentlich störenden) Gewerbebetriebe entfallen wäre. Dann wäre die Störung jedoch jedenfalls in der allgemeinen Voraussetzung der Gebietsverträglichkeit zu berücksichtigen, denn „wesentliche[] Störung[]" ist Verdeutlichung der bei allen Nutzungsbegriffen anzuwendenden Voraussetzung der Gebietsverträglichkeit, vgl. BVerwG 28.2.2008 – BRS 73 Nr. 70, S. 361.

963 Vgl. dazu II. bis IX.

„Zweckbestimmung“ meint den Zweck des Betriebes – seine Art[964]. Im Hinblick auf das Kriterium des Einzugsbereichs ist damit also etwa die geringe Verbreitung des Betriebes gemeint, was sich wiederum aus der geringen Nachfrage oder dem hohen wirtschaftlichen Aufwand ergeben kann[965]. Im Hinblick auf die Störungen für die Wohnruhe ist die Art des Betriebes nach den Öffnungszeiten und der Frage, ob die Besucher stark stören, zu bestimmen.

3. *Inwieweit typisierende Betrachtung?*

Ob Kerngebietstypik vorliegt, wird sich zwar oft typisierend schon aus der Art oder einer bestimmten Größe des Betriebs ergeben. Das sind aber nur konkrete Anhaltspunkte für die Praxis, die nicht rechtssatzartig starr angewendet werden dürfen, sondern korrekturbedürftig sein können, denn naturgemäß hängen insbesondere Attraktivität und Einzugsbereich eines konkreten Vorhabens maßgeblich von den jeweiligen Einzelfallumständen ab,[966] also von der konkreten Ausgestaltung des Vorhabens nach Art und Betriebsgestaltung sowie der tatsächlichen Situation der jeweiligen Umgebung und der von dort zu erwartenden Nachfrage.

Die Berücksichtigung dieser Besonderheiten hat eine vielfältige Rechtsprechung herausgebildet.[967] Für den Einzugsbereich sind solche Einzelfallumstände insbesondere die Größe der Einwohnerzahl der Stadt und des Stadtviertels sowie deren Zusammensetzung (Klientel der Vergnügungsstätte) und sonstige Strukturelemente wie Nähe einer Großstadt, günstige Verkehrsverbindung und die

---

964 So im Ergebnis auch: Begründung des Regierungsentwurfs zur BauNVO 1990, BR-Drs 354–89, S. 47; *Minister für Stadtentwicklung NRW*, DVBl 1988, S. 27, 29; *Stock*, in: K/R/S, BauNVO, § 4a, Rn. 36; andeutungsweise auch: VGH München 7.8.2003 – NVwZ-RR 2003, S. 816, 817.

965 Vgl. zur geringen Nachfrage etwa Swingerclubs (VII.) und zum hohen wirtschaftlichen Aufwand Diskotheken (IV.), Multiplexkinos (VIII.), beide wiederum aufgrund ihrer Größe, Striptease-Clubs (V.) oder Spielbanken (III. 1.).

966 BVerwG 19.11.1990 – juris, Rn. 9; 20.8.1992 – BRS 54, Nr. 137, S. 387, 391; 29.10.1992 – BRS 54, Nr. 49, S. 141, 142; OVG Lüneburg 11.9.1987 – BRS 47 Nr. 51, S. 137; ausführlich m.w.N.: VGH Mannheim 12.9.2002 – DÖV 2003, S. 642, 643; *B. Schneider*, DÖV 1989, S. 611, 614 f.; *Wahlhäuser*, in: Bönker/Bischopink, BauNVO, § 4a, Rn. 88; *Ziegler*, in: Brügelmann, BauGB, § 4a BauNVO, Rn. 84; *Brandenburg/Brunner*, BauR 2010, S. 1851, 1853.

967 *Aschke*, in: Kröninger/Aschke/Jeromin, BauGB, § 4a, Rn. 22; *Jäde/Dirnberger*, BauGB und BauNVO, § 4a BauNVO, Rn. 25; *Stock*, in: K/R/S, BauNVO, § 4a, Rn. 37; *Wahlhäuser*, in: Bönker/Bischopink, BauNVO, § 4a, Rn. 83.

Lage des Grundstücks (eher Vorort oder eher Zentrum; größere oder zumindest größte Stadt der Umgebung).[968]

Das bedeutet am Beispiel der Entscheidung des Verwaltungsgerichtshofs München vom 21. Dezember 2001[969] etwa: Ein Kinocenter mit einer jährlichen Zahl von 120.000 Besuchern ist in einer Gemeinde mit 14.000 Einwohnern kerngebietstypisch, in einer Großstadt möglicherweise nicht, da es dort an einem entsprechend großen Einzugsbereich fehlen kann. Dies ist bei wirtschaftlicher Betrachtung auch unmittelbar einleuchtend.

Dagegen gibt *Ziegler* zu bedenken, die Begriffe „kerngebietstypisch" und „nicht kerngebietstypisch" hätten – wie die sonstigen Begriffe der Abs. 2 und 3 der Baugebietsvorschriften – eine Nutzungsart zum Inhalt und seien somit nur aus den Baugebietsvorschriften und nicht aus der jeweiligen Gemeindegröße zu interpretieren.[970]

Bei der Bestimmung der Kerngebietstypik spielt der allgemeine Sprachgebrauch jedoch keine besondere Rolle. Maßgeblich sind vielmehr Einzugsbereich und Zentralität und diese wiederum ergeben sich maßgeblich aus der konkreten örtlichen Situation. Daher sind die Begriffe „kerngebietstypisch" und „nicht kerngebietstypisch" auch nicht die einer „reinen" abstrakten Nutzungsart. Sie sind vielmehr eine Reaktion auf die typisierende Betrachtungsweise und eher mit den ähnlichen Differenzierungen im Rahmen der Nutzungsbegriffe hinsichtlich Größe und Einzugsbereich – beispielsweise mit *besonders störenden* Gewerbebetrieben und den *der Gebietsversorgung dienenden* Schank- und Speisewirtschaften – vergleichbar, wo ebenso, wenn Typisierungen oder allgemeine Erfahrungssätze nicht vorhanden oder anwendbar sind, die konkrete Eigenart der jeweiligen Umgebung und der von dort zu erwartenden Nachfrage[971], zu der

---

968 *Fickert/Fieseler*, BauNVO, § 5, Rn. 22; *Reidt*, in: Gelzer/Bracher/Reidt, BauPlR, Rn. 1436 f.; *Janning*, in: Scharmer, Spielhallen in der Diskussion, S. 117, 124. Vgl. etwa BVerwG 20.8.1992 – BRS 54, Nr. 137, S. 388 f.; VGH München 10.2.1977 – BRS 32 Nr. 41, S. 88; 17.12.1992 – juris, Rn. 24; 21.12.2001 – ZfBR 2002, S. 699 f. (entgegen der Interpretation von *Ziegler*, in: Brügelmann, BauGB, § 4a BauNVO, Rn. 78, denn die 14.000-Einwohner-Stadt wird als „örtlich begrenzter Bereich" im Sinne eines nicht kerngebietstypischen Einzugsbereichs angesehen); OVG Lüneburg 26.6.1985 – Die Gemeinde 1985, S. 365, 366; VGH Kassel 19.9.1986 – BauR 1987, S. 178; VGH Mannheim 2.8.1990 – BRS 50 Nr. 155, S. 359; OVG Bautzen 13.8.2015 – juris, Rn. 17; OVG Koblenz 28.9.2016 – BauR 2017, S. 692, 694 f.

969 VGH München 21.12.2001 – ZfBR 2002, S. 699 f.

970 *Ziegler*, in: Brügelmann, BauGB, § 4a BauNVO, Rn. 78.

971 Vgl. BVerwG 29.10.1998 – NVwZ 1999, S. 417 f.

auch demografische und soziale Gegebenheiten zählen[972], berücksichtigt werden. Die Frage der Kerngebietstypik ist damit näher an den nach konkreten Umständen zu prüfenden Punkten wie § 15 BauNVO oder der Gebietsverträglichkeit[973].

Zumindest die Berücksichtigung der Empfindlichkeit der konkreten Umgebung hinsichtlich Störungen (also z.B. die Nachbarschaft eines Altenheims, einer Kirche oder eines allgemeinen Wohngebiets;[974] oder andererseits eines Kerngebiets, Gewerbegebiets[975] oder eines Mischgebiets mit bereits vorhandenen gebietsunverträglichen Fremdkörpern[976]) gehört allerdings in die Prüfung des § 15 Abs. 1 BauNVO,[977] soweit es sich um Einzelfallkonstellationen handelt. Diese Vermischung der Prüfung der Kerngebietstypik mit § 15 BauNVO erklärt die von *Lieber* monierten Widersprüchlichkeiten.[978]

II. Spielhallen

Bei Spielhallen genügt nicht der bloße Betriebstyp für eine Einordnung. Sie können sowohl kerngebietstypisch als auch nicht kerngebietstypisch sein[979].

Für die Frage der Kerngebietstypik kommt es bei den Spielhallen vielmehr maßgeblich auf den Umfang an, vor allem auf die Raumgröße, die Zahl der Spielgeräte und Plätze.[980] Dies schlägt sich in einem allgemein anerkannten Grenzwert[981] von 100 m² Nutzfläche nieder.

---

972 Vgl. BVerwG 3.9.1998 – BRS 60 Nr. 67, S. 257 f., 20.3.2019 – juris, Rn. 16, welche auffälligerweise bei Vergnügungsstätten von der Rechtsprechung nie erwähnt werden.

973 Vgl. BVerwG 28.2.2008 – BRS 73 Nr. 70, S. 361 ff. und auch X.

974 *Schlemminger/Winterstein*, NVwZ 1988, S. 1078, 1081.

975 VGH Mannheim 12.9.2002 – DÖV 2003, S. 642, 643.

976 VGH Mannheim 2.11.2006 – BRS 70 Nr. 62, S. 395 f.

977 So auch *Lieber*, VBlBW 2011, S. 6, 10 und im Ergebnis auch *Herbolsheimer*, NVwZ 2017, S. 685, 688; a.A.: *Jäde/Dirnberger*, BauGB und BauNVO, § 4a BauNVO, Rn. 25.

978 *Lieber*, VBlBW 2011, S. 6, 10 kritisiert, dass Attraktivität (Einzugsbereich) der Spielhalle und Sensibilität der Umgebung bezüglich der Auswirkungen des Spielhallenbetriebs unvereinbare Argumentationsstränge seien, denn dann läge Kerngebietstypik einerseits umso eher vor, je mehr sich aus dem Zusammenwirken mit Nachbarnutzungen Attraktivitätssteigerungen ergeben; andererseits fehle Kerngebietstypik umso eher, je mehr die nähere Umgebung durch störende Nutzungen geprägt ist.

979 *Reidt*, in: Gelzer/Bracher/Reidt, BauPlR, Rn. 1438; *Ziegler*, in: Brügelmann, BauGB, § 4a BauNVO, Rn. 81.

980 BVerwG 20.8.1992 – BRS 54 Nr. 137, S. 390; OVG Lüneburg 11.9.1987 – BRS 47 Nr. 51, S. 137; OVG Münster 24.6.1987 – BRS 47, Nr. 50, S. 132; VGH Kassel 11.7.1986 – BRS 46 Nr. 53, S. 128; 19.9.1986 – BauR 1987, S. 178; VGH München 20.12.1991 – GewArch 1993, S. 37, 38.

981 Schon die ersten Entscheidungen der Rechtsprechung gruppierten sich faktisch um eine Grenze von rund 100 m² (vgl. OVG Lüneburg 26.6.1985 – Die Gemeinde

1. Begründung des Grenzwerts aus der Spielverordnung

Ausgangspunkt der Begründung des Schwellenwerts stellt die Überlegung dar, dass nach § 3 Abs. 2 SpielV von 1985[982] je 15 m^2 Grundfläche höchstens ein Gewinnspielgerät und insgesamt nicht mehr als zehn aufgestellt werden dürfen. Eine voll mit Geräten ausgenutzte Spielhalle hat also maximal 150 m^2 Grundfläche. 100 m^2 mit sechs Geldspielgeräten befinden sich also betriebswirtschaftlich allenfalls im mittleren Bereich.[983] Die größtmögliche Spielhalle muss als kerngebietstypisch angesehen werden, da ansonsten eine Unterscheidung zu nicht kerngebietstypischen Spielhallen kaum sinnvoll möglich wäre.[984] Zur Begründung der unteren Grenze für kerngebietstypische Spielhallen wird ein Vergleich zur Spielgerätezahl einer normalen Gaststätte herangezogen.[985]

1985, S. 365 f.; VGH Kassel 11.7.1986 - BRS 46 Nr. 53, S. 128; 19.9.1986 - BauR 1987, S. 178). Daraus leitete zuerst OVG Lüneburg 11.9.1987 - BRS 47 Nr. 51, S. 137 die 100 m^2 explizit als fixen Schwellenwert ab, was sich in der Folge auch allgemein durchsetzte (vgl. schon VGH München 30.11.1992 - juris, Rn. 19; 17.12.1992 - juris, Rn. 24; VGH Mannheim 20.8.1991 - NVwZ-RR 1992, S. 465; *Schlichter/Friedrich*, WiVerw 1988, S. 199, 217 und *Fickert/Fieseler*, BauNVO, § 4a, Rn. 23.4 m.w.N.); während anfangs zum Teil noch höhere Grenzwerte vermutet wurden (*B. Schneider*, DÖV 1989, S. 611, 615 (110 m^2); *Lenz*, BauR 1990, S. 157, 161 (etwa 125 bis 130 m^2); *Schlemminger/Winterstein*, NVwZ 1988, S. 1078, 1081 (10 GSG)).

982 BGBl 1985 I, 2284.

983 OVG Lüneburg 11.9.1987 - BRS 47 Nr. 51, S. 137; i.E. auch BVerwG 20.8.1992 - BRS 54 Nr. 50, S. 147; 18.5.1990 - NVwZ 1991, S. 264; zustimmend u.a. OVG Lüneburg 14.6.1988 - Die Gemeinde 1988, S. 358, 359; VGH Mannheim 20.8.1991 - NVwZ-RR 1992, S. 465; *Reidt*, in: Gelzer/Bracher/Reidt, BauPlR, Rn. 1438.
Auch unabhängig von der SpielV wird das Argument, ein Betrieb sei eine große oder eben nur mittlere/kleine Einrichtung seiner Art, auch von VGH Mannheim 18.9.1991 - VBlBW 1992, S. 101, 102 f. (bezüglich Billardcafé) und VGH Mannheim 22.9.1989 - BRS 49 Nr. 228, S. 527 f. (bezüglich Diskothek, vgl. dazu aber IV.) angeführt.

984 *Reidt*, in: Gelzer/Bracher/Reidt, BauPlR, Rn. 1438. Auch diese Begründung spricht dafür, dass jede Vergnügungsstätte typischerweise kerngebietstypisch ist und nur kleine (Unter-)Formen als atypische Vergnügungsstätte zugleich nicht kerngebietstypisch sind, vgl. dazu 1. Teil B. II. 4.

985 Vgl. OVG Münster 24.6.1987 - BRS 47, Nr. 50, S. 133 (65 m^2 und fünf GSG nur das Zweieinhalbfache dessen, was ohnehin in jeder normalen Gaststätte zulässig ist.)

Der Schwellenwert ist also kein reiner Flächenwert, sondern beruht auf der Zahl der Geldspielgeräte und darauf, dass er sich im mittleren Bereich, genauer bei zwei Dritteln, der maximalen nach der Spielverordnung möglichen Spielhallengrößen befindet.[986]

Ersteres, die Zahl der Geldspielgeräte, bestimmt (neben der Art der Spielgeräte) maßgeblich die Nutzungsintensität und -kapazität, die Attraktivität des Angebots und damit die Störungen für die Wohnnutzung, die nämlich insbesondere durch den An-, Abfahrts- und Parksuchverkehr ausgelöst werden. Die Fläche einer Spielhalle lässt somit über § 3 Abs. 2 SpielV besonders starke Rückschlüsse auf ihren Störgrad zu.[987] Die Fläche der Nutzung ist also nicht primär entscheidend, sie wird aber herangezogen, weil sie in der Praxis ein geeignetes Hilfsmittel darstellt, um den Störgrad schon anhand der Bau(genehmigungs)unterlagen feststellen zu können.

Zweiteres, die mittlere Größe, ist jedoch als Abgrenzungskriterium zwischen Kerngebietstypik und Nicht-Kerngebietstypik nur unter der Vorannahme sinnvoll, dass die Spielhalle auch nach ihren städtebaulichen Störungen eine Vergnügungsstätte ist. Dass diese Annahme falsch ist (vgl. 2. Teil B. I. 2.), zeigt sich auch darin, dass bei Anwendung dieser mittleren Größe schon sieben Geldspielgeräte im Mischgebiet nicht mehr verträglich sein sollen. Aber selbst, wenn sieben Geldspielgeräte großzügig mit einer Nutzungskapazität von 20 Besuchern gleichgesetzt werden, ist, wegen der geringen Störung pro Besucher, eine Mischgebietsunverträglichkeit nicht erkennbar.[988] Dies zeigt auch ein Vergleich zu Spielbanken, die eine ähnliche Störung pro Besucher aufweisen, aber bei gleicher Besucherzahl nicht als mischgebietsunverträglich angesehen werden oder ein Vergleich zu Tanzlokalen, Stripclubs, Billardcafés, die mehr Störungen pro Besucher aufweisen, aber erst ab einer Kapazität von deutlich mehr als 20 Besuchern als mischgebietsunverträglich angesehen werden.[989]

---

986 *Wahlhäuser,* in: Bönker/Bischopink, BauNVO, § 4a, Rn. 91.

987 VGH München 17.12.1992 – juris, Rn. 23; VG Darmstadt 26.6.2012 – juris, Rn. 37; *Wahlhäuser,* in: Bönker/Bischopink, BauNVO, § 4a, Rn. 89; ähnl.: *Ziegler*, in: Brügelmann, BauGB, § 4a BauNVO, Rn. 81.

988 In diese Richtung geht VGH München 19.10.2000 – juris, Rn. 31, der, insbesondere weil kein Alkohol ausgeschenkt wird (was zwischenzeitlich aber zum Standard geworden ist), für 105 m^2 Nutzfläche mit sieben Geldspielgeräten und drei Billardtischen noch keine Kerngebietstypik annimmt.

989 Vgl. III. 2., 3., IV. und V.

Vor diesem Hintergrund kommen bei realistischer Betrachtung höchstens Mehrfachspielhallen mit insgesamt mehr als 150 m² noch als kerngebietstypisch in Betracht.

Entsprechend der Begründung des Flächengrenzwertes aus der Spielverordnung richtet sich auch die Berechnung der maßgeblichen Grundfläche[990] nach der Spielverordnung. Folglich werden Nebenräume nicht mitgerechnet, § 3 Abs. 2 Satz 3 SpielV.[991] Dabei sind Nebenräume all diejenigen Bereiche einer Spielhalle, die durch bauliche Gestaltung – nicht notwendig raumhohe Wände – dem Spielbetrieb vorenthalten sind und eine dem Zweck des Hauptraums gegenüber untergeordnete oder dienende Funktion erfüllen.[992] Das sind z.B. Abstellräume, Flure, Toiletten, Vorräume. Treppen und in der Regel auch Aufsichtsräume. Keine Nebenräume sind sonstige unmittelbar der Hauptnutzung dienende Räume, wie Theken und Sitzgelegenheiten.[993]

Einen anderen Ansatz für die Bestimmung der Grundfläche versucht neuerdings der Verwaltungsgerichtshof Kassel. Er will nicht mehr auf die Spielverordnung abstellen, sondern auf eine natürliche Betrachtungsweise wie im Rahmen der Verkehrsflächenberechnung nach § 11 Abs. 3 BauNVO. Danach sind Aufsichtsbereiche, Mauer, Putz und Fensterbrüstung einzubeziehen.[994] Dieser Ansatz ist aber abzulehnen, denn für die Frage der Kerngebietstypik ist weniger die Fläche, sondern vielmehr die Zahl der Geldspielgeräte maßgeblich und diese ergibt sich aus der Flächenberechnung nach der Spielverordnung.

Neben den bereits oben (I. 3.) aufgeführten Gründen kommt eine Abweichung vom Grenzwert daher insbesondere in Betracht, wenn seine Grundlage, die Spielverordnung, aus formellen Gründen in ihrer Fähigkeit, die Zahl der Geldspielgeräte abzubilden, beeinträchtigt ist. Dies ist etwa der Fall, wenn in dem Betrieb erhebliche weitere, von der Spielverordnung nicht erfasste und daher von der 100-m²-Grenze nicht einkalkulierte Spielmöglichkeiten (wie insbesondere Spielgeräte ohne Gewinnmöglichkeit wie Flipper oder Billard) bestehen,[995]

---

990 Zum Teil auch anders, insbesondere als „Nutzfläche“, bezeichnet.

991 VGH München 11.2.2009 – juris, Rn. 2; VGH Mannheim 2.8.1990 – BRS 50 Nr. 155, S. 359; *Ziegler*, in: Brügelmann, BauGB, § 4a BauNVO, Rn. 81.

992 BVerwG 22.10.1991 – NVwZ 1992, S. 667.

993 VGH Mannheim 2.8.1990 – BRS 50 Nr. 155, S. 359; *Reidt*, in: Gelzer/Bracher/Reidt, BauPlR, Rn. 1438.

994 VGH Kassel 18.9.2013 – BRS 82 Nr. 84, S. 493 f.

995 *Reidt*, in: Gelzer/Bracher/Reidt, BauPlR, Rn. 1438; vgl. auch VGH München 17.12.1992 – juris, Rn. 24; OVG Bautzen 13.8.2015 – juris, Rn. 19; so wohl auch BVerwG 18.5.1990 – NVwZ 1991, S. 264 f.

oder eine Spielhalle mit einer Gaststätte eine betriebliche Einheit[996] bildet und daher Spielhalle und Gaststätte hinsichtlich ihrer Attraktivität und der Zahl der Geldspielgeräte als Einheit bewertet werden müssen. Ergibt sich dabei, dass eine, im Vergleich zum Schwellenwert nach Spielverordnung, erhöhte Zahl an Geldspielgeräten vorliegt oder wegen des Angebots von Speisen und Getränken eine erhöhte Attraktivität und damit ein größerer Einzugsbereich, kann auch eine ihrer Grundfläche nach noch nicht kerngebietstypische Spielhalle kerngebietstypisch werden.[997]

Zusammenfassend ist also festzuhalten, dass die Kerngebietstypik von Spielhallen nach ihrem Umfang bestimmt wird, der sich insbesondere aus der Spielgerätezahl ergibt. Die Spielgerätezahl ergibt sich wiederum aus der Grundfläche nach der Spielverordnung, wobei jedoch auch andere Faktoren, wie die Art der Spielgeräte oder die betriebliche Einheit mit einer Gaststätte, Bedeutung erlangen können.

Konkret wird eine kerngebietstypische Spielhalle dabei regelmäßig ab einer Nutzfläche von ungefähr 100 m², 20 Spielmöglichkeiten oder wenigstens sieben Geldspielgeräten angenommen.[998]

In der Praxis sind Spielhallen danach häufig nicht kerngebietstypisch, da für einen rentablen Betrieb aufgrund ihrer erheblichen Verbreitung, der hohen Nachfrage und der Möglichkeit auch kleinteiliger Angebote eine gewisse Größe nicht erforderlich ist und sie keine besonderen nächtlichen Störungen aufweisen.

2. *Problem der geänderten Spielverordnung*

Nach dem neuen, seit 2006 geltenden § 3 Abs. 2 SpielV sind nur noch mindestens 12 m² statt 15 m² Grundfläche pro Geld- oder Warenspielgerät vorgeschrieben. Die Gesamtzahl darf dabei zwölf (früher zehn) dieser Geräte nicht überschreiten.

Das bedeutet, dass bei Zugrundelegung eines Schwellenwertes von 100 m² in einer nicht kerngebietstypischen Spielhalle jetzt bis zu acht statt früher maximal sechs Geldspielgeräte aufgestellt werden können.

---

996 S. dazu 3.

997 BVerwG 29.10.1992 – BRS 54 Nr. 49, S. 141 f.; OVG Münster 10.5.1993 – BauR 1993, S. 702, 703; 16.6.1997 – juris, Rn. 46 ff.; VGH München 17.12.1992 – juris, Rn. 30.

998 Vgl. auch *Stüer*, BPlan, Rn. 398 f.; *ders.* ZfWG 2010, S. 386, 388; *B. Schneider*, DÖV 1989, S. 611, 615.

Zum Teil wird dennoch ohne Problematisierung weiterhin der Schwellenwert von 100 m^2 angewendet.[999] Zum Teil wird der Punkt offengelassen.[1000] Es sind aber keine Stimmen ersichtlich, die sich mit dem Problem befassen und zugleich weiterhin nach einem 100-m^2-Schwellenwert abgrenzen wollen.

a) Anderer Schwellenwert

Die Problematik hat bereits der 8. Senat des Verwaltungsgerichtshofs Mannheim in einer Entscheidung vom 2. November 2006 erkannt: Der Schwellenwert von 100 m^2 beruht auf der Zahl der Geldspielgeräte, denn daraus ergibt sich die Betriebsgröße und Besucherzahl, sie ist entscheidend für Attraktivität und städtebaulichen Auswirkungen der Spielhalle. Bei Bildung des Schwellenwerts ist die Rechtsprechung von der Spielverordnung von 1985 ausgegangen. Damit sind jedenfalls Spielhallen mit acht Geldspielgeräten kerngebietstypisch, denn ein solcher Betrieb ist auf größeren Umsatz und Einzugsbereich angewiesen. Nach der Spielverordnung von 2006 sind mehr Geldspielgeräte auf der gleichen Fläche möglich.[1001] Der Schluss, dass deshalb auch der Schwellenwert (auf 80 m^2 Spielfläche) zu senken ist, damit wie zuvor maximal sechs Geldspielgeräte im Mischgebiet möglich sind, ist daher logisch, wurde aber vom Gericht noch nicht gezogen. Dazu gab die verfahrensgegenständliche Grundfläche von 127 m^2 aber auch keinen Anlass.

Konkret zog diesen Schluss dann das Verwaltungsgericht Freiburg, wonach die alte Spielverordnung von maximal sechs Geldspielgeräten im Mischgebiet ausging und der Grenzwert daher auf etwa 80 m^2 anzupassen ist. Selbst wenn man bei sieben Geldspielgeräten noch nicht von Kerngebietstypik ausginge, müsste die Grundfläche weniger als 96 m^2 betragen, da auf dieser Fläche nach der Spielverordnung von 2006 acht Geldspielgeräte zulässig sind.[1002]

Dagegen ist für den 5. Senat des Verwaltungsgerichtshofs Mannheim nicht zu erkennen, warum bereits die Möglichkeit, gerade mehr als sechs Geldspielgeräte

---

999 Vgl. VGH München 11.2.2009 – juris, Rn. 2; OVG Saarlouis 7.2.2012 – BRS 79 Nr. 162, S. 761 (je relevant, da Spielhallen mit 98 m^2 betreffend). Ohne dass es auf eine etwaige andere Betrachtung angekommen wäre: VGH Mannheim 26.8.2009 – juris, Rn. 11; OVG Koblenz 25.4.2012 – ZfBR 2012, S. 479, 480.

1000 VGH Mannheim 2.11.2006 – BRS 70 Nr. 62, S. 395 f.; VGH München 19.1.2012 – juris, Rn. 10; OVG Münster 15.6.2012 – BRS 79 Nr. 84, S. 434.

1001 VGH Mannheim 2.11.2006 – BRS 70 Nr. 62, S. 395 f.; zustimmend: VG München 21.5.2007 – juris, Rn. 24; 3.3.2008 – juris, Rn. 26; 21.4.2008 – juris, Rn. 19; 16.2.2009 – juris, Rn. 34.

1002 VG Freiburg 6.11.2008 (zit. nach VGH Mannheim 16.2.2011 – juris, Rn. 6).

aufzustellen, zu einer Kerngebietstypik führen soll. Mehr spreche dafür, wie bisher ab zwei Dritteln der nach der Spielverordnung zulässigen Maximalfläche eine kerngebietstypische Spielhalle anzunehmen, insofern könnte bereits ab 96 m² von Kerngebietstypik ausgegangen werden.[1003] Auch diese Betrachtung führt also zu einer Senkung des Schwellenwerts.

Auch die Stimmen innerhalb der bisherigen Literatur halten die Senkung des Schwellenwerts für berechtigt, wobei ihnen bewusst ist, dass sie sich in der Rechtsprechung noch nicht durchgesetzt hat.[1004]

b) Abstellen auf die Anzahl der Besucherplätze

Nach dem 3. Senat des Verwaltungsgerichtshofs Mannheim ist die Senkung des Schwellenwerts zwar insoweit folgerichtig, als das städtebauliche Störpotenzial einer Spielhalle nicht von ihrer Fläche als solcher ausgeht, sondern von der Zahl an Spielgeräten.

Jedoch liege es näher, auf die Zahl der Besucherplätze abzustellen, und zwar unabhängig von den Regelungen der Spielverordnung.

Weder das Festhalten an der Grundfläche noch an der Zahl zulässiger Geldspielgeräte sei noch sachgerecht. Denn durch das Verbot der Fun-Games habe die Attraktivität der Spielhalle abgenommen. Bis zur Spielverordnung von 2006 galten diese Geräte nicht als Geldspielgeräte, sondern als erlaubnisfreie Unterhaltungsgeräte, obwohl sie faktisch als Geldspielgeräte missbraucht wurden und daher, im Gegensatz zu echten Unterhaltungsgeräten, sehr beliebt waren. Im Ergebnis habe sich damit faktisch die Zahl der beliebten Geräte und damit die Besucherplätze pro Fläche gesenkt, womit weniger Störungen verursacht würden.[1005]

Dagegen wendet der 5. Senat ein, dass auch bisher die – nicht von § 3 Abs. 2 SpielV erfassten – Unterhaltungsgeräte (und damit auch die Fun-Games) einkalkuliert wurden.[1006] Auch heute bleibe es dem Spielhallenbetreiber im Rahmen der Variationsbreite der Baugenehmigung unbenommen Unterhaltungsspiele

---

1003 VGH Mannheim 9.10.2013 – BRS 81 Nr. 89, S. 538; i.E. auch VG Gelsenkirchen 16.11.2011 – openJur 2012, 126079.

1004 *Stühler*, BauR 2013, S. 685, 694; *Lieber*, VBlBW 2011, S. 6, 10; *Fickert/Fieseler*, BauNVO, § 4a, Rn. 23.4 (auf 80 m²).

1005 VGH Mannheim 16.2.2011 – VBlBW 2011, S. 235, 236 f.

1006 VGH Mannheim 9.10.2013 – BRS 81 Nr. 89, S. 537 unter Verw. auf BVerwG 18.5.1990 – NVwZ 1991, S. 264 f.

aufzustellen, um so eine über die Anzahl der Geldspielgeräte hinausgehende Besucherzahl anzusprechen.[1007] Die Änderungen der Spielverordnung hinsichtlich Spieldauer, Spieleinsatz und Höchsteinsatz könnten die Attraktivität letztlich sogar eher gesteigert haben.[1008] Wesentliches Kriterium bleibe somit die Zahl der zulässigen Geldspielgeräte.

Die Auswirkung einzelner Spiele und ihrer Modi auf die Attraktivität der Spielhalle kann für die Frage der Kerngebietstypik jedoch nicht von Bedeutung sein, denn sie sind aufgrund ständiger Änderung der gesetzlichen Grundlagen und – damit in Wechselwirkung stehender – ständiger technischer und wirtschaftlicher Neuerungen im Bereich der Spiele erheblichen Schwankungen ausgesetzt und nicht ohne Weiteres feststellbar.

Otto stimmt dem 3. Senat des Verwaltungsgerichtshofs Mannheim darin zu, dass nicht die Betriebsfläche als solche die städtebaulich relevante Größe bildet. Vielmehr sind dies im Ergebnis Zahl und Verhalten der Nutzer, für die wiederum Art und Zahl der Spielmöglichkeiten maßgeblich sind. Daher sei es städtebaulich irrelevant, ob acht Spielgeräte auf eine Fläche von 100 oder 150 m^2 verteilt werden. Dies sei auch bereits in der Rechtsprechung angelegt, denn sie nennt als Kriterien für die Kerngebietstypik nicht allein die Fläche der Spielhalle, sondern auch Zahl und Art der Spielgeräte sowie die Zahl der Besucherplätze (vgl. o.).[1009]

Konkret wird die Grenze zur Kerngebietstypik bei dieser Betrachtung bei 20 bis 30 Besucherplätzen – und damit ähnlich wie bisher – gezogen. Auch die von dieser Größe hervorgerufenen Störungen seien noch mischgebietsverträglich (vgl. 2. Teil B. I. 2.).[1010]

An diesem Ansatz des Abstellens auf die Besucherplätze wird aber auch die fehlende Praxistauglichkeit kritisiert.[1011] Denn die Feststellung der Anzahl der Besucherplätze allein aus dem Bauantrag dürfte regelmäßig

---

1007 VGH Mannheim 9.10.2013 – BRS 81 Nr. 89, S. 538; VGH München 19.1.2012 – juris, Rn. 9.

1008 VG Freiburg 6.11.2008 (zit. nach VGH Mannheim 16.2.2011 – juris, Rn. 6). So i. E. auch VG München 21.5.2007 – juris, Rn. 24; 3.3.2008 – juris, Rn. 26; 21.4.2008 – juris, Rn. 19.

1009 *Otto*, DVBl 2011, S. 1330, 1331.

1010 VGH Mannheim 16.2.2011 – VBlBW 2011, S. 235, 237; *Otto*, DVBl 2011, S. 1330, 1332 (in Anlehnung an „andere Gewerbebetriebe mit Kundenverkehr und Aufenthaltsqualität" und an BVerwG 21.2.1986 – BRS 46 Nr. 51, S. 120 f., das eine Spielbank mit 20 Plätzen noch für mischgebietsverträglich hielt).

1011 *Stühler*, BauR 2013, S. 685, 694; *Fickert/Fieseler*, BauNVO, § 4a, Rn. 23.4.

schwierig werden.[1012] Ähnliches dürfte für die Zahl der Spielgeräte insgesamt gelten.[1013]

Dagegen spricht jedoch, dass der Verwaltungsgerichtshof gerade gezeigt hat, wie die sich aus den Bauplänen ergebende Einrichtung an Spielgeräten, Barplätzen usw. auf eine Besucherplatzzahl umgerechnet werden kann[1014]. Überdies muss auch bei anderen Formen von Vergnügungsstätten die Besucherzahl zur Beantwortung der Frage der Kerngebietstypik geschätzt werden[1015]. Im Ergebnis wird dabei aber häufig wieder die Fläche als Indiz für die Zahl der Besucherplätze herangezogen werden müssen[1016].

c) Stellungnahme

Die Schwächen der Argumentation auf Basis der Spielverordnung und dem daraus abgeleiteten Grenzwert werden durch neuere Entwicklungen deutlich aufgezeigt. Die dafür maßgeblichen Parameter der Spielgerätezahl und der dafür erforderlichen Fläche hängen nicht nur von Änderungen der Spielverordnung ab, sondern können infolge der neu hinzugekommenen landesrechtlichen Spielhallengesetze im Bundesgebiet auch stark variieren[1017].

Eine Abgrenzung, für die Spielhallengesetze oder Spielverordnung maßgeblich sind, ist daher untragbar, auch weil deren Änderung Probleme mit dem im Rahmen der BauNVO geltenden und im konkreten Fall aus Art. 28 Abs. 2 GG folgenden Rückwirkungsverbot aufwirft. Man müsste die im Zeitpunkt der Aufstellung des Bebauungsplans geltende Spielverordnung oder Spielhallengesetz zugrunde legen, sonst könnte der Verordnungs- bzw. Landesgesetzgeber auf die Planung der Gemeinde einwirken. Das würde zu einer in der Praxis kaum noch zu bewältigenden Komplexität führen, die den Vorteil des Abstellens auf die Spielverordnung, relativ leicht praktische Entscheidungen zu ermöglichen, zunichtemacht.

Auch hat die Spielverordnung einen ganz anderen Hintergrund. Die Anziehungswirkung auf Besucher aus einer weiteren Umgebung ist für sie gerade nicht

1012 *Kneer*, BWGZ 2013, S. 105.

1013 Eine die Flächenverhältnisse nach der Spielverordnung unterschreitende Zahl an Geldspielgeräten kann jedoch Inhalt der Baugenehmigung sein, vgl. OVG Greifswald 14.7.2000 – juris, Rn. 18.

1014 Gezählt werden Plätze an Spielgeräten (wobei Billardtische mit zwei Plätzen zählen), Bistrotischen und der Theke (VGH Mannheim 16.2.2011 – VBlBW 2011, S. 235, 237)

1015 Vgl. III. 2., 4. und IV.

1016 Vgl. VGH München 19.1.2012 – juris, Rn. 9.

1017 *Otto*, DVBl 2011, S. 1330, 1331 f. Vgl. etwa § 4 Abs. 2 S. 1 Hs. 2 Spielhallengesetz Berlin, wonach sogar nur maximal acht Geldspielgeräte pro Spielhalle aufgestellt werden dürfen.

relevant. Das macht eine auf der Spielverordnung basierende Abgrenzungsmethode besonders anfällig für Änderungen der Spielverordnung, die im Ergebnis auf dem Spielerschutz basieren und die Frage der Kerngebietstypik gerade nicht in den Blick nehmen.

Das Anknüpfen an die Spielverordnung war aber nur eine Hilfslösung. Städtebaulich entscheidend ist die Zahl der Spielgeräte und Besucher. Es spricht nichts dagegen, etwa 10 Spielgeräte und 20 Besucher zur Grenze der Kerngebietstypik zu machen. Das mag zwar in der Praxis nicht ganz so leicht handhabbar sein, macht aber ernst mit den Vorgaben des Bundesverwaltungsgerichts (s.o. vor 1. und I.) und rückt die städtebaulich zentralen Aspekte wieder in den Mittelpunkt. Spielverordnung und Spielhallengesetze bleiben insoweit relevant, als sich diese Aspekte in vielen Fällen aus ihnen ergeben können, wobei allerdings die jeweils einschlägige Vorschrift zugrunde zu legen ist.

3. *Problem der Mehrfachspielhallen*

Beim Problem der Mehrfachspielhallen handelt es sich um die Frage, unter welchen Voraussetzungen mehrere Spielhallen, die in unmittelbarem räumlichen Zusammenhang stehen, als Einheit betrachtet werden müssen.[1018]

Das Problem hat sowohl im Gewerbe- als auch im Bauplanungsrecht große praktische Bedeutung.

Im Gewerberecht kann in einer Spielhalle im Sinne des § 33i GewO nach § 3 Abs. 2 SpielV nur eine begrenzte Zahl von Geldspielgeräten aufgestellt werden. Um diese Zahl zu erhöhen, versuchen Betreiber möglichst zu einer Bewertung als mehrere Spielhallen zu kommen. Die gewerberechtliche Rechtsprechung hat daher Kriterien für die Selbstständigkeit benachbarter Spielhallen aufgestellt: Sie müssen räumlich so getrennt sein, dass bei natürlicher Betrachtungsweise die Sonderung der einzelnen Betriebsstätten optisch in Erscheinung tritt und die Betriebsfähigkeit jeder Betriebsstätte nicht durch die Schließung der anderen beeinträchtigt wird.[1019]

1018 *Ennuschat*, in: Tettinger/Wank/Ennuschat, GewO, vor §§ 33c ff., Rn. 20; *Kraus*, UPR 2011, S. 288, 289; *Lieber*, VBlBW 2011, S. 6, 9.

1019 St. Rspr. seit BVerwG 9.10.1984 – E 70, S. 180 f.; dazu vertieft: *Ziegler*, in: Brügelmann, BauGB, § 4a BauNVO, Rn. 52, 56, 82 ff.; *Schumacher*, Eindämmung des Spielhallengewerbes, S. 26 ff.; *Lieber*, VBlBW 2011, S. 6, 13 m.w.N.
Danach ist etwa ein eigener von außen zugänglicher Eingang erforderlich, Verbindungstüren dürfen nur dem Personal offenstehen, gemeinsame Außenwerbung, Vorräume, Besuchertoiletten oder Aufsichtsbereiche dürfte nicht vorliegen.

Im Bauplanungsrecht stellt sich das Problem in der Konstellation, dass sich für mehrere je unter 100 m² große Spielhallen die Frage stellt, ob sie isoliert – und damit je als nicht kerngebietstypisch – oder zusammen – und damit als kerngebietstypisch – zu betrachten sind.

Bauplanungs- und Gewerberecht dienen jedoch unterschiedlichen Zwecken. Das Bauplanungsrecht betrachtet insbesondere die (städtebaulichen) Auswirkungen der Spielhalle auf das Gebiet (nach außen), während das Gewerberecht sich darauf konzentriert, was sich im Inneren abspielt, um im Sinne des Spielerschutzes die Umgehung der Spielgerätehöchstzahl des § 3 Abs. 2 SpielV zu verhindern.[1020]

Daher sind bauplanungs- und gewerberechtliche Beurteilung unabhängig voneinander und die Frage, ob mehrere Spielhallen eine Einheit darstellen, kann für diese Rechtsbereiche unterschiedlich beantwortet werden. Es besteht keine Bindungswirkung für die jeweils andere Genehmigung.[1021]

a) Bisher überwiegende Rechtsprechung

Für die baurechtliche Beurteilung gilt: Ihr Gegenstand ist das Vorhaben im Sinne von § 29 Abs. 1 Satz 1 BauGB. Es ist grundsätzlich Sache des Bauherrn, durch seinen Bauantrag dessen Inhalt festzulegen, wobei ihm allerdings objektive – faktische und rechtliche – Grenzen gesetzt sind.[1022] Für die Frage der Zusammenfassung als eines oder Trennung in mehrere Vorhaben ist diese Grenze nach der Rechtsprechung das objektive Vorliegen einer betrieblichen Einheit.

Voraussetzung dafür ist zunächst das Bestehen einer baulich-räumlichen Einheit, also etwa, ob Gemeinschaftseinrichtungen wie Lager, WC, Aufsichtsbereich, Theke, Personalräume und Büros gemeinsam genutzt werden, ob

---

1020 *Ennuschat*, in: Tettinger/Wank/Ennuschat, GewO, vor §§ 33c ff., Rn. 21; *Lieber*, VBlBW 2011, S. 6, 9.

1021 BVerwG 27.3.1990 – NVwZ 1990, S. 760, 761; 20.8.1992 – BRS 54 Nr. 50, S. 146 f.; 18.4.1996 – BRS 58 Nr. 55, S. 178; *Ennuschat*, in: Tettinger/Wank/Ennuschat, GewO, vor §§ 33c ff., Rn. 21; *Fickert/Fieseler*, BauNVO, § 4a, Rn. 23.52; *Ziegler*, in: Brügelmann, BauGB, § 4a BauNVO, Rn. 52.
Jedoch ist wohl anzunehmen, dass jedenfalls dann eine baurechtliche Einheit vorliegt, wenn schon eine optische Sonderung nicht gegeben ist (i. d. S. wohl BVerwG 18.4.1996 – BRS 58 Nr. 55, S. 178; VG Berlin 7.6.2004 – juris, Rn. 17; *Stüer*, BPlan, Rn. 402; *Stühler*, BauR 2009, S. 54, 60).

1022 BVerwG 21.8.1991 – BRS 52 Nr. 2, S. 9; 20.8.1992 – BRS 54 Nr. 50, S. 146; 27.4.1993 – DÖV 1994, S. 214, 215. Zustimmend: *Fickert/Fieseler*, BauNVO, § 4a, Rn. 23.52; *Ziegler*, in: Brügelmann, BauGB, § 4a BauNVO, Rn. 83.

eigene Eingänge vorhanden sind oder ob innerhalb des Gebäudes zwischen den Spielhallen gewechselt werden kann.[1023] Diese Kriterien sprechen auch für eine funktionell-organisatorische Einheit, auf die zum Teil zusätzlich abgestellt wird. Weitere Anhaltspunkte für eine funktionell-organisatorische Einheit sind u.a. das Vorliegen eines gemeinsamen Betriebes, Mietvertrags oder einheitlicher Öffnungszeiten.[1024]

Eine Einheit liegt dagegen nicht schon deshalb vor, weil sich die Spielhallen auf demselben Baugrundstück oder gar in demselben Gebäude befinden.[1025]

Auch die neuere Rechtsprechung zur Frage der Einheit unmittelbar nebeneinanderliegender Betriebe, die für den Fall großflächiger Einzelhandelsbetriebe im Sinne von § 11 Abs. 3 Satz 1 Nr. 2 BauNVO ergangen ist, folgt im Ergebnis diesen Kriterien. Entscheidend bleiben bauliche und betrieblich-funktionelle Gesichtspunkte. Ein Einzelhandelsbetrieb ist nur dann als selbstständig anzusehen, wenn er unabhängig von anderen Betrieben genutzt werden kann und deshalb als eigenständiges Vorhaben genehmigungsfähig wäre. Dies ist zu bejahen bei Vorliegen eigener Eingänge, eigener Anlieferung und eigenen Personalräumen. Die Betreiberfrage ist ohne Bedeutung.[1026]

Die Problematik der Mehrfachspielhallen erfuhr durch die Änderung der Spielverordnung im Jahr 2006 neue Aktualität. Es wurden Spielhallen beantragt, die zwar den Kriterien der Rechtsprechung für eine Sonderung prinzipiell gerecht werden, jedoch den Verdacht einer „Umgehung“[1027] dieser Rechtsprechung

---

1023 Vgl. BVerwG 20.8.1992 – BRS 54 Nr. 50, S. 146; 29.10.1992 – BRS 54 Nr. 49, S. 141; 27.4.1993 – DÖV 1994, S. 214, 215; BGH 23.9.1993 – NVwZ 1994, S. 405, 408; OVG Münster 10.5.1993 – BauR 1993, S. 702, 703; 16.6.1997 – juris, Rn. 30; VGH Mannheim 26.8.2009 – juris, Rn. 11; VGH München 15.12.2010 – juris, Rn. 3; OVG Bautzen 13.8.2015 – juris, Rn. 17; VG München 3.3.2008 – juris, Rn. 27; 10.3.2008 – juris, Rn. 33 f.; 21.4.2008 – juris, Rn. 20; 18.6.2012 – BeckRS 2012, 56205; VG Augsburg 4.11.2009 – juris, Rn. 21; VG Bayreuth 30.10.2008 – juris, Rn. 22; VG Sigmaringen 8.4.2009 – juris, Rn. 21; VG Neustadt 9.2.2009 – BauR 2009, S. 1258, 1259; VG Gelsenkirchen 16.11.2011 – openJur 2012, 126079.

1024 BVerwG 27.4.1993 – DÖV 1994, S. 214, 215; VG Augsburg 4.11.2009 – juris, Rn. 21.

1025 BVerwG 20.8.1992 – BRS 54 Nr. 50, S. 146; 27.4.1993 – DÖV 1994, S. 214, 215; VG Augsburg 28.10.2009 – juris, Rn. 36 f.; *Stüer*, Handbuch, Rn. 714; *Stange*, BauNVO, § 4a, Rn. 57.
VG München 3.3. 2008 – juris, Rn. 28; 21.4.2008 – juris, Rn. 20; VG Sigmaringen 8.4.2009 – juris, Rn. 21; *Stühler*, BauR 2011, S. 54, 58, halten dies nicht für einschlägig, denn im Fall sei es um das Hinzutreten einer zusätzlichen Spielhalle gegangen, während es hier darum geht, dass mehrere Spielhallen gleichzeitig errichtet werden sollen.

1026 BVerwG 24.11.2005 – E 124 Nr. 39, S. 381.

1027 So *Stühler*, BauR 2009, S. 54 ff.; BauR 2011, S. 54, 56 ff.

erregten. Der folgende Fall ist exemplarisch: Nachdem der Bauantrag zweier direkt neben-/übereinander liegender kerngebietstypischer Spielhallen mit der Maximalgröße von zwölf Geldspielgeräten im Mischgebiet abgelehnt wurde, wurden an gleicher Stelle drei nicht kerngebietstypische Spielhallen mit je knapp unter 100 m^2 und acht Geldspielgeräten beantragt.[1028]

Dementsprechend werden die Kriterien der Rechtsprechung – jedoch ohne weitere Konkretisierung – als nicht vollständig stringent und rechtssicher[1029] oder nicht anwendbar[1030] kritisiert.

b) *Analogie zu Einkaufszentren im Sinne des § 11 Abs. 3 Satz 1 Nr. 1 BauNVO („Funktionseinheit"; „Kumulation"; „Agglomeration")*

Daher soll entsprechend der von der Rechtsprechung entwickelten Grundsätze, nach denen mehrere Einzelhandelsbetriebe zu einem Einkaufszentrum zusammengefasst werden[1031], entscheidend sein, ob die Spielhallen nach der (Außen-) Sicht der potenziellen Kunden und sonstiger Dritter als einheitliche Vergnügungsstätte empfunden werden, also durch ein gemeinsames Konzept und durch Kooperation miteinander verbunden in Erscheinung treten und gerade dadurch eine „kerngebietstypisch" gesteigerte Anziehungskraft auf die Spieler ausüben.[1032]

Konkret soll es daher nicht mehr auf räumliche Trennung, eigene Zugänge, Aufsichtsbereiche oder Toiletten ankommen, sondern auf einheitlichen Betreiber, Namen und Mietvertrag, gemeinsame Stellplätze und Werbung sowie ständigen Wechsel der Besucher zwischen den Spielhallen.[1033]

1028 Vgl. VG Sigmaringen 8.4.2009 – juris.

1029 *Stühler*, BauR 2009, S. 54, 63; zustimmend: *Lieber*, VBlBW 2011, S. 6, 10.

1030 Weil sie nacheinander entstandene bzw. Betriebe mit verschiedenen Konzepten und Warenangeboten betreffen (*Worms*, NVwZ 2012, S. 280, 283).

1031 BVerwG 27.4.1990 – NVwZ 1990, S. 1074, 1075.

1032 *Stühler*, BauR 2009, S. 54, 63 f.; *ders.*, BauR 2011, S. 54, 59 ff.; OVG Saarlouis 7.2.2012 – BRS 79 Nr. 162, S. 761 f.
Neben den unter a) genannten Kriterien im Ergebnis ähnlich abstellend auf die Außenwirkung und die Attraktivität für Kunden: BVerwG 29.10.1992 – BRS 54 Nr. 49, S. 141 f; VGH Mannheim 22.9.1989 – UPR 1990, S. 273, 274; *Worms*, NVwZ 2012, S. 280, 283; *Bielenberg*, in: E/Z/B/K, BauGB, 55. Lfg. 1997, § 4a BauNVO, Rn. 58e; zustimmend: VG Würzburg 23.5.2006 – juris, Rn. 27; VG Gelsenkirchen 12.7.2012 – openJur 2012, 87519; *Tuttlewski/Lange*, ZfWG 2009, S. 163, 165.

1033 *Stühler*, BauR 2009, S. 54, 64.

Worms will zudem darauf abstellen, warum der Bauherr eine bauliche Trennung überhaupt vornimmt.[1034]

Eine Abgrenzung zwischen schutzwürdigen und anderen Motiven gelingt ihm dabei jedoch nicht. So leuchtet nicht ein, was etwa der Unterschied zwischen Synergien aus einem Zusammenschluss und dem Interesse der Ertragskumulation sein soll und inwiefern es dem Baurecht überhaupt zusteht, eine solche Motivation entscheidungserheblich zu machen. Für die richtig als maßgeblich erkannte Ansprache eines größeren Personenkreises sind die Gründe einer baulichen Trennung ebenso irrelevant wie die bauliche Trennung selbst.

c) Stellungnahme

Gerade das Abstellen auf den Eindruck potenzieller Besucher und die daraus resultierende Anziehungskraft entspricht wegen seiner städtebaulichen Relevanz grundsätzlich besser den Kriterien des Bauplanungsrechts und der Frage der Kerngebietstypik als die formale Fixierung auf die Details der (inneren) baulichen Ausgestaltung durch die Rechtsprechung, die sich stark der gewerberechtlichen Betrachtung annähert.[1035]

Die Abweichung der Rechtsprechung zu Einkaufszentren von der grundsätzlichen Rechtsprechung über die Einheit baulicher Vorhaben[1036] liegt aber darin begründet, dass Einkaufszentren typischerweise gerade deshalb eine große Attraktivität für die Kunden entfalten, weil sie vielfältige unterschiedliche Angebote konzentrieren, während Spielhallen im Wesentlichen einheitliche Angebote aufweisen.[1037] Sie sind gerade auf Konkurrenz angelegt und profitieren nicht wechselseitig voneinander. Mit der Größe der Spielhalle bzw. der Zahl der Spielgeräte steigt die Anziehung also gerade nicht überproportional. Mehrfachspielhallen haben keine erheblich über ihre bloße Quantität hinausgehende neue

---

1034 *Worms*, NVwZ 2012, S. 280, 283. Dieser Aspekt findet sich, als zusätzliches Kriterium, auch bei VGH München 15.12.2010 – juris, Rn. 27.

1035 Ähnlich *Lieber*, VBlBW 2011, S. 6, 10. Vgl. auch oben a) sowie etwa VGH Mannheim 22.9.1989 – UPR 1990, S. 273, 274 und demgegenüber die Revision BVerwG 20.8.1992 – BRS 54 Nr. 50, S. 146.

1036 Denn dort sind diese Argumente und Kriterien gerade irrelevant (*Hauth*, BauR 2009, S. 1223, 1226; *Kaldewei*, BauR 2009, S. 1227, 1231, 1233). Vgl. etwa VGH Mannheim 22.9.2005 – BRS 69 Nr. 76, S. 396, 398 f.

1037 *Kaldewei*, BauR 2009, S. 1227, 1232 f. Die a.A. von *Stühler*, BauR 2009, S. 54, 64; *Bielenberg*, in: E/Z/B/K, BauGB, 55. Lfg. 1997, § 4a BauNVO, Rn. 58e und VGH Mannheim 22.9.1989 – UPR 1990, S. 273, 274 kann insbesondere im Zeitalter der Multigamer nicht überzeugen.

städtebauliche Qualität.[1038] Ein nach außen einheitlicher Komplex mehrerer Spielhallen hat also im Wesentlichen dieselben städtebaulichen Wirkungen wie mehrere zufällig benachbarte und zusammenhanglos betriebene Spielhallen.

Die Problematik von Mehrfachspielhallen stellt sich nur für überwiegend durch gewerbliche Nutzung geprägte Mischgebiete und vor 1990 geplante Gewerbegebiete, weil in diesen Gebieten kerngebietstypische Vergnügungsstätten unzulässig sind, nicht kerngebietstypische Vergnügungsstätten dafür aber ohne Ermessensspielraum allgemein zugelassen werden müssen. Ein Trading-down-Effekt im Kerngebiet durch zu laschen Umgang mit Mehrfachspielhallen ist daher ausgeschlossen, wird durch die mögliche Verdrängung von Spielhallen aus Kerngebieten sogar eher bekämpft. In den überwiegend durch gewerbliche Nutzung geprägten Mischgebieten und Gewerbegebieten sind Geschäftskundenverkehr und funktionale Bedarfsdeckung maßgeblich. Dafür spielen die Auswirkungen von Spielhallen auf die Attraktivität traditioneller Einzelhändler keine Rolle.[1039] Im Ergebnis bleiben nur unkonkret die Möglichkeit der Niveauabsenkung und Strukturveränderung[1040] durch Häufung von Spielhallen im Mischgebiet.

Zwar haben zwei kerngebietstypische Spielhallen und drei nicht kerngebietstypische Spielhallen nach dem obigen Beispiel identische städtebauliche Auswirkungen[1041], diese werden von § 6 Abs. 2 BauNVO, ebenso wie die Kumulation anderer Nutzungsarten, jedoch hingenommen.

Auch insofern ist § 15 Abs. 1 Satz 1 BauNVO (insbesondere „Anzahl") das richtige Instrument, um Mehrfachspielhallen zu begegnen[1042] und einen mischgebietsunverträglichen Kundenandrang zu verhindern. Das entspricht der Einzelfallbetrachtung, nach der mehrere knapp unter 100 m² liegende Spielhallen in räumlicher Nähe keineswegs (alle) als nicht kerngebietstypisch zugelassen werden müssen.[1043] Schließlich ist auch unter Beibehaltung der Kriterien der bisher

---

1038 A.A. *Stühler*, BauR 2009, S. 54, 64.

1039 *Kaldewei*, BauR 2009, S. 1227, 1228 f.

1040 *Stühler*, BauR 2011, S. 54, 61.

1041 So *Stühler*, BauR 2013, S. 685, 701.

1042 So auch *Hauth*, BauR 2009, S. 1223, 1226. Es ist unstrittig, dass § 15 Abs. 1 S. 1 BauNVO zur Beschränkung infrage kommt, wenn die Voraussetzungen der Gesamtbetrachtung nicht vorliegen, vgl. nur BVerwG 20.8.1992 – BRS 54 Nr. 50, S. 146; VGH München 19.1.2012 – juris, Rn. 6, 8; *Ziegler*, in: Brügelmann, BauGB, § 4a BauNVO, Rn. 83; *Söfker*, in: E/Z/B/K, BauGB, § 6 BauNVO, Rn. 43; *Bielenberg*, in: E/Z/B/K, BauGB, 55. Lfg. 1997, § 4a BauNVO, Rn. 58e.

1043 S.o. I. 3., vgl. insbesondere BVerwG 20.8.1992 – BRS 54, Nr. 137, S. 388 f.

überwiegenden Rechtsprechung eine Trennung und damit ein Vorgehen auch gegen die neue Problematik möglich[1044]. Eine Anpassung der Vorgehensweise der bisher überwiegenden Rechtsprechung ist also nicht erforderlich.

Es drängt sich vielmehr der Verdacht auf, dass hinter der Problematisierung von Mehrfachspielhallen der Wunsch der Gemeinden steht, Spielhallen ohne das mit einer Anwendung des § 15 Abs. 1 BauNVO verbundene Risiko weitergehend zu verhindern, als dies in § 6 Abs. 2 BauNVO vorgesehen ist[1045] und liberale Entscheidungen des Gewerberechts durch die Hintertür des Baurechts „umzudrehen“[1046].

§ 25 Abs. 1 und 2 GlüÄndStV und seine Ausführungsgesetze[1047] beenden das Phänomen der Mehrfachkonzessionen. Daher wird sich dieses Problem wohl für die Zukunft erledigen.[1048]

Für die allgemeine Frage der Einstufung benachbarter gleichartiger Vergnügungsstätten als kerngebietstypisch oder nicht kerngebietstypisch kann jedoch festgehalten werden, dass eine Lösung über § 15 Abs. 1 Satz 1 BauNOV (etwa „Anzahl“ oder „Umfang“) oder den Vorhabenbegriff offensteht. Eine Analogie zum Verständnis des § 11 Abs. 3 Satz 1 Nr. 1 BauNVO ist nicht nötig, solange die bloße Quantität der Nutzungen nicht in eine neue städtebauliche Qualität umschlägt.

III. Übrige Spielbetriebe

Auf die Bewertung aller anderen Nutzungen als Spielhallen, auch solcher mit Spielcharakter, ist deren Schwellenwert nicht übertragbar. Denn er ergibt sich aus § 3 Abs. 2 SpielV[1049], der zur Erfassung des maßgeblichen Zusammenhangs zwischen Grundfläche und Besucherzahl nur im von ihm geregelten Bereich der durch Geld- oder Warenspielgeräte geprägten Spielhallen geeignet ist und mangels Vergleichbarkeit nicht für andere Nutzungen herangezogen werden kann.[1050]

1044 Vgl. VG München 3.3. 2008 – juris, Rn. 28; 21.4.2008 – juris, Rn. 20; VG Sigmaringen 8.4.2009 – juris, Rn. 21

1045 Vgl. auch *Kaldewei*, BauR 2009, S. 1227, 1230.

1046 Vgl. insoweit deutlich: *Stühler*, BauR 2011, S. 54, 63.

1047 Etwa § 42 Abs. 2 Landesglückspielgesetz BW oder § 16 Abs. 3 des Gesetzes zum GlüÄndStV-NRW.

1048 *Stühler*, BauR 2013, S. 685, 702; *Söfker*, in: E/Z/B/K, BauGB, § 6 BauNVO, Rn. 43.

1049 S. dazu II. 1.

1050 VG Darmstadt 26.6.2012 – juris, Rn. 37. So im Ergebnis auch *Bönker*, in: Bönker/Bischopink, BauNVO, § 7, Rn. 92; *Reidt*, in: Gelzer/Bracher/Reidt, BauPlR, Rn. 1439.

1. Spielbanken

Spielbanken sprechen typischerweise ein großes Publikum aus überregionalem Einzugsgebiet an.[1051] Das ergibt sich aus der Konzentration[1052] des dort angebotenen Spiels auf wenige Städte und Betriebe[1053]. Spielbanken sind meist groß und aufwendig gestaltet, da sich ansonsten die gewünschte Atmosphäre nicht einstellt. Spielbanken sind also in aller Regel kerngebietstypisch.

Weisen Spielbanken aber einmal eine geringe Größe auf, sind diese Betriebe nicht kerngebietstypisch.[1054] Eine „Grenze" dürfte bei etwas über 30 Plätzen liegen.

2. Billardcafés

Aus der zu „reinen" Billardcafés[1055] ergangenen Rechtsprechung, im Wesentlichen zwei Entscheidungen des Verwaltungsgerichtshofs Mannheim, ergibt sich, dass entscheidendes Kriterium für die Kerngebietstypik insbesondere die Zahl der Billardtische ist. Vier Billardtische wurden als noch nicht kerngebietstypisch, neun Billardtische als kerngebietstypisch angesehen. Aus der Zahl der Billardtische ergibt sich, ob der Betrieb auf Besucher aus einem größeren Einzugsbereich angewiesen und ausgelegt ist, während die Grundfläche keine primäre Bedeutung hat.[1056]

Ein Vergleich mit dem Schwellenwert von 100 m² wird aber gelegentlich als unterstützendes Indiz für das gefundene Ergebnis herangezogen, etwa von VGH Mannheim 18.9.1991 – VBlBW 1992, S. 101, 102 f.

1051 *Jeromin*, Zulässigkeit von Vergnügungsstätten, S. 136.

1052 Diese Konzentration dient der Überwachung und Begrenzung der Spielbanken und damit einem Grundgedanken des Spielbankenrechts (vgl. VGH München 2.6.1995 – GewArch 1995, S. 374, 375). Spielbanken sind nur in wenigen Städten zulassungsfähig, vgl. etwa § 27 Abs. 1 Landesglückspielgesetz BW; § 20 Abs. 1 GlüÄndStV.

1053 Momentan gibt es deutschlandweit 57 Spielbanken (https://www.spielbanken-deutschland.com/alle-deutschen-spielbanken, Stand 15.1.2019).

1054 BVerwG 21.2.1986 – BRS 46 Nr. 52, S. 121 für 54 m² Nutzfläche und 20 Besucherplätze; die Frage der wesentlichen Störung und damit im Ergebnis die Zulässigkeit im Mischgebiet blieb aber offen; VGH Mannheim 27.6.1989 – BRS 49 Nr. 64, S. 155 für einen Betrieb mit zwei Roulettetischen mit je 15 Plätzen in einem Raum von 47 m². Für beide Nutzungen wurde die Bezeichnung „Spielcasino" verwendet.

1055 S. dazu 2. Teil B. I. 3. b).

1056 Vgl. VGH Mannheim 18.9.1991 – VBlBW 1992, S. 101, 102 f. (Kerngebietstypik bei 165 m²); 22.9.1989 – UPR 1990, S. 275 (bestätigt von BVerwG 20.8.1992 – BRS 54 Nr. 137) (keine Kerngebietstypik bei 230 m²; 37 Sitzplätzen).

3. *Wettbüros*

Für Wettbüros wird in Rechtsprechung und Literatur überwiegend die 100-m²-Grenze für Spielhallen verwendet.[1057]

Wettbüros unterscheiden sich jedoch in dieser Hinsicht grundlegend von Spielhallen. Deren Grenzwert von 100 m² basiert auf der Geltung des § 3 Abs. 2 SpielV und der sich daraus ergebenden genauen Korrelation zwischen Zahl der Spieler und Fläche, vgl. II. 1. Demgegenüber herrscht im Wettbüro eine ganz andere Raumaufteilung vor – es kann „aufgelockerter" sein und (Ein-Personen-) Spielgeräte stellen nicht den Schwerpunkt dar. Daher wird für Wettbüros etwa auch ein Stellplatz für 30 m² Nutzfläche, im Unterschied zu 20 m² für Spielhallen[1058], als ausreichend erachtet.[1059] Die Spielverordnung ist auf Wettbüros nicht anwendbar. Daher enthält deren Flächenberechnung auch keine direkte Aussage für die Besucherzahl und die damit verbundenen Emissionen von Wettbüros.[1060]

Vor diesem Hintergrund ist nicht einzusehen, warum der Schwellenwert der Spielhallen übernommen werden soll. Es muss also direkt auf die Besucherzahl abgestellt werden. In dieser Hinsicht sind Wettbüros mit Spielhallen vergleichbar, da sie sich nach ihrer Verbreitung und Nachfrage sowie der Störung pro Besucher und daher dem Zusammenhang zwischen Einzugsbereich, Lärm und Besucherzahl im Wesentlichen entsprechen.

Rausch schlägt 50 Sitzplätze als Grenze vor.[1061] Wenn aber der Vergleich mit einer Spielhalle konsequent weitergeführt wird, wäre die Grenze zwischen kerngebietstypischem und nicht kerngebietstypischem Wettbüro bei 20 bis 30 Besucherplätzen zu ziehen.[1062]

1057 OVG Berlin-Brandenburg 6.10.2015 – juris, Rn. 34 (wobei es dem konkreten Fall entspricht, dass ein Wettbüro mit 93 m² Nutzfläche nur Kunden aus dem begrenzten Stadtviertel anzieht); 29.1.2018 – juris, Rn. 12; VG Neustadt 12.8.2010 – juris, Rn. 26; VG Darmstadt 5.10.2010 – BeckRS 2011, 47510 (je, weil es sich um eine „ähnliche Vergnügungsstätte" wie Spielhallen handelt und andere Anhaltspunkte nicht vorliegen); VG Saarlouis 19.11.2014 – juris, Rn. 58 ff.; *Söfker*, in: E/Z/B/K, BauGB, § 6 BauNVO, Rn. 43; *Fickert/Fieseler*, BauNVO, § 4a, Rn. 23.69; zustimmend: *Tuttlewski/Lange*, ZfWG 2009, S. 163, 165, zumindest dann, wenn das Wettbüro ähnlich wie eine Spielhalle auf relativ wenig Raum viele Vergnügungsmöglichkeiten bietet; zweifelnd VG München 24.9.2012 – juris, Rn. 34; offengelassen: VG Berlin 28.4.2014 – BeckRS 2014, 52618.

1058 Vgl. Nr. 6.2 der Anlage zur Bay-GaStellV; Nr. 6.3 StellplatzVwV-BW.

1059 Vgl. VG München 14.1.2008 – juris, Rn. 30, 33.

1060 *Rausch*, DÖV 2009, S. 667, 674.

1061 *Rausch*, DÖV 2009, S. 667, 674.

1062 Vgl.o. II. 1. und 2. So i.E. wohl auch VG Leipzig 22.9.2016 – juris, Rn. 31 f.

Nicht zu folgen ist daher auch *Fickert/Fieselers* Ansicht, Wettbüros seien regelmäßig kerngebietstypisch.[1063] Denn ein größerer Einzugsbereich oder mischgebietsunverträglicher Lärm sind bei Wettbüros keineswegs der Regelfall; auch wenn Spielgeräte oder PC mit Internetzugang angeboten werden.[1064] Auch bei Spielhallen wird eine Kerngebietstypik erst ab einer nicht ganz unerheblichen Anzahl von Spielgeräten angenommen. Warum Wettbüros insofern anders behandelt werden sollten, ist nicht ersichtlich.

Zum Teil wird explizit trotzdem die 100-m^2-Grenze benutzt, denn ein Wettbüro mit dieser Größe liege erheblich über dem Größenbedarf, den ein Wettbüro üblicherweise aufweise, weshalb davon auszugehen sei, dass das Wettbüro eine überdurchschnittliche – und im Ergebnis kerngebietstypische – Anziehungskraft entwickele.[1065]

IV. Tanzlokale

Im Gegensatz zu Spielhallen fehlen bei Tanzlokalen Anhaltspunkte in Form eines Schwellenwerts.[1066]

Dennoch wird auch bei ihnen maßgeblich auf die Größe (in Form von Raum- und Tanzflächengröße) und die (daraus ableitbare) Zahl der Besucherplätze abgestellt.[1067] Daraus sollen sich dann der jeweilige Einzugsbereich und der damit verbundene Verkehrslärm ergeben.

Zudem wird ein größerer Einzugsbereich neben der Größe zusätzlich aus dem „gehobene[n] Niveau und Ambiente“[1068] oder dem Veranstaltungsprogramm[1069]

1063 *Fickert/Fieseler*, BauNVO, § 4a, Rn. 23.69; OVG Hamburg 8.6.2016 – BauR 2016, S. 2038, 2041.

1064 Vgl. VG Neustadt 12.8.2010 – juris, Rn. 26; VG Darmstadt 5.10.2010 – BeckRS 2011, 47510; *Rausch*, DÖV 2009, S. 667, 668.

1065 VG München 18.7.2016 – juris, Rn. 50 ff.

1066 *Ziegler*, in: Brügelmann, BauGB, § 4a BauNVO, Rn. 87; *Reidt*, in: Gelzer/Bracher/Reidt, BauPlR, Rn. 1440; *Bönker*, in: Bönker/Bischopink, BauNVO, § 7, Rn. 94; *Bielenberg*, in: E/Z/B/K, BauGB, 55. Lfg. 1997, § 4a BauNVO, Rn. 58e.

1067 Vgl. BVerwG 19.11.1990 – juris, Rn. 8; OVG Berlin 17.3.1999 – BauR 1999, S. 1004, 1006; OVG Münster 9.12.1992 – GewArch 1993, S. 254, 256; VGH München 17.11.1978 – BRS 33 Nr. 127, S. 255 f.; 4.10.2017 – juris, Rn. 6; *Fickert/Fieseler*, BauNVO, § 4a, Rn. 23.3.

1068 BVerwG 24.2.2000 – NVwZ 2000, S. 1054.

1069 *Reidt*, in: Gelzer/Bracher/Reidt, BauPlR, Rn. 1440 unter Bezug auf den insofern deutlichsten Fall VGH München 7.8.2003 – NVwZ-RR 2003, S. 816, 817 (Table-Dance in Diskothek, vgl. V.). So wohl auch OVG Schleswig 5.10.2009 – juris, Rn. 36; VG

zum Teil in Verbindung mit niedrigen Getränkepreisen[1070] und den langen Öffnungszeiten[1071] abgeleitet.

Letzteres geht dann nahtlos über in das neben der Größe von Einzugsbereich und Publikum verwendete Kriterium der nächtlichen – bei Tanzlokalen besonders starken (s. 2. Teil A. I. 3.) – Störung, die in Kerngebieten, aber nicht in Mischgebieten, hinzunehmen ist.[1072] Bei Tanzlokalen bedingen sich daher die Störung der Wohnruhe und Einzugsbereich/Umfang besonders stark wechselseitig. Je größer die Räume und damit die auch aus der weiteren Umgebung angelockte Besucherzahl, desto lauter – störender – ist der Betrieb.[1073]

Im Ergebnis wird bei Tanzlokalen nahezu immer Kerngebietstypik angenommen. Abgelehnt wurde dies nur in zwei Sonderfällen: Einmal entschied der Verwaltungsgerichtshof München, dass aus 112 m² Grundfläche zzgl. Toiletten und Lager, und nicht mehr als 176 Besucherplätzen schon aus objektiven Gründen kein größerer, kerngebietstypischer Einzugsbereich entstehen könne.[1074] Diese Entscheidung wurde jedoch vom Bundesverwaltungsgericht aufgehoben und zur weiteren Aufklärung, insbesondere auch des von der Diskothek verursachten Lärms, zurückverwiesen.[1075] Bei vergleichbarer Größe und Kapazität nahm der Verwaltungsgerichtshof München, ebenso wie die übrige Rechtsprechung, ansonsten stets eine Kerngebietstypik an.[1076] Im zweiten Fall nahm der Verwaltungsgerichtshof Mannheim für einen Betrieb mit 225 m² (wovon ein erheblicher Teil Barbereich war) keine Kerngebietstypik an, weil dieser damit innerhalb der marktüblichen Größenspanne der Unterart der Tanzlokale allenfalls mittelgroß sei. Die Entscheidung wurde aber maßgeblich auch damit begründet, dass

---

Weimar 9.8.2005 – juris, Rn. 26 (hauptsächlich aber aus der Größe und Kapazität, Rn. 4, 26).

1070 VGH Kassel 22.2.2012 – juris, Rn. 12.

1071 OVG Berlin 10.11.2004 – NVwZ-RR 2005, S. 160, 161; VG Köln 13.8.2008 – juris, Rn. 20.

1072 So etwa VGH München 10.2.1977 – BRS 32 Nr. 41, S. 88; 29.10.1987 – NVwZ 1988, S. 1140; VG Gelsenkirchen 6.11.2007 – openJur 2011, 54982; *Schlichter/Friedrich*, WiVerw 1988, S. 199, 219 f.

1073 Das konstatieren im Ergebnis auch *Fickert/Fieseler*, BauNVO, § 4a, Rn. 23.3; *Bielenberg*, in: E/Z/B/K, BauGB, 55. Lfg. 1997, § 4a BauNVO, Rn. 58h; *Stock*, in: E/Z/B/K, BauGB, § 4a BauNVO, Rn. 72; *Wahlhäuser*, in: Bönker/Bischopink, BauNVO, § 4a, Rn. 85.

1074 VGH München 17.11.1978 – BRS 33 Nr. 127, S. 255 ff.

1075 BVerwG 15.1.1982 – NVwZ 1982, S. 312 f.

1076 Vgl. VGH München 10.2.1977 – BRS 32 Nr. 41, S. 88; 29.10.1987 – NVwZ 1988, S. 1140.

bei Qualifizierung dieser Diskothek als kerngebietstypisch in der ganzen dünn besiedelten Gegend im Umkreis von wohl 50 km allenfalls noch in einem Ort eine Diskothek eingerichtet werden könnte, weil die übrigen Gemeinden nicht über Kerngebiete verfügen. Außerdem lag das Vorhaben in einem nach § 34 Abs. 1 BauGB zu beurteilenden Gebiet, das „beinahe ausschließlich von gewerblicher Nutzung geprägt" war.[1077] Dieser Fall dürfte nach der BauNVO von 1990 wegen der Zulässigkeit von kerngebietstypischen Vergnügungsstätten in Gewerbegebieten (§ 8 Abs. 3 Nr. 3 BauNVO) anders entschieden werden.

Festzuhalten ist also: Tanzlokale sind sowohl nach Zweckbestimmung als auch wegen ihres Umfangs in aller Regel kerngebietstypisch[1078], denn sie haben meist eine gewisse Größe und einen Einzugsbereich[1079], welche (auch vor dem Hintergrund ihrer besonderen Störungen) im Mischgebiet unverträglich sind. Kleine Tanzlokale kommen, schon wegen der erheblichen Investitionen[1080] und weil ein gelungenes Besuchserlebnis bei Tanzlokalen nicht zuletzt von einer großen Zahl anderer Besucher abhängt, praktisch nicht vor.

Für die Verneinung der Kerngebietstypik bleiben allenfalls wenige, eher theoretische Ausnahmen – Betriebe die jedenfalls weder nach Größe noch nach Art einer Diskothek entsprechen: das „kleine Tanzcafé"[1081] und sonstige vor 22 Uhr schließende, kleine Betriebe[1082].

1077 VGH Mannheim 22.9.1989 – BRS 49 Nr. 228, S. 527 f.

1078 So auch BVerwG 11.7.2001 – BRS 64 Nr. 73, S. 323; VGH Mannheim 27.10.2010 – GewArch 2011, S. 220, 222; *Wahlhäuser,* in: Bönker/Bischopink, BauNVO, § 4a, Rn. 78; *Stock*, in: E/Z/B/K, BauGB, § 4a BauNVO, Rn. 72; *Schlichter/Friedrich*, WiVerw 1988, S. 199, 219 f.; *Stühler*, BauR 2013, S. 685, 694; *Fickert/Fieseler*, BauNVO, § 4a, Rn. 23.3.

1079 Die obigen Fälle aus der Rechtsprechung weisen nie weniger als 80 Plätze auf. Vgl. auch *Fickert/Fieseler*, BauNVO, § 4a, Rn. 24.3; für das Gaststättenrecht: *Metzner*, GastG, § 3, Rn. 51 ff.; *Kahler*, GewArch 1982, S. 354, 355.

1080 Etwa in die Ausstattung mit Licht- und Soundanlagen, vgl. 2. Teil A. I.

1081 S. das Beispiel von BVerwG 25.11.1983 – E 68, S. 207, 211. Im konkreten Fall wurde das Tanzcafé jedoch von VGH Kassel 24.7.1990 – BRS 50 Nr. 61, S. 143 aufgrund der Störungen doch zu den kerngebietstypischen Betrieben gezählt, a.A. die Vorinstanz, die eine Kerngebietstypik wegen der Einzelfallumstände (gehobene Ansprüche; kleine Tanzfläche; Besucher höherer Altersklassen) verneint hatte, vgl. S. 142 f.

1082 Vgl. *Ziegler*, in: Brügelmann, BauGB, § 4a BauNVO, Rn. 87 und 2. Teil A. I. 3.

V. Übrige Nachtlokale und Darstellungen mit sexuellem Charakter

Nachtlokale[1083], die sich durch ein besonderes (sexuelles) Amüsier-Angebot mit Nachtbetrieb auszeichnen, sollen bereits nach ihrer Zweckbestimmung kerngebietstypisch sein.[1084]

Dies wird meist darauf gestützt, dass sie (immer) einen großen Einzugsbereich und großes Publikum haben.[1085]

Dafür werden zum einen die erheblichen Kosten der Striptease-Darsteller angeführt, die zur Folge haben, dass der Betreiber ein großes Publikum ansprechen muss.[1086] Zudem haben derartige Veranstaltungen einen gewissen Seltenheitswert und geringe Verbreitung.[1087] Deshalb ist die Größe eines Nachtlokals mit besonderem (sexuellem) Amüsier-Angebot, insbesondere eine geringe, unerheblich.[1088] Die Gefahr der Widersprüchlichkeit birgt dabei jedoch, wenn einerseits, wie üblich, aus einer großen Kapazität ein hoher Einzugsbereich geschlossen wird und andererseits mit der Argumentation des Verwaltungsgerichtshofs München, aus einer geringen Kapazität gerade kein Indiz für eine gezielte Beschränkung auf einen ortsnahen Besucherkreis, sondern allenfalls ein weiterer Beleg für die insgesamt geringe Nachfrage, und daher die Auslegung

---

1083 Zum Begriff, s. 2. Teil A. II. Kabarett und Varieté werden im Zusammenhang mit der Frage der Kerngebietstypik nirgends explizit erwähnt. Im Ergebnis geht es um Striplokale.

1084 VGH München 20.12.1991 – GewArch 1993, S. 37, 38 (dort n.v., s. aber BeckRS 1991, 09046); VG Dresden 18.5.2011 – juris, Rn. 27 (bloßer „Stangentanz" genügt); *Stock*, in: E/Z/B/K, BauGB, § 4a BauNVO, Rn. 72; *Bielenberg*, in: E/Z/B/K, BauGB, 55. Lfg. 1997, § 4a BauNVO, Rn. 58h; *Fickert/Fieseler*, BauNVO, § 4a, Rn. 23.3; so im Ergebnis auch OVG Greifswald 14.7.2000 – juris, Rn. 20 und *Jeromin*, Zulässigkeit von Vergnügungsstätten, S. 138.

1085 *Bielenberg*, in: E/Z/B/K, BauGB, 55. Lfg. 1997, § 4a BauNVO, Rn. 58h; *Fickert/Fieseler*, BauNVO, § 4a, Rn. 23.2 stützen es auf die mit der späten Öffnungszeit verbunden wohngebietsunverträglichen Störungen.

1086 VG Würzburg 26.2.2003 – juris, Rn. 21; VG Augsburg 6.10.2010 – juris, Rn. 23.

1087 Eine Argumentation, die für Neuheiten jedoch problematisch ist.

1088 Vgl. explizit: VGH München 7.8.2003 – NVwZ-RR 2003, S. 816 f. (93 m^2, Gesamtfläche 122 m^2; 47 Sitzplätze (s. VG Würzburg 26.2.2003 – juris, Rn. 4)); VG Augsburg 6.10.2010 – juris, Rn. 23; VG Dresden 18.5.2011 – juris, Rn. 29.
Früher wurde zwar oft die Größe (je 60 bis 70 Sitzplätze) erwähnt, die Möglichkeit eines nicht kerngebietstypischen Nachtlokals wurde aber auch dort nie aufgezeigt, vgl. BVerwG 21.2.1986 – BRS 46 Nr. 51, S. 120 f.; 25.11.1983 – E 68, S. 207, 212 f.; VGH Mannheim 15.11.1990 – GewArch 1992, S. 70, 71.

auf einen großen Einzugsbereich gesehen wird.[1089] In diesen Fällen sollte sich die Argumentation daher auf die Zweckbestimmung konzentrieren; die Frage der geringen Verbreitung ist dort zu verorten.

In den Fällen der Sexshops mit Videokabinen kann jedenfalls auf die Größe abgestellt werden. Nach *Fickert/Fieseler* dürfte zumindest ab zehn Kabinen oder einer Gesamtfläche von mehr als 200 m^2 Kerngebietstypik vorliegen.[1090] Die Rechtsprechung geht zum Teil von höheren Voraussetzungen aus.[1091] Eine starre Grenze ist auch hier nicht vorzugswürdig. Vielmehr sind die Umstände des Einzelfalls zu würdigen.

So spricht etwa der Charakter eines Betriebs als Begegnungsort für Kunden für das Vorliegen einer kerngebietstypischen Nutzung.[1092]

Das Verwaltungsgericht Arnsberg will zur Feststellung der Größe auf § 11 Abs. 3 Nrn. 2 und 3 BauNVO abstellen (1200 m^2 Geschoss- bzw. 800 m^2 Verkaufsfläche), weil es dort auch um einen gewerblichen Betrieb mit Verkaufsflächen gehe. Dabei sei wegen der baulichen Einheit und dem verkaufsfördernden Zweck der Filme der eigentliche Verkaufsbereich und die Fläche der Kinos zusammenzuzählen.[1093] Jedoch hat die Frage der Kerngebietstypik im Gegensatz zu den Grenzwerten nach § 11 Abs. 3 Nrn. 2 und 3 BauNVO kaum Bezug zur Raumbedeutsamkeit. Dieser Ansatz ist daher abzulehnen.[1094]

Wenn manche schon wegen der bloßen Art als Anlage der „sexuellen Unterhaltung" Kerngebietstypik annehmen,[1095] ist zu bedenken, dass auch Betriebe mit nur einzelnen Videokabinen durchaus denkbar sind, und diese auch einem Mischgebiet nicht widersprechen werden.

1089 VGH München 7.8.2003 – NVwZ-RR 2003, S. 816, 817 (für eine durch regelmäßige Table-Dance-Veranstaltungen geprägte Diskothek).

1090 *Fickert/Fieseler*, BauNVO, § 7, Rn. 7.4; i.E. so auch VG Dresden 18.8.2004 – juris, Rn. 15.

1091 Für das OVG Berlin 9.4.1997 – BRS 59 Nr. 215, S. 635, 637 waren 15 Kabinen in einem gemischten Gebiet zulässig (allerdings nach übergeleitetem Recht aus § 7 Nr. 9 lit. c BauO 1958); der VGH München 27.2.2017 – juris, Rn. 31 hat die Einstufung für eine Nutzung mit 18 Kabinen offengelassen.

1092 S. dazu etwa VGH München 27.2.2017 – juris, Rn. 29 im Hinblick auf die Möglichkeit der Anbahnung und Durchführung sexueller Kontakte.

1093 VG Arnsberg 17.6.2008 – juris, Rn. 69.

1094 Kritisch auch VG Minden 23.10.2012 – BeckRS 2012, 59893.

1095 Vgl. VG Dresden 18.8.2004 – juris, Rn. 15; VG Arnsberg 17.6.2008 – juris, Rn. 69; im Ergebnis auch *Jeromin*, Zulässigkeit von Vergnügungsstätten, S. 138.

VI. Bordelle

Zum Teil wird angenommen, ein Bordell sei wegen des Blickfeldarguments, wonach sich für diese Nutzung eher ein Standort am Rande des „Blickfeldes" der allgemeinen Öffentlichkeit eignet, und daher schon seiner Art nach nicht kerngebietstypisch.[1096] Wenn das Blickfeldargument aber übernommen wird, dann sind Bordelle schon keine Vergnügungsstätten und die Frage der Kerngebietstypik stellt sich gar nicht erst.[1097]

Wenn man das Blickfeldargument dagegen relativiert und Bordelle als Vergnügungsstätten ansieht, ist für die Frage Kerngebietstypik entscheidend, welche Bordelle im Mischgebiet, Dorfgebiet und besonderen Wohngebiet zulässig sein können. Für die Beantwortung dieser Frage kann auf die Abgrenzung der Wohnungsprostitution zu den übrigen Bordellen zurückgegriffen werden. Denn die dafür angelegten Kriterien laufen mit den Kriterien zur Abgrenzung von kerngebietstypischer und nicht kerngebietstypischer Vergnügungsstätte gleich. Es handelt sich um die Größe (Anzahl der Prostituierten) des Betriebs, aus der sich Publikumsverkehr und Einzugsbereich ergeben werden, und sonstigen Störungen des Wohnens.[1098] Folglich sind Bordelle und bordellartige Betriebe kerngebietstypisch, Wohnungsprostitution ist nicht kerngebietstypisch.[1099] Das daraus folgende Ergebnis, wonach Bordelle und bordellartige Betriebe ausschließlich in Gewerbe- und Kerngebieten, die Wohnungsprostitution auch in Mischgebieten und besonderen Wohngebieten zulässig sind, stellt eine städtebaulich sinnvolle Einordnung von Prostitutionsbetrieben dar.[1100]

Auch in solchen Entscheidungen der Rechtsprechung, in denen Prostitutionsbetriebe als Vergnügungsstätten angesehen werden, wird jedoch eine Differenzierung nach Kerngebietstypik und Nicht-Kerngebietstypik kaum vorgenommen und schon gar nicht diskutiert.[1101] Dies ist aufgrund der oben (2. Teil

---

1096 *Scharmer*, Steuerungsmöglichkeiten, S. 17; *Zimmermann*, Behandlung der Prostitution, S. 141.

1097 Vgl. dazu 2. Teil C. I. 3. c) ee).

1098 Vgl. 2. Teil C. I. 1. und 3. c).

1099 *Stühler*, NVwZ 1997, S. 861, 866; zustimmend: *Zimmermann*, Behandlung der Prostitution, S. 140; *Ziegler*, in: Brügelmann, BauGB, § 4a BauNVO, Rn. 73. Bisher von Rechtsprechung und Literatur geleistete Abgrenzungsarbeit (vgl. insb. 2. Teil C. I. 1. b)) kann übernommen werden.

1100 S. 2. Teil C. I. 3. c).

1101 Aussagen treffen nur VGH Kassel 30.4.2009 – UPR 2010, S. 104, 105, der einen nicht näher beschriebenen „bordellartigen Betrieb" als kerngebietstypisch ansieht und VG Karlsruhe 28.5.2014 – juris, Rn. 27, wonach eine Kerngebietstypik angesichts von nur

C. I. 1. und 3. c)) beschriebenen, großen Unterschiede der Prostitutionsarten schwer nachvollziehbar.

VII. Swingerclubs

Aufgrund der geringen Nachfrage gibt es in ganz Deutschland nur rund 340 Swingerclubs[1102]. Daraus folgt ein regelmäßig großer, weit übergemeindlicher Einzugsbereich.[1103]

Dennoch werden Swingerclubs überwiegend als nicht kerngebietstypisch angesehen. Dem liegt folgende Argumentation der Rechtsprechung zugrunde: Im Unterschied zur Diskothek oder Striptease-Bar werde eine solche Nutzung nicht im Kerngebiet erwartet und damit auch nicht die allgemeine Öffentlichkeit angesprochen[1104], sondern nur „Swingerfreunde", weshalb keineswegs von Besucherströmen ausgegangen werden könne. Die Störungen, insbesondere auch der An- und Abfahrtsverkehr, erreichen keine kernstädtischen Dimensionen.[1105]

Stühler überzeugt dies nicht, da der Einzugsbereich als Maßstab vernachlässigt werde.[1106]

Das Bundesverwaltungsgericht hat jedoch, insbesondere in seinem Urteil vom 21. Februar 1986, deutlich gemacht, dass ein übergemeindlicher Kundenstamm allein nicht für die Annahme von Kerngebietstypik genügt. Weitere Voraussetzung ist die Eigenschaft als zentraler Dienstleistungsbetrieb, der für ein größeres und allgemeines Publikum erreichbar sein soll.[1107]

Dennoch überzeugt die Argumentation der Rechtsprechung zur Frage der Kerngebietstypik von Swingerclubs in dieser Schärfe nicht. Es gibt keine Anhaltspunkte dafür, dass Swingerclubs von ihrer Kundschaft nur außerhalb des Kerngebiets erwartet oder akzeptiert werden. Auch dass selbstverständlich nur „Swingerfreunde" angezogen werden, ist irrelevant, denn auch bei den allgemein als kerngebietstypisch angesehenen Peepshows werden nur die „Freunde"

---

sechs Arbeitszimmern fernliegend erscheine. Das dürfte angesichts der Grenze von vier Prostituierten bei Wohnungsprostitution (vgl. 2. Teil C. I. 1. b)) zweifelhaft sein.

1102 Vgl. *Siegel*, Drei Zimmer, Küche, Porno, S. 38.

1103 Vgl. etwa VGH Mannheim 29.7.1991 – juris, Rn. 8; VGH München 29.12.2003 – NVwZ 2003, S. 15, 16.

1104 Denn nur eine kleine Minderheit der Bevölkerung, insbesondere der Frauen, auf die der Club aber angewiesen ist, sind zu Swingerclub-Aktivitäten überhaupt bereit.

1105 VGH Mannheim 4.8.2000 – unv (zit. nach *Stühler*, GewArch 2006, S. 20, 23); 28.11.2006 – BRS 70 Nr. 73, S. 400; VG Darmstadt 26.6.2012 – juris, Rn. 41.

1106 *Stühler*, GewArch 2006, S. 20, 23.

1107 Vgl. o. I. 1. a).

dieser Angebote angezogen, welche keineswegs dem Allgemein- oder Durchschnittsbürger entsprechen. Vielmehr aber zieht jedes Unterhaltungsangebot hauptsächlich seine jeweiligen Sympathisanten an. Ob es sich dabei um den Durchschnittsbürger handelt, kann baurechtlich keine Rolle spielen, so lange dadurch größere Besucherströme nicht ausgeschlossen werden. Mit der Formulierung von der Erreichbarkeit für ein „allgemeines Publikum" als Voraussetzung für Kerngebietstypik kann also nicht gemeint sein, dass die Allgemeinheit regelmäßig diese Angebote wahrnimmt, es geht vor allem um eine erhebliche Anziehungswirkung und die große Besucherzahl.[1108]

Ob sich regelmäßig ein großes, kerngebietstypisches Publikum einfindet, ist für Swingerclubs eine Frage des Einzelfalls.[1109] Sie können also, je nach Besucherzahl, kerngebietstypisch oder nicht kerngebietstypisch sein.

VIII. Kinos

Bei Kinos wird primär auf die Größe (Plätze und Säle) abgestellt, die entscheidend für das erforderliche Einzugsgebiet ist. Folglich werden Multiplexe herrschend als kerngebietstypisch angesehen.[1110] Aber auch mit ihnen „nicht ohne weiteres vergleichbar[e]" kleine Kinocenter, haben angesichts ihrer Größe, der Vielfalt der Filmvorführungen und sonstigen Veranstaltungen und der erwarteten Besucherzahl einen übergemeindlichen Einzugsbereich und sind damit kerngebietstypisch[1111] im Unterschied zum kleinen „Vorstadtkino"[1112].

Die gegenläufige Ansicht von *Reinhardt/Schwertner*, (Groß-)Kinos seien wegen ihrer großen Verbreitung in der Regel nicht auf Bewohner außerhalb der Stadt ausgelegt,[1113] überzeugt schon deshalb nicht, weil große Kinos oft

---

1108 Vgl. oben I. 1. a) aa).

1109 So ist zwar eine Auslegung des Swingerclubs auf mehr als 30 Gäste häufig nicht anzutreffen, vgl. etwa VGH München 29.12.2003 – juris, Rn. 13; VG Darmstadt 26.6.2012 – juris, Rn. 40; VG Ansbach 16.6.2004 – BeckRS 2004, 32437; jedoch auch nicht atypisch, vgl. etwa VG Karlsruhe 9.8.2000 – BeckRS 2005, 24177, wo einen Swingerclub mit regelmäßig 40 bis 60 Besuchern und einem Stellplatzbedarf von 30 Plätzen Verfahrensgegenstand war.

1110 OVG Berlin 17.3.1999 – BauR 1999, S. 1004, 1006; OVG Weimar 19.3.2003 – NVwZ 2004, S. 249 f.; *Schmitz*, LKV 1997, S. 345, 347; *Uechtritz*, BauR 1999, S. 572, 583; *Stühler*, BauR 2013, S. 685; *Fickert/Fieseler*, BauNVO, § 7, Rn. 7.71.

1111 VGH München 21.12.2001 – ZfBR 2002, S. 699 f. (für einen Fall mit knapp 400 Plätzen).

1112 Nach BVerwG 25.11.1983 – E 68, S. 207, 211 ein Beispiel einer nicht kerngebietstypischen Vergnügungsstätte.

1113 *Reinhardt/Schwertner*, JuS 2002, S. 893, 895 f.

eine besondere technische Ausstattung haben, die sie auch überörtlich attraktiv macht. Zudem wird der Kinobesuch gerne mit stadttypischen Aktivitäten verknüpft.

Auch liegt der Betriebsschwerpunkt von (Groß-)Kinos zwar nicht so spät wie bei Diskotheken und Nachtlokalen, jedoch erstreckt er sich auf Zeiten bis Mitternacht und stört damit entgegen der Ansicht von *Reinhardt/Schwertner* das Wohnen im Mischgebiet. Auch als Anlagen für kulturelle Zwecke wären solche Kinos im Mischgebiet auf jeden Fall gebietsunverträglich.

Im Ergebnis wird die Grenze zur Kerngebietstypik jedenfalls bei Kinos mit mehreren Sälen und mehreren Hundert Plätzen überschritten.

IX. Sonstige Vergnügungsstätten

1. Eine Festhalle wird, wenn sie als Vergnügungsstätte angesehen wird, auch immer als kerngebietstypisch eingestuft. Denn dann hat sie eine erhebliche Größe (Besucherkapazität) und ermöglicht damit überörtliche Großveranstaltungen mit erheblichem Fahrzeugaufkommen.[1114]
2. Bei Lasertagarenen nimmt die einzige einschlägige Entscheidung aufgrund einer Gesamtschau verschiedener Kriterien zur Auslastungsmöglichkeit der Arena einen großen Einzugsbereich schon bei einer Nutzungskapazität von 20 Plätzen an. Auch die große Fläche von 370 m^2 spreche vor diesem Hintergrund für Kerngebietstypik.[1115]

X. Fazit

Für einige Unterarten (insbesondere Wettbüros und Swingerclubs) der allgemein als Vergnügungsstätten angesehenen Nutzungen ist die Abgrenzung

1114 OVG Münster 27.4.2006 – BRS 70 Nr. 70, S. 387, 390; 21.2.2011 – unv (zit. nach OVG Münster 15.4.2011 – juris, Rn. 26); 15.4.2011 – juris, Rn. 25; VG Karlsruhe 11.8.2010 – juris, Rn. 36 f. (je für Kapazitäten von 400 bis 1000 Plätzen).

1115 Lasertag werde von den meisten Kunden nur gelegentlich gespielt, die Besucher träten in Gruppen auf und es bestehe trotz nur 20 Plätzen eine hohe Nutzungskapazität, wegen durchgehender Öffnungszeiten (8 bis 24 Uhr) und hoher Fluktuation (OVG Koblenz 28.9.2016 – BauR 2017, S. 692, 695; zustimmend: *Herbolsheimer* NVwZ 2017, S. 685, 688).
Die Gesamtschau dieser Kriterien ist jedoch auf andere Unterarten nicht übertragbar, denn dort gibt es keine Fälle in denen sie, wie bei Lasertag, deutlich für oder gegen einen größeren Einzugsbereich sprechen.

zwischen Kerngebietstypik und Nicht-Kerngebietstypik zwar faktisch noch ungeklärt, jedoch ermöglichen die bei I.1. und 2. erörterten Grundsätze eine taugliche Abgrenzung hinsichtlich aller Erscheinungen.

Die befürchtete Erschwerung des Baurechtsvollzugs durch Abgrenzungsschwierigkeiten[1116] ist nicht eingetreten. Zwar mag die Grenze zur Kerngebietstypik zum Teil erst nach einer einzelfallbezogenen Abwägung zu ziehen sein[1117], das Bundesverwaltungsgericht[1118] ermöglicht jedoch eine Ablehnung eines Vorhabens nach pflichtgemäßem Ermessen in den Fällen der §§ 4a Abs. 3, 5 Abs. 3 und 6 Abs. 3 BauNVO, auch wenn die fehlende Kerngebietstypik in tatsächlicher Hinsicht zweifelhaft ist.[1119]

Wie die Ausführungen des Bundesverwaltungsgerichts bereits nahelegen[1120], ist die *(nicht) kerngebietstypische* Vergnügungsstätte weniger als Begriff, sondern vielmehr als Ausdruck und Folge der typisierenden Betrachtungsweise von Vergnügungsstätten zu verstehen.

Deshalb bestehen Verbindungen zum Institut der Gebietsverträglichkeit[1121], das ebenfalls Ausdruck der Typisierungslehre ist[1122].

Entscheidend ist ebenso vor allem die Zweckbestimmung des jeweiligen Baugebiets, vor dem Hintergrund, dass die Nutzungsbegriffe nicht in jedem Baugebiet gleich verstanden werden können.

Das Institut der (Nicht-)Kerngebietstypik ist dabei eine, gleichsam „umgekehrte“, Form von Gebietsverträglichkeit.

Bei der Gebietsverträglichkeit geht es darum, Vorhaben, die in einem Gebiet zwar nach dem Wortlaut der Nutzungsbegriffe zulässig, aber von ihren städtebaulichen Auswirkungen unverträglich sind, in diesem zu verhindern. Umgekehrt geht es bei der (Nicht-)Kerngebietstypik von Vergnügungsstätten darum, Vorhaben, die in einem Gebiet nach dem Wortlaut (und Systematik) der Nutzungsbegriffe ursprünglich unzulässig waren, nach ihren städtebaulichen Auswirkungen aber verträglich, in diesem Gebiet eine Zulässigkeit zu ermöglichen. Denn dies war gerade die Problematik der Vergnügungsstätten vor der BauNVO von 1990. Sie waren nur im Kerngebiet und im besonderen Wohngebiet erwähnt,

---

1116 Im Gesetzgebungsverfahren war deshalb noch die Streichung beantragt worden, vgl. BR-Drs 354/1/89, S. 11.

1117 *Worms*, NVwZ 2012, S. 280, 284.

1118 BVerwG 19.11.1990 – juris, Rn. 9.

1119 *Ziegler*, in: Brügelmann, BauGB, § 4a BauNVO, Rn. 79.

1120 Vgl. bei 1. Teil B. II. 4.

1121 So deutlich etwa bei VG Darmstadt 26.6.2012 – juris, Rn. 39 und 41.

1122 *Stühler*, BauR 2007, S. 1350.

womit insbesondere kleine, mit dem Gebietscharakter der allgemeinen Wohngebiete oder Mischgebiete gerade zu vereinbarende, aber nach dem allgemeinen Sprachgebrauch als Vergnügungsstätte anzusehende Nutzungen dort von vornherein unzulässig waren.

Die anderen Nutzungsbegriffe der BauNVO weisen ebenfalls Elemente einer solchen „umgekehrten" Gebietsverträglichkeit auf. So übernehmen die Funktion der (Nicht-)Kerngebietstypik etwa für Einzelhandelsbetriebe die (der Versorgung des Gebiets dienenden) Läden, für Gewerbebetriebe die nicht störenden Gewerbebetriebe.

Daher sind, wie bereits im 1. Teil A. III., B. II. 4. begründet, nicht kerngebietstypisch solche Vergnügungsstätten, die zwar nach dem allgemeinen Sprachgebrauch Vergnügungsstätten sind, aber von ihren städtebaulichen Auswirkungen her nicht auf Kerngebiete beschränkt werden dürfen, weil dies im Hinblick auf Art. 14 GG unverhältnismäßig wäre – entweder weil diese Vergnügungsstätten nicht typischerweise kerngebietstypische Auswirkungen (erheblichen Nachtlärm, großen Einzugsbereich) verursachen (weshalb viele Spielhallen nicht kerngebietstypisch sind) oder auch weil sie zwar typischerweise die beschriebenen kerngebietstypischen Auswirkungen verursachen, aber in einigen, nicht typischen, konkreten Einzelfällen aufgrund ihrer atypisch geringen Größe, ihres begrenzten Einzugsbereichs oder wenig sonstiger Störungen in quantitativer Hinsicht nicht die fürs Kerngebiet typischen Auswirkungen hinsichtlich Zentralität und der Störung des Wohnens erreichen, etwa kleine Kinos und kleine Tanzlokale.

Beide Alternativen bleiben auch nach dem hier vertretenen Verständnis des Begriffs der Vergnügungsstätte erhalten, denn danach kann eine Nutzung auch dann Vergnügungsstätte sein, wenn sie nicht typischerweise kerngebietstypische Auswirkungen hat, denn dies ist nur eines von mehreren Kriterien der vorzunehmenden Gesamtschau.

B. Unterarten nach § 1 Abs. 9 BauNVO

Für Vergnügungsstätten ist die Gliederungsmöglichkeit nach § 1 Abs. 9 BauNVO besonders relevant, da sie, je nach Unterart, erhebliche städtebauliche Probleme, insbesondere Trading-down-Effekte (s. 2. Teil B. I. 2. b)) in den ihnen in Form der allgemeinen Zulässigkeit zugewiesenen Kerngebieten, hervorrufen können.[1123]

1123 *Reidt*, in: Gelzer/Bracher/Reidt, BauPlR, Rn. 1441; *Scharmer*, in: Scharmer, Spielhallen in der Diskussion, S. 11, 17.

Sinn des § 1 Abs. 9 BauNVO ist es, die Baugebietstypen über die bestehenden Möglichkeiten, insbesondere des § 1 Abs. 5 BauNVO, der einen Ausschluss oder eine bloße Ausnahmezulässigkeit von Vergnügungsstätten generell ermöglicht, hinaus einer nochmals stärkeren „Feingliederung“ hinsichtlich der Art der dort zulässigen Nutzungen unterwerfen zu können, falls hierfür besondere städtebauliche Gründe vorliegen.

„Bestimmte Arten von Anlagen“ im Sinne des § 1 Abs. 9 BauNVO[1124] sind deshalb Unterarten von Nutzungsarten[1125]. Im Rahmen einer Untersuchung des Begriffs der Vergnügungsstätte liegt daher die Frage nahe, welche Unterarten der Vergnügungsstätten von § 1 Abs. 9 BauNVO erfasst werden können.

I. Allgemeine Voraussetzungen

Da der Bebauungsplan eine abstrakte Norm ist, muss er – auch bei Anwendung des § 1 Abs. 9 BauNVO – einen Anlagen*typ* regeln, wofür eine typisierungs- und subsumtionsfähige, hinreichend abstrakte und objektive Bezeichnung erforderlich ist,[1126] die abgrenzbar und hinreichend bestimmt ist.[1127]

Dazu ist (nur) erforderlich, dass die Unterart in der sozialen und ökonomischen Realität vorkommt.[1128] Das heißt also beispielsweise, dass der Begriff häufig und selbstständig in städtebaulichen Zusammenhängen verwendet wird[1129], die Unterart marktüblich ist oder dass zumindest in der Verkehrsanschauung[1130] ein hinreichend klares, ggf. von einer Umschreibung im Bebauungsplan

Wenn bezüglich der auszuschließenden Nutzung nicht gesichert ist, ob sie unter Vergnügungsstätten zu subsumieren ist, ist ihre explizite Nennung als Vergnügungsstätte i.R.d. § 1 Abs. 5 BauNVO oder gleich die Festsetzung nach § 1 Abs. 9 BauNVO etwa mit dem Inhalt „Bordelle, bordellartige Betriebe und Wohnungsprostitution“ (*Stühler*, BauR 2013, S. 685, 689) zu empfehlen.

1124 Und auch im Sinne des § 9 Abs. 2a BauGB (*Söfker*, in: E/Z/B/K, BauGB, § 9, Rn. 242 f.).

1125 BVerwG 22.5.1987 – E 77, S. 317, 320.

1126 BVerwG 22.5.1987 – E 77, S. 317, 321 f.; 6.5.1993 – BRS 55 Nr. 10, S. 19; 27.7.1998 – BRS 60 Nr. 29, S. 98.

1127 BVerwG 22.5.1987 – E 77, S. 308, 315 f.; 27.7.1998 – BRS 60 Nr. 29, S. 98; *Ehrmann*, Innenstadt, S. 89; allgemeine Beispiele dazu: *Ziegler*, in: Brügelmann, BauGB, § 1 BauNVO, Rn. 97.

1128 BVerwG 27.7.1998 – BRS 60 Nr. 29, S. 98; 26.7.2011 – BRS 78 Nr. 47, S. 226; 5.6.2014 – BRS 82 Nr. 18 S. 147, 148; VGH Mannheim 3.9.2012 – NVwZ-RR 2012, S. 919, 920.

1129 *Ehrmann*, Innenstadt, S. 89.

1130 *Lieber*, VBlBW 2011, S. 6, 16.

unterstütztes Bild von Betriebsweise, -eigenart und Ausstattung[1131] der Unterart existiert.

Neue – nur auf konkrete Projekte bezogene – Anlagearten oder Mischformen dürfen dagegen nicht erfunden werden.[1132]

Auch eine bloße Größengrenze trägt die Umschreibung einer bestimmten Art von baulicher Anlage nicht in sich selbst. Dazu ist vielmehr ein Umschlagen von Quantität in Qualität erforderlich.[1133]

Hinsichtlich der Bestimmtheit der für die Unterarten verwendeten Begriffe und auch bezüglich ihres Verhältnisses zueinander (s. dazu u. II. 1.), ist die Rechtsprechung recht großzügig. Maßgeblich seien die allgemeinen Auslegungsmethoden. Danach sei insbesondere nicht allein auf den formalen Wortlaut abzustellen, sondern auf den objektiven Willen des Normgebers, soweit er im Normtext wenigstens andeutungsweise Niederschlag gefunden hat. Dazu sind Entstehungsgeschichte, Begründung sowie Sinn und Zweck der Regelung maßgeblich.[1134] Letzteres führt im Ergebnis dazu, dass so grundsätzlich alle die verfolgten besonderen städtebaulichen Gründe betreffenden Unterarten erfasst werden können[1135].

Theoretisch kann die Unterart beliebig eng sein, solange die genannten Voraussetzungen noch gewahrt sind.[1136] Der in der Praxis bestehenden Gefahr, dass Unterarten, auf die die besonderen städtebaulichen Gründe[1137] im konkreten Fall auch zutreffen, durch zu starke Differenzierungen unbeabsichtigt nicht erfasst werden, begegnet die Rechtsprechung durch ihre teleologische Auslegung. Im

---

1131 VGH Mannheim 3.9.2012 – NVwZ-RR 2012, S. 919, 920; *Janning*, BauR 2005, S. 958, 961.

1132 BVerwG 27.7.1998 – BRS 60 Nr. 29, S. 98 f.; 26.7.2011 – BRS 78 Nr. 47, S. 226.

1133 BVerwG 22.5.1987 – E 77, S. 317, 321 f.; VGH Mannheim 24.1.1991 – VBlBW 1991, S. 343, 344. Dies ist etwa gegeben, wenn die Größe dazu dient, einen bestimmten Typ zu beschreiben (BVerwG 8.11.2004 – juris, Rn. 28 – „Convenience-Store").

1134 Vgl. OVG Münster 29.1.1997 – BRS 59 Nr. 27, S. 96, 102 f. (unter Berufung auf BVerfG 7.4.1992 – E 86, S. 59, 64); VGH Mannheim 16.3.2012 – juris, Rn. 37 ff.; dazu auch OVG Frankfurt (Oder) 21.3.2003 – BeckRS 2004, 20332; ebenso – für die besonderen städtebaulichen Gründe – BVerwG 29.7.1991 – BRS 52 Nr. 14, S. 56.

1135 Das entspricht faktisch schon beinahe einer Festsetzung „Nutzung, die einen Trading-Down-Effekt begünstigen kann", s. dazu u. II. 2. b).

1136 *Ziegler*, in: Brügelmann, BauGB, § 1 BauNVO, Rn. 301; skeptisch: *Lenz*, BauR 1990, S. 157, 165.

1137 Nach allgemeiner Meinung eine ungeschriebene Voraussetzung des § 1 Abs. 9 BauNVO: BVerwG 22.5.1987 – E 77, S. 317, 321; 21.12.1992 – BRS 55 Nr. 42, S. 121; 27.7.1998 – BRS 60 Nr. 29, S. 98.

Übrigen gilt, dass zwar umso weniger in Art. 14 GG eingegriffen wird, je weiter die Unterarten ausdifferenziert werden, jedoch auch umso mehr die Gefahr ungerechtfertigter Ungleichbehandlung besteht. Das beschränkt praktisch die Unterscheidungstiefe.

II. Anwendung auf Vergnügungsstätten

1. Klare Fälle

In Anbetracht der allgemeinen Voraussetzungen von Unterarten nach § 1 Abs. 9 BauNVO geht es bei ihrer Anwendung auf Vergnügungsstätten im Ergebnis um die gleichen Begriffe, nach denen diese Arbeit gegliedert ist und deren Bedeutung in ihr nachgezeichnet werden konnte. Wenn dies nicht möglich ist, scheidet auch eine Verwendung im Rahmen des § 1 Abs. 9 BauNVO aus.[1138] Es sind daher insbesondere Spielhallen[1139], Wettbüros[1140], Diskotheken[1141], die verschiedenen Sexdarstellungen[1142]; Bordelle, bordellartige Betriebe sowie Wohnungsprostitution oder auch Sexnutzungen insgesamt[1143] in Regelungen nach § 1 Abs. 9 BauNVO verwendbar.

1138 Grund ist die Typisierung der benutzten Begriffe, vgl. 2. Teil vor A.

1139 St. Rspr., etwa BVerwG 22.5.1987 – E 77, S. 308; 25.2.1997 – BRS 59 Nr. 51, S. 186; 4.9.2008 – BRS 73 Nr. 26, S. 139; aus der Literatur siehe nur: *Scharmer*, Steuerungsmöglichkeiten, S. 35; *B. Schneider*, DÖV 1989, S. 611, 613; *Jeromin*, NVwZ 1989, S. 31, 33; *Stock*, NVwZ 1990, S. 518, 522; *Otto*, DVBl 2011, S. 1330, 1335.

1140 *Stühler* BauR 2016, S. 2016, 2028 m.w.N. aus der Rechtsprechung; *Tarner*, BauR 2011, S. 1273, 1279; *Fickert/Fieseler*, BauNVO, § 4a, Rn. 23.69; § 7, Rn. 7.5; *Tuttlewski/Lange*, ZfWG 2009, S. 163, 166 f., wonach sie nicht von einem Ausschluss von Spielhallen erfasst werden. Auch dann nicht, wenn die Begründung des Bebauungsplans auf einen Trading-down-Effekt und Glücksspielangebote abstellt – das dürfte wegen BVerwG 19.12.1994 – juris, Rn. 6 auch für Billardcafés im hier (2. Teil B. I. 3. b)) beschrieben Sinn gelten.

1141 BVerwG 25.2.1997 – BRS 59 Nr. 51, S. 186; VGH Mannheim 27.10.2010 – GewArch 2011, S. 220, 221; *Scharmer*, Steuerungsmöglichkeiten, S. 35; *Schlichter/Friedrich*, WiVerw 1988, S. 199, 234; *Jeromin*, NVwZ 1989, S. 31, 33; *Tarner*, BauR 2011, S. 1273, 1279.

1142 Als Sexkinos; Peep-, Life- und Stripteaseshows: OVG Münster 9.1.1989 – BRS 49 Nr. 77, S. 199 f.; VGH München 11.12.1992 – GewArch 1993, S. 258; *Schlichter/Friedrich*, WiVerw 1988, S. 199, 234; *Scharmer*, Steuerungsmöglichkeiten, S. 35; *Fickert/Fieseler*, BauNVO, § 1, Rn. 128.1.

1143 Vgl. etwa BVerwG 5.6.2014 – BRS 82 Nr. 18 S. 148; OVG Hamburg 13.8.2009 – ZfBR 2010, S. 158; (je für (für Bordelle als Unterform der sonstigen Gewerbebetriebe) OVG Koblenz 11.5.2005 – BRS 69 Nr. 35 S. 232; *Janning*, BauR 2005, S. 958, 961;

Die vielfältigen Bezeichnungen werden häufig nicht inhaltlich genau untereinander abgegrenzt. Es werden Ober- und Unterbegriffe auf der gleichen Ebene verwendet oder ein Unterbegriff (etwa Peepshow) wird ohne explizite Verwendung als Beispiel dazu genutzt, den Oberbegriff (Sex-Darstellungen) einzuschließen. Dass die Gerichte dies, jedenfalls aufgrund der jeweils identischen Auswirkung auf die zugrunde gelegten besonderen städtebaulichen Gründe, akzeptieren (s. I.), ist der Rechtssicherheit abträglich[1144]. Denn unter der Bezeichnung „Video-Peep-Show“ sind eben nur solche erfasst und nicht etwa Striptease-Shows. Es ist auch der Gemeinde ohne Weiteres möglich, Oberbegriffe zu bilden[1145] und diese ggf. mit Beispielen anzureichern[1146].

2. *Unklare Fälle*

a) Für eine Differenzierung von Unterarten in kerngebietstypische und nicht kerngebietstypische müssen die konkreten Merkmale der Kerngebietstypik (z.B. die Betriebsfläche oder die Zahl der Geldspielgeräte) festgesetzt werden.[1147] Dabei muss die festgesetzte Unterart generell oder jedenfalls unter den besonderen örtlichen Verhältnissen gerade bei Überschreitung dieser Merkmale den Charakter der Kerngebietstypik gewinnen.[1148]
Problematisch ist dabei jedoch die Abgrenzung einer solchen Festsetzung zu einer bloßen allgemeinen Eingrenzung des Betriebsumfangs, deren Zulässigkeit von der Rechtsprechung äußerst restriktiv gehandhabt wird.[1149]

b) Eine Festsetzung in der Art, dass „Nutzungen, die geeignet sind, einen Trading-Down-Effekt zu begünstigen“ ausgeschlossen sind, mag auf den ersten Blick für die Praxis naheliegend sein, um den häufig als besonderen

---

Scharmer, Steuerungsmöglichkeiten, S. 37. Die Voraussetzung der Bestimmtheit zu erfüllen kann aber aufgrund der vielfältigen Formen im Einzelfall schwierig sein (*Wolf,* Prostitutive Einrichtung, S. 109).

1144 Strenger scheinen die Gerichte hier bei den – ebenfalls kommunalen – Vergnügungsstättensatzungen zu sein, vgl. VGH Mannheim 15.10.2013 – juris, Rn. 4.

1145 Vgl. etwa die Festsetzung in OVG Lüneburg 11.9.1986 – BRS 46 Nr. 55, S. 132.

1146 Vgl. bei VGH Kassel 5.2.2004 – BRS 67 Nr. 123, S. 549 f.

1147 *Otto,* DVBl 2011, S. 1330, 1335.

1148 *Lieber,* VBlBW 2011, S. 6, 15.

1149 Vgl. BVerwG 26.07.2011 – BRS 78 Nr. 47, S. 226 f. m.w.N. (für die Größenbeschränkung von Einzelhandelsbetrieben); OVG Lüneburg 25.7.2002 – juris, Rn. 21 ff. (für die Bettenzahl von Beherbergungsbetrieben); VGH Mannheim 24.1.1991 – VBlBW 1991, S. 343 f. (für bestimmte Arten von Veranstaltungen in bestimmtem zeitlichem und räumlichem Umfang).

städtebaulichen Grund ins Feld geführten Trading-down-Effekt effektiv zu bekämpfen. Die obige Formulierung stellt aber keine Nutzungsunterart dar, sodass § 1 Abs. 9 BauNVO nicht zur Anwendung kommen kann. Zudem ist sie sehr unkonkret. Ein griffiger Oberbegriff für die Nutzungen, die geeignet sind, einen Trading-down-Effekt auszulösen, wird bisher aber nicht diskutiert.[1150] Wenn insoweit Oberbegriffe gewählt werden, dann der Begriff der Vergnügungsstätte als solcher. Davon werden jedoch viele Nutzungen, die ebenso geeignet sind einen Trading-down-Effekt zu begünstigen, wie etwa Kneipen oder Shishabars nicht erfasst. Eine entsprechende andere – stark teleologische – Auslegung des Begriffs der Vergnügungsstätte nach dem spezifischen Kontext des jeweiligen Bebauungsplans und der konkreten Trading-down-Situation dürfte an der Wortlautgrenze scheitern. Eine teleologische Reduzierung hinsichtlich Kinos und Tanzlokalen, die Trading-down-Effekte regelmäßig nicht begünstigen, scheint jedoch möglich. Um den Trading-down-Effekt möglichst passgenau zu bekämpfen, ist eine Formulierung wie „Ausschluss von Vergnügungsstätten aus den Bereichen Spiel und Sex sowie Shishabars und Kneipen" vorzugswürdig.[1151]

1150 Neben der Benennung müsste auch geklärt werden, welche Nutzungen darunter zu verstehen sind, was bei einigen, etwa Billigläden, Probleme mit Bestimmtheit und Abgrenzbarkeit zur Folge haben wird. In ihrem Abstellen auf die Auswirkungen ist die Formulierung möglicherweise vergleichbar mit der Festsetzung „zentrenrelevanter Einzelhandel" (zum diesbezüglichen Streit: *Ehrmann*, Innenstadt, S. 68 ff.).

1151 S. zu den Verursachernutzungen des Trading-down-Effekts: 2. Teil. B. I. 2 b) cc).

4. Teil: Reformmöglichkeiten

A. Ausgliederung besonders problematischer Unterarten

Die Tendenz der BauNVO zur immer stärkeren Differenzierung[1152] besteht auch bei den Nutzungsarten, insbesondere indem problematische Teile eines Begriffs aus diesem herausgenommen werden. So wurden in der BauNVO von 1977 die großflächigen Einzelhandelsbetriebe als eigenständige Nutzungsart eingeführt. Ähnliches geschah 1990 mit den Vergnügungsstätten.[1153]

Eine Ausgliederung von Spielhallen aus dem Begriff der Vergnügungsstätten würde also in gewisser Weise einer langen Entwicklung entsprechen.

Dieser Vorschlag wurde auch im Vorfeld der Novellierung 1990 diskutiert, allerdings hat sich die damalige Zielsetzung, dass (zumindest) Spielhallen nicht mehr unter Gewerbebetriebe subsumiert werden können,[1154] durch die Novellierung 1990 erfüllt.

Eine Trennung von Spielhalle und übrigen Vergnügungsstätten jedoch hielt schon die Arbeitsgruppe zur Novellierung 1990 für unzweckmäßig. Der Vergnügungsstättenbegriff sollte alle Vergnügungsstätten erfassen.[1155] Dadurch werde eine kasuistische Regelung vermieden, die die Gefahr in sich berge, dass nur die bisher bekannten Formen von Vergnügungsstätten erfasst würden. Erfahrungsgemäß erfindet das Vergnügungsgewerbe nämlich immer wieder neue Formen die, einmal in Mode gekommen, durch häufiges Auftreten zu städtebaulichen Problemen führen können.[1156] Das gilt auch für die Ausgliederung von Sexshops, -kinos, -shows und Ähnlichem.[1157]

1152 Vgl. etwa die Einführung weiterer Gebietskategorien (§§ 4a, 6a BauNVO).

1153 1. Teil A. III. und IV.

1154 Vgl. *Koch*, Spielhallen in der Stadt, S. 110; *Söfker*, in: Scharmer, Spielhallen in der Diskussion, S. 174, 179.

1155 Entsprechend hat auch der Verordnungsgeber 1990 bewusst von einer speziell auf Spielhallen zugeschnittenen Regelung abgesehen (*Scharmer*, Steuerungsmöglichkeiten, S. 9; *Stange*, in: FS Gelzer, S. 134; *ders.*, BauNVO, §4a, Rn. 39; *Jahn*, BauR 1990, S. 280, 285).

1156 Materialien zur BauNVO, S. 68. Die Nutzungsbegriffe sollen aber für zukünftige Entwicklungen offen bleiben und insbesondere auch eine im Wandel der Zeit andere Auslegung und damit andere städtebauliche Zulässigkeit und Entwicklung ermöglichen. Dies ist vom Verordnungsgeber gewollt (BVerwG 2.2.2012 – juris, Rn. 9).

1157 Dafür etwa *Janning*, in: Scharmer, Spielhallen in der Diskussion, S. 117, 138 ff., kritisch: *Fieseler*, in: Göb/Schuster, Reform der BauNVO, S. 15, 21.

Eine Ausgliederung besonders problematischer Unterarten aus dem Begriff der Vergnügungsstätte kann also immer nur ein „kurzatmiger Steuerungsversuch“ sein, der aber der im Städtebaurecht besonders erforderlichen Stabilität nicht gerecht wird[1158].

Insbesondere können die einzelnen Nutzungen schon durch § 1 Abs. 9 BauNVO erfasst werden.[1159] Um die typische Problematik des Verhältnisses allgemeiner und spezieller Nutzungsarten[1160] zu vermeiden, müsste überdies klargestellt werden, ob diese Unterarten in Gebieten, in denen sie nicht erwähnt werden, weiter zu den Vergnügungsstätten zählen.

Eine solche Ausgliederung würde auch das System der BauNVO sprengen. Sie wäre etwa so, als wenn aus der Nutzungsart Schank- und Speisewirtschaft die Anlagenart „Weinstuben“ ausgesondert würde.[1161]

Auch eine Zusammenfassung aller als subjektiv problematisch angesehen Betriebe, im Ergebnis Nutzungen, die einen Trading-down-Effekt auslösen können, unter einen Begriff ist nicht möglich, denn sie können nur schwer abstrakt bestimmt werden – weder nach Art der Nutzungen (denn der Trading-down-Effekt im weiten Sinne orientiert sich nicht an einer Branche) noch nach Baugebiet.[1162]

Ebenso müsste dann für problematische Nutzungsarten eine explizite positive Ausweisung erfolgen. Dafür wird es in der Praxis an Mut fehlen, da man diese Nutzungen nirgends haben will.[1163]

Dennoch ist die Diskussion der Ausgliederung von Unterarten aus dem Begriff auch nach der Novellierung nicht vollständig beendet[1164].

B. Legaldefinition der Vergnügungsstätte in der BauNVO

Eine Legaldefinition der Vergnügungsstätten besteht aus gutem Grund nicht.[1165] Zum einen soll der Begriff für zukünftige Trends offen sein[1166], zum anderen

---

1158 Vgl. *Schmidt-Aßmann*, DVBl 1984, S. 582.

1159 *Scharmer,* Steuerungsmöglichkeiten, S. 35; im Ergebnis so auch: Materialien zur BauNVO, S. 68.

1160 Vgl. 1. Teil A. III.

1161 *Fieseler*, in: Göb/Schuster, Reform der BauNVO, S. 15, 21.

1162 Vgl. etwa 2. Teil B. I. 2. b) und d).

1163 Vgl. 1. Teil B. II. 2. c)

1164 Vgl. etwa die Anträge BT-Dr 17/4201, S. 1 und BR-Drs 80/11.

1165 *Stange*, in: FS Gelzer, S. 131; *Fickert/Fieseler*, BauNVO, § 4a, Rn. 22.

1166 Vgl. A. und *Fickert/Fieseler*, BauNVO, § 4a, Rn. 22.21.

wäre eine Legaldefinition ein Systembruch, da auch keine andere Nutzungsart definiert ist oder war. Auch wird eine Definition kaum weiterführen, denn bereits jetzt besteht auf der Ebene einer Definition weitgehende Einigkeit; sie ist jedenfalls nicht der entscheidende Streitpunkt bei der Einordnung von Nutzungsarten.[1167]

C. Abschaffung des Begriffs der Vergnügungsstätte

Mit einer Abschaffung des Begriffs der Vergnügungsstätte würde die Novellierung von 1990 und ihre feine Abstufung der Zulässigkeit wieder eingeebnet. Durch eine Abschaffung bei gleichzeitiger Beibehaltung des Systems der Nutzungsarten wird die städtebauliche Problematik des Begriffs nicht gelöst, vielmehr ist die Beibehaltung des speziellen Begriffs „Vergnügungsstätte" wegen seiner städtebaulichen Bedeutung erforderlich.

D. Reform des Systems der Nutzungsbegriffe

I. Problematik des bisherigen Systems

Wie Vergnügungsstätten werden auch die anderen Nutzungsbegriffe der BauNVO maßgeblich nach dem allgemeinen Sprachgebrauch definiert.

Einerseits – u.a. für Vergnügungsstätten und Anlagen für kulturelle oder sportliche Zwecke – führt das zu unkonkret-weiten Definitionen, die zum Teil durch die Aufzählung von Beispielen ersetzt werden[1168].

Wenn andererseits, z.B. für Beherbergungsbetriebe[1169], Wohngebäude[1170] oder Läden[1171], Definitionen städtebaulich relevante Merkmale aufweisen, dann nur, weil diese zufälligerweise im allgemeinen Sprachgebrauch[1172] impliziert sind. Die

---

1167 Vgl. 1. Teil B. I. und 3. Teil.

1168 Vgl. etwa für Anlagen für kulturelle und sportliche Zwecke, *Stock*, in: K/R/S, BauNVO, § 4, Rn. 49; 59 und für Vergnügungsstätten 2. Teil vor A.

1169 Als Räume, die ständig wechselnden Gästen zur Verfügung gestellt werden (BVerwG 8.5.1989 – BRS 49 Nr. 66, S. 162, was zugleich auf die städtebaulich bedeutsame Fluktuation abstellt.

1170 Vgl. dazu bei 2. Teil C. I. 1. b) aa) (2).

1171 Nach *Fickert/Fieseler*, BauNVO, § 2, Rn. 10 Räume, die eine beschränkte Grundfläche aufweisen und in denen ein bestimmtes, beschränktes Waren- oder Dienstleistungssortiment angeboten werden; zusätzlich – stärker städtebaulich orientiert – weist *Stock*, in: K/R/S, BauNVO, § 4, Rn. 20 auf den vorhandenen Kundenverkehr hin.

1172 Oder ergeben sich aus anderen Gesetzen, so etwa die begrenzte Öffnungszeit von Läden aus dem Ladenschlussgesetz.

Einräumung eines klaren Vorrangs einer städtebaulich orientierten Auslegung – notfalls zulasten des allgemeinen Sprachgebrauchs – ist auch bei diesen Begriffen nicht zu erkennen.[1173]

Eine bedingungslose Anpassung an die Besonderheiten des Bauplanungsrechts erfolgt lediglich im Hinblick auf das Abgrenzungserfordernis zu anderen Nutzungsbegriffen, was aber kaum den materiellen Belangen des Bauplanungsrechts zugutekommt, sondern vielmehr dem formellen systematischen Aufbau der BauNVO geschuldet ist.

Vielmehr konstatieren *Kirchberg/König* zu Recht, dass die Nutzungsarten zum Gegenstand einer nicht unbedingt sachgerechten oder städtebaulich erforderlichen Begriffsjurisprudenz geworden sind, die ins Unübersichtliche und Komische neigt. Etwa sind keine Vergnügungsstätten „überraschenderweise" Bordelle; sie gehören vielmehr zu den (ältesten) Gewerbebetrieben, wobei sie selbst in einem Gewerbegebiet nicht mehr zulässig sind, wenn es zu viele werden, aus dem Gewerbegebiet also ein „Vergnügungsviertel" wird.[1174]

Auch lässt sich schon bezüglich der einzelnen Nutzungskataloge kaum ein städtebaulich zwingendes Konzept erkennen, nach dem sie aufgestellt sind.[1175] Die Nutzungsbegriffe selbst scheinen zum Teil nach ihrer allgemeinen, zum Teil nach ihrer spezifisch städtebaulichen Bedeutung ausgewählt. So erklärt sich die besondere und großzügige Regelung der Tankstellen wohl nur aus der Situation der späten 50er-Jahre, als das städtebauliche Leitbild der autogerechten Stadt ein besonderes Gewicht hatte.[1176] Demgegenüber haben viele Nutzungsbegriffe sehr weite, pauschale Inhalte. So erfolgt die begriffliche Ausdifferenzierung der Gewerbebetriebe nicht nur entlang städtebaulicher Kriterien, sondern vorrangig anhand bestimmter Branchen und Tätigkeiten[1177] (z.B. Läden, Speisewirtschaften, Beherbergungsbetrieben, Tankstellen und Vergnügungsstätten), worunter jeweils vielfältige und in ihren städtebaulichen Außenwirkungen ganz unterschiedliche Anlagearten fallen.[1178] Die jeweiligen Nutzungsarten haben daher häufig keinen einheitlichen Störgrad[1179] und umgekehrt umfassen praktisch sehr

1173 Vgl. etwa *Krüper*, DÖV 2016, S. 793 ff. zum Wohnen.

1174 *Kirchberg/König*, BauR 2010, S. 1686, 1691 f.

1175 *Schlichter/Friedrich*, WiVerw 1988, S. 199, 212; *Ellenrieder*, Niveaupflege, S. 49.

1176 *Schlichter/Friedrich*, WiVerw 1988, S. 199, 213.

1177 *Stober*, WiVerw 1984, S. 129, 130.

1178 *Fickert/Fieseler*, BauNVO, § 1, Rn. 126; so auch *Bunzel et al.*, Nutzungswandel, S. 183, 185 ff.

1179 So für Vergnügungsstätten: *Jeromin*, Zulässigkeit von Vergnügungsstätten, S. 107 ff.

bedeutsame Aspekte wie der Trading-down-Effekt ganz unterschiedliche Nutzungsarten.

Hinter der Differenzierung der Nutzungsarten in der BauNVO stehen also nicht grundsätzlich[1180] oder gar ausschließlich[1181] städtebauliche Gründe. Daher ist eine Zuordnung der konkreten Nutzungen zu einem Nutzungsbegriff nach Maßgabe hinreichend ähnlicher städtebaulicher Auswirkungen und Anforderungen nicht möglich. Vielmehr scheint die Systematik der BauNVO überaus unterentwickelt und wenig stringent.[1182] Entsprechend ist die Diskussion über den Inhalt der BauNVO auch geprägt von stadtplanerischen und weniger rechtstechnischen Aspekten.

Nicht verwunderlich ist daher, dass bei allen Nutzungsbegriffen der BauNVO grundsätzlich eine große Bandbreite der städtebaulichen Auswirkungen der nach dem Wortlaut unter die Begriffe zu subsumierenden Nutzungsarten besteht. Die Unterschiede einer Gesamtschau der städtebaulichen Auswirkungen innerhalb des gleichen Nutzungsartbegriffs können sogar größer sein als zwischen den Nutzungsbegriffen. Zum Beispiel ist der Unterschied der städtebaulichen Auswirkungen von Diskothek und Spielhalle größer als zwischen Spielhalle und Kneipe, der von Kneipe zum Restaurant wiederum größer als zur Spielhalle und vor allem zur Diskothek[1183]. Ein anderes Beispiel ist die Nähe von Multiplexkinos[1184] zu großflächigen Einzelhandelsbetrieben. Auch können Anlagen, die nach dem allgemeinen Sprachgebrauch kulturellen oder sportlichen Zwecken dienen, späte Öffnungszeiten haben.

1180 So aber Materialien zur BauNVO, S. 71.

1181 So aber *Herbolsheimer*, NVwZ 2017, S. 685, 687.

1182 So hat auch BVerwG 22.5.1987 – E 77, S. 308, S. 315 f. (im Zusammenhang mit dem Nummerndogma des § 1 Abs. 5 BauNVO) eine Überbetonung der Systematik der Baugebietsvorschriften abgelehnt: Der Verordnungsgeber habe mit der Zusammenfassung mehrerer Nutzungen unter eine Nummer keine materiell-artverwandten Gruppen schaffen wollen. Die Zusammenfassung sei aus rein formal-redaktionellen Erwägungen zu erklären. Vgl. auch die Verwendung der Begriffe „Nutzung", „Betrieb" und „Anlage" (*Fickert/Fieseler*, BauNVO, § 1, Rn. 78 ff.) oder „Gewerbebetriebe" (vgl. etwa *Schlichter/Friedrich*, WiVerw 1988, S. 199, 212 f.; Materialien zur BauNVO, S. 71).

1183 Vgl. etwa *Heinz/Janssen/Mittag/Scharmer/Schneidewind*, Strukturveränderungen, S. 52 oder 2. Teil B. I. 2. a).

1184 Insbesondere hinsichtlich Verkehrsbelastung (*Kirchberg*, VBlBW 2000, S. 209, 210), Raumbedeutsamkeit (vgl. *Fickert/Fieseler*, BauNVO, § 7, Rn. 7.71 m.w.N.), Größe und Vielfalt (*Scherer-Leydecker*, IBR 2003, S. 329).

Städtebauliche Faktoren lassen sich also über die nach allgemeinsprachlichen Begriffen gebildeten Nutzungsarten kaum erfassen, haben damit sogar oftmals gar nichts zu tun. Dies zeigt sich allein schon an der höheren städtebaulichen Bedeutung der Größe einer Nutzung[1185], die sich in den Nutzungsarten jedoch kaum niederschlägt. Im Ergebnis ist das bestehende Begriffssystem sogar insgesamt am Wortlaut der Begriffe ausgerichtet und nicht an städtebaulichen Kriterien. Die eigentlich erforderliche[1186] rein städtebauliche Auslegung muss daher mit den bestehenden Nutzungsbegriffen zu erheblichen Widersprüchen führen,[1187] weil manche der Nutzungsbegriffe in fast jedem Baugebiet genannt werden und daher kaum Bezug zu einem bestimmten Baugebietstyp aufweisen. So kann „Anlagen für kulturelle Zwecke“ im Kerngebiet nicht das gleiche meinen wie im allgemeinen Wohngebiet.

Insgesamt entfernen sich eine städtebauliche Betrachtungsweise und adäquate Würdigung städtebaulicher Unterschiede zwangsläufig von der Verwendung von Nutzungs*arten*.

Dieser mangelnde Konnex zwischen den Nutzungsbegriffen der BauNVO und städtebaulichen Auswirkungen zeitigt unmittelbar grundrechtsrelevante Folgen, die im Bereich der Vergnügungsstätten aufgrund ihrer restriktiven Zulässigkeit besonders deutlich werden: So sind etwa Anlagen für sportliche und kulturelle Zwecke sowie Schank- und Speisewirtschaften gegenüber Vergnügungsstätten in der Frage der Zulassungsfähigkeit, insbesondere in den §§ 4, 6 und 6a BauNVO, privilegiert, obwohl eine Betrachtung der städtebaulichen Auswirkungen große Ähnlichkeit zwischen manchen Formen von Vergnügungsstätte und Anlagen für sportliche Zwecke[1188], kulturelle Zwecke oder Schank- und Speisewirtschaften ergeben kann.

Die Erklärungsansätze für diese Privilegierungen können indes nicht überzeugen: Die Privilegierungen würden vom Verordnungsgeber in „normativ vorweg genommener Abwägung“[1189] vorgenommen. Begriffliche Differenzierungen müssen jedoch durch entsprechend bedeutsame faktische Unterschiede gerechtfertigt sein. Dies ist aber, um ein Beispiel anzuführen, für die Differenzierung

---

1185 *Bunzel/Löhr*, ZfBR 2000, S. 307, 310.

1186 S. 1. Teil B. II. 1. und 2.

1187 S. 1. Teil B. II. 6.

1188 Vgl. auch die Ausführungen von *Fickert/Fieseler*, BauNVO, vor §§ 2 ff., Rn. 12.4 zu Anlagen für sportliche Zwecke, die fast völlig auf Vergnügungsstätten übertragbar sind.

1189 *Reidt*, in: Gelzer/Bracher/Reidt, BauPlR, Rn. 1650; im Ergebnis ebenso: *Ellenrieder*, Niveaupflege, S. 42, 49.

von Kneipe und Spielhalle nicht gegeben.[1190] Selbst wenn, etwa für den Fall der Anlagen für sportliche Zwecke, grundsätzlich wenigstens psychosoziale Gründe identifiziert werden können[1191], müssen diese städtebaulich jedenfalls zurücktreten, weil Anlagen für sportliche Zwecke oft auch Lärm im Freien, der mit dem Wohnen kaum vereinbar ist, bedeuten. Jedoch führt auch die Berücksichtigung dieser weiten sozialpolitischen Gründe nicht zur Konsistenz des Systems der allgemeinsprachlichen Begriffe.[1192] Eine Suche nach noch tieferen Gründen für die Privilegierungen stößt auf die Meinung des Verordnungsgebers zur Frage, ob „man" etwas „dort" (nicht) haben will, subjektiv-moralische Ansichten und überkommene Üblichkeit[1193]. Es handelt sich dabei letztlich um die paternalistische Vorgabe, welche Freizeitgestaltung wertvoll und förderungswürdig ist[1194], was im Ergebnis für Alkoholkonsum und das bloße Verfolgen von Fußballspielen als Anlagen für sportliche Zwecke oder Schank- und Speisewirtschaften weitgehend bejaht, für eine Spielhalle jedoch verneint wird. Diese nicht mehr rational begründbaren sozialen Maßstäbe der 50er- und 60er-Jahre dürften nur bei sehr großzügiger Betrachtungsweise mit den Rechten des Bauherrn aus Artt. 3 Abs. 1 in Verbindung mit 12 Abs. 1 und 14 Abs. 1 GG[1195] und der Gemeinden aus Art. 28 Abs. 2 GG[1196] zu vereinbaren sein, während entgegenstehende

1190 Vgl. 2. Teil B. II. 2. a).

1191 Der Gemeinbedarf kann nicht Ursache für die Privilegierung der Anlagen für sportliche Zwecke sein (a.A. *Bunzel/Löhr*, ZfBR 2010, S. 307, 310), weil ein solcher für Anlagen für sportliche Zwecke nicht erforderlich ist (vgl. BR-Drs 354–89, S. 45). Im Übrigen ist aber auch eine Privilegierung wegen Gemeinbedarf im Ergebnis nicht (mehr) gerechtfertigt (vgl. *Bunzel et al.*, Nutzungswandel, S. 192).

1192 Vgl. die Einstufung des Profifußballstadions, 2. Teil D. IV. 1., das ja grade nicht der körperlichen Ertüchtigung der übergroßen Mehrheit seiner Nutzer dient.

1193 So zu Profistadien deutlich BVerwG 16.12.1992 – juris, Rn. 20: Sie seien Anlagen für sportliche Zwecke jedenfalls, weil sie – wie die Resonanz zeige – sozialadäquat und eine von breiten Bevölkerungskreisen akzeptierte Form der Freizeitgestaltung seien.

1194 Vgl. dazu auch die Anlagen für kulturelle oder sportliche Zwecke zuordnenbaren aktiven Freizeitbetätigungen, 1. Teil B. I. 3. c) cc).

1195 Denn wenn vor 1983 deren Verletzung dadurch konstatiert wurde, dass ein Ausschluss von Vergnügungsstätten im allgemeinen Wohngebiet städtebaulich nicht begründbar sei (vgl. 1. Teil A. III. 1.), ändert sich dies auch nicht durch die Entscheidung des Verordnungsgebers, Vergnügungsstätten aus dem allgemeinen Wohngebiet explizit auszuschließen.

1196 Da sie als nicht städtebaulich gerade nicht von der Kompetenz gemäß Art. 74 Abs. 1 Nr. 18 Var. 2 GG umfasst sind (vgl. 1. Teil B. II. 1., 2.), über die von der BauNVO vorgenommene Typisierung und Wertung in die Planungshoheit der Gemeinde einzugreifen.

bauplanungsrechtlich relevante Positionen des Nachbarn, etwa aus Artt. 2 Abs. 2 oder 14 Abs. 1 GG, insoweit nicht ersichtlich sind. Die genannten Aspekte sind im Bereich des Öffentlichen Rechts vielmehr, wenn überhaupt, im Rahmen des Gewerberechts zu berücksichtigen.

Wenn trotz alledem konstatiert wird, dass die Nutzungsbegriffe in der Regel geeignet sind, die tragfähige Zuordnung unterschiedlichster Erscheinungsformen der Nutzung zu gewährleisten[1197] und große Teile der Rechtsprechung im Rahmen der Subsumtion des Begriffs „Vergnügungsstätte" stark am allgemeinen Sprachgebrauch der Nutzungsarten und der Innenausgestaltung orientiert argumentieren[1198], liegt dies einerseits daran, dass wegen Art. 14 Abs. 1 GG mit allerlei, zum Teil ungeschriebenen Konstruktionen und Relativierungen außerhalb der Ebene der Nutzungsbegriffe[1199], städtebauliche Störungen berücksichtigt und Nutzungen zugelassen[1200] oder ausgeschlossen[1201] werden und andererseits die Nutzungsbegriffe zum großen Teil kaum Steuerungswirkung haben, weil sie, wie Anlagen für kulturelle, gesundheitliche oder sportliche Zwecke, im Wesentlichen in jedem Baugebiet zulässig sein können.[1202]

1197 *Bunzel et al.*, Nutzungswandel, S. 218.

1198 Andere Ansätze sind aber insbesondere beim Bundesverwaltungsgericht zu entdecken, vgl. BVerwG 25.11.1983 – E 68, S. 207, 210 f.; 213, 215; 20.11.2006 – BRS 70 Nr. 71, S. 391.

1199 Vgl. besonderes deutlich OVG Koblenz 28.9.2016 – BauR 2017, S. 692, 694 f.; VG Weimar 9.8.2005 – juris, Rn. 33; VG Darmstadt 5.10.2010 – BeckRS 2011, 47510; VG Augsburg 13.11.2014 – juris, Rn. 40; VG Karlsruhe 26.4.2007 – juris, Rn. 64; *Stock*, in: E/Z/B/K, BauGB, § 4 BauNVO, Rn. 88.

1200 Etwa durch die Entwicklung der nicht kerngebietstypischen Vergnügungsstätte (vgl. 3. Teil A. X.)

1201 Etwa im Wege der „Gebietsverträglichkeit" von Anlagen für kulturelle, gesundheitliche oder sportliche Zwecke, die nach der Entscheidung des Verordnungsgebers im allgemeinen Wohngebiet zwar grundsätzlich hinzunehmen sein sollen (BVerwG 27.2.1992, BRS 54 Nr. 193, S. 518) gerade dort aber dennoch häufig städtebaulich unverträglich sind.

1202 Vgl. die Lasertagarenen, die als Anlagen für sportliche Zwecke grundsätzlich mit dem allgemeinen Wohngebiet vereinbar sein sollen (*Ziegler*, in: Brügelmann, BauGB, § 4a BauNVO, Rn. 61b), aber ebenso im Gewerbegebiet keine Probleme bedeuten (so OVG Lüneburg 18.2.2010 – BRS 76 Nr. 158, S. 783).
Oder BVerwG 28.2.2008 – BRS 73 Nr. 70, S. 362 („Dialysezentrum"): „‚Anlagen für gesundheitliche Zwecke', [sind] ohne nähere Umschreibung in sämtlichen Baugebieten der §§ 2 bis 9 BauNVO allgemein oder ausnahmsweise zulässig […], [können] jedoch nach Größe, betrieblicher Ausrichtung, räumlichem Einzugsbereich und

Es ist daher auch die mehr oder weniger offen verbreitete Ansicht, dass das städtebauliche Störpotenzial eher eine Frage des Einzelfalls ist, wofür BauNVO und BauGB auch ausreichend flexible Handhabe bieten, und dass es bei der Auslegung der Nutzungsbegriffe lediglich von untergeordneter Bedeutung ist.[1203]

Abgesehen davon, dass sich dann die Frage stellt, wozu Nutzungsbegriffe überhaupt erforderlich sind und warum sie nicht durch eine Generalklausel[1204] ersetzt werden, genügt eine der Erörterung der Nutzungsart nachgelagerte Berücksichtigung der Störung jedoch schon ganz grundsätzlich nicht. Denn insbesondere der Begriff der Vergnügungsstätte stellt aufgrund seiner überaus restriktiven Zulässigkeit im Vergleich zu den typischerweise von ihm abzugrenzenden Nutzungsarten die entscheidenden Weichen für eine unterschiedliche Zulässigkeit in den verschiedenen Baugebieten. Diese kann nicht vom bloßen allgemeinen Sprachgebrauch abhängen. Die bauplanungsrechtliche Zulässigkeit eines Vorhabens hat sich ausschließlich nach dem Störpotenzial zu richten; eine Nutzung darf nicht nur deshalb abgelehnt werden, weil sie nach dem allgemeinen Sprachgebrauch unter den Begriff „Vergnügungsstätte" fällt und deshalb etwa im allgemeinen Wohngebiet unzulässig bleibt, auch wenn sie bei typisierender Betrachtung ihrer Auswirkungen gebietsverträglich wäre[1205].

Immissionspotenzial von sehr unterschiedlicher Art sein […] und [müssen] deshalb je nach ihrer Gebietsverträglichkeit den einzelnen Baugebieten zugeordnet werden".

1203 Vgl. etwa bei *Wolf*, Prostitutive Einrichtung, S. 87 oder auch *Stock*, in: K/R/S, BauNVO, § 4, Rn. 44.

1204 Etwa: „Eine Nutzung ist zulässig, wenn sie im Einzelfall städtebaulich unter Berücksichtigung der Interessen des Bauherrn, des Nachbars und der Allgemeinheit vertretbar ist."

1205 Es kommt zwar eine Befreiung nach § 31 Abs. 2 BauGB in Betracht, aber nur, wenn insgesamt ein atypischer Fall vorliegt, vgl. BVerwG 18.5.1990 – NVwZ 1991, S. 264, 265, wonach ein solcher nicht gegeben ist, wenn die Gründe, die für die Befreiung streiten für fast jedes Grundstück im Baugebiet gegeben sind. Vgl. auch *Fickert/Fieseler*, BauNVO, vor §§ 2 ff., Rn. 7.
Wie auch die Rechtsprechung zu Spielhallen im allgemeinen Wohngebiet vor 1990 zeigt, ist aber eine Spielhalle gerade nicht in diesem Sinn atypisch, vgl. 2. Teil B. II. 2. a), d).
Bei einer Befreiung von der Art der Nutzung dürften überdies, „abgesehen von speziellen Ausnahmefällen", tendenziell die Grundzüge der Planung berührt sein (VG München 18.7.2016 – juris, Rn. 60).

Festzuhalten ist damit: Sowohl das Verhältnis der Begriffe zueinander, als auch der Inhalt der Begriffe hat kaum oder gar keinen[1206] Bezug zu dem, was städtebaulich bedeutsam ist, entscheidet jedoch über die baurechtliche Zulässigkeit.

II. Potenzielle Lösungsansätze

Die konsequente Erzielung städtebaulich zu rechtfertigender Ergebnisse wäre also nur durch eine grundlegende Änderung oder Abschaffung des Systems der Nutzungsarten möglich.

Dies könnte etwa dadurch erreicht werden, dass die Nutzungsbegriffe wegfielen und die Prüfung der Zulässigkeit von Vorhaben im Übrigen wie bisher durchgeführt würde (typisierende Betrachtung, Verträglichkeit mit dem jeweiligen Baugebiet, § 15 BauNVO). Wenn statt der Nutzungsbegriffe diese Voraussetzungen verstärkt kodifiziert würden, würde dies eine Vereinfachung der Rechtsanwendung und Verbesserung der Rechtsstaatlichkeit durch die Reduzierung ungeschriebener Voraussetzungen bei gleichzeitig erhöhter Gerechtigkeit bedeuten.

Jedenfalls hätte die Zuordnung von Nutzungen zu Baugebieten nach sämtlichen Kriterien, nach denen objektiv städtebaulich Wirkungen feststellbar sind, zu erfolgen. Das sind insbesondere: Immissionsempfindlichkeit und -erzeugungspotenzial, der Bezug zur Verkehrsinfrastruktur der Baugebiete, der funktionale Zusammenhang der Vorhaben oder die Größenordnung und Intensität der Nutzung.

Diese Überlegungen betreffen die Grundlagen des Begriffssystems der BauNVO. Die aufgezeigte Problematik mündet also in der Diskussion eines völlig neuen Gesamtsystems der §§ 2 ff. der BauNVO, bei der zahlreiche weitere Implikationen zu berücksichtigen sind. Die Erstellung eines hinreichend konkreten Vorschlags eines solchen Systems geht über Umfang und Thema dieser Arbeit weit hinaus. Die hier gewonnenen Erkenntnisse bieten jedoch Anknüpfungspunkte und Argumente für die Durchdringung dieser übergeordneten Problematik.

1206 Etwa, dass Sport im Unterschied zu Spiel nach Regeln gespielt/vereinsmäßig organisiert ist; oder dass die städtebaulich bedeutsame Frage, ob es in der Halle oder im Freien gespielt wird, gerade unbedeutend ist, vgl. 2. Teil B. III.

III. Empfehlung

Eine solche Novellierung ist aber aus tatsächlichen Gründen nicht empfehlenswert.

Zunächst bedeutet sie einen erheblichen Aufwand für die Planungspraxis insbesondere kleinerer Gemeinden. Im Bereich der Baunutzungsverordnung sind Reformen und Veränderungen besonders problematisch, denn auf Bebauungspläne findet jeweils die Fassung der BauNVO Anwendung, die im Zeitpunkt der Aufstellung des Bebauungsplanes gegolten hat.[1207] Damit können auf Bebauungspläne einer einzigen Gemeinde oder sogar auf einen einzigen Bebauungsplan (im Fall der Änderung in Teilbereichen) ganz unterschiedliche Fassungen der Baunutzungsverordnung anzuwenden sein.[1208] Je öfter, umfangreicher und grundlegender die BauNVO geändert wird, desto mehr verschlechtert sich diese Situation in Richtung der Entstehung komplett mehrgleisiger Systeme, denn Versuche, die Wirkung der alten BauNVOen auf bestehende Bebauungspläne außer Kraft zu setzen, sind gescheitert.[1209]

Zudem ist die BauNVO auch bisher insgesamt weitgehend akzeptiert und ermöglicht, zumindest im Ergebnis, brauchbare städtebauliche Lösungen.[1210]

Die aufgezeigten Probleme für den Bereich der Vergnügungsstätte sind durch die hier vorgeschlagene Auslegung des Begriffs der Vergnügungsstätte handhabbar.

Angezeigt ist danach also eine veränderte Einstufung mancher Nutzungsformen.[1211] Insbesondere sind Wettbüros und Spielhallen als sonstige Gewerbebetriebe anzusehen.

Vor diesem Hintergrund ist also die Beibehaltung der Nutzungsbegriffe vorzugswürdig.

1207 *Finkelnburg/Ortloff/Kment*, 1. Band, § 9, Rn. 8.

1208 *Roesch*, BauNVO, S. 33.

1209 Vgl. dazu: *Söfker*, in: Scharmer, Spielhallen in der Diskussion, S. 174, 180; *Stange*, in: FS Gelzer, S. 131, 136 f.; *Jahn*, BauR 1990, S. 280, 282 ff.; *Stüer*, Handbuch, Rn. 709; *Fickert/Fieseler*, BauNVO, § 4a, Rn. 23.85; *Lemmel*, in: FS Weyreuther, S. 273 ff.; *Pietzcker*, NVwZ 1989, S. 601 ff.

1210 S. auch *Boeddinghaus*, BauR 2002, S. 1325, 1326; *Fickert/Fieseler*, Einf., S. 12 f.; *Kirchberg/König*, BauR 2010, S. 1686, 1689 ff.

1211 Vgl. 2. Teil.

Zusammenfassende Thesen

Der Begriff der Vergnügungsstätte findet sich bereits in der ersten Fassung der BauNVO von 1962. Dennoch sind die genauen Konturen dieses Begriffs nach wie vor ungeklärt, was zu erheblichen Problemen für seine Anwendung in der Praxis führt.

Bei Betrachtung der historischen Entwicklung lässt sich einerseits eine Ausweitung der Zulässigkeit von Vergnügungsstätten feststellen, die früher nur in Kerngebieten zulässig waren. Andererseits verunklart das Aufkommen neuer Phänomene – wie insbesondere Spielhallen – die begrifflichen Konturen. Im Lichte des Art. 14 Abs. 1 GG erscheint nicht mehr gerechtfertigt, die Verwendung des Begriffs Vergnügungsstätten als ausschließend zu verstehen und damit auf Kerngebiete zu beschränken. In der Leitentscheidung des Bundesverwaltungsrechts aus dem Jahr 1983 wurde daher die Unterscheidung zwischen kerngebietstypischen und nicht kerngebietstypischen Vergnügungsstätten geschaffen, wobei Letztere als unter den Oberbegriff des Gewerbebetriebs fallend, auch in den entsprechenden Baugebieten zulässig sein sollten. Die Novelle der BauNVO von 1990 nimmt diese Rechtsprechung auf, schränkt die Zulässigkeit von (nicht kerngebietstypischen) Vergnügungsstätten jedoch in vielen Gebieten wieder ein. Nach seiner historischen Entwicklung ist der Begriff der Vergnügungsstätte also ein vielfach „gebrochener" Begriff, was seine Auslegung erheblich erschwert.

Die Definition des Begriffs der Vergnügungsstätte erfolgt ungeachtet kleinerer Unterschiede in der Formulierung überwiegend einheitlich nach dem allgemeinen Sprachgebrauch. Teilweise versuchte Präzisierungen des allgemeinen Sprachgebrauchs überzeugen nicht. Genuin materiell städtebauliche Kriterien werden kaum einmal konsequent berücksichtigt.

Vorzugswürdig ist jedoch eine Definition der Vergnügungsstätte, die sich soweit möglich an städtebaulichen Aspekten orientiert. „Städtebaulich" ist dabei in einem engen Sinn zu verstehen. Ein weites, immaterielles Verständnis, wie die Einbeziehung sozialer Unterwerturteile, die faktisch häufig eine Rolle zu spielen scheinen, ist abzulehnen. Vor diesem Hintergrund ergeben sich aus teleologischen, verfassungsrechtlichen, systematischen und historischen Gründen als relevante Gesichtspunkte für die Auslegung des Begriffs der Vergnügungsstätte die Kriterien der Wohngebietsunverträglichkeit und der kerngebietstypischen Zentralität.

Der Wortlaut kann bei der Auslegung des Begriffs der Vergnügungsstätte jedoch nicht völlig ignoriert werden. Die Wortlautgrenze muss insbesondere im

Verhältnis zu anderen Nutzungsbegriffen der BauNVO, wie Anlagen für sportliche oder kulturelle Zwecke sowie Schank- und Speisewirtschaften gewahrt bleiben.

Um diese verschieden Kriterien miteinander in Einklang zu bringen, ist die Vergnügungsstätte als Typusbegriff anzusehen, der sowohl den allgemeinen Sprachgebrauch als auch die aus den Zulässigkeitsregelungen der BauNVO folgenden städtebaulichen Aspekte der Wohngebietsunverträglichkeit und Zentralität enthält.

Diskotheken sind nach alledem idealtypische Vergnügungsstätten. Bei ihrer Betrachtung lassen sich überdies vertiefte Charakteristiken von Vergnügungsstätten erkennen. Die Abgrenzung dieser Tanz- und Nachtlokale zu Schank- und Speisewirtschaften erfolgt über die Häufigkeit der Veranstaltungen.

Nutzungen des Bereichs „Spiel", wie Spielhallen und Wettbüros, werden zwar nach allgemeiner Meinung als Vergnügungsstätten angesehen, dies kann jedoch allenfalls für Spielbanken bestätigt werden. Denn viele Nutzungen des Bereichs „Spiel" weisen, in frappierendem Gegensatz zu vielen Nutzungen mit Tanz oder sexuellem Charakter, weder eine erhebliche, städtebaulich relevante Belästigung des Wohnens noch eine gesteigerte Zentralität auf. Sie sind eher mit Kneipen vergleichbar, die nach der Konzeption der BauNVO grundsätzlich auch im allgemeinen Wohngebiet zulässig sein können. Daran ändert auch der häufig im Zusammenhang mit Spielhallen vorgebrachte Trading-down-Effekt nichts, denn daraus kann eine Einstufung in die Nutzungsarten nicht abgeleitet werden. Dem Trading-down-Effekt ist vielmehr durch die § 1 Abs. 5, 9 sowie § 15 Abs. 1 BauNVO zu begegnen. Auch ist er nur Symptom des Strukturwandels im Einzelhandel oder Ausdruck bauplanungsrechtlich unerheblicher moralischer Vorbehalte und daher bereits grundsätzlich kritisch zu sehen. Schließlich ist der Trading-down-Effekt für die Einschränkung von Spielhallen inzwischen wegen des restriktiven Glückspieländerungsstaatsvertrags nicht mehr erforderlich.

Die Abgrenzung von Nutzungen des Bereichs „Spiel" zu Nutzungen mit sportlichem Charakter zeigt die Grenzen einer Auslegung rein nach dem allgemeinen Sprachgebrauch deutlich auf.

Bei Nutzungen mit sexuellem Charakter ist die Abgrenzung zwischen Vergnügungsstätte und sonstigem Gewerbebetrieb strittig für Prostitutionsbetriebe. Bei diesen ist zwischen Bordell, bordellartigen Betrieben und Wohnungsprostitution zu unterscheiden. Neuerdings werden insbesondere auch sog. „FKK-" oder „Sauna-Clubs" relevant. Die Einordnung in die Nutzungsarten ist nach städtebaulichen Kriterien vorzunehmen. Dabei kann die Wohngebietsunverträglichkeit der Prostitution auch ohne die Berücksichtigung sozialer Unwerturteile begründet werden. Im Ergebnis ist für eine einheitliche Bewertung der

Prostitutionsbetriebe daher die Einstufung als Vergnügungsstätte vorzugswürdig.

Problematisch sind insbesondere Swingerclubs, denn sie ziehen häufig kein großes Publikum an. Aufgrund des allgemeinen Sprachgebrauchs sowie ihrer Wohngebietsunverträglichkeit sind sie jedoch noch als Vergnügungsstätten anzusehen. Die vielfältigen Darstellungen sexuellen Charakters sind im Ergebnis immer als Vergnügungsstätten anzusehen.

Schon seit Langem strittig ist auch die Einordnung von Kinos als Vergnügungsstätte oder Anlage für kulturelle Zwecke. Der allgemeine Sprachgebrauch führt insofern nur wenig weiter und erfordert die Berücksichtigung des Kinoprogramms. Die relativ neu aufgekommenen Multiplexkinos zeigen aber, dass „übliches" Kinoprogramm nicht als „Kultur" angesehen werden muss. Die städtebauliche Betrachtung von (Multiplex-)Kinos wird durch einen Vergleich mit Theater und Opern überschattet, die zwar nach allgemeiner Meinung Anlagen für kulturelle Zwecke sind, jedoch ebenso wie typische Vergnügungsstätten und Kinos auch zu später Stunde große Besuchermassen anziehen. An diesem Beispiel wird das in der Konstruktion der BauNVO angelegte Spannungsverhältnis zwischen allgemeinem Sprachgebrauch und städtebaulicher Relevanz besonders augenscheinlich. Dieses wird durch die vorgeschlagene Definition so weit als möglich eingedämmt. Kinos, außer Programmkinos, sind danach als Vergnügungsstätte anzusehen.

Varietés und Kabaretts zeigen, wie sich die Einstufung als Vergnügungsstätte trotz unveränderten tatsächlichen Angebots im Laufe der Zeit wandeln kann. Heute sind sie als Anlagen für kulturelle Zwecke anzusehen.

Das junge Phänomen der Festhallen, in denen regelmäßig große Hochzeiten stattfinden, wird beleuchtet und die bisher herrschende Einstufung als Vergnügungsstätte bestätigt.

Großflächige Unterhaltungsbetriebe, wie Profisportstadien oder stationäre Freizeitparks, gehen wiederum über das System der Nutzungsbegriffe der BauNVO hinaus. Für diese Fälle ist die Ausweisung von Sondergebieten zu empfehlen.

Die Unterscheidung zwischen kerngebietstypischen und nicht kerngebietstypischen Vergnügungsstätten wurde von der Rechtsprechung 1983 entwickelt und 1990 dem Grunde nach in die BauNVO übernommen. Maßgebliche Kriterien für das Vorliegen einer kerngebietstypischen oder nicht kerngebietstypischen Vergnügungsstätte sind danach Zweckbestimmung und Umfang. Diese ergeben sich aus Größe, Unterart, Zentralität und Einzugsbereich des jeweiligen Vorhabens.

Die herrschende Abgrenzung zwischen kerngebietstypischen und nicht kerngebietstypischen Spielhallen rekurriert maßgeblich auf eine Grundfläche von 100 m^2, die aus der Spielverordnung abgeleitet wird. Als problematisch erweist sich dabei die Änderung der Spielverordnung aus dem Jahre 2006. Die Problematik der Mehrfachspielhallen lässt sich dagegen mit dem bestehenden Instrumentarium des Baurechts lösen.

Die einzelnen Formen von Vergnügungsstätten können mit den allgemeinen Kriterien als kerngebietstypisch oder nicht kerngebietstypisch eingeordnet werden. Zum Teil sind sie, wie Tanz- und Nachtlokale, ausschließlich oder jedenfalls überwiegend kerngebietstypische Vergnügungsstätten. Im Ergebnis kommt es entscheidend auf Größe und Art der Nutzung an.

Die *(nicht) kerngebietstypische* Vergnügungsstätte ist weniger als Begriff, sondern vielmehr als Ausdruck und Folge der typisierenden Betrachtungsweise von Vergnügungsstätten zu verstehen. Deshalb bestehen auch Verbindungen zum Institut der Gebietsverträglichkeit, wobei die Nicht-Kerngebietstypik eine „umgekehrte" Form von Gebietsverträglichkeit ist. Denn beim Gedanken der Nicht-Kerngebietstypik geht es darum, Nutzungen, die in einem Gebiet nach dem Wortlaut und der Systematik der Nutzungsbegriffe ursprünglich unzulässig waren, nach ihren städtebaulichen Auswirkungen aber verträglich sind, in diesem Gebiet eine Zulässigkeit zu ermöglichen.

Für eine Reformdiskussion ist insbesondere festzuhalten, dass alle Nutzungsbegriffe der BauNVO im Wesentlichen am allgemeinen Sprachgebrauch ausgerichtet sind und entsprechend ausgelegt werden. Städtebaulich relevante Kriterien bleiben in einer untergeordneten Rolle. Deshalb kann das Begriffssystem der §§ 2ff. BauNVO unter städtebaulichen Gesichtspunkten nicht völlig stringent sein.

Jedoch kann die Auslegung der Nutzungsbegriffe der BauNVO nicht beim Wortlaut stehen bleiben. Insbesondere kann dieser nämlich nicht eine baurechtliche Unzulässigkeit und den damit verbundenen Eingriff in Artt. 12 Abs. 1, 14 Abs. 1 GG rechtfertigen. Die Widersprüche zwischen städtebaulichen Merkmalen und dem Begriffssystem können für Vergnügungsstätten im allgemeinen Wohngebiet auch nicht über § 15 Abs. 1 BauNVO oder den Grundsatz der Gebietsverträglichkeit oder das Institut der nicht kerngebietstypischen Vergnügungsstätten gelöst werden. Wenn eine Nutzung als Vergnügungsstätte eingestuft wird, besteht für sie vielmehr keine Möglichkeit der Zulässigkeit im allgemeinen Wohngebiet.

Trotz der Brüche im Begriff der Vergnügungsstätte und im System der BauNVO ist jedoch im Ergebnis durch die vorgeschlagene Definition noch eine verfassungskonforme Auslegung möglich, weshalb keine Änderung der BauNVO erforderlich ist.

Literaturverzeichnis

Acocella, Donato; *Weidemann*, Rolf-Lutz: Die städtebauliche Steuerung von Vergnügungsstätten. Bericht eines Seminars vom 15.3.2010 in Bergisch Gladbach. (zit.: *Referent*, in: Die städtebauliche Steuerung von Vergnügungsstätten, S.)

Adorno, Theodor W.; *Horkheimer*, Max: Dialektik der Aufklärung, 16. Aufl., Frankfurt a. M. 2006 (zit.: *Adorno/Horkheimer*, Dialektik der Aufklärung, S.)

Adrian, Hanns: Spielhallen – ein Problem für die Stadt, in: Scharmer, Eckart (Hrsg.), Spielhallen in der Diskussion, Berlin 1988, S. 71 ff. (zit.: *Adrian*, in: Scharmer, Spielhallen in der Diskussion, S.)

Arbeitsgruppe „Baunutzungsverordnung" beim Bundesminister für Raumordnung, Bauwesen und Städtebau: Materialien zur Baunutzungsverordnung, Bonn/Bad Godesberg 1988 (zit.: Materialien zur BauNVO, S.)

Bibliografisches Institut Mannheim (Hrsg.): Meyers enzyklopädisches Lexikon in 25 Bänden, Ergänzungsband 32 Deutsches Wörterbuch, Mannheim/Wien/Zürich 2002 (zit.: Meyers enzyklopädisches Lexikon)

Boeddinghaus, Gerhard: Zur nicht erfolgten Novellierung der BauNVO, in: BauR 2002, S. 1325 ff. (zit.: *Boeddinghaus*, BauR 2002, S.)

Bönker, Christian; *Bischopink*, Olaf: Baunutzungsverordnung, 2. Aufl., Baden-Baden 2018 (zit.: *Bearbeiter*, in: Bönker/Bischopink, BauNVO, §, Rn.)

Bracher, Christian-Dietrich; *Reidt*, Olaf; *Schiller*, Gernot: Bauplanungsrecht, 8. Aufl., Köln 2014 (zit.: *Bearbeiter*, in: Bracher/Reidt/Schiller, BauPlR, Rn.)

Brandenburg, Christoph; *Brunner*, Tanja: Die Steuerung von Spielhallenansiedlungen, in: BauR 2010, S. 1851 ff. (zit.: *Brandenburg/Brunner*, BauR 2010, S.)

Brügelmann, Hermann: Baugesetzbuch, Stuttgart, 108. Lfg. (Oktober 2018) (zit.: *Bearbeiter*, in: Brügelmann, BauGB, §, Rn.)

Buchholz, Georg; Zum Begriff der Spielhallen und ähnlichen Unternehmen nach § 33i GewO, in: GewArch 2000, S. 457 ff. (zit.: *Buchholz*, GewArch 2000, S.)

Bundesminister für Raumordnung, Bauwesen und Städtebau (Hrsg): Bericht über das Expertengespräch „Spielhallen-Problematik" am 10.11.1987, Bonn 1988, zit. nach: Koch, Jan-Axel: Spielhallen in der Stadt – ein städtebauliches Problem?, Bayreuth, 1989 (zit.: *Bearbeiter*, in: Bericht über das Expertengespräch, S.)

Bunzel, Arno; *Löhr*, Rolf-Peter: Brauchen wir eine neue Baunutzungsverordnung?, in: ZfBR 2000, S. 307 ff. (zit.: *Bunzel/Löhr*, ZfBR 2000, S.)

Bunzel, Arno; *Sander*, Robert; *Becker*, Heidede; *Henckel*, Dietrich; *v. Kondolitsch*, Paul; *Libbe*, Jens: Nutzungswandel und städtebauliche Steuerung, Ludwigsburg 2003 (zit.: *Bunzel et al.*, Nutzungswandel, S.)

Claus, Sören: Aktuelle höchstrichterliche Rechtsprechung zur BauNVO, in: Stephan Mitschang (Hrsg.), Fach- und Rechtsprobleme der Baunutzungsverordnung, Frankfurt a. M. 2009, S. 75 ff. (zit.: *Claus*, in: Mitschang, Fach- und Rechtsprobleme der BauNVO, S.)

Coelln, Carl G. von ; *Peter*, Karl: Handbuch der Vergnügungssteuer, Herne 1956 (zit.: *v. Coelln/Peter*, Vergnügungssteuer, S.)

Dolde, Klaus-Peter; *Schlarmann*, Hans: Zulässigkeit von Vergnügungsstätten in beplanten Gebieten, in: BauR 1984, S. 121 ff. (zit.: *Dolde/Schlarmann*, BauR 1984, S.)

Dreesbach, Peter-Paul; *Schäfer*, Rudolf; *Schmidt-Eichstaedt*, Gerd; *Walcha*, Henning: Ergebnis der Umfrage „Ist die Baunutzungsverordnung novellierungsbedürftig?", in: Göb, Rüdiger/Schuster, Franz (Hrsg.), Reform der Baunutzungsverordnung: Ergebnisse der Umfrage sowie Bericht über die Expertentagung am 3. und 4. Dezember 1987 in Sankt Augustin zum Thema: „Ist die Baunutzungsverordnung novellierungsbedürftig?", Köln 1988, S. 49 ff. (zit.: *Dressbach/Schäfer/Schmidt-Eichstaedt/Walcha*, in: Göb/Schuster, Reform der BauNVO, S.)

Dreher, Eduard: Strafgesetzbuch mit Nebengesetzen, 32. Aufl., München 1970 (zit.: *Dreher*, StGB, §, Rn.)

Duden: Deutsches Universalwörterbuch, 4. Aufl., Mannheim/Leipzig/Wien/Zürich 2001 (zit.: Duden – Universalwörterbuch)

Duden: Das Bedeutungswörterbuch, 3. Aufl., Mannheim/Leipzig/Wien/Zürich 2002 (zit.: Duden – Bedeutungswörterbuch)

Duden: Das Herkunftswörterbuch – Etymologie der deutschen Sprache, 4. Aufl., Mannheim/Leipzig/Wien/Zürich 2006 (zit.: Duden – Herkunftswörterbuch)

Dürr, Hansjochen: Anmerkung zu VGH Mannheim, Urt. v. 10.5.1979 – V 442/79, in: VBlBW 1981, S. 224 f. (zit.: *H. Dürr*, VBlBW 1981, S.)

Dürr, Hansjochen: Buchbesprechung zu *Fickert/Fieseler*, Baunutzungsverordnung, Kommentar, 6. Auflage, in: DÖV 1992, S. 231 (zit.: *H. Dürr*, DÖV 1992, S.)

Dürr, Wolfram: Änderungsbedarf der Spielverordnung, in: GewArch 2011, S. 99 ff., 142 ff. (zit.: *W. Dürr*, GewArch 2011, S.)

Dziallas, Olaf; *Kullick*, Christian: Baurecht und Glücksspiel – aktuelle Tendenzen, in: NZBau 2012, S. 284 f. (zit.: *Dziallas/Kullick*, NZBau 2012, S.)

Ebner, Hans-Christoph von: Gewerberechtliches Pornofilm-Verbot?, in: GewArch 1976, S. 216 ff. (zit.: *v. Ebner*, GewArch 1976, S.)

Ebner, Hans-Christoph von: Gaststättenumwandlung in Tanzlokal, Diskothek, Spielhalle – eine baurechtliche oder gaststättenrechtliche Frage?, in: GewArch 1990, S. 234 ff. (zit.: *v. Ebner*, GewArch 1990, S.)

Ehegartner, Markus: Anmerkung zu OVG Koblenz 28.9.2016, in: SpuRt 2017, S. 84 ff. (zit.: *Ehegartner*, SpuRt, S.)

Ehmann, Horst: Vom logischen Begriff zum Typus – erörtert am Begriff des Arbeitnehmers, in: Hanau, Peter; u.a. (Hrsg.), Gegen den Strich, Festschrift für Klaus Adomeit, München 2008, S. 131 ff. (zit.: *Ehmann*, in: FS Adomeit, S.)

Ehrmann, Jen: Die belebte Innenstadt als Rechtsproblem, Stuttgart 2007 (zit.: *Ehrmann*, Innenstadt, S.)

Ellenrieder, Michael: Innerstädtische Niveaupflege, Konstanz 1993 (zit.: *Ellenrieder*, Niveaupflege, S.)

Erbs, Georg; *Kohlhaas*, Max: Strafrechtliche Nebengesetze – Kommentar, München, 223. Lfg. (Januar 2019) (zit.: *Bearbeiter*, in: Erbs/Kohlhaas, JuSchG, §, Rn.)

Erdmann, Joachim: Bauplanungsrechtliche Instrumentarien zum Ausschluss von Spielhallen, in: DVBl 1988, S. 1094 ff. (zit.: *Erdmann*, DVBl 1988, S.)

Ernst, Werner; *Ziekhahn*, Willy; *Bielenberg*, Walter; *Krautzberger*, Michael: Baugesetzbuch München, sofern nicht anders angegeben 131. Lfg. (Oktober 2018) (zit.: *Bearbeiter*, in: E/Z/B/K, BauGB, §, Rn.)

Feldmann, Peter von: Wohnungsprostitution und Bordelle – Wo sind sie baurechtlich zulässig, wo nicht?, in: Das Grundeigentum, 2007, S. 1422 f. (zit.: *v. Feldmann*, Das Grundeigentum 2007, S.)

Ferner, Hilmar; *Kröninger*, Holger; *Aschke*, Manfred: Baugesetzbuch, 3. Aufl., Baden-Baden 2013 (zit.: *Bearbeiter*, in: Ferner/Kröninger/Aschke, BauGB, §, Rn.)

Fickert, Hans Carl: Einige aktuelle Grundsatzfragen zu Nutzungen in festgesetzten Baugebieten und im nichtbeplanten Innenbereich (§ 34 BbauG), in: BauR 1985, S. 1 ff. (zit.: *Fickert*, BauR 1985, S.)

Fickert, Hans Carl: Einige aktuelle Fragen im Zusammenhang mit Regelungen über die „Art der baulichen Nutzung“ aufgrund der (vierten) Änderungsverordnung 1990 zur Baunutzungsverordnung, in: BauR 1990, S. 263 ff. (zit.: *Fickert*, BauR 1990, S.)

Fickert, Hans Carl; *Fieseler*, Herbert: Baunutzungsverordnung, sofern nicht anders angegeben 12. Aufl., Stuttgart 2014 (zit.: *Fickert/Fieseler*, BauNVO, §, Rn.)

Fieseler, Herbert: Nutzungsarten – gegenseitige Rücksichtnahme statt räumlicher Trennung?, in: Göb, Rüdiger/Schuster, Franz (Hrsg.), Reform der Baunutzungsverordnung: Ergebnisse der Umfrage sowie Bericht über die Expertentagung am 3. und 4. Dezember 1987 in Sankt Augustin zum Thema: „Ist die Baunutzungsverordnung novellierungsbedürftig?“, Köln 1988, S. 15 ff. (zit.: *Fieseler*, in: Göb/Schuster, Reform der BauNVO, S.)

Finkelnburg, Klaus; *Ortloff*, Karsten; *Kment*, Martin: Öffentliches Baurecht, Band 1, 7. Aufl., München 2017 (zit.: Finkelnburg/Ortloff/Kment, 1. Band, §, Rn.)

Fischer, Elke: Aktuelle Fragen des Gewerberechts, in: GewArch 2005, S. 62 ff. (zit.: *Fischer*, GewArch 2005, S.)

Förster, Hans: Baunutzungsverordnung, 3. Aufl., Stuttgart 1978 (zit.: *Förster*, BauNVO, §, Abschn.)

Friauf, Karl-Heinrich: Kommentar zur Gewerbeordnung, Köln, 313. EGZ, April 2019 (zit.: *Bearbeiter*, in: Friauf, GewO, §, Rn.)

Fuhrmann, Ursus: Auswirkungen einer übermäßigen Ausbreitung von Spielhallen auf die Gemeinden, in: Der Städtetag 1983, S. 797 (zit.: *Fuhrmann*, Der Städtetag 1983, S.)

Galen, Margarete Gräfin von: Rechtsfragen der Prostitution, München 2004 (zit.: *v. Galen*, Rechtsfragen, Rn.)

Gelzer, Konrad: Bauplanungsrecht, sofern nicht anders angegeben 4. Aufl., Köln 1984 (zit.: *Gelzer*, BauPlR, Rn.)

Gelzer, Konrad; *Birk*, Hans-Jörg: Bauplanungsrecht, 5. Aufl., Köln 1991 (zit.: *Gelzer/Birk*, BauPlR, Rn.)

Gelzer, Konrad; *Bracher*, Christian-Dietrich; *Reidt*, Olaf: Bauplanungsrecht, 7. Aufl., Köln 2004 (zit.: *Bearbeiter*, in: Gelzer/Bracher/Reidt, BauPlR, Rn.)

Gurlit, Elke: Das Verwaltungsrecht im Lichte des Prostitutionsgesetzes, in: VerwArch 2006, S. 409 ff. (zit.: *Gurlit*, VerwArch 2006, S.)

Hauth, Michael: 3 = 1? Zum Problem von Mehrfachspielhallen, in: BauR 2009, S. 1223 ff. (zit.: *Hauth*, BauR 2009, S.)

Heinz, Werner; *Mittag*, Klaus; *Scharmer*, Eckart; *Schneidewind*, Michael: Innerstädtische Strukturveränderungen durch Vergnügungsstätten, Berlin, Deutsches Institut für Urbanistik, 1986 (zit.: *Heinz/Janssen/Mittag/Scharmer/Schneidewind*, Strukturveränderungen, S.)

Herbolsheimer, Volker: Eine Lasertag-Halle als Vergnügungsstätte? Die bauplanungsrechtsferne Lösung eines bauplanungsrechtlichen Problems, in: NVwZ 2017, S. 685 ff. (zit.: *Herbolsheimer*, NVwZ 2017, S.)

Heyl, Arnulf von: Rechtsfragen der Bebauungsplanung im Vergnügungsstättenbereich – das Beispiel Stuttgart, in: Scharmer, Eckart (Hrsg.), Spielhallen in der Diskussion, Berlin 1988, S. 145 ff. (zit.: *von Heyl*, in: Scharmer, Spielhallen in der Diskussion, S.)

Hirschfeld, Magnus: Einblick und Ausblicke, Stuttgart 1930, zit. nach Malkmus, Katrin: Prostitution in Recht und Gesellschaft, Frankfurt a. M. 2005 (zit.: *Hirschfeld*, Einblick und Ausblicke Bd., S.)

Jacob, Thomas: Die bauplanungsrechtliche Zulässigkeit von Spielhallen und Wettbüros – Systematik und aktuelle Regelungsansätze städtebaulicher Innenentwicklung, in: ZfWG 2012, S. 153 ff. (zit.: *Jacob*, ZfWG 2012, S.)

Jäde, Henning; *Dirnberger*, Franz: Baugesetzbuch Baunutzungsverordnung, sofern nicht anders angegeben 9. Aufl., Stuttgart 2018 (zit.: *Jäde/Dirnberger*, BauGB und BauNVO, §, Rn.)

Jahn, Ralf: Die baurechtliche Zulässigkeit von Vergnügungsstätten nach Änderung der Baunutzungsverordnung, in: BauR 1990, S. 280 ff. (zit.: *Jahn*, BauR 1990, S.)

Jahn, Ralf: Rechtliche Instrumente zur Eindämmung der Spielhallenflut, in: LKV 1992, S. 41 ff. (zit.: *Jahn*, LKV 1992, S.)

Janning, Heinz: Instrumente des Städtebaurechts, in: Scharmer, Eckart (Hrsg.), Spielhallen in der Diskussion, Berlin 1988, S. 117 ff. (zit.: *Janning*, in: Scharmer, Spielhallen in der Diskussion, S.)

Janning, Heinz: Ausschluß von Bordellen, bordellartigen Betrieben und Wohnungsprostitution in den Innenstädten, in: BauR 2005, S. 958 ff. (zit.: *Janning*, BauR 2005, S.)

Jeromin, Curt M.: Die bauplanungsrechtliche Zulässigkeit von Vergnügungsstätten im Gemeindegebiet, Göttingen 1988 (zit.: Jeromin, Zulässigkeit von Vergnügungsstätten, S.)

Jeromin, Curt M.: Spielhallen im Gewerbegebiet, in: NVwZ 1989, S. 31 ff. (zit.: *Jeromin*, NVwZ 1989, S.)

Jöhnk, Wulf: Baurechtliche Zulässigkeit von Spielhallen, in: SchlHA 1988, S. 57 ff. (zit.: *Jöhnk*, SchlHA 1988, S.)

Kahler, Ulrich: Rechtsfragen zur Konzessionierung einer Diskothek, in: GewArch 1982, S. 354 ff. (zit.: *Kahler*, GewArch 1982, S.)

Kaldewei, Hendrik: Der Konzentrationsprozess des Spielhallenmarktes – Fluch oder Segen der städtebaulichen Entwicklung?, in: BauR 2009, S. 1227 ff. (zit.: *Kaldewei*, BauR 2009, S.)

Kautt, Dietrich: Marktwirtschaftliche Steuerung bei Spielhallen tut not, in: Der Städtetag 1983, S. 798 ff. (zit.: *Kautt*, Der Städtetag 1983, S.)

Kempen, Bernhard: Der Einsatz gewerberechtlicher, baurechtlicher und fiskalischer Steuerungsinstrumente gegenüber der Spielautomatenwirtschaft, in: DZWir 1995, S. 361 ff. (zit.: *Kempen*, DZWir 1995, S.)

Kirchberg, Christian: Vorhabenbedingter Verkehrslärm auf öffentlichen Straßen, in: VBlBW 2000, S. 209 ff. (zit.: *Kirchberg*, VBlBW 2000, S.)

Kirchberg, Christian; *König*, Helmut: Alternative Überlegungen zur Reform der BauNVO, in: BauR 2010, S. 1686. (zit.: *Kirchberg/König*, BauR 2010, S.)

Kirschbaum-Rohde, Monika: Rechtsfragen bei der Bebauungsplanung im Vergnügungsstättenbereich – das Beispiel Köln, in: Scharmer, Eckart (Hrsg.), Spielhallen in der Diskussion, Berlin 1988, S. 158 ff. (zit.: *Kirschbaum-Rohde*, in: Scharmer, Spielhallen in der Diskussion, S.)

Kläner, Bastian Philipp: Vergnügungsstätten ex cathedra? Zur bauplanungsrechtlichen Typisierung von Wettannahmestellen, in: ZfWG 2017, S. 366 ff. (zit.: *Kläner*, ZfWG 2017, S.)

Knaup, Hans; *Stange*, Gustav-Adolf: Kommentar zur Baunutzungsverordnung, sofern nicht anders angegeben 7. Aufl., Düsseldorf 1983 (zit.: *Knaup/Stange*, BauNVO, §, S.)

Kneer, Johannes: Das neue Landesglückspielgesetz und seine Auswirkungen auf die gemeindliche Bauleitplanung, in: BWGZ 2013, S. 103 ff. (zit.: *Kneer*, BWGZ 2013, S.)

Kniep, Klaus: Zur bauplanungsrechtlichen Zulässigkeit von Spielhallen, in: GewArch 1983, S. 149 ff. (zit.: *Kniep*, GewArch 1983, S.)

Koch, Jan-Axel: Spielhallen in der Stadt – ein städtebauliches Problem?, Bayreuth 1989 (zit.: Koch, Spielhallen in der Stadt, S.)

Kölner Stadt-Anzeiger: Severinstraße in Köln – Ausnahme für Darkrooms Artikel vom 15.4.2014. URL: https://www.ksta.de/koeln/severinstrasse-in-koeln-ausnahme-fuer-darkrooms-1926876,(Stand 15.1.2019)

König, Helmut; *Roeser*, Thomas; *Stock*, Jürgen: Baunutzungsverordnung, sofern nicht anders angegeben 4. Aufl., München 2019 (zit.: *Bearbeiter*, in: K/R/S, BauNVO, §, Rn.)

Krämer-Badoni, Thomas: Spielhallen und die Revitalisierung der Innenstädte, in: Scharmer, Eckart (Hrsg.), Spielhallen in der Diskussion, Berlin 1988, S. 19 ff. (zit.: *Krämer-Badoni*, in: Scharmer, Spielhallen in der Diskussion, S.)

Kraus, Stefan: Spielhallen im Bauplanungsrecht – Steuerungsmöglichkeiten in Bezug auf die Ansiedlung von Spielhallen, in: UPR 2011, S. 288 ff. (zit.: *Kraus*, UPR 2011, S.)

Kröninger, Holger; *Aschke*, Manfred; *Jeromin*, Curt M.: Baugesetzbuch, 4. Aufl., Baden-Baden 2018 (zit.: *Bearbeiter*, in: Kröninger/Aschke/Jeromin, BauGB, §, Rn.)

Krüper, Julian: Kollektive Wohnformen in der Bauplanungsrechtsdogmatik – zu Rationalitätskriterien verwaltungsrechtlicher Begriffsbildung, in: DÖV 2016, S. 793 ff. (zit.: *Krüper*, DÖV 2016, S.)

Kuchler, Ferdinand: Sind Freibäder Sportanlagen?, in: NuR 2000, S. 77 ff. (zit.: *Kuchler*, NuR 2000, S.)

Landmann, Robert; *Rohmer*, Gustav: Gewerbeordnung und ergänzende Vorschriften, München, 79. Lfg. (Juni 2018) (zit.: *Bearbeiter*, in: Landmann/Rohmer, GewO, §, Rn.)

Leder, Walter; *Scholtissek*, Karl-Friedrich: Baunutzungsverordnung, 5. Aufl., Köln, 1992. (zit.: *Leder/Scholtissek*, BauNVO, §, Rn.)

Lehmann, Jens-Torsten: Zur gaststättenrechtlichen Bewertung sogenannter „Flatrate-Bordelle", in: GewArch 2010, S. 291 ff. (zit.: *Lehmann*, GewArch 2010, S.)

Lemmel, Hans-Peter: Änderungen der Baunutzungsverordnung 1990 und ihre Bedeutung für die Anwendung bestehender Bebauungspläne, in: Driehaus, Hans-Joachim; Birk, Hans-Jörg (Hrsg.), Baurecht-Aktuell, Festschrift für Felix Weyreuther, Köln 1993, S. 273 ff. (zit.: *Lemmel*, in: FS Weyreuther, S.)

Lenz, Wolfgang: Die neue Baunutzungsverordnung – Art der baulichen Nutzung, in: BauR 1990, S. 157 ff. (zit.: *Lenz*, BauR 1990, S.)

Leopold, Beate: Berliner Wohnungsbordelle in Wohn- und Mischgebieten Wissenschaftliches Gutachten für den Bundesverband Sexuelle Dienstleistungen e.V., 2007 (zit.: *Leopold*, Wohnungsbordelle, S.)

Lieber, Tobias: Genehmigung und planungsrechtliche Steuerung von Spielhallen, in: VBlBW 2011, S. 6 ff. (zit.: *Lieber*, VBlBW 2011, S.)

Liesching, Marc: Internetcafés als „Spielhallen" nach Gewerbe- und Jugendschutzrecht, in: NVwZ 2005, S. 898 ff. (zit.: *Liesching*, NVwZ 2005, S.)

Liesching, Marc; *Knupfer*, Jörg: Die Zulässigkeit des Betreibens von Internetcafés nach gewerbe- und jugendschutzrechtlichen Bestimmungen, in: MMR 2003, S. 439 ff. (zit.: *Liesching/Knupfer*, MMR 2003, S.)

Lober, Andreas: Spiele in Internet-Cafés: Game Over?, in: MMR 2002, S. 730 ff. (zit.: *Lober*, MMR 2002, S.)

Loose, Udo; *Schwägerl*, Friedrich: Prostitution als Problem der öffentlichen Sicherheit und Ordnung, in: BayVBl 1992, S. 228 ff. (zit.: *Loose/Schwägerl*, BayVBl 1992, S.)

Malkmus, Katrin: Prostitution in Recht und Gesellschaft, Frankfurt a. M. 2005 (zit.: *Malkmus*, Prostitution, S.)

Marcks, Peter: Das Spielhallenproblem, in: WiVerw 1986, S. 22 ff. (zit.: *Marcks*, WiVerw 1986, S.)

Mennekes, Erwin: Film – Vergnügen und Steuer, Stuttgart 1960 (zit.: *Mennekes*, Film, S.)

Metzner, Richard: Gaststättengesetz, 6. Aufl., München 2002 (zit.: *Metzner*, GastG, §, Rn.)

Michel, Elmar; *Kienzle*, Werner; *Pauly*, Renate: Das Gaststättengesetz, 14. Aufl., Köln 2003 (zit.: *Michel/Kienzle/Pauly*, GastG, §, Rn.)

Minister für Stadtentwicklung, Wohnen und Verkehr des Landes Nordrhein-Westfalen: Spielhallen in der Innenstadt, in: DVBl 1988, S. 27 ff. (zit.: *Minister für Stadtentwicklung NRW*, DVBl 1988, S.)

Müller, Fritz Heinz; *Neuffer*, Otto; *Weinisch*, Karl: Die Baunutzungsverordnung – Kommentar, 2. Aufl., Stuttgart 1965 (zit.: *Müller/Neuffer/Weinisch*, BauNVO, §, S.)

Müller, Fritz Heinz; *Weiss*, Hanns-Reinhard: Die Baunutzungsverordnung, 7. Aufl., Stuttgart 1991 (zit.: *Müller/Weiss*, BauNVO, §, S.)

Odenthal, Hans-Jörg: Gaststättenleistungen in Spielhallen, in: GewArch 1985, S. 105 ff. (zit.: *Odenthal*, GewArch 1985, S.)

Odenthal, Hans-Jörg: Das „Billard-Café" – Eine Betriebsart des Gaststättenrechts?, in: NVwZ 1988, S. 1107 ff. (zit.: *Odenthal*, NVwZ 1988, S.)

Orlob, Wolfram: Spielhallen – Gaststätten, in: GewArch 1984, S. 255 ff. (zit.: *Orlob*, GewArch 1984, S.)

Otto, Christian-W.: Planungsrechtliche Zulässigkeit von Wohnungsbordellen, in: Mitschang, Stephan (Hrsg.), Fach- und Rechtsprobleme der Baunutzungsverordnung, Frankfurt a. M. 2009, S. 119 ff. (zit.: *Otto*, in: Mitschang, Fach- und Rechtsprobleme der BauNVO, S.)

Otto, Christian-W.: Die Zulassung von Spielhallen: Planungsrecht vs. Spielhallenrecht, in: DVBl 2011, S. 1330 ff. (zit.: *Otto*, DVBl 2011, S.)

Pauly, Renate: Zur Rechtslage bei Swinger-Clubs nach BVerwG 06.11.2002, in: GewArch 2003, S. 151 ff. (zit.: *Pauly*, GewArch 2003, S.)

Pietzcker, Jost: Änderung bestehender Bebauungspläne durch Änderung der Baunutzungsverordnung?, in: NVwZ 1989, S. 601 ff. (zit.: *Pietzcker*, NVwZ 1989, S.)

Pöltl, René: Gaststättenrecht – Kommentar, 5. Aufl., Heidelberg 2003 (zit.: *Pöltl*, GastR, §, Rn.)

Pöltl, René: Die gaststättenrechtliche Beurteilung so genannter „dark rooms", in: NVwZ 2004, S. 831 (zit.: *Pöltl*, NVwZ 2004, S.)

Rausch, Jan-Dirk: Sind Sportwettbüros „Vergnügungsstätten" im Sinne der Baunutzungsverordnung?, in: DÖV 2009, S. 667 ff. (zit.: *Rausch*, DÖV 2009, S.)

Redeker, Konrad: Sexshops und Spielhallen in der Bauleitplanung (Gutachtliche Äußerung zur Frage: Können im Rahmen der städtebaulichen Entwicklung durch Bauleitpläne negative Auswirkungen bestimmter Angebotstypen wie etwa Sexshops, Spielhallen u.ä.m. verhindert werden?), Köln 1982 (zit.: *Redeker*, Sexshops und Spielhallen, S.)

Reichertz, Jo; *Niederbacher*, Arne; *Möll*, Gerd; *Grothe*, Miriam; *Hitzler*, Ronald: Jackpot – Erkundungen zur Kultur der Spielhallen, 2. Aufl., Wiesbaden 2010 (zit.: *Reichertz et al.*, Jackpot, S.)

Reinhardt, Michael; *Schwertner*, Inga: Der praktische Fall – Öffentliches Recht: Das Großkino, in: JuS 2002, S. 893 ff. (zit.: *Reinhardt/Schwertner*, JuS 2002, S.)

Rhein, Kai-Uwe; *Zitzen*, Dirk: Zur bauplanungsrechtlichen Zulässigkeit sexueller Dienstleistungsangebote, in: NJOZ 2009, S. 267 ff. (zit.: *Rhein/Zitzen*, NJOZ 2009, S.)

Roesch, Hans Eberhard: Baunutzungsverordnung 1990, Köln 1990 (zit.: *Roesch*, BauNVO, S.)

Scharmer, Eckart: Rechtliche Steuerungsmöglichkeiten im Vergnügungsstättenbereich, 2. Aufl., Berlin, Deutsches Institut für Urbanistik, 1986 (zit.: *Scharmer*, Steuerungsmöglichkeiten, S.)

Scharmer, Eckart: Zur Entwicklung der Spielhallen in den Innenstädten, in: Scharmer, Eckart (Hrsg.), Spielhallen in der Diskussion, Berlin 1988, S. 11 ff. (zit.: Scharmer, in: Scharmer, Spielhallen in der Diskussion, S.)

Scherer-Leydecker, Christian: Anmerkung zu OVG Frankfurt (Oder) 21.3.2003 – 3 A 57.00, in: IBR 2003, S. 329. (zit.: *Scherer-Leydecker*, IBR 2003, S.)

Schladebach, Markus: Freizeitparks im Bauplanungsrecht, in: ZfBR 1999, S. 251 ff. (zit.: *Schladebach*, ZfBR 1999, S.)

Schlemminger, Horst; *Winterstein*, Ingo: Bauplanungsrechtliche Instrumentarien zur Steuerung der Ansiedlung von Spielhallen, in: NVwZ 1988, S. 1078 ff. (zit.: *Schlemminger/Winterstein*, NVwZ 1988, S.)

Schlez, Georg: Baunutzungsverordnung, sofern nicht anders angegeben 3. Aufl., Wiesbaden 1994 (zit.: *Schlez*, BauNVO, §, Rn.)

Schlichter, Otto; *Friedrich*, Klaus: Bauplanungsrechtliche Steuerung der Ansiedlung von Gewerbebetrieben, in: WiVerw 1988, S. 199 ff. (zit.: *Schlichter/Friedrich*, WiVerw 1988, S.)

Schmidt-Aßmann, Eberhard: Vorüberlegungen zu einem neuen Städtebaurecht, in: DVBl 1984, S. 582 ff. (zit.: *Schmidt-Aßmann*, DVBl 1984, S.)

Schmidt-Eichstaedt, Gerd: Zum Novellierungsbedarf der Regelungen der BauNVO zur Art der baulichen Nutzung, in: Göb, Rüdiger/Schuster, Franz (Hrsg.), Reform der Baunutzungsverordnung: Ergebnisse der Umfrage sowie Bericht über die Expertentagung am 3. und 4. Dezember 1987 in Sankt Augustin zum Thema: „Ist die Baunutzungsverordnung novellierungsbedürftig?“,

Köln 1988, S. 149 ff. (zit.: *Schmidt-Eichstaedt*, in: Göb/Schuster, Reform der BauNVO, S.)

Schmitz, Holger: Multiplex-Kinos und interkommunale Abstimmung. Der Umbruch in der Kinobranche und die Folgen für die räumliche Entwicklung, in: LKV 1997, S. 345 ff. (zit.: *Schmitz*, LKV 1997, S.)

Schneider, Bernd Jürgen: Die baurechtlichen, gewerberechtlichen und steuerrechtlichen Möglichkeiten einer Gemeinde zur Bewältigung des Spielhallenbooms, in: DÖV 1989, S. 611 ff. (zit.: *B. Schneider*, DÖV 1989, S.)

Schneider, Oscar: Anforderungen des Städtebaus an eine neue Baunutzungsverordnung, in: Göb, Rüdiger/Schuster, Franz (Hrsg.), Reform der Baunutzungsverordnung: Ergebnisse der Umfrage sowie Bericht über die Expertentagung am 3. und 4. Dezember 1987 in Sankt Augustin zum Thema: „Ist die Baunutzungsverordnung novellierungsbedürftig?", Köln 1988, S. 7 ff. (zit.: *O. Schneider*, in: Göb/Schuster, Reform der BauNVO, S.)

Scholtissek, Friedrich-Karl: Die geplante Novellierung der BauNVO, in: UPR 1989, S. 287 ff. (zit.: *Scholtissek*, UPR 1989, S.)

Schönleitner, Ulrich: Bauplanungs- und bauordnungsrechtliche Steuerungsmöglichkeiten bei der Ansiedlung von Spielhallen und anderen Freizeitnutzungen, in: GewArch 1988, S. 113 ff. (zit.: *Schönleitner*, GewArch 1988, S.)

Schönleitner, Ulrich: Frühjahrs-Sitzung des Bund-Länder-Ausschusses GewR, in: GewArch 2000, S. 319 ff. (zit.: Bund-Länder-Ausschuss GewR, GewArch 2000, S.)

Schrödter, Wolfgang (Hrsg.): Baugesetzbuch, 8. Aufl., München 2015 (zit.: *Bearbeiter*, in: Schrödter, BauGB, §, Rn.)

Schröer, Thomas: Bordellbetriebe und Öffentliches Baurecht, in: NZBau 2009, S. 166 ff. (zit.: *Schröer*, NZBau 2009, S.)

Schumacher, Stephan: Eindämmung des Spielhallengewerbes, Frankfurt a. M. 1997 (zit.: *Schumacher*, Eindämmung des Spielhallengewerbes, S.)

Schwerdtner, Eberhard: Zur Frage der Zulassung von Vergnügungsstätten im Innenbereich, in: BauR 1980, S. 524 ff. (zit.: *Schwerdtner*, BauR 1980, S.)

Schwerdtner, Eberhard: Vergnügungsstätten – ein neues Problem der Kommunen?, in: NVwZ 1983, S. 266 ff. (zit.: *Schwerdtner*, NVwZ 1983, S.)

Siegel, Philip: Drei Zimmer, Küche, Porno, Frankfurt a. M. 2017 (zit.: *Siegel*, Drei Zimmer, Küche, Porno, S.)

Söfker, Wolfgang: Lässt sich das Spielhallenproblem im Rahmen der Novellierung der Baunutzungsverordnung lösen?, in: Scharmer, Eckart (Hrsg.): Spielhallen in der Diskussion, Berlin 1988, S. 174 ff. (zit.: *Söfker*, in: Scharmer, Spielhallen in der Diskussion, S.)

Söfker, Wolfgang: Die Auswirkungen der novellierten Baunutzungsverordnung auf Handwerk und Gewerbe, in: GewArch 1990, S. 81 ff. (zit.: *Söfker*, GewArch 1990, S.)

SpiegelONLINE: Regierung knüpft sich Spielautomaten-Branche vor, Artikel v. 23.6.2014, URL: http://www.spiegel.de/wirtschaft/soziales/bundesregierung-verbietet-tricks-der-spielautomaten-branche-a-976789.html (Stand 15.1.2019)

SpiegelONLINE: „Stadtstress ist Kriechstress", Artikel v. 9.3.2015, URL: http://www.spiegel.de/gesundheit/psychologie/leben-in-der-grossstadt-stress-laerm-isolation-a-1022495.html (Stand 15.1.2019)

SpiegelONLINE: Das Puppentheater, Artikel v. 27.9.2018, URL: http://www.spiegel.de/panorama/freiberg-am-neckar-rotlicht-etablissement-beschaeftigt-verwaltung-a-1229777.html (Stand 15.1.2019)

Stange, Gustav-Adolf: Das „Schicksal" der Vergnügungsstätten nach der neuen Baunutzungsverordnung, in: Lenz, Wolfgang (Hrsg.), Festschrift für Konrad Gelzer, Düsseldorf 1991, S. 131 ff. (zit.: *Stange*, in: FS Gelzer, S.)

Stange, Gustav-Adolf: Baunutzungsverordnung, Wiesbaden 2011 (zit.: *Stange*, BauNVO, §, Rn.)

Stelkens, Paul: Baurechtliche Zulassung von Spielhallen, in: UPR 1987, S. 125 ff. (zit.: *Stelkens*, UPR 1987, S.)

Stober, Rolf: Gewerbliche Wirtschaft und Baunutzungsrecht, in: WiVerw 1984, S. 129 ff. (zit.: *Stober*, WiVerw 1984, S.)

Stock, Jürgen: Die Novelle 1990 zur Baunutzungsverordnung, in: NVwZ 1990, S. 518 ff. (zit.: *Stock*, NVwZ 1990, S.)

Stüer, Bernhard: Der Bebauungsplan, 5. Aufl.; München 2015 (zit.: *Stüer*, BPlan, Rn.)

Stüer, Bernhard: Handbuch des Bau- und Fachplanungsrechts, 5. Aufl., München 2015 (zit.: *Stüer*, Handbuch, Rn.)

Stüer, Bernhard: Der Spielhallen-Boom: Planerische Steuerung von Vergnügungsstätten, in: ZfWG 2010, S. 386 ff. (zit.: *Stüer*, ZfWG 2010, S.)

Stühler, Hans-Ulrich: Prostitution und öffentliches Recht, in: NVwZ 1997, S. 861 ff. (zit.: *Stühler*, NVwZ 1997, S.)

Stühler, Hans-Ulrich: Prostitution und Baurecht, in: NVwZ 2000, S. 990 ff. (zit.: *Stühler*, NVwZ 2000, S.)

Stühler, Hans-Ulrich: Swinger-Clubs in baurechtlicher Sicht, in: GewArch 2006, S. 20 ff. (zit.: *Stühler*, GewArch 2006, S.)

Stühler, Hans-Ulrich: Zur Zulässigkeit von bordellartigen Betrieben (Terminwohnungen) und Wohnungsprostitution in Mischgebieten, in: GewArch 2006, S. 26 f. (zit.: *Stühler*, GewArch 2006, S.

Stühler, Hans-Ulrich: Zum bauplanungsrechtlichen Grundsatz der Gebietsverträglichkeit, in: BauR 2007, S. 1350 ff. (zit.: *Stühler*, BauR 2007, S.)

Stühler, Hans-Ulrich: Alte Probleme im neuen Gewand – das Bauplanungsrecht und die Genehmigung von Mehrfachspielhallen, in: BauR 2009, S. 54 ff. (zit.: *Stühler*, BauR 2009, S.)

Stühler, Hans-Ulrich: Prostitution und öffentliches Baurecht, in: BauR 2010, S. 1013 ff. (zit.: *Stühler*, BauR 2010, S.)

Stühler, Hans-Ulrich: Zur planungsrechtlichen Zu- und Unzulässigkeit von Mehrfachspielhallen – Antwort an die Kritiker, in: BauR 2011, S. 54 ff. (zit.: *Stühler*, BauR 2011, S.)

Stühler, Hans-Ulrich: Die Zulässigkeit von Vergnügungsstätten nach der BauNVO und deren Steuerung nach § 9 BauGB, in: BauR 2013, S. 685 ff. (zit.: *Stühler*, BauR 2013, S.)

Stühler, Hans-Ulrich: Trading-Down durch Spielhallen, in: BauR 2016, S. 200 ff. (zit.: *Stühler*, BauR 2016, S.)

Stühler, Hans-Ulrich: Zur städtebaurechtlichen Zulässigkeit von Wettbüros und ihrer Abgrenzung als Vergnügungsstätte zu Wettannahmestellen als Ladengeschäfte und Gewerbebetriebe, in: BauR 2016, S. 2016 ff. (zit.: *Stühler*, BauR 2016, S.)

Stuttmann, Martin: Anmerkung zu BVerwG 2.11.2015, in: RÜ 2016, S. 260 (zit.: *Stuttmann*, RÜ 2016, S.)

Tarner, Marianne: Die Steuerung der Ansiedlung von Vergnügungsstätten mit den Mitteln des Bauplanungsrechts unter besonderer Berücksichtigung des § 9 Abs. 2a BauGB, in: BauR 2011, S. 1273 ff. (zit.: *Tarner*, BauR 2011, S.)

Tettinger, Peter; *Wank*, Rolf; *Ennuschat*, Jörg: GewO – Kommentar, 8. Aufl., München 2011 (zit.: *Bearbeiter*, in: Tettinger/Wank/Ennuschat, GewO, §, Rn.

Tröndle, Herbert; *Fischer*, Thomas: Strafgesetzbuch mit Nebengesetzen, 31. Aufl., München 2003 (zit.: *Tröndle/Fischer*, StGB, §, Rn.)

Tuttlewski, Gero; *Lange*, Thomas: Zur bauplanungsrechtlichen Zulässigkeit von Wettbüros, in: ZfWG 2009, S. 163 ff. (zit.: *Tuttlewski/Lange*, ZfWG 2009, S.)

Uechtritz, Michael: Die Gemeinde als Nachbar – Abwehransprüche und Rechtsschutz von Nachbargemeinden gegen Einkaufszentren, Factory-Outlets und Großkinos, in: BauR 1999, S. 572 ff. (zit.: *Uechtritz*, BauR 1999, S.)

Wahrig: Deutsches Wörterbuch, 7. Aufl.; Gütersloh/München 2000 (zit.: *Wahrig*)

Walper, Karl Heinz: Die Baunutzungsverordnung, Köln-Braunsfeld 1978 (zit.: *Walper*, BauNVO, §, S.)

Wank, Erwin: Die Spielhalle in der BauNVO, Köln 1992 (zit.: *Wank*, Spielhalle, S.)

Warneke, Heinz: Neue Entwicklungen in der Spielhallenbranche: Was haben die Städte zu erwarten?, in: Scharmer, Eckart (Hrsg.): Spielhallen in der Diskussion, Berlin 1988, S. 56 ff. (zit.: *Warneke*, in: Scharmer, Spielhallen in der Diskussion, S.)

Wettling, Hans: Das Bordell, eine Vergnügungsstätte im Sinne des § 7 Abs. 2 BauNVO?, in: VBlBW 1983, S. 18 f. (zit.: *Wettling*, VBlBW 1983, S.)

Wiese-von Ofen, Irene: Städtebauliche Auswirkungen und Konzepte – das Beispiel Essen, in: Scharmer, Eckart (Hrsg.): Spielhallen in der Diskussion, Berlin 1988, S. 79 ff. (zit.: *Wiese-von Ofen*, in: Scharmer, Spielhallen in der Diskussion, S.)

Wolf, Robert: Die prostitutive Einrichtung und ihre Mitarbeiter im öffentlichen Recht, Frankfurt a.M. (u.a.) 2013. (zit.: *Wolf*, Prostitutive Einrichtung, S.)

Worms, Christoph: Spielhallen in Gewerbe- und Industriegebieten nach der BauNVO 1977 und heute, in: NVwZ 2012, S. 280 ff. (zit.: *Worms*, NVwZ 2012, S.)

Zerr, Volker: Filmtheater-Center: Vergnügungsstätte oder Anlage für kulturelle Zwecke?, Anm. *zu* OVG RP, B v 01.06.1999 – 8 A 10447/99, in: IBR 1999, S. 591 (zit.: *Zerr*, IBR 1999, S.)

Zimmermann, Udo: Die öffentlich-rechtliche Behandlung der Prostitution, Tübingen 2002 (zit.: *Zimmermann*, Behandlung der Prostitution, S.)

www.ingramcontent.com/pod-product-compliance
Ingram Content Group UK Ltd.
Pitfield, Milton Keynes, MK11 3LW, UK
UKHW020713041026
15590UKWH00002B/650

9 783631 813232